Perfecte misdaad

Van Helen Fields verscheen eveneens
bij Ambo|Anthos *uitgevers*

De schaduwman
De laatste die sterft

In de serie met Ava Turner en Luc Callanach:
1 *Perfecte resten*
2 *Perfecte prooi*
3 *Perfecte dood*
4 *Perfecte stilte*
6 *Perfecte moord*
7 *Perfecte wraak*

Helen Fields

Perfecte misdaad

Vertaald door Ernst de Boer
en Ankie Klootwijk

Ambo|Anthos
Amsterdam

MIX
Papier | Ondersteunt verantwoord bosbeheer
FSC® C014496

Eerste druk 2022
Zesde druk 2024

ISBN 978 90 263 6733 5

Oorspronkelijke titel *Perfect Crime*
Oorspronkelijke uitgever Avon, HarperCollins *Publishers*
Omslagontwerp Studio Jan de Boer
Omslagillustratie © Roy Bishop / Arcangel Images

Verspreiding voor België:
Veen Bosch & Keuning uitgevers nv, Antwerpen

Voor mijn moeder, Christine May Fields

Leidend door het goede voorbeeld te geven,
inspirerend door hard te werken,
liefde schenkend met gebaren,
zelfs als de woorden er soms moeilijk uit kwamen.

1

20 februari

Waarschijnlijk zou er na de val niet veel bruikbaars van zijn lichaam over zijn, maar in een laatste daad van optimisme besloot Stephen Berry toch zijn donorcodicil onder zijn telefoon, sleutels en portefeuille langs de kant van de weg te laten liggen. De klap, zelfs op water, zou verwoestende gevolgen hebben. Hij zou worden geplet, waarschijnlijk een zware hersenbeschadiging oplopen, en als de kracht waarmee zijn lichaam tegen het water sloeg hem niet fataal werd, zou hij binnen een paar seconden overlijden door de kou.

Hij had het grondig voorbereid. Bij zijn sprong van de Queensferry Crossing in de rivier de Forth zou de klap alle lucht uit zijn lichaam persen, de plotselinge kou zou hem naar adem doen snakken en voor hij weer bovenkwam zou hij zijn longen vol water hebben gezogen. Niets om bang voor te zijn, hield hij zichzelf voor. Angst voelde je alleen maar van tevoren. Als het moment zelf aanbrak zouden zijn hersenen een enorme dosis opiaten aanmaken. En mocht hij de val overleven dan zou hij zich er niets van herinneren.

Het zou een dramatisch graf worden. Miljoenen tonnen water raasden onder hem door en daagden hem uit om zich bij hen te voegen. Hij had maar een paar minuten de tijd om het te doen en eigenlijk had hij al met klimmen moeten beginnen. Hij had speciale handschoenen en schoenen gekocht om tegen de zelfmoordbarrière op te klimmen, dus er was geen enkele reden voor besluiteloosheid.

Toen hij de taxi belde was hij vast van plan door te zetten. De arme chauffeur had er net een dienst van acht uur op zitten en was op weg naar huis. Stephen vond het vreselijk om het kartelmes tegen zijn eigen halsader te zetten en te dreigen zich de keel door te snijden om de chauffeur op de brug tot stoppen te dwingen – streng verboden voor voetgangers – maar hij had op dat moment niets beters kunnen bedenken. Hij had de taxichauffeur in ieder geval niet bedreigd en had wel tien keer sorry gezegd voordat de man stopte, maar zijn excuses wogen natuurlijk niet op tegen de schok een blikkerend mes in de binnenspiegel te zien.

Hij klom met gemak langs de verticale spijlen omhoog en pakte toen de scherpe metalen randen vast die moesten voorkomen dat iemand eroverheen klom. Het deed wel een beetje pijn, maar hij had een goede conditie. Fysiek was hij er beter aan toe dan geestelijk, zoveel was duidelijk. Dankzij dagelijks een uur fitnessen had hij een afgetraind lijf. En twee keer per week hardlopen had zijn uithoudingsvermogen een boost gegeven. Als je naar hem keek, zou je nooit kunnen vermoeden dat hij manisch-depressief was. Dat zou allemaal naar buiten komen tijdens het onderzoek naar zijn dood. Zijn lange flirt met medicijnen die dienden om zijn stemmingswisselingen te temperen. De perioden waarin hij tegen het advies van de artsen in geen medicatie nam. De pogingen om in therapie te gaan die hem een nog zwakker en sneuer gevoel gaven dan zijn ziekte al deed. Relaties die niet bestand waren tegen de stormen van zijn onbesuisde aard. Banen die hij niet lang hield omdat hij het op sommige dagen gewoon niet kon opbrengen om uit zijn bed te komen.

De lijkschouwer zou ervan uitgaan dat hij in een neerwaartse spiraal zat. Iedereen zou zijn spijt erover uitspreken dat er geen betere medicatie beschikbaar was of dat hij zich niet in staat had gevoeld om hulp te vragen aan een vriend. In een klein berichtje in het plaatselijke dagblad zou voor de zoveelste keer worden herhaald dat de gemeenschap hem onvoldoende had opgevangen. Hoewel hij ervoor gekozen had om geen afscheidsbriefje achter te laten waarin hij uitlegde waarom hij zelfmoord had gepleegd, had hij er heel even spijt van dat hij het niet had gedaan, om korte metten te maken met die belachelijke misvatting. Alle zorg van de wereld had nooit kunnen voorkomen dat hij vandaag dit punt had bereikt. Al vanaf zijn vijftiende voelde hij zijn voortijdige dood als een ketting om zijn middel aan hem trekken. De daaropvolgende zestien jaar had hij ertegen gevochten, maar vandaag was hij het naschrift in zijn eigen verhaal geworden.

De vriendin voor wie hij zijn stoornis zorgvuldig had proberen te verbergen had uiteindelijk doorgekregen dat hij een loser was die haar als ze bij hem bleef de rest van haar leven mee zou trekken in een neerwaartse spiraal. Er waren ellenlange het-ligt-aan-mij-niet-aan-jou-gesprekken aan voorafgegaan, gevolgd door een oneindig lange spullen-bij-elkaar-pak-periode. Het ging niet zoals in de films waarin een van beiden een lange monoloog hield, de deur dichtsloeg en voor altijd verdween.

Rosa en hij hadden een jaar samengewoond en het was verbazingwekkend hoe complex de structuur van met elkaar verstrengelde levens in twaalf maanden tijd kon worden. Van potten en pannen, foto's, prulletjes, boeken tot verlengsnoeren aan toe, godbetert. Ze hadden geruzied over wie het verlengsnoer naast het bed had gekocht. Belachelijk genoeg ging het er niet eens om wie het had betaald maar om de boel eerlijk te verdelen, en probeerden ze zich te herinneren wie het had gekocht, omdat zij zich naderhand niet opeens wilde realiseren dat ze iets had meegenomen waar ze geen recht op had. Kutwijf. Zelfs op het bittere eind had ze niet het fatsoen gehad zich egoïstisch en onbillijk op te stellen om hem zo een gevoel van opluchting te gunnen dat hij van haar was verlost. Ze was gewoon een goed mens. Hoe ongelooflijk irritant was dat?

Ze was zo'n goed mens dat de fout zoals altijd bij hem lag. Het lag aan zijn stemmingen, zijn behoeften, zijn kapotte, gebroken geest.

Een voorbijrijdende auto toeterde langdurig en iemand schreeuwde iets uit het raam. De wind verzwolg de woorden, wat hem genoegen deed. Er waren momenten waarop de rest van de mensheid moest oprotten en daartoe behoorden de zestig seconden die voorafgingen aan het plegen van zelfmoord. Hij zette weer een stap verder omhoog en op dat moment kwam de herinnering glashelder terug: híj had dat verlengsnoer voor Rosa gekocht toen hij haar een nieuwe haardroger cadeau had gedaan. Het snoer van de haardroger was overduidelijk te kort om tot de kaptafel te reiken, dus had hij dat verlengsnoer als functioneel extra item toegevoegd aan de lijst kerstcadeaus.

'Hè, verdomme,' mompelde hij. Het snoer zat nog in het stopcontact. Een stompzinnig overblijfsel van een goede periode waarin hij had laten zien dat hij ook zorgzaam en attent kon zijn, en vier maanden achter elkaar de valkuilen van zijn eigen geest had weten te vermijden. Wat een zegen. Heel even overwoog hij Rosa te bellen om haar te vertellen hoe het ook alweer zat met dat verlengsnoer. Ze kon het alsnog meenemen als de flat werd ontruimd. Maar dan moest hij uitleggen waar hij nu was en wat hij aan het doen was, en dan zou ze het hem misschien uit het hoofd praten. Rosa was de enige die dat kon. Te laat, dacht hij. Per slot van rekening was het maar een verlengsnoer. Zijn sluwe brein had uitgerekend dit moment gekozen om dat verlengsnoer in een reddingsboei te veranderen.

Andere auto's toeterden toen hij de laatste stap zette en over de reling klom. Hij ging staan, licht heen en weer zwaaiend in de harde wind. Auto's stopten en vormden een officieuze barrière. Portieren sloegen dicht. Stephen draaide zich langzaam om. Enkele meters van hem vandaan had zich een kring van mensen verzameld. Hij wist niet zeker of ze afstand hielden omdat ze dachten dat hij een van hen zou vastgrijpen en met zich mee zou sleuren of omdat ze bang waren dat hij anders eerder zou springen.

Uiteindelijk wrong een man zich tussen twee toeschouwers door en kwam met zijn handen in zijn zakken, bijna nonchalant zou je kunnen zeggen, op hem af slenteren en ging recht onder hem staan.

'Vind je het oké als ik hier ga staan en met je praat?' vroeg hij.

'Heeft weinig zin,' mompelde Stephen. 'Ik heb liever dat je een stap achteruit doet.'

'Waarom?' vroeg de man.

'Ik ga springen en ik wil niet dat je je verantwoordelijk voelt. Niemand hoeft hierbij betrokken te worden.'

'Dat is heel attent van je... eh...' De man maakte zijn zin niet af. 'Nu hoor jij eigenlijk je naam te zeggen,' maakte hij de zin af toen het stil bleef.

'O, sorry,' mompelde Stephen, die zich opeens dom en lomp voelde. 'Stephen.'

Hij begreep niet van zichzelf waarom hij op zo'n cruciaal moment in zijn leven de behoefte voelde om beleefd en sociaal te doen. Daar waren natuurlijk jaren van conditionering aan voorafgegaan, vermoedde hij.

'Cool. Aangenaam kennis met je te maken, Stephen. Ik heet Rune Maclure.' Van over het water was de echo van sirenes te horen. 'Dat zal de politie wel zijn. Wil je met ze praten of zal ik vragen of zij ook afstand willen houden?'

'Hou ze weg,' zei Stephen, terwijl hij diep ademhaalde en zich op de rivier onder hem concentreerde. Het patroon van het water maakte hem draaierig, of misschien kwam het door de adrenaline. Hoe dan ook, hij was er niet zeker van of hij nog veel langer rechtop kon blijven staan.

'Wankel je?' vroeg Maclure.

Hij gaf geen antwoord.

'Ontspan je ene been maar, zodat je weer in balans komt. Zijn dit jouw spullen?'

'Ja,' prevelde Stephen.

Maclure bukte zich om ze op te pakken. Hij stak de sleutels en de telefoon in zijn zak, sloeg de portefeuille open en las het donorcodicil.

'Zo hé, dus je wilt je organen doneren? Geweldig. Dat doen veel te weinig mensen. Niet te geloven dat je nog aan andere mensen denkt, nu je je zo rot voelt. Ik ben onder de indruk.'

Stephen staarde hem aan. Die truc om zijn ene been te ontspannen had gewerkt. Hij voelde zich weer stabiel.

'Waarschijnlijk heeft het geen enkel nut. Misschien vinden ze mijn lichaam niet eens terug.'

'Dat zou jammer zijn. Je ziet eruit alsof je een goede conditie hebt. Veel mensen zouden baat kunnen hebben bij je organen. Het is echt ongelooflijk wat ze tegenwoordig allemaal kunnen transplanteren. Wat ik vooral onvoorstelbaar vind is de vraag of je je ogen ook wilt doneren. Hoe gek zou dat zijn, als je na de operatie wakker wordt en jezelf in de spiegel ziet door de ogen van iemand anders? Echt waanzinnig.'

Door de aanzwellende menigte kwamen vier agenten aanlopen, fluisterend in hun portofoon en mensen manend weg te gaan van wat ze nu ongetwijfeld al 'de plaats delict' noemden, vermoedde Stephen. Dat vond hij vreselijk. Ophef veroorzaken. De oorzaak van ophef zijn. Het enige wat hij ooit had gewild was anoniem opgaan in de menigte.

'Maak je geen zorgen. Ik handel het wel met ze af,' zei Maclure. Hij stak zijn handen omhoog in een bezwerend gebaar dat zei: rustig maar, ik heb de zaak onder controle. Hij liep even weg om met de dichtstbijzijnde agente te praten en schudde haar de hand.

Stephen keek hem na en vroeg zich af waarom Maclure zo relaxed was. Hijzelf zou in alle staten zijn als iemand op het punt stond om vlak voor zijn neus zelfmoord te plegen. Maclures schouders waren niet gebogen en hij sprak zo rustig en zacht dat het bijna niet te horen was. Uit niets bleek dat hij te maken had met een crisissituatie, dat er haast was geboden. De man was heel zeker niet manisch-depressief, dacht Stephen. Hijzelf was nooit zo ontspannen of zelfverzekerd geweest, nog geen seconde in zijn hele rottige leven.

'Ze gaan ons wat ruimte geven als jij me een groot plezier wilt doen en je benen aan deze kant van het hek wilt zetten. Je hoeft niet naar beneden te klimmen, je hebt alle recht om te doen wat je wilt. Je mag daar blijven staan wat mij betreft, maar ik wil wel graag weten wat ik met je spullen moet doen. Heb je nog een minuutje?'

Stephen wreef in zijn ogen. Nog een minuutje? Hij was naar deze brug gekomen om een eind te maken aan de pijn, niet om die nog langer te laten voortduren.

'Er zal toch wel iemand zijn aan wie je wilt laten weten wat er met je gebeurd is. Heb je een briefje achtergelaten zodat ze begrijpen hoe je je voelde? Als je dat hebt gedaan, is dat natuurlijk geweldig. Je kunt me je adres geven en dan zorg ik ervoor dat ze het briefje krijgen. Zo niet, geef me dan een naam en een telefoonnummer. Dan kan ik zeggen dat je vrede had met je besluit, dat je erover hebt nagedacht en dat je niet bang was. Dat maakt het makkelijker voor degenen die je achterlaat.'

'Waarom denk je dat ik niet bang ben?' flapte Stephen eruit. Het onzinnige van die suggestie kwam harder bij hem binnen dan hij voor zichzelf wilde toegeven.

Zelfmoord was niet makkelijk. Het was niet iets wat je in een opwelling deed. Natuurlijk was hij bang.

'O sorry, maar je maakt zo'n... man... ik vind het een vreselijke gedachte dat je daar staat en bang bent. Luister, ik kan de politie misschien nog een minuutje tegenhouden, maar ik wil echt graag weten wat er met je aan de hand is. Als je nou één stap terug over dat hek wilt zetten tot we gepraat hebben. Doe het voor mij, als je het niet voor jezelf wilt doen. Je lijkt me een geweldig mens. Want wie laat er nou een donorcodicil achter als hij van plan is om zichzelf van het leven te beroven?'

Stephen dacht na. Hij kon kiezen tussen springen en een stap terug doen om te praten. En misschien zou Rosa nog een paar laatste woorden willen horen. Ze waren nog maar zo kort uit elkaar en het was allemaal nog zo vers, dat ze zichzelf ongetwijfeld de schuld zou geven. Hij kon haar dan in ieder geval geruststellen dat hij dit sowieso gedaan zou hebben, ongeacht of hun relatie op de klippen was gelopen. De gedachte dat zij het zichzelf haar leven lang kwalijk zou blijven nemen, vond hij onverdraaglijk. Hij mocht dan vanbinnen ernstig in de war zijn, maar hij was niet wreed.

Maclure had zijn handen weer in zijn zakken gestoken en stond er bijna onverschillig bij, kalmpjes, alsof hij bij een bushalte stond te wachten.

Stephen zette een been terug over de bovenste reling, tot grote vreugde van de menigte, die begon te juichen. Zelfmoord was tegenwoordig blijkbaar een kijksport. Wie zou het zeggen?

'Goed zo,' zei Maclure met een vaag wuifgebaar naar de politie. 'Rook je?'

'Nee,' zei Stephen.

'Ik ook niet. Het zal wel een standaardvraag zijn, denk je niet? Om iemand in jouw situatie een sigaret aan te bieden.'

'Dat zal wel, ja,' antwoordde Stephen.

Het was eigenlijk te krankzinnig voor woorden om op de zelfmoordbarrière van een brug zo'n onnozel gesprek te voeren.

'Zeg, kun je me nou vertellen waarom je dit doet? Dat is iets wat de nabestaanden vast graag willen weten. Niet dat je echt een reden moet hebben. Dat snap ik. Soms is het gewoon een gevoel dat je hebt.'

Stephen dacht daarover na. De waarheid lag ergens in het midden. Een poos geleden had hij de wil verloren om van dag tot dag voort te leven, en op de langere termijn had hij er geen enkel vertrouwen in dat zijn bipolaire stoornis ooit effectief behandeld zou kunnen worden. Hij keek de man aan die hem al die vragen stelde. Knappe vent, atletisch gebouwd, zwart, slank, met een zorgvuldig getrimde stoppelbaard om zijn vierkante kin te accentueren. Het soort mens dat je zowel haatte als wilde zijn, in één persoon verenigd.

'Ik ben bipolair,' zei hij ten slotte.

Maclure knikte. 'Dat is pittig. Op goeie dagen word je beroerd van de medicijnen, dus neem je ze niet langer, en vervolgens worden die goeie dagen sowieso slechte dagen. Vat ik het zo een beetje goed samen?'

'Ongeveer, ja,' zei Stephen.

Maar de waarheid was dat het precies klopte, en tot zijn eigen ergernis had hij het nooit zo kernachtig kunnen verwoorden, ook al was hij degene die het dag in, dag uit doormaakte.

'Maar je leeft nog. Het lukt je. Je hebt een mobiele telefoon, wat betekent dat je contact hebt met andere mensen. Dat is om te beginnen al geweldig. Deze portemonnee is behoorlijk dik, wat betekent dat je een normaal leven leidt – creditcards, rekeningen, rijbewijs vermoed ik, een bankpasje. Je hoeft niet op straat te leven. Dat vind ik bewonderenswaardig als ik bedenk wat je allemaal moet doormaken. Veel mensen in jouw situatie kunnen totaal niet functioneren binnen de acceptabele sociale grenzen. Je mag trots zijn op jezelf.'

Dat bood een geheel nieuw perspectief op zijn leven. Trots. Niet een woord waarmee veel mensen hem zouden associëren. Rune Maclure had een goeie babbel.

'Ik wil dat je tegen Rosa zegt dat dit niet haar schuld is,' zei Stephen.

Het werd nu echt tijd om het te doen en hij begon het koud te krijgen.

'Rosa – vriendin, denk ik zo. Ik moet wel een achternaam weten als ik haar wil opsporen.'

'Haar contactgegevens staan in mijn telefoon. De code is 1066. En zeg maar dat het verlengsnoer van haar is. Ze snapt wel wat ik bedoel. Ik herinnerde het me daarnet.'

'Dus jullie zijn uit elkaar?' vroeg Maclure.

‘Ze kon er niet meer tegen,’ mompelde Stephen.

‘Sorry, ik versta je niet goed vanwege de harde wind. Ik kom iets dichterbij, oké? Maar ik hou m’n handen in mijn zakken.’

Maclure ging recht onder Stephen staan, die zich wat verder naar hem toe draaide zodat de ander hem beter verstond.

‘Ik zei dat ze er niet meer tegen kon,’ riep hij. ‘Ze heeft haar best gedaan. Ik ben niet boos op haar. Het is heel belangrijk dat ze dat weet.’

‘Oké, maar het klinkt alsof jullie het nog niet helemaal uitgepraat hebben. Ik denk dat ze het fijn zou vinden als je het zelf tegen haar zegt. Wat denk je?’ Hij haalde Stephens telefoon uit zijn zak.

‘Spring nou maar! Ik ben al te laat voor mijn dienst!’ riep iemand vanuit de menigte.

‘Niet naar luisteren,’ zei Maclure snel, en hij stak zijn hand omhoog naar Stephen, die zijn wenkbrauwen fronste en zijn hoofd schudde.

‘Ik maak het iedereen alleen maar lastig,’ mompelde hij, terwijl hij zijn been weer over de barrière sloeg zodat hij nu helemaal aan de waterkant stond.

‘Moet je horen, er zit er altijd eentje tussen. Een zieke klootzak die een bloedbad wil zien. Niet op letten. We gaan Rosa bellen. Ze zal je stem willen horen. Diep in je hart weet je dat dat de reden is waarom je wilde dat ik met haar zou praten. Ik klim nu naar boven zodat ik je de telefoon kan aangeven.’

‘Je draagt geen handschoenen,’ zei Stephen zwakjes; de pijn in zijn eigen lichaam werd hem bijna te veel. Het kostte hem enorm veel energie om rechtop te blijven staan. ‘Je haalt je handen open aan...’

Maclure begon al te klimmen. Stephen overwoog even hem tegen te houden door met springen te dreigen, maar hij wilde Rosa’s stem echt heel graag voor de laatste keer horen. Terwijl Maclure naar boven klom, bestudeerde Stephen de zee van gezichten achter het afzetlint dat de politie daar haastig had aangebracht. Een man stond hem met glinsterende ogen en de handen in de zakken grijnzend aan te kijken. Een vrouw ging tekeer tegen een politieagent. Een oude dame stond met tranen in haar ogen toe te kijken, en hoewel hij het niet voor mogelijk had gehouden, haatte Stephen zichzelf nog meer omdat hij zoveel ellende veroorzaakte.

De grijnzende man begon te lachen, zo luid dat Stephen het onmogelijk kon negeren. Het geluid klonk afschuwelijk, als krassen over een schoolbord. Hij drukte zijn handen tegen zijn oren, verloor zijn evenwicht en viel voorover, waarbij de neus van zijn ene schoen klem kwam te zitten tussen twee metalen spijlen.

Hij graaide om zich heen naar de spijlen, klapte eerst met zijn knie tegen het metaal en daarna met zijn heup, en gleed nog verder omlaag op zijn buik, met zijn hoofd omlaag, in de richting van het water. De lachende man begon nog harder te lachen. Ondanks de wind, het geraas van het snelstromende water en het gegil van de menigte hoorde hij alleen die kakelende lach.

Hij greep het hek met beide handen vast, vechtend tegen de impuls om zichzelf weer omhoog te trekken en tegen de stem in zijn hoofd die hem zei dat hij moest loslaten. Binnen een paar seconden zou het voorbij zijn. Hij hoefde niet voor de allerlaatste keer met Rosa te praten. Dat zou alleen maar meer problemen veroorzaken dan oplossen. Hij zou een luchtstroom voelen tijdens het vallen, misschien een vrije-valgevoel ervaren, en daarna misschien heel even de kou voelen of de klap waarmee hij op het water terechtkwam, maar niet lang genoeg om het te beseffen of de pijn te voelen.

Stephen liet een hand los en sloot zijn ogen.

'Hij laat los!' schreeuwde een vrouw.

Er klonk gegil, het geluid van rennende voetstappen op het betonnen wegdek en een opgewonden kreet. Het was de man met de glinsterende ogen, dacht Stephen. Die was hier om hem te zien sterven. Misschien was hij de Dood. Hij was nooit religieus of bijgelovig geweest, maar misschien zag hij in dit laatste ogenblik de wereld zonder oogkleppen. Al die horrorfilms, waargebeurde verhalen en sprookjes waren echt.

Een hand omklemde de enkel boven zijn nog vastzittende voet.

'Ik heb je,' zei Maclure. 'Zeg iets tegen me, Stephen. Dit is niet het moment om keuzes te maken.'

'De Dood is hier,' zei Stephen. Hij wist met moeite zijn hoofd om te draaien en keek omhoog in Maclures kalme bruine ogen.

'Als hij er is, dan is hij niet voor jou gekomen. Niet vandaag. Kom, pak die spijl vast en gebruik je buikspieren om jezelf tot halverwege omhoog te trekken. Ik moet je bij je riem kunnen vastpakken.'

'Ik weet het niet,' zei Stephen.

'Oké, maar ik sta nu aan jouw kant van de barrière. Als jij je voet nu wegtrekt, neem je mij met je mee.' Maclure glimlachte vriendelijk.

Het was geen dreigement en hij werd niet in de maling genomen. Stephen besefte dat het waar was.

Toen Maclure zijn greep verstevigde om nu ook de stof van Stephens spijkerbroek vast te pakken, viel er een telefoon uit zijn zak die in de ijskoude stroom onder hen verdween, alsof hij nooit had bestaan.

'Shit, sorry. Ik wilde je de kans geven om met Rosa te praten. Ik zal een nieuwe voor je kopen als je naar boven klimt. Wat denk je daarvan?'

Stephen keek zijn telefoon na, die onder het wateroppervlak was verdwenen. Zo wilde hij niet gaan. Simpelweg ophouden te bestaan, weggevaagd uit de wereld zonder een spoor achter te laten, alsof zijn hele leven zinloos was geweest. Hij spande zijn middenrif aan en begreep opeens waarom al die sit-ups geen tijdverspilling waren geweest, en pakte de onderste spijl vast. Hij zag nu pas voor het eerst wat de klim omhoog langs de zelfmoordbarrière met de handen van zijn redder had gedaan. Het bloed drupte uit de sneeen in zijn handpalmen en de loshangende huid bewoog zachtjes in de wind toen hij zich vooroverboog om Stephen bij zijn broekriem te pakken.

'Het was niet mijn bedoeling dat je jezelf zou verwonden,' zei Stephen. 'Dank je wel.'

Hij wist zijn ene knie in een opening tussen de metalen steunen te wrikken en wist zich ver genoeg omhoog te trekken zodat Maclure hem bij zijn riem kon vastpakken.

'Bedank me later maar,' zei Maclure. 'Nu gaan we je eerst weghalen bij al die toeschouwers en je een kop koffie geven.'

'Waarom heb je het risico genomen?' vroeg Stephen toen hij eindelijk op gelijke hoogte kwam met Maclure en hem recht kon aankijken.

'We kampen allemaal met onze demonen,' zei Maclure. 'Zonder uitzondering. Iedereen die iets anders beweert is gewoon een betere leugenaar dan jij en ik. Mijn manier om ermee om te gaan is mijn best te doen om andere mensen te helpen. Dus het is eigenlijk louter egoïsme.'

Stephen sloeg zijn arm om Maclures nek en omhelsde hem stevig.

'Ik heb mijn leven aan je te danken,' zei hij.

En hij meende het, maar het enige waaraan hij kon denken waren de demonen waar Maclure het over had gehad en de man die hem vanuit de menigte nog steeds gadesloeg. Die lachte niet meer. Er lag zelfs geen zweem van een glimlach op zijn gezicht.

2

3 maart

Inspecteur Luc Callanach staarde naar de man in de versleten leunstoel en dacht aan al die mensen die beweerden dat ze degenen die hun het meeste leed hadden aangedaan toch hadden vergeven. Terroristen die lukraak bommen hadden laten afgaan en toch vergeving kregen van ouders wier kinderen hun zo wreed waren ontnomen. Treurende nabestaanden die geen kwaad spraken van dronken automobilisten die een dodelijk ongeluk hadden veroorzaakt. Callanach zou nooit van zijn leven zoveel ruimte in zijn hart kunnen maken dat hij tot zo'n gebaar in staat zou zijn.

De man keek naar hem op, deed zijn mond open alsof hij iets wilde zeggen, maar produceerde in plaats daarvan een spuugbel waar hij naar sloeg, waarna hij zijn hand weer in zijn schoot liet vallen. Bruce Jenson had alzheimer. Dat lot was eigenlijk te goed voor hem, dacht Callanach. Hij staarde door het raam naar het glooiende gazon van het verpleeghuis waar het daglicht langzaam verdween. Elke ziekte waardoor zo'n beest vergat wat hij had misdaan getuigde van een gigantische onrechtvaardigheid.

Callanach deed een stap naar voren, knielde voor hem neer en keek in de waterige blauwe ogen die konden zien, maar niets zagen.

'Heb jij mijn moeder verkracht?' vroeg hij. 'Of heb je alleen maar toegekeken terwijl je zakenpartner haar met geweld nam? Heb je gedreigd mijn vader te ontslaan als mijn moeder hem zou vertellen wat je had gedaan? Wie bedacht het plan om haar te verkrachten? Was jij het of was het Gilroy Western?'

Jenson bracht een verstikt gekreun uit, wat hem zoveel moeite kostte dat zijn schouders schudden van inspanning.

Callanach haalde een foto van zijn moeder en lang geleden overleden vader uit zijn zak en hield die voor Jensons gezicht. Diens hoofd zakte naar voren. Callanach pakte hem bij zijn kin en hield hem de foto nog eens voor. Hij wist dat hij verkeerd bezig was. Bruce Jenson zou nergens meer op reageren. Binnen een minuut nadat hij de kamer had verlaten zou de man die vijfendertig jaar geleden de baas van zijn vader was zich niet eens meer herinneren dat er iemand binnen was geweest.

Toch kon hij niet ophouden. Zijn moeder had jarenlang getobd met de naweeën van die verkrachting en ze was er zo ernstig door getraumatiseerd dat ze Callanach in de steek had gelaten toen hij zelf valselijk beschuldigd werd van dezelfde misdaad. Jenson en Western hadden nooit hoeven boeten voor wat ze hadden gedaan.

Callanach had zijn best gedaan om niet achter hen aan te gaan, zichzelf voorgehouden dat hij het verleden moest laten rusten, omdat hij wist dat hij razend zou worden als hij ze ooit zou tegenkomen – misschien zelfs met fatale afloop. Maar hij was net terug van een week in Parijs met zijn moeder, en tijdens zijn verblijf in Frankrijk was de herinnering aan de verschrikkingen van zijn arrestatie en het abrupte einde van zijn carrière bij Interpol weer in alle hevigheid teruggekomen.

Hij had destijds gedwongen afscheid moeten nemen van alles wat hem dierbaar was toen een door hem geobsedeerde collega de smerigste leugen over hem had verspreid die je een man kon aandoen, terwijl de verkrachters van zijn moeder ermee weg waren gekomen. Hoewel hij echt had geprobeerd de twee voormalige eigenaren van een van de meest succesvolle meubelfabrieken van Edinburgh met rust te laten, realiseerde hij zich al snel dat het een verloren strijd was. En hier stond hij dan – hij had zijn politiepas gebruikt om het verpleeghuis binnen te komen waar Bruce Jenson vroeg of laat zou overlijden – nog steeds op zoek naar antwoorden. Nog steeds hongerend naar wraak.

'Herken je ze? Zit daarbinnen nog iets van je oude zelf? Je hebt haar leven kapotgemaakt en daarna heb je het mijne kapotgemaakt. En het ergste is nog...' Callanach spuwde de woorden uit, er welde een snik omhoog vanuit zijn keel terwijl hij verder probeerde te praten. 'Het ergste is nog dat een van jullie schoften misschien mijn vader is, godverdomme.'

Bruce Jensons mondhoeken gingen iets omhoog. Dat was toeval, zei Callanach tegen zichzelf. Een onwillekeurige zenuwtrek. Maar waren zijn ogen tegelijkertijd niet iets verder opengegaan, in een poging Callanach aan te kijken, ook al lukte het niet helemaal?

'Mijn vader heeft jaren voor je gewerkt. Hij keek tegen je op, vertrouwde je. Je hebt hem op het kerstfeest eropuit gestuurd om een kapotte vrachtwagen op te halen, en samen hebben jullie toen mijn moeder verkracht. Ze heette Véronique Callanach en als je nu weer glimlacht, dan zweer ik dat ik alle lucht uit je keel knijp.'

Een sliertje speeksel hing over de rand van Jensons onderlip en ging langzaam op weg naar beneden, naar zijn kin. Lucs maag trok samen. In gedachten zag hij zijn moeder met een zak over haar hoofd op de vloer van Jensons kantoor, in de feestjurk waar ze zo trots op was geweest, maar die ze eigenlijk te chic vond voor een eenvoudig iemand als zij. Hij kon haar kreten horen, haar angst en walging voelen. En daarna de schaamte, gevolgd door de gruwel toen ze zwanger bleek te zijn van haar eerste en enige kind, wetende dat ze Lucs vader nooit kon vertellen wat er was gebeurd.

Dat zijn vader zijn baan zou kwijtraken zou nog niet het ergste zijn geweest. Maar hij zou Jenson en Western hebben vermoord en zijn moeder zou de daaropvolgende twintig jaar een goed mens die nooit iemand kwaad had gedaan, moeten opzoeken in de gevangenis. De druppel kwijl belandde in de gerimpelde groeven van Jensons hals. Alsof hij erbij was geweest, zag Callanach hem op zijn moeders huid kwijlen terwijl Jenson of zijn partner haar verkrachtte, zijn handen over haar lichaam liet dwalen, haar kneep, haar pijn deed.

Voor hij besefte wat hij deed had Callanach opeens een kussen in zijn handen. Met een grimas om zijn mond zette hij zijn ene knie op de leuning van de stoel en klemde het kussen in zijn trillende gebalde vuisten en voelde dat elke spier in zijn lichaam zich spande om het kussen in Jensons gezicht te duwen. Met een kreet van woede smeet hij het kussen tegen de muur, waarbij een vaas omver viel en er een smeerboel van kapotte scherven en slijmerig groen water op de vloer achterbleef.

Wankelend deed hij een stap naar achter, weg van Jenson, en botste tegen de patiodeur die uitkwam op de tuin. Met zijn voorhoofd tegen het glas en zijn gebalde vuisten ter hoogte van zijn schouders gaf hij een trap tegen de onderkant van de deur. De barst in het glas verscheen heel langzaam – het was eerder een krakend geluid dan een knal – en veroorzaakte een soort zigzaggende bliksemschicht in het onderste paneel.

Callanach zuchtte. Het was eigenlijk droevig dat hij zijn woede koelde op een man die zich niet kon verdedigen. Het recht zou vanzelf zijn loop krijgen. Jenson zou zijn kleinkinderen nooit zien opgroeien, nooit van zijn pensioen kunnen genieten in een flat in Spanje, waar zijn voormalige zakenpartner nu scheen te wonen. Hij was zeventig jaar en feitelijk al dood. Callanach kon hem niet nog meer laten lijden dan hij al deed.

Hij haalde een paar keer diep adem en keek om zich heen. De kamer zag er goedkoop en armoedig uit. Dit was bepaald geen luxe verpleeghuis. Het bed had een hekje om te voorkomen dat de patiënt eruit viel, maar er lagen versleten dekens op. De schilderijen aan de muur waren van die goedkope reproducties die je in iedere prullenwinkel kon kopen. Er stonden een paar vergeelde, stoffige familiefoto's, maar verder was de kamer onpersoonlijk ingericht.

Jenson was hier duidelijk gedumpt. Je zou het kunnen zien als een passend vonnis dat door een rechtbank was uitgesproken, zij het als mosterd na de maaltijd. Callanach bukte zich, raapte de scherven van de vaas op en gooide ze in de prullenmand. Hij trok een paar stukken keukenpapier uit een houder en depte het water zo goed mogelijk op zodat een nietsvermoedende verpleegster er niet over zou uitglijden, en klopte toen het kussen af en propte het naast Jenson in zijn stoel.

Toen hij vond dat de kamer er weer netjes uitzag, trok hij een paar handschoenen en een steriele bewijszak uit zijn broekzak. Hij boog zich over Bruce Jenson heen, trok een van de weinige overgebleven haren uit diens hoofd, en borg die zorgvuldig op in de zak om eventuele DNA-contaminatie te voorkomen.

Hij accepteerde dat het niet in zijn macht lag om de aanrander van zijn moeder te straffen, maar hij wilde absoluut weten of Jenson zijn vader was. Hij had lang lopen wikken en wegen over die beslissing, maar zelfs nu wist hij niet hoe hij op de uitkomst zou reageren. Als Jenson zijn vader bleek te zijn, zou dat alles kapotmaken wat hij ooit als zijn identiteit had beschouwd. Zijn moeder was Française en hij was bij haar in Frankrijk opgegroeid, zonder ook maar een moment te vermoeden dat hij ooit het land uit zou moeten. Maar zijn vader was een trotse Schot. Callanach was in Edinburgh geboren maar had nauwelijks herinneringen aan zijn eerste levensjaren daar. Zijn vader herinnerde hij zich als een hartelijke, opgewekte man die vaak glimlachte en die hem vaak en stevig knuffelde met zijn grote handen. Toen zijn vader veel te vroeg overleed, vond zijn moeder het te zwaar om in haar eentje een kind op te voeden en was ze teruggekeerd naar haar familie in Frankrijk.

Callanach keek nog een keer rond om zich ervan te vergewissen dat hij de kamer zo netjes mogelijk had achtergelaten, wierp nog een laatste blik op de man die hij voor altijd zou haten en liep de deur uit. Op weg naar buiten stopte hij even bij de verpleegsterspost en leunde over de balie.

'Sorry, ik heb per ongeluk een vaas met bloemen omgestoten met mijn elleboog,' zei hij zachtjes. 'Die wil ik graag vergoeden.' Hij dikte zijn Franse accent flink aan en maakte nadrukkelijk oogcontact met de verpleegster.

'O nee hoor, niet nodig. Die dingen gebeuren nu eenmaal. We hebben een heleboel vazen in de opslagruimte. Ik loop wel even naar zijn kamer om de boel te dweilen.' Ze glimlachte lief en streek met haar hand door de loszittende haren die uit haar paardenstaart waren ontsnapt.

'Dat hoeft niet, ik heb de vloer al droog gedept,' zei Callanach. 'Je hebt vast wel belangrijkere dingen te doen. Meneer Jenson heeft er helemaal geen last van gehad. Zoals je zei, hij was zich er amper van bewust dat ik daar was. Tragisch.'

'Ja, ik weet het. Zijn zoon Andrew vindt het ook heel moeilijk om hem te bezoeken. Denkt u dat u nog eens terug moet komen?' vroeg ze.

Callanach slikte zijn schuldgevoel weg. Hij flirtte opzettelijk met haar, en was zich maar al te goed bewust van het effect dat hij op vrouwen had als hij de charmeknop aanzette. Zijn knappe uiterlijk had hem indertijd een hoop modellenwerk opgeleverd en een hele rits rijke, aantrekkelijke vriendinnen, tot hij volwassen was geworden en had besloten dat hij iets met zijn leven wilde doen. Nu hij in Schotland woonde leek hij bijna een exotische soort met zijn gebruinde huid en zijn pogingen om een tweede taal volledig onder de knie te krijgen. Hij was weliswaar van kleins af aan tweetalig opgevoed, maar dat nam niet weg dat hij nog steeds moeite had met het Schotse accent en de Schotse uitdrukkingen.

'Dat weet ik nog niet zeker. Het zou kunnen dat ik over een paar dagen terugkom,' zei hij en hij lachte zijn volmaakt witte tanden bloot. 'Hopelijk heb je dan dienst.'

'Wie weet,' giechelde ze.

Hij had net gedaan alsof hij in zijn functie van politieman op bezoek was geweest waardoor hij het gastenboek niet had hoeven tekenen. Niemand had de moeite genomen om zijn ID te controleren. Het was eigenlijk schokkend om te zien hoe makkelijk mensen de regels loslieten als je met een pasje zwaaide. Hij wuifde nog een keer naar de verpleegster en liep toen door de gang naar de parkeerplaats.

Als Jenson inderdaad zijn vader was, werd de zaak toch wat complexer. Dan had hij niet alleen de genen van een monster geërfd maar moest hij er rekening mee houden dat hij ook alzheimer kon krijgen. En wat nog erger was: dan zou hij zijn moeder moeten vertellen dat haar verkrachter haar inderdaad zwanger had gemaakt of de rest van zijn leven tegen haar blijven liegen. Geen van beide vooruitzichten stemde hem vrolijk. En dan was er ook nog de kans dat hij misschien een halfbroer of -zus had. Zou hij meer te weten willen komen over Andrew Jenson of was dat een stap te ver?

Als Jenson niet zijn biologische vader was, zou hij Gilroy Western in Spanje moeten zien op te sporen. Een betrouwbaar DNA-monster afnemen van een man die zich Callanachs Franse moeder waarschijnlijk wel herinnerde, zou ongetwijfeld veel lastiger worden.

Zuchtend duwde Callanach de dubbele deuren open die op de parkeerplaats uitkwamen. Hij wilde dit niet. Hij verlangde naar een eenvoudiger tijd toen hij dacht te weten wie zijn vader was, ook al had hij zijn leven lang geleden onder de pijn van het vroege verlies. Als het de levende, ademhalende, golfende Gilroy Western was, hoe kon hij er dan voor zorgen dat het recht zijn loop kreeg?

Zijn moeder had laten weten dat ze beslist niet alsnog aangifte wegens verkrachting wilde doen. Er was geen enkel ondersteunend bewijs. Western zou zelfs kunnen beweren dat de seks had plaatsgevonden met wederzijdse instemming en daardoor zou zijn moeder zo mogelijk nog zwaarder getraumatiseerd raken. Dat betekende dat hij er ofwel niets mee zou doen, in de wetenschap dat de verkrachter van zijn moeder er ongestraft mee wegkwam, ofwel zijn eigen leven en carrière kapotmaakte door het recht in eigen hand te nemen.

Het onderzoek voortzetten zou weinig positieve resultaten opleveren en toch was hij nu op weg naar huis om Jensons haar en een haar van hemzelf op te sturen om ze op DNA te laten testen. Hij wist zich geen raad. Hij had gehoopt dat het verblijf in Parijs de relatie met zijn moeder zou verbeteren. Na een lange periode waarin ze elkaar niet hadden gesproken, hadden ze zich met elkaar verzoend. Het weerzien was fijn geweest, maar tegelijk emotioneel belastend. Hij had zich niet in staat gevoeld met haar over de verkrachting te praten en zijn moeder had haarfijn aangevoeld dat hij medelijden met haar had. De pijn van een verkrachting werd er met de jaren niet minder op.

Hij startte de auto en zette het dimlicht aan vanwege de invallende schemering. Terwijl hij zijn gordel omdeed voelde hij zijn telefoon trillen in zijn broekzak.

'Luc, met Ava,' klonk het voor hij iets kon zeggen. 'Sorry, ik weet dat je morgen pas weer aan het werk gaat, maar ik ben in het mortuarium. Er is een dodelijk slachtoffer gevonden onder een van de torens van Tantallon Castle, een man. Hoe snel kun je hier zijn?'

Aan zijn vakantie, als je het zo kon noemen, was duidelijk een eind gekomen.

3

3 maart

Hoofdinspecteur Ava Turner stond met de armen over elkaar naar het lijk te kijken. Het was dat de verwondingen zo gruwelijk waren dat ze er bijna onecht uitzagen, anders had het tafereel haar bijna een trauma bezorgd. Dokter Ailsa Lambert, hoofd van de dienst forensische pathologie van Edinburgh, een frêle, havikachtige vrouw die eruitzag alsof je haar zo omver zou kunnen blazen, bleef zoals gebruikelijk professioneel en liep met snelle passen heen en weer door de autopsieruimte.

'Nooit eerder een lichaam gezien dat van grote hoogte is gevallen?' vroeg ze aan Ava.

'Nee,' antwoordde die, terwijl ze met haar gehandschoende hand een arm optilde om eronder te kijken. 'Zijn al deze verwondingen postmortaal of zijn er tekenen dat hij is aangevallen voor hij viel? Deze gapende wonden zien eruit als messteken.'

'Onvoorstelbaar hè? Bij een val van grote hoogte wordt, in natuurkundige termen, een ballistische kracht op het lichaam uitgeoefend. Die scheuren in de huid zijn ontstaan toen de explosieve kracht zich een weg naar buiten zocht en een kritiek punt bereikte waarop het lichaam van deze man bezweek onder de hoeveelheid vrijgekomen energie.'

Ze tilde het laken op en liet een diepe scheur zien rond de zij van de man, die bijna doorliep tot aan zijn navel, en nog een andere langs de achterkant van zijn linkerbeen. Het was alsof iemand met een slagersbijl op zijn vlees had ingehakt. Ava pakte de punt van het laken en trok het weer over de man heen.

'Zoiets als letsel dat is toegebracht met een stomp voorwerp?' vroeg ze.

'Zoiets ja, alleen werkt dit van binnen naar buiten. Hij heeft een heleboel fracturen, wat te verwachten viel. Deze meneer is plat op zijn rug terechtgekomen. Zijn ruggengraat is op vier plekken gebroken, zijn lever is gebarsten en beide longen zijn doorboord door gebroken ribben.'

'Heeft hij geleden?'

'Niet lichamelijk. Daar ben ik vrij zeker van. Van slachtoffers die een val van grote hoogte hebben overleefd weten we dat ze vlak voor de klap door hun brein worden beschermd. Ze verliezen het bewustzijn of raken in reactie op het naderende trauma in een staat van fugue. Heel weinig mensen kunnen zich de impact van de klap herinneren. In dit geval kan ik je vertellen dat de dood zo onmiddellijk is ingetreden dat hij niet eens tijd zou hebben gehad om pijn te voelen. Hij kwam met zijn achterhoofd zo hard op het beton terecht dat een deel van zijn schedel is geplet. Zal ik hem omdraaien zodat je het kunt zien?'

'Niet nodig. Ik geloof je op je woord,' mompelde Ava.

'Heel verstandig, maar ik ben bang dat ik toch enig voorbehoud moet maken wat betreft jouw vraag of hij geleden heeft, en dat is ook de reden waarom ik je heb gevraagd om hierheen te komen.' De deur ging open en een in het wit geklede gestalte kwam binnen. 'Luc! Kom erbij. We kwamen juist tot de kern van de zaak.'

'Hallo,' zei Ava glimlachend. 'Sorry dat ik je van je laatste vrije uurtje heb beroofd. Was je iets leuks aan het doen?'

Callanach schudde zijn hoofd. 'Ik was gaan fitnessen. Te veel gegeten in Parijs. Ik moet weer nodig iets aan mijn conditie doen.'

Het was een leugen maar hij kwam ermee weg. Callanach had

het soort slanke lichaamsbouw met bijbehorend sixpack waar de meeste mannen alleen maar van konden dromen.

'Toen ik zo oud was als jij bestonden er geen sportscholen,' mopperde Ailsa terwijl ze een lamp op wieltjes met een flexibele arm en een vergrootglas dichterbij trok. 'Wij maakten lange wandelingen, zaten niet urenlang op een scherm te turen en gaven al helemaal niet al ons geld uit aan eten waar meer verzadigde vetten dan eiwitten in zitten.'

Callanach grinnikte naar Ava. Ailsa was een uitstekende patholoog, maar ze nam geen blad voor de mond.

'Goed, bij elke val van grote hoogte kunnen we spreken van een ongeluk, zelfmoord of een misdaad. Moet je kijken.' Ze pakte de rechterhand van het lijk en spreidde de vingers uit op haar handpalm. 'Hij heeft behoorlijk wat vuil onder zijn nagels – drie van de vijf nagels zijn tijdens de val afgebroken, want het vuil is vermengd met vers opgedroogd bloed. Het vuil zelf bestaat uit baksteengruis en modder.'

'Hij heeft zich dus vastgeklampt,' zei Callanach.

'Dat heeft hij zeker,' antwoordde Ailsa. 'Om die reden sluit ik zelfmoord uit.'

'Denk je niet dat hij alsnog van gedachten is veranderd? Ik bedoel dat hij naar boven klom om te springen, aan de val begon en zich op het laatste moment aan de muur heeft vastgeklampt. Of dat hij zich instinctief vastklampte?' vroeg Callanach.

'Geen normaal patroon. Zelfmoordenaars springen meestal een eind naar voren als ze eenmaal hebben besloten dat ze gaan springen en deze man zou naar achteren moeten zijn gesprongen om zich aan de muur te kunnen vastgrijpen. Als dat inderdaad zo was, zou hij vrijwel meteen door de zwaartekracht achterover zijn gekanteld waardoor hij zich onmogelijk met zijn vingertoppen aan de muur had kunnen vastklampen.'

'Als ik bij Tantallon zelfmoord zou willen plegen, zou ik vanaf de klippen in zee springen en niet vanaf de kasteelmuren naar beneden. Dat geeft maar een smeerboel,' voegde Ava eraan toe.

'Oké, geen zelfmoord. Wat dan? Een ongeluk?' vroeg Callanach.

'Veel aannemelijker,' zei Ailsa, 'en een mogelijkheid waarmee ik nog steeds serieus rekening houd. Misschien is hij uitgegleden, heeft zich een tijdje vast weten te klampen maar kon zich niet omhoogtrekken, al helemaal niet met die afgescheurde nagels. Alleen is het niet zo makkelijk om daar van de muren af te vallen. Als dat zo was zouden ze niemand in de buurt van dit kasteel laten komen. Hij moet op de borstwering zijn geklommen.'

'Ongeluk?' vroeg Callanach zich af. 'Een beetje stoer doen, klimt omhoog, glijdt uit, klampt zich vast en daarna gaat het mis. Heb je sporen van alcohol of drugs aangetroffen?'

'Niets geroken toen ik de maag of de schedel openmaakte wat wees op een flinke alcoholinname, en meestal weet ik vrij snel of dat het geval is. Wat drugs betreft, ik heb wat bloedmonsters opgestuurd om op drugs te laten onderzoeken met het verzoek daar haast mee te maken. Maar wat ik jullie wilde laten zien is dit...'

Ailsa legde de hand van de man weer op de metalen tafel, richtte het vergrootglas op zijn middelvinger en plaatste de lamp recht boven het laatste kootje van de vinger.

'Moet je kijken,' zei ze.

Ava en Callanach bogen zich voorover en draaiden hun hoofd alle kanten op om de vinger vanuit verschillende hoeken te bestuderen.

'Ik geef het op,' zei Ava uiteindelijk. 'De hand is behoorlijk gekneusd en vertoont schaafwonden. Ik zie drie afgescheurde nagels. Allemaal dingen die ik zou verwachten.'

'Oké, wat jullie niet weten is dat slechts een van deze vingers gebroken is. De middelvinger, bovenste kootje, vlak onder de nagel.'

Callanach schoof zijn gehandschoende vinger eronder en voelde het bot.

'Ik voel niets,' zei hij.

'Het bot is niet verschoven, dus ik verwachtte ook niet dat je iets zou voelen. De breuk werd pas zichtbaar op de röntgenfoto, maar er is niets van enige genezing te zien en vingers helen vrij snel, dus het is een recente breuk, maar hij is niet veroorzaakt door de val. Hij ziet er anders uit dan de andere breuken.'

'Veroorzaakt toen hij zich aan de muur vastklampte?' vroeg Ava.

'Dat dacht ik ook, tot ik dit zag...' Ailsa bracht het vergrootglas nog dichter bij het vingerkootje en wees op een piepkleine paarse V-vorm, die amper afstak tegen de bleke huid van de hand. 'Die afdruk is niet veroorzaakt door het gesteente. Om te beginnen zit hij aan de verkeerde kant van de hand. Toen de man op het beton smakte, sloeg hij met zijn handpalm tegen de grond. Dat kan ik zien aan het impactpatroon op zijn handpalm. Deze kneuzing boven op zijn vinger zit diep en is heel recent. Ik heb de huid weggehaald en daaronder gekeken. Het gaat om een recent trauma, waarbij veel druk is uitgeoefend. Dat heeft waarschijnlijk ook de breuk daaronder veroorzaakt.'

'Wat is de oorzaak, denk je?' vroeg Ava.

Ailsa sloeg haar armen over elkaar en hield haar hoofd schuin. 'Ik aarzel,' zei ze. 'Dit gaat wel ver.'

'Maar daarom zijn we hier toch?' zei Ava met opgetrokken wenkbrauwen.

'Klopt. Die afdruk heeft een ongebruikelijke vorm. Zonder die breuk zou ik minder zeker zijn geweest, maar er is heel veel kracht uitgeoefend op die vinger, alsof er iets zwaars op drukte. Die V-vorm lijkt op de afdruk van een schoenzool. Dat zou ook de breuk verklaren. Zoals ik al zei, ik heb er verder geen enkel bewijs voor. De man heeft geen andere verwondingen die niet aan de val zijn toe te schrijven. Geen ander afweerletsel. In deze omstandigheden, zonder getuigen of een duidelijk beeld van wat er gebeurd is, zou ik hier geen zaak op kunnen baseren.'

'Nou, laten we dan maar hopen dat er een onschuldige verklaring voor is. De laatste moord in Edinburgh was die wraakmoord met kerst in Braidburn Valley Park, toen die bendes elkaar te lijf gingen. Ik hoopte het nog een paar maanden zonder moordzaken te kunnen stellen.'

'Ik zeg je alleen maar wat ik zie,' zei Ailsa. 'De rust en orde handhaven is jullie taak.'

'Niet echt. Mijn team mag de boel opruimen wanneer de sociale omgangsregels met voeten zijn getreden. Maar goed, als we hier blijven staan komen we niet verder,' zei Ava. 'Misschien krijgen we een duidelijker beeld als we hem hebben geïdentificeerd. Stuur je verslag maar op. Ik stel een onderzoek in maar ik zal rekening houden met andere mogelijkheden. Klinkt dat redelijk?'

'Absoluut,' zei Ailsa glimlachend. 'Deze man is nog maar begin dertig. Ik denk dat we hem dit verschuldigd zijn. Op die leeftijd hoor je niet dood te gaan, onder geen enkele omstandigheid.'

'Dat ben ik met je eens,' beaamde Ava en ze liep naar de schuifdeuren van de autopsieruimte, waar ze het haarkapje afdeed en haar handschoenen uittrok en in de prullenmand gooide. Ze omhelsde Ailsa. 'Hoe gaat het verder met je?' vroeg ze terwijl ze uit haar steriele pak stapte.

'Voor een oudje als ik, bedoel je?' Ailsa grinnikte.

Ava liet een afkeurend geluid horen.

'Het gaat prima met me. Minder gestrest dan jullie, denk ik. Het doet me goed om te horen dat Luc even vrijaf heeft genomen. Wanneer heb jíj voor het laatst vakantie gehad, meisje?'

Ava lachte. Ailsa, die vroeger bevriend was geweest met haar ouders, zou haar altijd als een kind blijven zien, hoe oud Ava ook werd en wat voor rang ze ook had.

'Dat doe ik binnenkort, beloofd. We hebben eindelijk een nieuwe inspecteur aangenomen dus dat moet het allemaal wat makkelijker maken. We rijden nu naar Tantallon. Is er nog iets speciaals waar we op moeten letten?'

'Het wordt zoeken naar een speld in een hooiberg, maar ik zou die ontbrekende nagels graag nader willen bestuderen. Misschien zitten daar een paar cellen op die ons een beter beeld geven van wat er is gebeurd,' zei Ailsa.

'Daar hoef je niet op te hopen,' waarschuwde Ava. 'De plek van het ongeval is door de technische recherche niet als een actieve plaats delict behandeld. Wat denk jij, Luc? Heb je zin in een avondwandeling over de kasteelmuren?'

'Het perfecte einde van een perfecte vakantie,' zei Callanach glimlachend. 'Ik haal mijn jas.'

4

4 maart

Ava en Callanach stopten even bij het bureau om regenkleding te pakken en grotere zaklampen dan ze in de achterbak van hun auto hadden liggen, en brachten de meldkamer op de hoogte van hun plannen. Tegen de tijd dat ze de vijftig kilometer in oostelijke richting naar North Berwick hadden afgelegd, en via kronkelige weggetjes naar het uiterste puntje van de kust waren gereden, met gepast ontzag voor de stromende regen en de harde windstoten, was het net na middernacht.

Ze bleven nog even in Callanachs auto zitten die hij niet op de parkeerplaats aan het eind van de weg had neergezet, maar vlak bij de entree annex souvenirwinkel. Vandaar hadden ze uitzicht op de enorme gordijngevel die ooit het kasteel had beschermd tegen plunderaars en luisterden ze naar de steeds harder kletterende regen.

'Als kind heb ik hier ooit een weekend een cursus boogschieten gehad,' zei Ava glimlachend. 'Aan het eind van de eerste dag dacht ik dat ik verliefd was op de instructeur.'

'Wat gebeurde er toen?' vroeg Callanach.

'Ach, het liep af zoals de meeste verliefdheden aflopen als je als tienjarige smoor wordt op je vijfentwintigjarige instructeur. Hij gaf me een aai over mijn bol en zei dat ik ontzettend goed mijn best had gedaan, en toen verscheen zijn blonde vriendin in haar minirokje en brak mijn hart in duizend stukken.'

'Ben je er nu overheen?'

'Nou, ik krijg nog steeds vlinders in mijn buik als ik een man met een grote handboog zie, maar verder denk ik dat ik het ergste wel achter de rug heb. Geloof jij in geesten?' vroeg ze.

'Nee. Kwestie van statistiek. Hoeveel mensen hebben deze aarde bewoond en zijn gestorven? Als ze bestonden zouden we ongetwijfeld overspoeld worden door rusteloze geesten.'

'Wat ben je toch nuchter,' antwoordde ze. 'Ik dacht dat Fransen zo'n romantische inborst hadden.'

'Heb je me daarom hier mee naartoe genomen? Voor wat romantiek? Ik weet niet zeker of je het zoeken naar de nagels van een pas overleden man in een muur als een date zou kunnen betitelen.'

'Idioot. Als dit een date was, had ik wel schone sokken aangetrokken,' zei ze grinnikend, naar voren leunend om een blik op de bovenkant van de kasteelmuren te werpen. 'Maar voor wat het waard is: ik ben het met je eens. William Wordsworth schreef ooit: "Ik ben op zoek naar geesten; maar kom er nooit een tegen; het is onjuist te beweren dat levenden en doden met elkaar verkeren." Mooi hè?'

'Vast wel, maar ik heb wel wat moeite met de Franse vertaling van het woord "verkeren". In het Engels neig ik er nog steeds toe de woorden letterlijk te interpreteren, en meestal hebben ze voor mij maar één betekenis.'

Ava fronste even haar wenkbrauwen en keek hem niet-begrijpend aan, toen sloot ze haar ogen en schudde haar hoofd, zogenaamd afkeurend.

'Vergeet het maar, Romeo. Als dat alles is wat je te zeggen hebt wanneer ik een poëtische sfeer probeer op te roepen, kun je maar beter je mond houden.' Ze ritste haar jack dicht en deed het portier open, maar dat sloeg bij het uitstappen door een windvlaag weer hard tegen haar scheen. 'Au! Godverdegod!' gromde ze.

'Ja hoor, jij levert vanavond de poëtische omlijsting,' zei Callanach.

'Ik zal het portier voor je openhouden.' Hij stapte uit en holde om de auto heen om haar te helpen terwijl Ava over haar scheenbeen wreef. 'Weet je zeker dat je dit vanavond wilt doen?'

'Nee, maar het is nu of nooit, met die storm op til. Voor zover er nog iets te zien valt zal dat morgen anders verdwenen zijn. Kom.'

Ze gingen het bezoekerscentrum binnen, waar een balende agent in uniform en een werknemer hen opwachtten om hen binnen te laten, en liepen naar de toegangspoort van het kasteel dat er zelfs in zijn half geruïneerde staat nog altijd indrukwekkend uitzag. Een stormwind belaagde hen vanuit het noorden en het was zo koud dat de regen bijna in ijzel veranderde. Ava zette haar capuchon op en veegde haar lange donkerbruine natte krullen voor haar ogen weg.

Ze namen de houten voetgangersbrug over de oude slotgracht en liepen onder de gewelfde poort van een groen uitgeslagen stenen bouwwerk door. Onder hen en rechts van hen was een deel van de slotgracht bezaaid met uit de muur losgekomen stenen, met tape afgezet als plaats delict. Vandaar liepen ze verder over gladde kinderkopjes naar de enorme binnenplaats van het kasteel. Voor hen uit strekte zich een met gras begroeid binnenterrein uit tot aan de klippen die regelmatig afbrokkelden in zee. Rondom het eeuwenoude bouwwerk gierde een felle wind en het was begrijpelijk dat bezoekers zich hier honderden jaren terug in de tijd waanden en zich inbeeldden dat hier geesten rondwaarden. Het werd meteen duidelijk dat een eventuele aanvaller nooit vanaf de kant van de zee kon zijn gekomen, en ook dat Ava gelijk had gehad. Het was veel logischer geweest als de man zelfmoord had gepleegd door van de klippen af te springen.

Callanach zag Ava naar een deur in de muur wijzen. Daarachter lag een stenen wenteltrap en ze klommen naar boven met als enige houvast een touw dat aan de muur was bevestigd. Hij liep vlak achter haar, keek waar ze haar voeten neerzette en moest zich beheersen om haar niet vast te pakken en in evenwicht te houden. Ava was niet het soort vrouw dat hulp wilde of nodig had, maar toch viel het hem niet makkelijk het gevoel van zich af te zetten dat hij haar moest beschermen. Ze was zijn beste vriendin geworden sinds hij in Schotland was komen wonen, wat niet altijd even eenvoudig was omdat ze ook zijn meerdere was.

Bovenaan de trap doken ze onder een ander afzetlint door en liepen naar een geplaveid loopgedeelte achter de muur, waar een groot bord stond met bezoekersinformatie. De weergang was zeker twee meter breed, en zo vlak dat je er veilig kon staan, hoewel je beter niet op de muur kon klimmen, waarachter je de brug en de slotgracht kon zien liggen. Boven hun hoofd werd de wind door hoger gelegen muren enigszins tegengehouden, maar de regen niet.

'Blijkbaar is dit de voorste toren. Wanneer is ons slachtoffer precies naar beneden gevallen?'

'Hij werd onderaan de muur gevonden toen het personeel vanmorgen binnenkwam. In deze tijd van het jaar gaat het kasteel pas om tien uur open en de deur waardoor we naar binnen zijn gekomen zit 's nachts op slot. Pas als Ailsa haar verslag heeft gemaakt en het tijdstip van overlijden heeft vastgesteld, weten we hoe laat hij is gevallen, maar vermoedelijk tussen zeven uur 's avonds en acht uur 's ochtends. Er hangen camera's in het bezoekerscentrum en die hebben we bekeken, maar die geven 's nachts een te slecht beeld,' riep Ava boven de wind uit.

'Heeft hij ingebroken?' vroeg Callanach.

'Wat?' schreeuwde Ava en ze kwam dichter bij hem staan.

Callanach sloeg zijn arm om haar schouders en legde een hand om haar oor om zich beter verstaanbaar te maken.

'Ik zei: heeft hij ingebroken of zichzelf in laten sluiten?'

'Ik heb gehoord dat er op de deur of het slot geen sporen van braak zijn aangetroffen, maar we hebben geen camerabeelden van het kasteel zelf, dus dat weten we niet zeker. Het schijnt wel eerder te zijn voorgekomen dat mensen zich hier 's nachts lieten insluiten. Er zijn genoeg hoekjes waar je je kunt verstoppen als je niet ontdekt wilt worden. Kijk...' Ze wees over de rand en leunde gevaarlijk ver voorover over de ruwe stenen. 'Op deze plek is hij naar beneden gevallen. Hou me eens vast.' Ze klom op de borstwering achter het informatiebord en ging op haar buik liggen, met haar hoofd over de rand, en gebaarde naar Callanach dat hij haar bij haar jack moest vasthouden.

'Nee,' zei hij zo luid dat ze het duidelijk kon horen, boven de windstoten uit. 'Dat vind ik niet goed.'

'Ik denk dat je bedoelt: dat kan ik niet toestaan, mevrouw,' corrigeerde Ava hem. 'Als je me niet stevig genoeg vasthoudt kom ik straks naast onze tot op heden ongeïdentificeerde vriend op Ailsa's tafel te liggen. Dus pak me stevig vast. Letterlijk.'

'Kom terug. Dan klim ik er wel overheen. Je mag me voor van alles en nog wat uitmaken maar ik vind het niet oké dat je zoveel risico neemt.'

'Alleen ben ik niet sterk genoeg om jou terug te trekken als je zou uitglijden. Jij zou me met je meetrekken en zo wil ik niet uit het leven stappen, dus je doet wat ik zeg, inspecteur Callanach. Ik heb als kind vaak genoeg dit soort muren beklommen en onder veel slechtere weersomstandigheden.'

Vanaf haar middel over de muur hangend leunde Ava zo ver over de rand als Callanach haar toestond. Hij schatte dat ze een meter of vijftien boven de grond zaten, en zelfs als hij ernaast zat, omdat hij in het donker niet in de diepte kon kijken, was hij er zeker van dat een eventuele val tot de dood zou leiden. Om de paar seconden vloekend, terwijl ze op haar buik over de muur schoof, bewoog Ava de zaklamp van links naar rechts en van boven naar beneden, tot ze een kreet slaakte.

'Camera!' riep ze, zwaaiend met de zaklamp naar Callanach.

'Dan moet ik mijn ene hand vrijmaken. Je moet eerst even terugkomen.'

'Nee, kan niet. Dan vind ik deze plek niet meer terug. Mijn camera zit in m'n linkerzak. Pak hem nou maar en geef hem aan.'

'Godsamme, wat ben je toch een koppig, eigenwijs...'

'Ik kan je horen, hoor. Pak die zaklamp aan.'

Callanach nam de zaklamp aan terwijl hij Ava met zijn rechterhand stevig vasthield en tegelijkertijd de digitale camera uit haar zak haalde en aanreikte.

'Wat is het?' riep hij.

'Stukje huid, denk ik. Er is een dun reepje huid aan een brok steen blijven hangen.'

De camera flitste een paar keer en Callanach zette zich schrap om Ava, die steeds verder naar voren leunde, in evenwicht te houden.

'Pak de camera en geef me een bewijszak aan.'

Callanach stak de camera in zijn eigen jaszak en trok een bewijszak uit zijn broekzak.

'Ava, we moeten hier morgenochtend terugkomen.'

'Dan is het al verdwenen. Aan de hoeveelheid huid te zien moet hier ook bloed hebben gezeten, maar daar is nu niets meer van te zien. Als Ailsa gelijk heeft met die schoenafdruk dan is dit onze laatste kans om het bewijs daarvoor te vinden.'

Callanach gaf haar de plastic zak aan.

'Ik heb iets meer ruimte nodig om te manoeuvreren, ik denk dat er nog iets anders in dat stuk steen zit.'

Ze schoof wat verder naar voren om beter te kunnen kijken. De windstoot trof hen van achteren, vanuit de tegenovergestelde kant van de heersende wind, waardoor Callanach tegen Ava's lichaam aan viel en geen enkel tegenwicht meer kon vormen. Ava gilde, ze klauwde naar de muur, rolde opzij en verloor haar greep, waardoor haar rechterbeen door de lucht zwiepte en tegen de scherpe stenen aan klapte. Haar jeans scheurde van haar knie tot haar enkel open en haar wang sloeg keihard tegen de stenen.

Callanach gooide zichzelf naar voren, sloeg een arm om haar dij en voelde haar wegglijden. Ze graaide naar de muur en probeerde zich vast te klampen, maar zwaaide zo wild met haar lichaam dat hij haar amper kon houden. De wind geselde haar hoofd en voerde haar geschreeuw langs de steile kasteelmuur mee naar beneden.

'Ava, ik tel tot drie en dan trek ik je omhoog. Span je buikspieren aan, niet naar de muur grijpen en probeer mijn arm vast te pakken!' riep hij zonder te weten of ze het had gehoord.

Om wat stabieler te liggen, haakte Callanach de neus van zijn schoenen achter de rechte hoek van de borstwering waarop hij lag en spande zijn spieren.

'Eén, twee...'

Ze rukte aan zijn arm, maar te vroeg en te schokkerig. Haar andere been gleed onder hem vandaan terwijl ze op datzelfde moment zijn hand wist vast te grijpen.

'Hou me vast!' gilde ze.

Het bloed stroomde over haar gezicht en de hand waarmee ze hem vastgreep was klam en voelde krachteloos aan in de zijne. Haar beide benen hingen nu onder haar in de wind te zwaaien.

Hij kroop verder naar voren over de vlakke bovenkant van de borstwering, draaide zijn lichaam enigszins en trok zijn ene knie onder zich om meer kracht te kunnen zetten, en brullend tegen de wind in sloeg hij zijn rechterarm als een bankschroef om haar rug en gooide zichzelf met alle kracht naar achteren. Ze schoten over de rand heen en klapten samen tegen de achterkant van het informatiebord, waarbij Ava, toen ze eenmaal over de bovenkant van de borstwering was gerold, als een lappenpop naar beneden viel, boven op hem. Ze schreeuwde het uit en klampte zich aan hem vast. Callanach wiegde haar en fluisterde geruststellende woorden die ze nooit zou horen boven de wind en haar gehuil uit.

Na een paar minuten richtte ze haar hoofd op en keek hem aan.

'Moet ik een ambulance bellen?' vroeg hij.

Ava strekte haar benen, voelde met haar hand in haar nek en bewoog haar hoofd van links naar rechts.

'Ik ben ongedeerd,' verklaarde ze.

'Je bent niet ongedeerd. Het lijkt verdomme wel of je last van doodsdrift hebt.'

Callanach pakte haar bij de schouders en schudde haar door elkaar. Ze keek hem verschrikt aan, toen vulden haar ogen zich met tranen en zakte ze trillend in elkaar, met haar hoofd tegen zijn borst.

'Sorry,' fluisterde hij in haar haar. 'Je hebt me laten schrikken. Kom, laat die snee op je wang eens zien.'

Ava draaide haar hoofd zodat hij het meeste bloed weg kon vegen om de snee daaronder te inspecteren.

'Die snee op je wang valt nog wel mee, maar je hebt een enorme bult op je voorhoofd. Je moet laten checken of je een hersenschudding hebt. Kun je lopen?'

Ava knikte, ging op haar knieën zitten en wilde opstaan.

'Langzaam,' zei hij. 'Ik hou je wel vast.'

Hij trok haar overeind, sloeg zijn ene arm om haar middel en beschermde met zijn andere hand haar bebloede wang. Voetje voor voetje daalden ze de wenteltrap af, waarbij Ava steun zocht tegen de muur en Callanach zijn hand voor haar lichaam hield, klaar om haar op te vangen als ze viel, alsof ze op een zwaar stampend schip stond. Halverwege trok hij haar een van de kleine nisjes in zodat ze even op adem kon komen, en onderzocht haar been.

Tegen de tijd dat ze weer op de begane grond stonden, beefde Ava zo erg dat Callanach even bang was dat ze zou flauwvallen.

'Ik zal je dragen. Vanaf hier is het vlak terrein.'

Ze keek naar hem op, haar grijze ogen leken enorm groot in haar asgrauwe gezicht, haar haar plakte in slierten tegen haar hoofd en zat onder het bloed.

'Om de donder niet,' wist ze uit te brengen, met een zweem van een glimlach op haar gezicht.

Hij sloeg dubbel van de lach, waardoor er in één keer zoveel spanning van hem afviel dat hij er bijna misselijk van werd en amper adem kon halen.

'We moeten je zien op te warmen,' zei hij toen hij weer kon praten.

Toen ze uiteindelijk het bezoekerscentrum binnenstrompelden, schoot de postende agent overeind en greep naar zijn wapenstok.

'Het is goed,' stelde Callanach hem gerust. 'Het is een ongeluk, geen incident.'

'Zal ik een ambulance voor u bellen, mevrouw?' vroeg de jonge man, die afstand hield alsof ze besmettelijk waren.

'Nee, niets aan de hand. Een paar aspirines en ik ben weer de oude,' zei Ava. 'Sluit de boel achter ons af en meld je op het bureau, agent. Zou je dit discreet willen afhandelen? Ik wil niet dat de mensen gaan denken dat inspecteur Callanach en ik met elkaar op de vuist zijn gegaan.' Ze deed haar best om te glimlachen, maar het gevoel kwam terug in haar gezicht en ze begon nu pijn te krijgen.

'Zeker, mevrouw, daar kunt u van op aan,' zei hij stoïcijns en hij hield de deur naar de parkeerplaats voor hen open.

'Nog één ding,' zei Ava tegen de beheerder, die haar aanstaarde alsof ze zojuist uit een ruimteschip was gestapt. 'Als je 's avonds ingesloten raakt in het kasteel, kun je hier dan eventueel wegkomen? Ik bedoel als je leven in gevaar is.'

Kevin, zoals hij volgens het naamplaatje op zijn borst heette, begreep het meteen.

'Twee opties,' zei hij nadenkend, terwijl hij over zijn grijzende baard wreef en omhoogkeek naar het kasteel, alsof hij daar het antwoord kon zien. 'Als je heel slank bent en echt weg wilt zien te komen, dan zou zelfs een volwassene zich door een van de schietgaten kunnen wurmen en dan op de oever van de slotgracht kunnen springen. En als het water laag staat, zou je ook over de rotsen naar beneden kunnen klimmen naar zee en dan langs de waterlijn lopen naar een stuk strand waar je weer omhoog kunt. Maar daar moet je wel een goede conditie voor hebben. Geen verwondingen hebben en een sterk lijf. Ik zou het er niet op wagen.'

'Dank je wel,' zei Ava. 'Ik hoop dat ik erop kan rekenen dat je niet te veel loslaat over de toestand waarin ik momenteel verkeer...'

'Mevrouw, ik ben een Schot,' zei Kevin. 'Wij hebben een woelige geschiedenis weten te overleven dankzij onze loyaliteit en ons griezelige vermogen onze lippen stijf op elkaar te houden. Dat is tot op heden niet veranderd.'

Ava wierp Kevin een glimlach toe die het hart van iedere Schotse krijger die het bij Tantallon ooit tegen de Engelsen had opgenomen zou doen smelten, pakte toen Callanachs hand en trok hem mee naar buiten.

Callanach hield het portier aan de passagierskant open en hielp Ava instappen.

'We komen op de terugweg langs de Royal Infirmary. Zo diep in de nacht is er amper verkeer. Ontspan je nou maar. We zijn er over een kwartiertje.'

'Nee, alsjeblieft niet. Ik heb hier en daar een paar blauwe plekken. Ik heb niks gebroken, alleen m'n trots is geknakt. Breng me nou maar naar huis.' Ava leunde achterover tegen de hoofdsteun en deed haar ogen dicht.

'Ben je nou helemaal gek geworden? Na wat er zojuist gebeurd is? Voel je hoe groot die bult op je hoofd is? Kom op, Ava, je bent nu niet koppig maar gewoon dom.' Hij startte de auto en reed weg.

'Luc, alsjeblieft.' Ze stak langzaam haar hand uit en legde die op zijn arm. 'Ik heb me onbezonnen gedragen. Dat was niet eerlijk tegenover je. Als iemand die onder mijn bevel stond zo'n risico zou nemen, zou ik hem of haar schorsen. Ik snap niet wat me bezielde. Als je me naar het ziekenhuis brengt, wordt dit een officieel onderzoek. Doe me dat niet aan, oké?'

Hij zuchtte, ze had inderdaad gelijk.

'En als we nou even bij Ailsa langsgaan? Dan kan zij je onderzoeken.'

'Ik jaag haar alleen maar de stuipen op het lijf. Ze zal razend worden en dat ga ik nog heel lang horen. Nee. Wat ik nodig heb is een warm bad, een borrel en pleisters.'

'Natasha?' probeerde hij.

Ava's beste vriendin zou al net zo kwaad worden, maar ze zou zich onmiddellijk over Ava ontfermen.

'Die slaapt bijna elke avond bij haar nieuwe vriendin. Laat het nou maar. Ik ben geen kind. Ik ben meer geschrokken dan dat ik me echt pijn heb gedaan.'

'Heb je dan wel ijsblokjes in je vriezer, want die zul je wel nodig hebben voor je hoofd.'

'Weet ik niet zeker, maar er zit een bult, dus dan zit het wel goed, toch? Je hoeft je alleen zorgen te maken als je geen bult krijgt.'

'Herinner me eraan dat ik je nooit belangrijke medische beslissingen laat nemen als het om mij gaat. Jij blijft vannacht bij mij. Er bestaat nog steeds een kans dat je een hersenschudding hebt opgelopen en dan mag je niet alleen zijn,' zei hij vastbesloten. 'Ik wens geen weerwoord te horen. En zorg dat je wakker blijft. Als je nu in slaap valt, word je alsnog wakker in het ziekenhuis, of je dat nu wel of niet wilt. En we gaan hier geen discussie over voeren.'

Voor een keer zei Ava niets terug, wat Callanach genoeg duidelijk maakte over haar werkelijke toestand.

Zijn appartement in Albany Street lag op de eerste verdieping van een victoriaans rijtjeshuis. Hij zette Ava op de bank neer terwijl hij een ijskompres maakte en een deken voor haar pakte.

'Ik laat het bad vollopen,' zei hij. 'Kun je zelf je jeans uittrekken of moet ik helpen? Je hebt een lelijke wond op je been en ik wil daar even naar kijken.'

Ava staarde naar haar jeans waarvan de rechterpijp bijna in tweeën was gescheurd toen ze langs de muur was geschraapt.

'Had ik niet eens gezien,' zei ze. 'Je hebt zeker geen whisky in huis? Cognac of port is ook goed.'

'Ik ga koffiezetten,' antwoordde hij, en hij legde een doek over de bult op haar hoofd voordat hij het ijskompres erop legde. 'Alcohol en hoofdletsel gaan niet goed samen, ben ik bang, ook al is dat voor jullie Schotten de traditionele oplossing in dat soort gevallen.'

'Dooie diender.' Ze knoopte haar jeans los, wurmde zich eruit en schopte de deken weg om haar been te inspecteren. 'Een rokje dragen zit er de komende weken niet in. Dat ziet er niet goed uit.'

Haar been zag bont en blauw van haar knie tot haar enkel en op haar scheenbeen zat een langgerekte, gelukkig niet al te diepe open wond, een indrukwekkende aanwinst voor de verzameling littekens die ze al had.

Callanach reikte haar een dampende mok aan en ging op het uiterste puntje van de bank zitten.

'Gaan we het nog hebben over wat je vanavond hebt gedaan?'

'Ga je me nou aan een psychoanalyse onderwerpen? Want je weet dat ik dat alleen maar saai vind.' Ze nam een slok, en vertrok haar gezicht tot een grimas omdat de koffie te sterk was. 'Dit spul kan toch niet goed zijn voor een mens.'

'Niet van onderwerp veranderen,' zei Callanach, terwijl hij zijn schoenen uitschopte en zijn mouwen oprolde. 'Als je die buitenmuur werkelijk had willen laten onderzoeken dan had je de technische recherche kunnen laten komen. Ik weet dat het dan langer had geduurd en dat we nog steeds niet precies weten waarnaar we op zoek zijn tot Ailsa haar verslag af heeft, maar jij hebt vanavond echt alle regels aan je laars gelapt. En het is ook mijn schuld, ik had het niet toe mogen staan, maar ik dacht niet dat je zo...'

'Doldriest, dwaas, onbezonnen zou zijn? Ik ga geen excuses aanbieden. Er waren goede redenen om daar vanavond heen te gaan, en de plaats delict te bekijken om te zien of we daar bewijs konden vinden dat veiliggesteld moest worden of Ailsa's theorie kon ondersteunen. Ik was niet van plan om op die borstwering te klimmen, maar ik voelde opeens een stoot adrenaline door mijn lijf gaan. Dat had te maken met het duister, de woeste omgeving, de avontuurlijke sfeer.' Ze zette haar koffie neer en verschoof het ijskompres op haar hoofd. 'Ik weet het niet, Luc. Ik zit eigenlijk alleen maar achter mijn bureau papierwerk af te handelen, orders te geven, andere mensen naar plaatsen delict te dirigeren, en naar de verhalen van collega's te luisteren. Ik heb het gevoel dat ik het contact ben verloren met al die dingen waarvoor ik juist bij de politie wilde werken. Alle politiemensen hebben een gezonde dosis van het heldensyndroom. Daarom springen we ertussen bij een gevecht en bungelen we aan een hoge muur om dat ene stukje bewijsmateriaal veilig te stellen dat er morgen niet meer ligt. Ik heb geen doodswens. Eerder het tegenovergestelde. Ik wil weer het gevoel krijgen dat ik leef.'

'Verdomme, ik ben het bad vergeten,' zei hij en hij rende naar zijn slaapkamer.

Ze hoorde hem de kraan dichtdraaien en kastdeuren open- en dichtdoen. Daarna kwam hij weer binnenlopen met twee grote donkerrode badlakens en stak zijn hand uit om haar omhoog te trekken.

'Ava, ik snap dat je het gevoel hebt dat je klem zit, maar je had vanavond wel dood kunnen zijn. Dit gaat wel wat verder dan dat je je achter je bureau verveelt.'

'Het gaat niet alleen om mijn bureau,' kreunde ze, strompelend naar de badkamer. 'Er is niets – en niemand – om voor naar huis te gaan. Mijn werk is mijn leven, dus als ik niet meer zeker weet waarom ik het doe... God, moet je me horen klagen en zeuren. Ik ben dol op mijn werk, dat weet je. Maar ik ben nu halverwege de dertig. Ik heb al ik weet niet hoelang geen relatie meer gehad en de laatste relatie is rampzalig afgelopen. Mijn beste vriendin noemt me een werk in uitvoering en dat zou grappig klinken als het niet waar was. Ik ga nooit uit. Ik zit niet op de sociale media. Ik kan niet eens behoorlijk koken! Hoe sneu ben je als je de uren telt tot je weer achter het bureau mag zitten waar je een steeds grotere hekel aan krijgt?'

Ze liet de deken op de grond vallen en trok haar shirt over haar hoofd uit. Callanach draaide zich om om haar wat privacy te gunnen. Ava slaakte een zacht kreetje en kromp ineen van de pijn toen ze in het warme water stapte.

'Ik zal je wat privacy geven,' zei Callanach en hij wilde de deur achter zich dichtdoen.

'Eh, zou je alsjeblieft bij me willen blijven?' vroeg ze zacht. 'Ik bedoel met je rug naar me toe, natuurlijk. Ik ben dan wel sneu en eenzaam, maar zo wanhopig ben ik nog niet.'

'Charmant,' zei hij lachend. Hij ging in de deuropening van de badkamer zitten, met zijn gezicht naar de slaapkamer gekeerd waar zijn koffer nog steeds onuitgepakt op de grond stond en zijn paspoort op het bed slingerde. 'Duizelig?'

'Een beetje wel, ja,' gaf Ava toe. Ze liet zich achterover in het water zakken en keek met een fronsende blik naar de rode wolken die van haar haren kwamen. 'Hé, bedankt dat je zo goed voor me zorgt. En sorry dat ik het je daar zo moeilijk heb gemaakt. Ik heb niet eens gevraagd of jij je pijn hebt gedaan.'

'Een paar blauwe plekken van toen je boven op mij viel. Voor iemand die niet kan koken, kan je in ieder geval flink eten.'

Ava schoot in de lach. 'Rotzak,' zei ze, en ze gooide een washandje naar zijn hoofd.

Ze wisten allebei dat dat niet waar was. Ava was nog magerder dan anders. Callanach was maar een paar weken weg geweest, maar het was hem meteen opgevallen toen ze elkaar in het mortuarium zagen.

'Zeg, sorry dat ik je die vraag stel, maar van alle medische suggesties die je me aan de hand deed heb je geen enkele keer Selina genoemd. Is alles goed tussen jullie, want het leek me alleen maar logisch dat je me zou voorstellen dat je vriendin-eerstehulparts me zou onderzoeken.'

Callanach strekte zijn armen boven zijn hoofd uit en haalde diep adem. 'Ex-vriendin. We zijn als goede vrienden uit elkaar gegaan en ik weet zeker dat als ik het had gevraagd, ze ons graag geholpen zou hebben. Maar ik vond dat ik dat niet kon maken omdat ik haar behoorlijk in de steek heb gelaten.'

'Dus het was jouw beslissing, niet de hare? Zeg het maar als ik te nieuwsgierig ben.'

'Oké. Ik zeg het. Je bent te nieuwsgierig,' antwoordde hij rustig.

'Is ze niet met je naar Parijs gegaan?' vroeg Ava door.

'Ts ts,' mompelde Callanach. 'Wat zei ik nou?'

'Nou, ik lig hier naakt in jouw bad, dus ik vind eigenlijk dat ik het recht heb om jou vragen te stellen over je privéleven, en al helemaal omdat ik zelf net mijn hart bij je heb uitgestort over mijn treurige, sneue leven.'

'Ik heb je leven daarnet gered, ja? Was dat soms niet genoeg? Of vind je dat dat jou alsnog het recht geeft me het hemd van het lijf te vragen?'

Even was hij zijn belofte vergeten dat hij de andere kant op zou kijken en draaide zich om. Hij keek haar aan, maar ze bood vanuit zijn blikveld een zedige aanblik. Hij zag alleen de bovenkant van haar hoofd en haar ogen boven de rand van het bad uitsteken, waaronder ongetwijfeld een brede grijns schuilging.

'We hebben overwogen dat ze me zou opzoeken in Parijs, maar ik had nog een hoop uit te praten met mijn moeder. Toen stelde Selina voor om later in het jaar samen een vakantie te boeken – iets om naar uit te kijken in de zomer. Maar ik besefte dat ik dat niet moest doen. Ze is een fantastische vrouw.'

'Veel te goed voor jou,' zei Ava zacht.

'Mee eens. Maar goed, vlak voor ik vertrok heb ik het haar gezegd. Ze wilde dat ik er in Parijs over zou nadenken en dat we het misschien nog eens konden proberen, maar ik verspil haar tijd. Ze moet de vrijheid hebben om iemand anders tegen te komen die haar alles kan geven wat ze verdient. Ik was van plan om haar vanavond te bellen en dat te zeggen, maar toen besloot jij die stunt uit te halen.'

'O god, sorry Luc. Waarom is het leven nooit eenvoudig?'

'Nou ja, dankzij jou heb ik er even niet aan gedacht. Ben je klaar om uit bad te komen?'

'Ja. Ik ben moe,' zei ze. 'Zou je me alsjeblieft willen helpen? Mijn spieren beginnen te verstijven.'

'Natuurlijk,' zei hij. 'Ik hou mijn ogen dicht. Beloofd.'

'Dat is je geraden. Ik zou die teleurgestelde uitdrukking op je gezicht niet kunnen verdragen nu je al die tijd gewend bent geweest aan de aanblik van de adembenemende Spaanse schoonheid Selina met haar lange benen.' Ze legde haar hand op Callanachs schouder, stapte voorzichtig uit bad en pakte een handdoek. 'Oké, je mag weer kijken.'

'Waarom doe je dat altijd?' vroeg hij.

'Om hulp vragen als ik uit bad wil stappen? Ik geloof niet dat ik daar een gewoonte van...'

'Jezelf naar beneden halen en overal een grap van maken. Zie jij jezelf echt zo of is dat jouw manier om de mannen van je af te houden?' vroeg Callanach, haar bij haar arm vasthoudend terwijl ze de badkamer uit liep.

'Het is nu te laat voor een serieus gesprek,' zei ze. 'Jij neemt het bed. Ik neem hier al alle ruimte in beslag. Ik slaap wel op de bank.'

'Geen sprake van. Jij slaapt in mijn bed en ik blijf bij je. Die bult op je hoofd baart me zorgen en je mag nu niet alleen zijn. Ga nou maar liggen. Ik wil nog een paar zwaluwstaartjes op die wond aanbrengen.'

'Waarom heb ik nooit eerder gemerkt dat jij zo bazig kunt zijn?' vroeg ze glimlachend, en ze liet zich achterover in de kussens zakken.

'Je bent nog nooit eerder bijna van een kasteelmuur gevallen terwijl ik verantwoordelijk was voor je veiligheid,' antwoordde hij, terwijl hij de zwaluwstaartjes uit de verpakking haalde en die om de centimeter over de jaap op haar been aanbracht.

'Het was afschuwelijk,' zei Ava opeens serieus, op haar nagels bijtend. 'Ik dacht echt dat ik zou vallen. Het leek uren te duren en ik was me van alles bewust. Ik was me van top tot teen bewust van mijn lichaam, van het gewicht dat aan mijn handen hing, van de pijn in mijn schouders, van jouw geschreeuw. Ik proefde het bloed dat van mijn voorhoofd stroomde. En ik wilde echt, echt niet vallen. Ik hoop dat onze dode zich niet zo voelde. Ik ben al eerder in mijn leven bang geweest, Luc, maar nog nooit zo bang, zo weerloos. Ik voelde me totaal hulpeloos.'

Callanach maakte zijn karweitje af en keek haar aan. Ava had tranen in haar ogen en zag bleek ondanks het warme bad. Haar ene oog onder de bult op haar voorhoofd begon al blauw te worden. Hij kon het aantal keren dat hij haar had zien huilen op één hand tellen en ze had al heel wat keren verschrikkelijke dingen meegemaakt. Hij trok de dekens op om haar in te stoppen, deed het licht uit en de gordijnen dicht, en ging toen naast haar liggen en schoof zijn arm onder haar nek.

'Het is goed,' zei hij. 'Je bent veilig. Ga maar slapen. Ik ben bij je als je je niet lekker voelt of een nachtmerrie krijgt, of... maakt niet uit wat.'

Ze bleef een tijdje stil en huilde met haar gezicht tegen zijn schouder gedrukt.

'Ik ga je niet bedanken omdat je mijn leven hebt gered,' zei ze. 'Het is niet genoeg om dat alleen maar te zeggen. Ik zou niet eens weten hoe ik moest beginnen. Ik heb nog nooit van mijn leven zoveel vertrouwen in iemand gehad als in jou. Misschien ook in Natasha, maar dat is niet hetzelfde. Ik heb mijn leven aan je te danken, Luc. De reden van je komst naar Schotland vind ik vreselijk, maar ik ben blij dat je hier bent. Je mag nooit meer weggaan.' Ze sloot haar ogen en viel in slaap met haar arm over zijn borst.

'Ik ga nooit meer van je weg,' fluisterde hij. 'Daar hoef je je geen zorgen over te maken.'

5

4 maart

In de briefingruimte van het team Zware Misdrijven klonk een hoop geroezemoes. Zelfs commissaris Overbeck had hen met een bezoek vereerd. Ze stond helemaal vooraan en keek op haar horloge toen Ava binnenkwam. De rechterkant van Ava's gezicht was ongeschonden, maar haar linkeroog was opgezwollen en zag blauw. De snee op haar jukbeen werd bij elkaar gehouden door zwaluwstaartjes en de bult op haar voorhoofd had zo'n perfecte halve eivorm dat hij bijna nep leek. Met de armen over elkaar staarde Overbeck haar openlijk met open mond aan. Ava liep meteen op haar af om zich te verontschuldigen.

'Doe geen moeite,' zei Overbeck voordat Ava iets kon zeggen. 'Betaalt de Schotse politie je echt zo beroerd dat je auditie moet doen als figurant in een zombiefilm? Zeg alsjeblieft dat je op dat moment geen dienst had, want je gaat geen zaak tegen ons aanspannen omdat je je in de nesten hebt gewerkt.'

'Maakt u zich geen zorgen, mevrouw,' stelde Ava haar gerust.

Overbeck was altijd heel direct, wat betekende dat de meeste gesprekken ultrakort waren – dat was dan wel weer een meevaller.

'Oké, we gaan beginnen.' Overbeck draaide zich om naar de anderen en sloeg met een koffiemok op tafel om iedereen stil te krijgen. 'Hoofdinspecteur Turner heeft zich ondertussen ook bij ons gevoegd, hoewel ze er vandaag wat minder aantrekkelijk uitziet...'

Daarmee kreeg Overbeck de lachers op haar hand. Dat moest ze haar nageven, dacht Ava. Haar baas liet nooit een kans voorbijgaan om een zaal te bespelen.

'Ik wil de nieuwste aanwinsten van ons team aan jullie voorstellen en ik wil' – Overbeck keek even in haar aantekeningen – 'Max Tripp feliciteren met zijn promotie tot brigadier. De meesten van jullie werken al een tijd samen met brigadier Tripp en ik ben er zeker van dat het een opluchting zal zijn om een jongere, fittere en minder irritante collega dan brigadier Lively in jullie team te verwelkomen.'

Toen barstte het gelach pas echt los en Lively leek te genieten van al die aandacht, ook al kwam die in de vorm van een belediging in cadeauverpakking. Ava keek van Overbeck naar Lively. Het was nog maar een paar maanden geleden dat ze haar naaldhakken dragende überkreng van een baas – Overbecks eigen woorden – in flagrante delicto had aangetroffen met de stugge, ongenietbare brigadier, en dat beeld stond nog steeds op haar netvlies gebrand. Een wonderlijker stel had je je niet kunnen voorstellen, en toch had Overbeck Ava het gevoel weten te geven dat zíj een sneu geval was.

'Ah, u houdt dus echt van me, mevrouw,' riposteerde Lively onverschrokken.

Ava wachtte tot de commissaris zou ontploffen. Niemand wist dat ze iets met elkaar hadden en Lively vroeg om problemen door haar in ieders bijzijn van repliek te dienen.

'Dat klopt, brigadier,' zei Overbeck glimlachend. 'Net zoals ik van mijn schoenen houd. Ik loop er elke dag op, ze gaan waar ik wil dat ze gaan en als ik in de stront trap, zit die aan mijn schoenen in plaats van op mijzelf. En als ze oud en afgetrapt zijn smijt ik ze weg alsof ze er nooit zijn geweest.'

Daarmee kreeg ze niet alleen de lachers op haar hand maar oogstte ze ook een luid applaus. Overbeck leek werkelijk met zichzelf ingenomen en had haar gebruikelijke hooghartige blik even afgelegd. Ava kon haar ogen niet geloven. Lively leek overal mee weg te komen, en nu zette Overbeck hem niet eens op zijn plaats, maar zorgde ze er zelfs voor dat hij nog meer prestige genoot bij zijn mannelijke collega's.

'Oké,' zei Overbeck, toen haar ego genoeg gestreeld was door de jolige stemming. 'Ons nieuwste teamlid heeft al een poosje bij ons gewerkt voordat ze met zwangerschapsverlof ging. Het doet me plezier om jullie mee te kunnen delen dat ze vanaf nu fulltime bij ons in dienst is, dus doe me een lol en laat je ware aard pas zien nadat ze is ingewerkt. Wilt u even opstaan, agent Janet Monroe?'

De kleine ranke latina, het glanzende donkere haar in een perfecte wrong, stond op en leek zich volkomen op haar gemak te voelen in de door mannen gedomineerde ruimte. Ava wilde graag meer vrouwen in haar team opnemen, maar dat was een stroperig proces dat nog eens bemoeilijkt werd door de machocultuur. Maar Janet Monroe was stoer, slim en uitstekend opgewassen tegen haar nieuwe collega's.

'En tot slot jullie nieuwe inspecteur. Niet geparachuteerd via Interpol, ben ik bang, maar misschien kunnen jullie het accent van deze man wel goed verstaan...'

En ja hoor, de steek onder water naar Callanach. Ava had erop zitten wachten. Ze keek naar Callanach, die aan de andere kant van het vertrek stond en er zijn schouders over ophaalde. Hij was gewend aan dit soort beledigingen.

'Met promotie naar ons team overgeplaatst na een lange en verdienstelijke carrière in verscheidene undercoverteams in heel Schotland: inspecteur Pax Graham.'

Graham ging staan. Hij zat helemaal achteraan maar zelfs in een overvolle ruimte kon je hem niet over het hoofd zien. Ava vroeg zich af hoe ze iemand van zijn lengte ooit hadden kunnen uitkiezen om undercoverwerk te verrichten, en hij viel niet alleen op door zijn lengte. De man was een berg – een fanatiek rugbyende Hooglander.

Overbeck had zich tijdens het sollicitatiegesprek bijna meisjesachtig gedragen. Ze had niet één keer gevloekt. Ava was niet onder de indruk van zijn spierbundels, maar Graham was van onschatbare waarde gebleken in het laatste grote moordonderzoek van haar afdeling. Hij had de regels flexibel geïnterpreteerd toen dat nodig was om resultaat te boeken, en hij had bewezen dat hij betrouwbaar en eerlijk was.

Ava was er vrij zeker van dat het hem niet alleen maar om de promotie ging. Ze had een hekel aan collega's die zo snel mogelijk carrière wilden maken. Daarvoor kwam je niet bij de politie werken. Pax Graham had genoeg gevaar en ongemak meegemaakt. Hij was populair bij zijn meerderen, getuige zijn referenties, maar hij lag ook goed bij zijn collega's, wat een veel groter compliment was. Je kon de beste manager van de wereld zijn, maar als de mensen onder je bevel je niet mochten, zouden ze ook geen respect voor je hebben.

Graham kwam naar voren terwijl hij van alle kanten op de rug werd geklopt en felicitaties in ontvangst nam. Overbeck schudde hem de hand en gaf hem het woord.

'Dank u wel,' zei hij met een grijns. 'Sommigen van jullie hebben al met mij samengewerkt, en zo niet, dan zul je wel merken dat ik me volledig op mijn werk richt en me nergens door laat afleiden. Ik kijk ernaar uit om te kunnen samenwerken met inspecteur Callanach.'

Terwijl hij verder sprak stond Lively op en kwam naast Ava staan.

'Waren er geen andere kandidaten voor die functie?' fluisterde hij. 'Het lijkt wel of iemand een karikatuur van een achttiende-eeuwse Schot tot leven heeft gebracht.'

'Dat meen je toch niet,' mopperde Ava. 'Ben je nou nooit eens tevreden? Herinner je je nog hoe je inspecteur Callanach in het begin op de huid zat omdat hij Frans was? Nou krijg je een archetypische Kelt en dan is het wéér niet goed.'

'Daar hebt u gelijk in. Hebt u gezien hoe de baas naar hem keek? Uit die blik sprak meer dan beroepsmatige beleefdheid.' Lively sloeg zijn armen over elkaar en fronste zijn wenkbrauwen.

Ava glimlachte. 'Brigadier, ben je nou jaloers? Zeg alsjeblieft ja. Dat zou me een soort geluksgevoel bezorgen waarvan ik dacht dat ik er te cynisch voor was geworden.'

'Met alle respect, mevrouw, sodemieter een eind op, zeg,' zei Lively. 'Vertel eens, met wie hebt u gevochten?'

'Met een muur,' zei Ava. 'Verkeerd ingeschat.'

'Jammer dat ik er niet bij was,' zei Lively, die weer helemaal de oude was.

'Je had ervan genoten. Ik vroeg me net af bij wie ik je zou indelen voor het volgende onderzoek. Laat me maar weten of je liever in Grahams team wilt zitten of bij Callanach wilt blijven.'

Lively kreunde. 'Kan ik niet gewoon in de meldkamer blijven en donuts eten?'

'Ik denk dat je dat al lang genoeg hebt gedaan,' zei Ava met een nadrukkelijke blik op zijn buik. 'Zeg, misschien is dat wel de reden waarom Overbeck er tuk op was om Graham aan te nemen. Hij is een lekker ding. Misschien ben jij niet langer het snoepje van de maand.'

'Nou wordt u persoonlijk, mevrouw. Ik vraag me af of u een ondergeschikte zo toe mag spreken. Ik denk dat ik maar eens met personeelszaken ga praten.'

'Dat kun je doen, ja' – Ava dempte haar stem nog meer – 'maar dan moet ik uitleggen dat mijn opmerking verband hield met het feit dat ik je hier boven in je nakie heb gezien met de Boze Opperheks. Dat maakt het misschien een minder aangenaam gesprek met personeelszaken, wat denk je?'

'Dat is een slag onder de gordel,' gromde hij. 'Wacht. U bent aan de beurt. En probeer zijn grote lijf niet helemaal onder te kwijlen, ja?'

Alle ogen werden op Ava gericht. Ze liep tussen de rijen stoelen door naar voren en wenste dat haar team haar in de ogen zou kijken, maar iedereen staarde alleen maar naar de bult op haar voorhoofd. Haar eigen schuld. Die ochtend toen ze wakker werd in het bed van haar inspecteur, had ze het gevoel dat ze iets stoms had gedaan, maar het had haar vooral in verwarring gebracht. Dat was haar nog nooit gebeurd en ze had geen idee hoe ze het zover had laten komen, ook al waren ze nog zulke goede vrienden. Ze snapte ook niet van zichzelf waarom ze had besloten over de muur van Tantallon Castle te hangen. Ava herinnerde zich vaag dat ze zich op dat moment heel cool en heldhaftig voelde, alsof ze indruk probeerde te maken op Callanach, maar dat sloeg nergens op. Ze hadden al genoeg andere gevaarlijke situaties meegemaakt waarin ze zich niet geroepen had gevoeld om iets te bewijzen. Maar het had haar aanvankelijk wel een goed gevoel gegeven om in de wind zo ver voorover te leunen op zoek naar aanwijzingen, en als een potsierlijke filmheldin het gevaar te trotseren. Op dit moment vroeg iedereen zich echter maar één ding af en in het hele team zou het blijven gonzen van de roddels en gissingen tot zij er korte metten mee maakte.

'Welkom, agent Monroe en inspecteur Graham,' zei ze. 'Ze beginnen allebei vandaag, dus ik wil iedereen vragen hun te laten zien hoe we te werk gaan en welke procedures we hier volgen. We hebben twee zaken die binnenkort voor de rechter worden gebracht, dus zorg er alsjeblieft voor dat al het papierwerk in orde is.' Het bleef stil. Goed dan. 'Gisteravond heb ik een plaats delict bekeken op grond van informatie van de patholoog. Ik ben uitgegleden en gevallen – het was noodweer – en heb mijn hoofd tegen een muur gestoten. 't Ziet er erger uit dan het is en ik ben goed in staat om mijn werk te doen.

Goed, volgens mij is het de gewoonte dat collega's die promotie hebben gekregen de rest van het team op drankjes trakteren, dus inspecteur Graham en agent Monroe zullen vanavond na het werk ongetwijfeld klaarzitten in een geschikte pub.'

Dat leidde ieders aandacht af van haar verwondingen en veroorzaakte een nieuwe ronde van luid commentaar, wat Ava de kans bood stilletjes weg te glippen. Ze liep de gang op en wilde naar haar kamer gaan.

'Mevrouw,' riep een zware stem achter haar. Ze draaide zich om en zag Pax Graham op zich af komen. 'U komt toch vanavond ook naar de pub?'

'Dat moet ik nog zien,' zei ze. 'De teamleden gaan graag helemaal los als ze onder elkaar zijn en dat lukt niet echt als je hoofdinspecteur erbij zit.'

'Mijn feestje, mijn regels,' antwoordde hij.

Hij was een kop groter dan Ava en van zo dichtbij moest ze haar hoofd in haar nek leggen om in zijn helderblauwe ogen te kunnen kijken. Ze snapte heel goed waarom Lively zich door de nieuweling geïntimideerd voelde.

'Laat maar weten waar jullie naartoe gaan. Mijn telefoonnummer staat op de contactlijst van het team. Het eerste wat je moet doen is al die nummers in je telefoon zetten. Misschien dat ik even binnenwip.'

'Ik zou me beledigd voelen als u niet kwam,' zei hij glimlachend. 'Is er iets speciaals waarvoor u me op dit moment nodig hebt?'

'Probeer eerst maar je draai te vinden. In het team Zware Misdrijven vindt het werk ons. Je hoeft er niet naar op zoek te gaan,' zei ze. Ze stak haar hand op en liep verder, terwijl ze haar best deed om niet te hinken.

Haar been deed pijn tegen de tijd dat ze haar kamer had bereikt, waar Callanach op haar zat te wachten met koffie en aspirine.

'In aanmerking genomen dat je mijn leven hebt gered, lijkt het me eerder voor de hand te liggen dat ik koffie voor jóú haal,' zei ze, terwijl ze zich in haar stoel liet vallen en haar hand tegen haar voorhoofd drukte.

'Als je werkelijk het gevoel had dat je me iets schuldig bent dan had je je ziek gemeld, zoals ik je aanraadde.' Callanach schudde twee tabletten uit het potje in haar hand.

'Ja, Overbeck vindt het heerlijk als mensen niet komen opdagen als ze een briefing geeft. Wat dat betreft stelt ze zich altijd heel meelevend op.'

Ava stopte de tabletten in haar mond en slikte ze door. Terwijl ze nog bezig was ze met een slok koffie weg te spoelen, ging de telefoon op haar bureau. Ze gebaarde afwezig naar Callanach dat hij op moest nemen.

'Ava?' klonk de schrille stem van dokter Ailsa Lambert.

Callanach vond het altijd grappig dat ze Ava nooit respectvol met haar rang aansprak.

'Nee. Je spreekt met Callanach. Kan ik helpen?'

'Dat kan je zeker. We hebben het slachtoffer van de valpartij geïdentificeerd. Zijn vingerafdrukken zaten in de landelijke database vanwege een incident waarbij hij achter in een taxi met een mes zat te zwaaien. Het lijkt erop dat de officier van justitie nog niet had besloten of hij hem al dan niet zou vervolgen.'

Callanach pakte een pen en papier.

'Naam?' vroeg hij.

'Stephen Berry. Woonde in de stad. Geen andere veroordelingen. Ik heb mijn verslag af, op de resultaten van het toxicologisch onderzoek na, en ik hoop jullie morgen alles te kunnen toesturen.'

'Ik ga er meteen achteraan. Bedankt, Ailsa.'

Hij ging achter Ava's pc zitten en zocht het dossier over Stephen Berry op dat bij de openbaar aanklager lag.

'Wat hebben we?' vroeg Ava.

'De man met de afgebroken vingernagels heet Stephen Berry, tweeëndertig jaar oud. Er staat een adres bij van een flat aan Comely Bank Row. Hij was op borgtocht vrijgelaten nadat hij was gearresteerd wegens het bezit van een groot mes dat hij tijdens een rit aan een taxichauffeur liet zien. Hij was nog niet aangeklaagd maar het is niet duidelijk waarom niet. Ik neem Tripp mee om het uit te zoeken. Blijf jij in die stoel zitten en zorg dat je wat rust krijgt.'

'Oké, en kun je dan gelijk even iemand langssturen om mijn voeten te masseren?'

'Nog steeds even geestig, zelfs nadat je bijna van een kasteelmuur bent gevallen. Ik bel je zodra ik meer weet.'

Een uur later stopten Callanach en Tripp voor een huis dat eruitzag als een privéwoning. De ramen waren verduisterd en de deur had camerabeveiliging. Een minuut nadat ze hadden aangebeld werden ze binnengelaten door een jonge vrouw die hen in een gezellige zitruimte liet plaatsnemen waar rustige muziek door de luidsprekers sijpelde. Aan de muur hingen kalme zeegezichten, mistige boslandschappen en zonsondergangen in de woestijn. Max Tripp pakte een folder die op tafel lag en las hardop voor.

'"Reach Out is in 2002 opgericht. De organisatie beschikt over zes inloopcentra, werkt samen met een aantal klinieken en praatgroepen voor verslaafden, is bereikbaar via de huisarts, het ziekenhuis of het hospice, en runt een 24-uurshulplijn." Ze zitten goed bij kas. Hier staat dat ze in 2006 een flinke donatie hebben ontvangen van een loterij, waardoor ze een paar mensen fulltime in dienst konden nemen die op hun beurt een groot aantal vrijwilligers aansturen.'

'Dat heeft zeker geholpen,' zei een man terwijl hij binnenkwam en Tripp de hand schudde. 'Ik ben Rune Maclure. Hoe kan ik u helpen?'

'Ik ben agent... brigadier Tripp,' stamelde Tripp, 'en dit is inspecteur Callanach. We hebben helaas slecht nieuws. Verleden maand hebt u een man weten tegen te houden die op het punt stond van de Queensferry Crossing te springen. We hebben uw naam uit het politierapport gehaald.'

'Stephen Berry,' zei Maclure zacht, en zijn gezicht verstrakte. Hij ging zitten en zweeg even. 'Kunt u me vertellen wat er is gebeurd?'

'Hij is overleden als gevolg van een val van de muur van Tantallon Castle. Hij was onmiddellijk dood. De patholoog was er zeker van dat hij niet heeft geleden,' zei Callanach.

'Dank u. Het probleem met zelfmoord is het leed dat voorafgaat aan het moment waarop je besluit er een eind aan te maken. Over die ene seconde van doodsangst aan het eind maken de meeste mensen die ik spreek zich helemaal geen zorgen.'

'Begrijpelijk,' beaamde Callanach. 'Kunt u ons vertellen wat u over hem wist?'

'Eerlijk gezegd niet zoveel. Reach Out staat op een lijst van hulpdiensten met deskundigen die nazorg kunnen verlenen aan mensen die op het punt staan zelfmoord te plegen of een mislukte zelfmoordpoging hebben gedaan. Ik geloof dat de taxichauffeur het heeft gemeld zodra Stephen was uitgestapt. De politie heeft toen ons centrale nummer gebeld en daarna werd gekeken wie er in de buurt was om te helpen. Toevallig was ik vlakbij en was ik binnen een paar minuten ter plekke.'

'Gelukkig maar,' zei Tripp.

'Niet echt. Uiteindelijk heb ik hem niet weten te redden, hè?' Maclure wreef over zijn slaap. 'Onze cijfers zien er best goed uit. De meeste mensen zien er uiteindelijk van af en moeten gewoon alles op een rijtje zetten. Van degenen die het wel proberen, slagen de meesten er niet in omdat ze opeens toch een soort levensdrang ervaren en er niet mee doorgaan of omdat ze gewoon niet genoeg onderzoek hebben verricht. Jaarlijks plegen zevenhonderd mensen zelfmoord in Schotland, meer mannen dan vrouwen, en de grootste groep valt in de leeftijdscategorie waar Stephen ook toe behoort.'

'Hoe hebt u hem naar beneden weten te praten?' vroeg Callanach.

'Er was iemand om wie hij gaf. Een jonge vrouw. Sorry, ik kan me haar naam niet herinneren maar het staat ergens in mijn aantekeningen. Op zulke momenten vergeet ik dat soort details. Ze hadden een vaste relatie maar waren vlak daarvoor uit elkaar gegaan. Ik probeerde hem ertoe over te halen om haar te bellen. Als je erin slaagt wezenlijk contact met iemand te maken gaan ze vaak anders over zelfmoord denken. Hij gleed uit voordat hij haar kon bellen, besefte op dat moment dat hij niet dood wilde en toen heb ik hem weer naar boven kunnen helpen.'

Callanach voelde de kamer onder zich wegglijden, zag Ava weer door zijn armen glippen, ervan overtuigd dat hij haar niet kon houden, voelde al voordat ze viel die verschrikkelijke angst haar te verliezen. Hij werd totaal overvallen door het intense gevoel van verdriet dat hij ervaren zou hebben als ze werkelijk gevallen was.

'Alles goed met u?' vroeg Maclure.

'Ja, sorry. Ik stelde me voor hoe beangstigend dat moet zijn geweest. Voor hem en voor u,' antwoordde Callanach.

'We worden erin getraind om ons uiterste best te doen. Als we ons verantwoordelijk voelden voor iedereen met wie we in contact komen... nou ja, dan blijf je dit werk niet lang doen. Ik was echt heel blij toen hij naar beneden klom. De politie wilde hem natuurlijk ondervragen maar ik heb namens hem een verklaring afgelegd en gevraagd of ze wilden overwegen om hem niet te vervolgen voor dat mes. Ze zeiden dat ze de zaak zouden doorverwijzen zodat er snel een beslissing kon worden genomen.'

'Waarom heeft hij het gedaan?' vroeg Callanach.

'Stephen was manisch-depressief. De medicijnen die hij nam werkten niet altijd even goed en daar worstelen veel patiënten mee. Elke voortijdige dood is een tragedie, maar als die wordt veroorzaakt door een gebrekkig functioneren van neurotransmitters in de hersenen, hoe moet je dat als familielid dan ooit verwerken? We kunnen mensen wel naar de maan sturen maar de geneeskunde is nog niet zover dat ze dit kan behandelen. Zo zonde!' Maclure schudde zijn hoofd, vouwde zijn handen in zijn nek en staarde een tijdje naar het plafond. 'Sorry. Jullie zijn hier om hulp van mij te krijgen, niet om naar mijn gezeur te luisteren.'

'Ik vind dat u daar alle recht op hebt,' zei Tripp. 'Ik kan me niet voorstellen hoe u dag in dag uit uw werk doet.'

'Ik probeer het verschil te maken, net als u,' antwoordde Maclure. 'Al met al zie ik nog steeds een betere kant van de mensheid dan als ik voor een bank zou werken. Wat kan ik u nog meer vertellen?'

'Wanneer hebt u hem voor het laatst gesproken?' vroeg Callanach.

'Na zijn zelfmoordpoging heb ik hem nog tweemaal gezien. De eerste keer twee dagen na zijn poging. Hij kwam hierheen om me te bedanken. Ik heb hem toen verteld wat voor hulp we hem konden bieden, en probeerde hem ertoe over te halen om in therapie te gaan, maar voor mensen die manisch-depressief zijn is dat een druppel op een gloeiende plaat. Het strekt Stephen tot eer dat hij ermee instemde, hoewel ik merkte dat hij wat terughoudend was. De laatste keer dat ik hem sprak, belde hij om te zeggen dat hij van gedachten was veranderd en dacht dat therapie niets zou uithalen. Hij heeft die afspraak toen afgezegd.'

'Is daar een verslag van gemaakt?' vroeg Tripp.

'Zeker. Ik zal een kopie voor u laten maken. Omdat hij is overleden kan de geheimhoudingsplicht worden opgeheven. Hij wilde niet meer geholpen worden. En we kunnen ons niet te opdringerig opstellen, anders stoten we mensen juist van ons af op het moment waarop ze ons het meest nodig hebben. Het is een dunne scheidslijn.'

Daar kon Callanach zich alles bij voorstellen. Mensen zover zien te krijgen dat ze zich voor je openstellen, terwijl je weet dat dat betekende dat er in het begin alleen maar meer zout in hun wonden zou worden gestrooid. Mensen willen helpen die alleen maar met rust gelaten wilden worden.

'Heeft Stephen het met u nog over andere problemen gehad? Afgezien van zijn bipolaire stoornis? Schulden, verslavingen, conflicten, bijvoorbeeld?' Callanach probeerde het terloops te brengen maar het was overduidelijk dat hij aan het vissen was.

'Nee, hoewel ik niet veel tijd had om daar dieper op in te gaan. Hij heeft daar in ieder geval niets van laten blijken. Hij leek me eerlijk gezegd heel aardig. Innemend, attent. Hij had zijn donorcodicil langs de kant van de weg laten liggen voor het geval iemand na zijn dood geholpen zou kunnen worden.' Maclure glimlachte, en Callanach vond hem sympathiek.

Maclure kwam heel vriendelijk over en straalde een warmte en ongedwongenheid uit die hem aan Ava deed denken. Die twee zouden het uitstekend met elkaar kunnen vinden, dacht hij. Maclure vormde het perfecte tegenwicht voor haar constante stress en hij zou zich op zijn beurt aangetrokken voelen tot Ava's natuurlijke intelligentie, passie en empathie. Allebei hadden ze lak aan sociale verhoudingen en allebei waren ze er niet op uit om indruk te maken. Ze deden gewoon hun werk. Ava zou hem beslist mogen.

Zodra die gedachte bij hem postvatte, doemden er allerlei bezwaren bij hem op. Als Ava een man zou leren kennen tot wie ze zich aangetrokken voelde, zou hij haar weer moeten delen en hij had er juist naar uitgekeken om meer tijd met haar door te brengen. In de periode dat hij met Selina omging had hij minder tijd kunnen investeren in zijn vriendschap met Ava. De avonden waarop ze samen in de nachtvoorstelling oude films zagen en gingen eten en drinken in de verborgen pareltjes van de stad, hadden hem geholpen zich te verzoenen met zijn nieuwe bestaan in Schotland. En hij was er nog niet aan toe dat Ava dat nu allemaal met iemand anders zou doen. Dat durfde hij wel aan zichzelf toe te geven. Maar verder ging Ava's privéleven hem natuurlijk niets aan. Hij snapte eigenlijk niet waar de gedachte aan een eventuele partner voor Ava opeens vandaan kwam.

Tripp gaf Maclure een e-mailadres waar hij het verslag over Stephen Berry naartoe kon sturen en bedankte hem voor zijn hulp. Callanach stond op om Maclure een hand te geven, waarbij het hem opviel dat de man geen trouwring droeg, en wenste dat hij het beeld van Ava en Rune Maclure uit zijn geheugen kon wissen.

Callanach en Tripp liepen naar buiten en Maclure ging weer aan het werk. Toen ze in de auto zaten werd er op de ruit getikt. Tripp deed het portier open.

'Dat wilde ik nog vragen,' zei Maclure. 'Kunnen jullie me laten weten wanneer de begrafenis is? Ik weet niet of Stephen veel sociale contacten had. Ik wil hem graag de laatste eer bewijzen. Er moeten mensen aanwezig zijn om afscheid van hem te nemen.'

'Dat is heel attent van u,' antwoordde Callanach. 'Ik laat het u weten, hoewel dat nog even kan duren. Er zal eerst een onderzoek moeten plaatsvinden naar dit dodelijke ongeval.'

'Is dan niet duidelijk wat er is gebeurd?' vroeg Maclure.

'Nog niet. Er zijn geen getuigen en de forensische bevindingen zijn enigszins lastig te interpreteren.' Callanach koos voor de meest vage bewoordingen.

'Arme Stephen. Nog steeds geen rust voor hem. Hij werd zelfs openlijk bespot toen hij daar op die brug zelfmoord wilde plegen. Sommige mensen zijn echt niet te geloven. Ik maak me grote zorgen over de mensheid.'

'Sorry, hoezo werd hij bespot en door wie?' vroeg Callanach.

'Er stond een man in de menigte te lachen terwijl Stephen zichzelf in veiligheid probeerde te brengen. De politieagenten stonden er dichterbij dan ik. Ik weet niet wie het was. Ik kon hem wel horen maar ik zag niet wie het was.'

'In ieder geval bedankt, meneer Maclure,' zei Callanach. 'Zodra we meer informatie hebben geef ik de details over de begrafenis aan u door.'

Ze reden zwijgend weg, en lieten onderweg hun gedachten gaan over de omstandigheden rond Stephens dood en hoe die het afgelopen uur in een heel ander daglicht was komen te staan. Het feit dat hij aan een bipolaire stoornis leed, vormde een duidelijk motief voor zelfmoord en zijn beslissing om af te zien van therapie bevestigde dat Stephen het er nog steeds moeilijk mee had.

'Tripp, bel jij de patholoog als we terug zijn op het bureau,' zei Callanach. 'Ze moet Stephen Berry's medische dossier opvragen om te verifiëren of hij inderdaad manisch-depressief was, en dan komen we hopelijk ook te weten wat voor medicijnen hij nam. En neem contact op met de agenten die ter plekke waren bij de Queensferry Crossing. Vraag of iemand zich een lachende man kan herinneren en of ze nog weten hoe hij eruitzag. Het is waarschijnlijk niets, maar als er alsnog een onderzoek komt, zal de officier van justitie toch willen dat we dat natrekken.'

Tripps telefoon ging. Callanach reed verder, de verkeerslichten verwensend terwijl Tripp opnam.

'Ja, mevrouw,' mompelde Tripp. 'We zijn over een kwartier terug. Natuurlijk. Begrijp ik. Rechtstreeks daarheen.' Hij beëindigde het gesprek.

'Waar ging dat over?' vroeg Callanach.

'Hoofdinspecteur Turner wil dat u zo snel mogelijk terugrijdt naar het bureau, sir. We mogen onderweg nergens stoppen, zegt ze, en met niemand praten. Rechtstreeks naar haar kamer. Ze klonk vreemd, om heel eerlijk te zijn.'

'Hoezo, vreemd?' vroeg Callanach.

'Rustig en beleefd. Alsof ze ergens op theevisite is, snapt u wat ik bedoel?' zei Tripp.

Of alsof ze te lang in de spiegel had gestaard naar haar verwondingen van de avond daarvoor en zich afvroeg waarom ze in vredesnaam haar leven op het spel had gezet, dacht Callanach. Het ging niet goed met Ava.

6

4 maart

Ava stond met haar armen over elkaar bij het raam toen Callanach en Tripp binnenkwamen. Haar gezicht stond strak en Callanach had haar nog nooit zo afstandelijk meegemaakt.

'Dank u, brigadier Tripp. U kunt nu gaan,' gaf ze hem te kennen.

Tripp wierp een snelle blik op Callanach maar zei niets en liep stilletjes weg.

'Ava, is alles goed met je? Ik maakte me al zorgen,' zei Callanach en hij liep op haar af, klaar om haar eventueel steun te bieden.

In plaats daarvan deed ze een stap achteruit.

'Ik ben door Ailsa gebeld toen jij weg was,' zei ze.

'Over Stephen Berry? Heb je de uitslag van het toxicologisch onderzoek?' vroeg Callanach.

'Nee, het ging over een nieuw geval. Haar assistent heeft vanmorgen vroeg de autopsie verricht. Wat een natuurlijke dood leek, blijkt een geval van verstikking te zijn.'

'Moet ik een team naar de plaats delict sturen?' vroeg Callanach.

'De technische recherche is al ter plaatse, met een aantal agenten,' antwoordde Ava afgemeten. 'Ze zijn iedereen al aan het ondervragen. Ik geef deze zaak aan Pax Graham.'

'Geef je hem op zijn eerste werkdag de leiding over een moordzaak? Ik weet niet eens of hij al weet hoe de procedures hier lopen.

Als dit verkeerd wordt aangepakt, kan dat ernstige problemen opleveren voor de openbaar aanklager.'

'Daar ben ik me van bewust,' zei Ava. 'Waar was je toen ik je belde om te vragen of je naar het mortuarium wilde komen om het resultaat van de autopsie op Stephen Berry's lichaam te bekijken?'

'Dat heb ik je al verteld, ik was thuis. Ik had mijn koffer nog niet uitgepakt. En dat heb ik na gisteravond nog steeds niet gedaan...'

'Nou, om precies te zijn zei je dat je in de sportschool was, dus ik ben wel nieuwsgierig geworden nu blijkt dat je op dat moment in een verpleeghuis op bezoek was bij een zekere Bruce Jenson.'

'Bruce Jenson?' Callanach zweeg even. Ava kon onmogelijk weten wie Bruce Jenson was. Hij had het met haar nooit over hem gehad en over wat Jenson zijn moeder had aangedaan. 'Sorry, ik snap niet wat je van me wilt weten.'

'Ontken je dat je tegen me gelogen hebt toen je zei dat je in de sportschool was?' Ze haalde nu snel adem en haar stem klonk veel te luid.

Ava was razend, realiseerde Callanach zich, en het ging over veel meer dan alleen maar liegen over waar hij toen was.

'Oké dan, ik was niet in de sportschool. Ik had iets persoonlijks af te handelen waar ik niet over wilde praten. En wat dan nog? Wat is er aan de hand, Ava?'

'Op dit moment heb je het niet tegen Ava,' zei ze nauwelijks hoorbaar. 'Op dit moment heb je het tegen hoofdinspecteur Turner. En zodra dit gesprek achter de rug is, moet ik een officiële verklaring opstellen over wat wij hier hebben besproken. Feitelijk zou ik er een andere agent bij moeten halen om getuige te zijn van dit gesprek, maar omdat je gisteravond mijn leven hebt gered doe ik dat niet. Verder ben ik niet van plan om van de procedure af te wijken. Was jij gisteren in dat verpleeghuis, ja of nee?'

'Ja,' zei Callanach.

Ava liet haar armen even slap langs haar zijden hangen alsof ze verslagen was, voordat ze zich herstelde en haar handen stevig in haar heupen zette.

'En je hebt tegen me gelogen omdat?'

'Je had me nodig en ik wilde je niet het gevoel geven dat je me stoorde,' zei hij.

'Dus je hebt tegen me gelogen om mij te beschermen?' Ava begon steeds luider te praten.

'Ik heb gelogen omdat ik besloten had meteen weer aan het werk te gaan. Ik was niet met iets bezig waar ik niet van weg kon lopen. Wat is er eigenlijk gebeurd dat zo...'

'Bruce Jenson is dood,' zei Ava abrupt, en ze keek hem aandachtig aan.

Callanach zweeg.

'Hij was zwaar dement en zou waarschijnlijk binnen niet al te lange tijd overlijden, zei de arts, maar niet zo snel. Hij had misschien nog iets meer dan een jaar te leven. Zijn arts had hem een maand geleden voor het laatst gezien en het verplegend personeel vond dat het redelijk goed met hem ging, dus ze waren verbaasd toen hij overleden bleek. In die omstandigheden moet er volgens de regels autopsie worden verricht en toen...'

'Wacht,' zei Callanach. 'Geef me even een momentje...'

Callanach liep naar het raam en staarde naar de rij politieauto's die daaronder geparkeerd stonden en naar de dappere voetgangers die buiten in de regen liepen. Bruce Jenson was dood. Hij had hem elke dag dood gewenst sinds zijn moeder hem over die tragedie in haar verleden had verteld en bijna had hij zijn zelfbeheersing verloren en een einde aan Jensons leven gemaakt, en nu het was gebeurd voelde hij niets. Geen opluchting, geen blijdschap, niet het gevoel dat er gerechtigheid was geschied.

En nu had alles een bittere wending genomen en had Jenson hem een giftige erfenis nagelaten. Callanach moest nu uitleggen wat hij in Jensons kamer deed, enkele uren voordat de man was gestorven. Alsof de duivel ermee speelde. Als het noodlot eenmaal had beslist dat je een geschikt doelwit was, bleef dat als kauwgom aan je schoenzool plakken.

'Hoe is hij gestorven?' vroeg Callanach rustig.

'Het lijkt erop dat er een kussen op zijn gezicht is gedrukt. Dat weten we pas zeker als de vezels in zijn mondholte onderzocht zijn, maar er zitten tandafdrukken tegen de binnenkant van zijn bovenlip, wat erop wijst dat er druk is uitgeoefend, en een andere doodsoorzaak hebben ze niet kunnen vinden. Geen beroerte, geen hartaanval.'

Dus hij was duidelijk vermoord, en met hetzelfde kussen dat Callanach vlak daarvoor in zijn handen had gehad. De mogelijkheid dat het een samenloop van omstandigheden betrof kwam hem belachelijk voor en toch was dat kussen het enige voor de hand liggende wapen geweest in die kamer. Een wapen waarmee je niet je handen vuil hoefde te maken en dat garant stond voor een geruisloze dood.

Heel even vroeg hij zich af of hij misschien toch verder was gegaan dan hij zich herinnerde. Of hij dat kussen toch niet tegen het gezicht van die schoft had gedrukt en daar net zolang had gehouden tot alle zuurstof uit Jensons longen was verdwenen. De man verdiende het. Ongetwijfeld. Wat Callanach betrof was dit wel het minste wat Jenson had verdiend. Maar hij had er niet de hand in gehad. Callanach draaide zich om en keek Ava recht in de ogen.

'Dat heb ik niet gedaan,' zei hij.

'Natuurlijk heb je het niet gedaan, idioot. Als ik dat dacht dan zouden we nu in een verhoorkamer zitten en zou dit gesprek opgenomen worden, en dan zou ik deze zaak aan een ander team hebben overgedragen. Dus ik wil het weten, en geen lulverhaal ophangen: waarom heb je tegen me gelogen? En wat deed je daar in godsnaam?'

'Ik was daar gewoon op bezoek,' zei Callanach.

'Ja, dat zal wel, maar als die – en ik citeer de verpleegkundige – werkelijk waanzinnig aantrekkelijke Franse politieman ergens op bezoek komt, valt hij helaas nogal op. De vrouw die jou binnenliet gaf de agenten die haar verklaring optekenden zo ongeveer de binnenmaat van je been.'

'Het ging om een volstrekt onschuldig bezoekje,' mompelde hij.

'Voor de gezelligheid?' vroeg Ava ter verduidelijking.

'Ja,' antwoordde Callanach.

'Zoiets dacht ik al, maar je hebt wel je ID gebruikt om binnen te komen in plaats van het gastenboek te tekenen, dus het lijkt alsof je daar in je functie van politieman was. Maar in aanmerking genomen dat je onder mijn bevel staat zou ik alleen niet weten welke zaak wij onder handen hebben waar meneer Jenson op een of andere manier bij betrokken zou kunnen zijn. Zou je me daar alsjeblieft wat meer over willen vertellen?'

Callanach haalde een pakje Gauloises uit zijn zak. Hij schudde er een sigaret uit, stak hem onaangestoken tussen zijn lippen en proefde Frankrijk en zijn jeugd. Hij had in geen jaren een sigaret opgestoken, maar er waren momenten waarop hij spijt had dat hij zoveel zelfdiscipline had.

'Ik moet je zeggen dat dit niet het geruststellende antwoord is waar ik op gehoopt had,' zei Ava. 'Verdomme, Luc. Je móét me echt alles vertellen. Afgezien van het verplegend personeel ben jij als laatste in zijn kamer geweest. Bruce Jenson heeft een zoon. Die wil antwoorden en daar heeft hij recht op. Op dit moment weet slechts een handvol mensen wat er aan de hand is, maar dat zal niet lang duren. Je zult officieel verhoord worden, dus als dit inderdaad met een politiezaak te maken had, dan moet je daar verdomd snel wat aantekeningen van maken.'

'Dat was het niet,' zei hij zacht. 'Ik was er om privéredenen. Ik wilde mijn naam niet in het gastenboek achterlaten omdat zijn familie het dan zou zien.'

'Dus je hebt tegen mij gelogen over waar je was en je hebt tegen de verpleegkundige gelogen over de reden van je bezoek.'

'Eigenlijk wel, ja,' zei Callanach.

'De verpleegkundige zei ook dat je tijdens je bezoek een vaas hebt gebroken en dat je de scherven zelf hebt opgeraapt en in de prullenbak hebt gegooid. Zitten je vingerafdrukken daarop?'

Callanach dacht terug. Hij had handschoenen aangedaan om een haar uit Jensons hoofd te trekken, maar niet om de brokstukken van de vaas op te ruimen. Daar was toen geen reden voor geweest.

'Er zullen overal vingerafdrukken te vinden zijn,' zei hij. 'Het was een ongelukje.'

'Goed nadenken over mijn volgende vraag. Heb je Bruce Jenson überhaupt aangeraakt? Is het mogelijk dat je huidcellen of vingerafdrukken op zijn lichaam hebt achtergelaten?'

Callanach ging zitten, en herinnerde zich hoe hij Jensons kin had vastgepakt en hem had gedwongen naar de foto van zijn ouders te kijken. Hij knikte bevestigend tegen Ava.

'Ergens in de buurt van zijn mond?' vroeg Ava. Ze klonk schor van emotie.

Hij knikte weer.

'Holy shit,' zei Ava. Ze trommelde met haar vingers op het bureau en staarde naar de muur. 'Oké, dat is niet zo'n ramp. Niemand zal geloven dat jij iets met een moord te maken hebt. Je moet gewoon duidelijk maken wat je daar deed en de volgorde van de gebeurtenissen uitleggen. Je had geen motief om hem te vermoorden en het motief is in dit soort zaken het meest overtuigende bewijs. Waarschijnlijk is hij vermoord door iemand die dagelijks contact met hem had.'

'Denk je dat hij vermoord is door iemand van het personeel?' vroeg Callanach.

'Dat zou normaal gesproken de eerste overweging zijn,' zei Ava. 'Het is heel zwaar om voor dementerende patiënten te zorgen en soms houden mensen het niet vol, hetzij omdat het werk zoveel stress oplevert of omdat ze snel een eind willen maken aan iemands lijden. We gaan de familie natuurlijk ook ondervragen...' Ze zweeg.

'Ik hoor een "maar",' merkte Callanach op.

'De "maar" is een kapotte ruit onder in de terrasdeur. De mensen van de technische recherche denken dat de ruit mogelijk opzettelijk is ingeslagen, zodat een indringer de kamer van binnenuit kon openen. Dat verklaart waarom ze niemand behalve jou of het personeel die avond in de gangen hebben zien rondlopen. Daar heb je veel geluk mee. Waarom zou je het risico lopen door het personeel herkend te worden en vervolgens die ruit inslaan? Dat is niet logisch. Of het is een geniale afleidingsmanoeuvre.' Ze wierp hem een aarzelend glimlachje toe.

'Ava,' fluisterde Callanach.

Er werd op haar deur geklopt.

'Binnen,' riep ze kortaf.

Pax Graham stapte naar binnen, met een bos sleutels in zijn hand. 'O,' zei hij, beurtelings naar Ava en Callanach kijkend. 'Stoor ik?'

'Nee hoor,' zei Ava, weer een en al zakelijkheid. 'Ik vroeg Callanach net naar het verpleeghuis. Hij is daar op bezoek geweest bij meneer Jenson. Ik heb hem gevraagd om nu naar huis te gaan en een zo volledige mogelijke verklaring op te stellen. Daarna wil ik dat je hem formeel als getuige hoort, waarbij je de gebruikelijke procedure in acht neemt. Zorg ervoor dat jouw team en dat van inspecteur Callanach elkaar in deze zaak niet overlappen. Je krijgt brigadier Lively en agent Monroe toegewezen. Laat het me weten als je meer mensen nodig hebt.'

Graham keek ongemakkelijk.

'Is er iets, inspecteur?' vroeg Ava.

'Ik ben natuurlijk blij dat ik deze zaak krijg toegewezen, mevrouw, maar moeten we dit niet door een externe partij laten onderzoeken? Als er vragen rijzen over inspecteur Callanachs betrokkenheid is het misschien beter als dit door een onpartijdig team wordt onderzocht om zijn naam te zuiveren.'

'Hij heeft gelijk,' zei Callanach. 'Hangende het onderzoek zul je me moeten schorsen.'

'Jullie reageren allebei overdreven,' zei Ava. 'Callanach is een getuige, meer niet. Niemand suggereert dat hij betrokken is bij het plegen van een misdaad. Er is geen aanklacht ingediend en het is nou niet zo dat hij heeft geprobeerd zijn aanwezigheid in het verpleeghuis te verbergen. Graham, misschien heb je met inspecteur Callanach wel de allerbeste getuige. Ik vermoed dat het van een ongelooflijk gelukkig toeval getuigt dat er vlak voor de moord plaatsvond net een politieman ter plekke was. Het zou heel goed kunnen dat Callanach iets heeft gezien wat andere mensen niet is opgevallen.'

Graham zweeg even. 'Zeker,' zei hij. 'Dat klinkt redelijk. Ik ga ermee aan de slag. Luc, je neemt het me toch niet kwalijk als ik tijdens dit onderzoek geen informele gesprekken met je voer? Ik wil niet dat iemand gaat suggereren dat het onderzoek niet helemaal zuiver heeft plaatsgevonden.'

'Dat begrijp ik,' antwoordde Callanach. 'Alleen maar verstandig.'

Graham liep zonder nog een woord te zeggen de deur uit. Ava liep naar een lade en haalde er een fles whisky uit.

'Dat moeten we eigenlijk niet doen,' zei Callanach.

'Daar heb je helemaal gelijk in,' zei Ava, 'maar we doen het toch. Ik heb duizend vragen voor je en dit is niet de juiste tijd of plaats.' Ze duwde hem een glas single malt in de hand. 'Opdrinken,' commandeerde ze. 'Je ziet er beroerd uit, dus probeer wat meer grip op jezelf te krijgen voordat je hier de deur uit loopt. Als je niet schuldig bent, moet je je niet gedragen alsof je wel schuldig bent.'

'Ik wil dat je me schorst,' zei Callanach terwijl hij het lege glas op het bureau zette.

'Je bent al eens geschorst toen je nog bij Interpol werkte. Toen had je niks misdaan en moet je kijken wat het met je carrière heeft gedaan. Je kunt op me rekenen, Luc, maar ik moet wel de hele waarheid weten.'

'Zo simpel ligt het niet,' antwoordde hij.

'Verzin dan maar een versie die wel simpel is,' antwoordde ze, terwijl ze haar eigen glas leegdronk en de dop weer op de fles draaide. 'Ga nu naar huis. Ik moet nu naar Overbeck om deze dreigende storm te bezweren en daarna kom ik naar je toe. We nemen de gebeurtenissen stap voor stap door tot er geen enkele ruimte meer is voor een verkeerde interpretatie. Geen enkele.'

Dat was een prima idee, bedacht Callanach. Het enige probleem was dat het omgekeerde waar was en wanneer Ava erachter kwam waarom hij in het verpleeghuis was geweest, zou zelfs zij aan zijn onschuld gaan twijfelen. Maar dat zat hem niet zozeer dwars. Hij wist heel goed dat hij Bruce Jenson niet had vermoord. Maar iemand anders had dat wel gedaan. Vlak nadat hij daar op bezoek was geweest. Diegene had een kussen gebruikt dat hij ook had aangeraakt. En was binnengekomen via een deur waarvan hij de ruit had ingetrapt. Callanach wilde weten wie dat was en waarom die persoon dat gedaan had.

7

4 maart

Het was al na zessen toen Ava eindelijk van het bureau wegreed, maar het was zo druk op de weg dat ze amper opschoot. Gelukkig was commissaris Overbeck de hele middag bezig geweest om haar meerderen stroop om de mond te smeren, dus had Ava haar een kort, neutraal mailtje geschreven waarin ze uitlegde dat Callanach op een plaats delict was geweest vlak voordat daar een moord was gepleegd, en dat het team Zware Misdrijven hem van het onderzoek afschermde. Het was niet helemaal eerlijk zoals ze het opschreef, maar technisch gezien correct, en daar moest ze het maar even mee doen tot Pax Graham en zijn team een meer voor de hand liggende verdachte hadden gevonden.

Voor Callanachs appartement bleef Ava nog even in haar auto zitten, met haar hoofd op het stuur, en ze vroeg zich af waar ze nou eigenlijk mee bezig was. Ze had de nacht in zijn armen doorgebracht. Ze hadden zich allebei behoorlijk opgelaten gevoeld toen ze wakker werden en zich van elkaar los hadden gemaakt, maar tegelijkertijd was hij een van haar beste vrienden. Meer dan eens had ze met Callanach aan haar zijde de dood in de ogen gekeken, en ze wist dat ze geen moment zouden aarzelen om elkaar te beschermen.

Maar hij werd achtervolgd door problemen. Die problemen hadden hem bij Interpol gevonden en leken nu niet meer van zijn zijde te willen wijken. Hij had zich ontpopt tot het soort collega waar de meeste politiemensen dolblij mee zouden zijn geweest, tot ze promotie had gekregen en zijn meerdere was geworden, en zelfs toen had hij waar nodig de regels overtreden om haar te helpen. Ze was van plan om koste wat kost nu hetzelfde voor hem te doen.

Haar hele gezicht klopte van de pijn en ze vermoedde dat ze toch aan de antibiotica moest voor haar been, ondanks het feit dat Callanach de wond grondig had schoongemaakt, maar wat ze het liefst wilde was een aspirine en een warm bad. Ze ging de paar treden op naar Callanachs voordeur en wilde net aanbellen, toen haar telefoon ging. Ze zuchtte en zag op de nummerweergave dat het brigadier Tripp was.

De gebeurtenissen van die dag hadden een gat in haar geheugen geslagen en op dit moment hoorde ze eigenlijk in de pub te zitten om de promotie van twee van haar teamleden te vieren. Als ze nu opnam, moest ze een excuus verzinnen. Ze kon in geen geval zeggen waar ze was en waarom. Godsamme, als het fout liep, liep het ook meteen goed fout, dacht ze, en ze drukte het gesprek weg. Morgenochtend zou ze zorgen dat ze een goed excuus bij de hand had en de kans was groot dat Tripp en Graham zo'n zware kater hadden dat er sowieso niet veel gepraat zou worden.

Haar telefoon ging opnieuw, voor ze de kans kreeg om hem weer in haar tas te stoppen. Ava staarde naar het toestel. Brigadier Tripp was misschien wel de meest weldenkende agent in haar team en als ze dat combineerde met zijn wellevendheid, zou hij haar nooit twee keer achter elkaar bellen, alleen maar om haar eraan te herinneren dat ze na het werk even een borrel zouden gaan drinken. Ze beet op haar tanden en nam op in de hoop dat Overbeck haar mailtje nog niet had gelezen en haar sommeerde onmiddellijk terug te komen naar het bureau om een en ander uit te leggen.

'Turner,' zei Ava. 'Wat is er aan de hand, Tripp?'

'Mevrouw, u moet naar Easter Road 278b komen. Er is een lijk gevonden. Ik ben er zelf ook naar op weg. Het schijnt er een chaos te zijn,' zei Tripp.

'Oké.' Ava haalde haar autosleutel weer uit haar tas. 'Waar is brigadier Graham?'

'Die is samen met de technische recherche nog bezig in dat verpleeghuis om te achterhalen welke andere patiënten, personeelsleden en bezoekers toegang hadden tot de kamer van de overledene. Ik heb inspecteur Callanach proberen te bereiken, maar hij neemt niet op.'

Ava keek naar het raam boven haar en hoopte dat alles oké was met Callanach. Hij had een beroerde dag achter de rug en omdat hij al eens eerder beschuldigd was van een misdrijf was ze er niet zeker van hoe hij met een tweede incident om zou gaan.

'Ik vind hem wel,' zei ze. 'We komen eraan.'

Eindelijk was ze zover dat ze op de bel drukte. Callanach liet haar meteen binnen. Tegen de tijd dat ze bovenaan de trap stond, had hij de deur al opengedaan en stond haar op te wachten.

'Ik heb eten gemaakt,' zei hij. 'Ik denk zomaar dat je sinds je hier vanmorgen weg bent gegaan niets meer gegeten hebt.'

'Kun je het warm houden? We moeten naar Easter Road. Jij rijdt. Mijn been doet verrekte veel pijn.'

'Wat denk je nou? Ik kan niet mee. Inspecteur Graham had gelijk. Je moet me schorsen, Ava. Als Overbeck tot de conclusie komt dat je je niet aan het protocol hebt gehouden, kan dit voor jou slechter uitpakken dan voor mij, en dat wil ik niet op mijn geweten hebben.'

'Heb je je verklaring opgesteld, zoals ik heb gevraagd?' wilde Ava weten.

'Ja, natuurlijk, maar er spelen bepaalde omstandigheden mee...'

'En heb je deelgenomen aan een criminele activiteit of samengezworen om een misdaad te plegen die hetzij verband houdt met de plaats delict of het slachtoffer?' vervolgde ze.

'Ava, je weet dat ik niets heb –'

'Prima. Dan zal een eventuele schorsing alleen maar tot eindeloze roddels en speculaties leiden. Het komt op je conduitestaat te staan en eerlijk gezegd heb ik mijn meest ervaren inspecteur op dit moment veel te hard nodig. Oké, er is iemand dood en we hebben werk te doen, dus we moeten erheen. Heb je trouwens nog wat aspirines in huis?' voegde ze er op iets zachtere toon aan toe.

Callanach glimlachte naar haar. 'Tuurlijk,' zei hij. Hij verdween naar de keuken en kwam terug met pillen en een flesje water.

Ze waren er binnen tien minuten en parkeerden de auto verderop in de straat, die aan een kant was afgezet met een tent om enige privacy te creëren. Easter Road liep in noordelijke richting de stad uit, naar Leith. De buurt was in verval geraakt. De lage flats hadden lakens voor de ramen hangen in plaats van gordijnen en op de raamkozijnen zat nog amper een lik verf. De flat waar het om ging lag op de tweede verdieping en had een gemeenschappelijke ingang.

Ava en Callanach trokken witte pakken, overschoenen en handschoenen aan, trokken een haarkapje over hun haar en liepen naar binnen. Op de eerste verdieping verraadde de zwavelachtige, metalige geur al wat er aan de hand was. Het lichaam lag er al een tijdje. De afgelopen weken was het zo koud geweest dat het een hele poos moest hebben geduurd voordat de stank zo doordringend was geworden, tenzij de verwarming in de flat op de hoogste stand had gestaan.

Ailsa Lambert verscheen in de deuropening van de flat, snauwde iets tegen iemand van haar team en duwde hem een camera in de hand.

'Ben je zover dat we naar binnen kunnen om een kijkje te nemen?' vroeg Ava haar.

'Ga je gang,' antwoordde Ailsa kortaf.

Ava en Callanach keken elkaar even aan. Als Ailsa zo kregelig deed, dan stond hun binnen iets heel akeligs te wachten.

De badkamer was piepklein en de mensen van de technische recherche maakten plaats zodat zij naar binnen konden. Ava stond met haar rug tegen het raam en Callanach stond met beide benen aan weerszijden van het toilet zodat ze allebei een goed zicht hadden op de badkuip. Terwijl ze de zaak in ogenschouw namen, verscheen Tripp in de deuropening.

'Wie heeft dit gemeld?' vroeg Ava.

'Een buurman,' antwoordde Tripp. 'De afgelopen twee weken werd de stank steeds erger, dus toen heeft hij uiteindelijk de politie maar gebeld.'

'Twee weken?' siste Ava. 'Dat meen je niet.'

'Ben bang van wel. Ik vermoed dat de buurman wat bijverdient met dealen, te oordelen naar de wietlucht in zijn eigen flat en het feit dat zijn telefoon constant rinkelde toen ik met hem stond te praten. Hij had zijn flat duidelijk van onder tot boven schoongemaakt, maar hij was vergeten om de weegschaaltjes af te dekken die in een hoek op de grond stonden.'

'Hij heeft met andere woorden de politie pas gebeld toen het zo erg werd dat zijn klanten last kregen van de stank, bedoel je?'

'Zoiets, mevrouw,' antwoordde Tripp. 'De patholoog heeft bevestigd dat het lijk hier al minstens twee weken ligt, waarschijnlijk drie. Aan de foto's op de muur te zien denk ik dat de overledene de eigenares en bewoonster is van de flat. Het zou gaan om mevrouw Hawksmith.'

Ze keken alle drie naar het lichaam van de vrouw. Mevrouw Hawksmith was al duidelijk van middelbare leeftijd maar nog niet oud. Haar beide enkels waren elk met een tiewrap vastgebonden aan een leiding onder de kraan, waardoor haar benen gespreid waren en lichtjes gebogen tegen de zijkant van het bad rustten. Haar polsen lagen op haar buik en staken in handboeien. Een diepe snee – zeven, acht centimeter lang, schatte Ava – liep dwars over de binnenkant van haar linkerelleboog, en op de pols aan dezelfde arm zat nog een kortere snee. Haar hoofd hing tegen de rand van het bad, met haar ogen wijd open, de mond opengesperd, alsof ze om hulp smeekte.

Het lijk was opgezwollen, de armen en benen waren opgezet en de huid was hard geworden en donkerrood verkleurd met hier en daar een bruine plek. De geur van verrotting was ondraaglijk, hoewel de deuren al een tijdje open hadden gestaan. Ze was een stevig gebouwde vrouw, maar niet zwaarlijvig. Haar tattoos waren nog wel zichtbaar, maar vervaagd door de verkleuring van de huid, en verder leek ze geen verwondingen te hebben. Langs de bovenrand van het bad liep een smerige roodbruine streep en de stop zat er nog in.

'Het bad stond dus vol water toen ze doodbloedde,' zei Ava. 'Het water is in de dagen daarna langzaam weggelopen. Heeft iemand het sleuteltje van de handboeien gevonden?' vroeg ze aan Tripp, terwijl ze zich vooroverboog om ze beter te bekijken.

Het waren geen handboeien die door de politie of het leger werden gebruikt, maar ook geen nepboeien die je in de feestwinkel kocht en die je met een druk op een knop kon openmaken. Er moest een sleuteltje aan te pas komen om de drager ervan te bevrijden, wat had gekund als dat binnen handbereik had gelegen.

'Tot nu toe geen sleutel te vinden,' zei Tripp. 'Dat soort handboeien kun je online kopen of in een sekswinkel. Ze worden vaak gebruikt voor bondagespelletjes. Misschien werkte ze als prostituee.'

'Oké, informeer eens bij de buren of er mannen – of vrouwen – op vreemde tijdstippen naar de flat kwamen, en of mevrouw Hawksmith op ongebruikelijke tijdstippen thuiskwam of wegging. Heeft ze een strafblad?'

'Dat zijn we nog aan het nakijken. We hebben nog geen definitieve geboortedatum. We hebben hier geen paspoort of rijbewijs kunnen vinden.'

'Weten we al waarmee die snee is aangebracht?' Ava keek om zich heen in de kleine badkamer.

'We hebben geen mes of een wapen gevonden,' zei Tripp.

'Echt niet?' vroeg Ava. 'Is er elders in de flat bloed gevonden?' Ze probeerde door de plastic afdekfolie onder haar voeten te kijken. 'Of op de badkamervloer, misschien?'

'Helemaal niets,' zei Ailsa, die achter Tripp opdook. 'Mag ik er even langs, jongeman.'

Tripp maakte plaats voor haar zodat ze zich met een thermometer in de hand over het lijk kon buigen.

'Het lijk verkeert in verregaande staat van ontbinding. Godzijdank is het niet zo warm dat de insecten zich er al op gestort hebben, anders had het er nog veel erger uitgezien. Ik kan natuurlijk niet precies vaststellen wanneer de dood is ingetreden. Ik weet niet hoelang ze na haar dood in het water heeft gelegen, maar ik kan je wel zeggen dat ze niet meteen is gestorven. Er waren weinig stolsels rond de wonden te zien, dus het water was warm en daardoor bleef het bloed stromen.'

'Hoelang heeft ze geleden, denk je?' vroeg Ava.

'Moeilijk te zeggen, maar die sneden waren niet zo heel diep. Doordat haar enkels hoger lagen dan haar billen is ze geleidelijk leeggebloed en is haar hart mogelijk nog vier uur lang door blijven kloppen, misschien langer. Uiteindelijk is haar hart ermee opgehouden. Of misschien is ze in shock geraakt en daardoor sneller gestorven. Exacte cijfers kan ik je niet geven.'

'Vier uur? Godallemachtig!' zei Ava. 'Dan heeft ze ongetwijfeld om hulp geschreeuwd. Ik kan niet geloven dat niemand haar gehoord heeft.'

'Het raam zat dicht, de muren zijn dik – dit gebouw is al zeker honderd jaar oud – en de kans is groot dat de buren muziek draaiden of de tv hadden aanstaan. Of misschien waren ze gewend aan al het geschreeuw in deze flat,' opperde Callanach.

'Kan ze dit zichzelf hebben aangedaan, Ailsa?' vroeg Ava.

'Haar enkels kan ze makkelijk zelf met die tiewraps aan de leidingen hebben vastgebonden en vervolgens het bad hebben laten vollopen. In theorie kan ze daarna de handboei om haar linkerhand hebben gedaan, de twee sneden aan de binnenkant van haar linkerarm hebben aangebracht, en daarna de boei om haar rechterhand hebben dichtgeklikt.'

'Wat de vraag opwerpt waar het mes is. Zelfs als ze dat uit het bad had gegooid, dan zou het hier ergens op de vloer moeten liggen,' zei

Callanach, zoekend om zich heen kijkend. Hij ging anders staan, zodat hij meer ruimte had om zich om te draaien, en deed de deksel van het toilet omhoog. 'Eén mysterie opgelost. Geen mes, maar het sleuteltje van de handboeien ligt op de bodem van de toiletpot.'

'Raak het water niet aan,' droeg Ailsa hem op. 'Als hier onlangs iemand is geweest, kunnen we misschien een paar huidcellen van de zitting halen of van onder de rand, of misschien zit er nog wat urine in de pot die ons informatie over eventuele geslachtsziekten kan opleveren.'

Ava wrong zich langs Ailsa heen om in de toiletpot te kijken.

'Lijkt mij de juiste sleutel. Kleine ronde cilinder, rond oog met versiering. Duidelijk niet bedoeld voor een deur.'

'Iedereen naar buiten alsjeblieft,' commandeerde Ailsa. 'Mijn team moet hier naar binnen om die sleutel op te vissen en monsters te nemen.'

Een voor een liepen ze de badkamer uit en gingen in de kleine zitkamer staan, waar foto's van katten en van de overledene aan de muur hingen.

'Ailsa,' zei Ava nadat de patholoog haar team de nodige instructies had gegeven, 'had ze iets kunnen doen om het bloeden te stoppen? Je zei dat het slachtoffer waarschijnlijk daar nog uren gelegen heeft in plaats van minuten.'

'Als ze haar benen vrij had kunnen bewegen en als ze eraan had gedacht, had ze de stop er met haar tenen uit kunnen trekken en zou het bloeden eerder zijn gestopt. Maar doordat ze haar buikspieren moest aanspannen om overeind te komen en aan de kranen en de ketting van de stop te kunnen morrelen, zou haar hart sneller zijn gaan kloppen en was het bloed nog sneller gaan stromen. Ze was waarschijnlijk doodsbang, en heeft in haar paniek niet de juiste beslissingen genomen. Het kan zijn dat ze dacht dat iemand haar geschreeuw zou horen of misschien verwachtte ze een bezoeker die haar kon helpen. Tripp, hoe goed was de flat afgesloten toen jullie hier aankwamen?'

'De deur zat op slot, maar de veiligheidsketting zat er niet op. We hebben hem moeiteloos kunnen openbreken. Het is een oude deur.'

'Goed, we laten je verdergaan met je werk, Ailsa,' zei Ava. 'Het ziet ernaar uit dat we je morgenochtend weer zien. Kun je tegen elven een eerste verslag klaar hebben?'

'Zeker,' zei Ailsa, terwijl ze haar handschoenen uittrok. Ze deed een stap naar voren en voelde zachtjes aan de bult op Ava's voorhoofd. 'Wat is er gebeurd?'

'Tripp,' zei Ava. 'Ik wil dat jullie vanavond nog gaan rondvragen in de buurt, niet morgen. En ik wil elk snippertje informatie over mevrouw Hawksmith dat beschikbaar is. Ga op zoek naar familieleden. Het lijkt erop dat ze hier alleen woonde, maar er moet iemand zijn die op de hoogte gesteld wil worden. Morgenmiddag om een uur wil ik graag een briefing klaar hebben voor het team. Je mag nu gaan.'

Tripp verdween, allang blij dat hij verlost was van Ailsa's afkeurende blik.

'Ga je me nog antwoord geven of moet ik ernaar raden?'

'Ik ben bij Tantallon uitgegleden en heb m'n hoofd gestoten. Niks aan de hand. Ik sta nog op mijn benen,' zei Ava, terwijl ze haar handschoenen uittrok en haar pak openritste.

'Je hinkt meer dan dat je staat. Als je gevallen bent en je hoofd hebt gestoten, hoe heb je je been dan bezeerd?'

'Mijn been doet inderdaad behoorlijk veel pijn.'

Ava grijnsde even, maar Ailsa glimlachte niet terug.

'Laat eens zien,' zei ze. 'Kom mee, naar de slaapkamer.'

'Ailsa, dit is een plaats delict. Ik kan niet zomaar...'

'Slaapkamer, nu,' snauwde Ailsa. 'Ik heb wel wat beters te doen dan te discussiëren met een koppige meid die veel te veel risico's neemt. Vooruit.'

Ava gehoorzaamde onwillekeurig, deels omdat Ailsa een oude vriendin van haar moeder was en deels uit beleefdheid omdat ze een generatie ouder was, maar ook omdat haar been echt veel pijn deed en het haar een goed idee leek om er een professional naar te laten kijken. De manier waarop Ailsa haar adem naar binnen zoog zei Ava dat ze het bij het rechte eind had gehad met haar zelfdiagnose.

'Is je tetanusvaccinatie nog geldig?' vroeg Ailsa.

'Eh, ik denk het wel ja. Ik zou toch wel bericht hebben gehad als dat niet zo was?' mompelde Ava.

'Je hebt een antibioticakuur nodig, nu meteen, en een heel sterke.'

'Jij kunt zeker niet eh...'

'Ik ben patholoog, Ava. Dit gesprek hebben we al eens eerder gevoerd. Ik heb je in het verleden al een keer opgelapt, maar ik draag geen receptenblokje bij me. En waag het niet pas ergens in de loop van volgende week een afspraak te maken met je huisarts. Je gaat nu linea recta naar de spoedeisende hulp.'

'Ik heb het eigenlijk heel druk op dit moment. Is er nog een andere optie?'

'Zeker!' antwoordde Ailsa opgewekt. 'Je kunt besluiten om niet te doen wat ik zeg en een infectie oplopen waardoor je op zijn best een tijdje thuis komt te zitten en op zijn ergst geopereerd moet worden.' Ze wachtte tot Ava haar broek omhoog had gehesen en riep toen Callanach naar binnen. 'Luc, ze moet direct naar de spoedeisende hulp. Ze moet een recept voor antibiotica hebben en die moet jij meteen voor haar halen. Zorg ervoor dat ze niet achter het stuur gaat zitten, niet van gedachten verandert en dat ze de antibiotica inneemt. Wie heeft die zwaluwstaartjes op je been aangebracht?'

'Callanach,' antwoordde Ava. 'Je moet hem niet te hard vallen. Ik vind dat hij fantastisch werk heeft geleverd.'

'Hij heeft zijn best gedaan met een wond die meteen door een arts behandeld had moeten worden. Je had ook naar mij toe kunnen komen. Dat heb je al eerder gedaan. Waarom nu niet?'

Ava en Callanach keken elkaar zwijgend aan.

'Dus zo gaan jullie het spelen. Ava Turner, je moeder zou hebben gewild dat ik beter voor je had gezorgd.'

Ava glimlachte en omhelsde de vrouw die ze sinds ze bij de politie was komen werken als haar favoriete tante beschouwde.

'Mijn moeder kan rusten in haar graf, Ailsa. Je zorgt heel goed voor me en we rijden nu meteen naar het ziekenhuis, oké? Ik zweer het.'

'Het is niet dat ik je niet geloof, maar ik wil toch dat je me morgenochtend laat zien welk middel je hebt gekregen. Begrepen?'

Ava en Callanach liepen naar buiten, en Callanach hield Ava's hand vast om haar de smalle trap af te helpen.

'Je zou denken dat Ailsa me, nu ik hoofdinspecteur ben geworden, eindelijk als volwassene zou gaan behandelen,' mompelde ze bozig.

'Ik kies geen partij,' zei Callanach. 'Ailsa jaagt me meer angst aan dan jij.'

'Ja, maar ik ben je baas dus je bent verplicht het met me eens te zijn.' Ava kromp in elkaar toen ze in de auto stapte en haar been moest buigen. 'Oké, naar het ziekenhuis en snel een beetje. We hebben vanavond nog een hoop te doen.'

'Gaan we naar het bureau om aan de zaak-Hawksmith te werken?' vroeg Callanach.

'Nee, we gaan eerst naar jouw flat. Je kunt er niet omheen, Luc. Het gedoe met dat verpleeghuis gaat niet vanzelf weg. Voorlopig doen we alles wat in ons vermogen ligt voor mevrouw Hawksmith, God hebbe haar ziel.'

Ze reden langzaam weg en hadden geen van tweeën erg in de man die hen door het raam van de snackbar aan de overkant gadesloeg, met in zijn hand een in een krant gewikkeld stuk gebakken vis waarvan hij geen hap zou nemen. Je moest toch wel een doodswens hebben als je zoveel verzadigde vetten en zout naar binnen wilde werken. Hij moest glimlachen om de ironie daarvan en vroeg zich af hoe mevrouw Hawksmith er nu uitzag, drie weken nadat hij haar voor het laatst had gezien.

8

4 maart

Het was opvallend rustig op de spoedeisende hulp maar dat kwam doordat er een voetbalwedstrijd op tv was. De meeste mensen probeerden dan geen ernstige verwondingen op te lopen tot ze de pub uit werden geschopt. Callanach liep samen met Ava naar de balie omdat hij wist dat ze de pijn zou bagatelliseren als hij er niet bij was. Ava liet haar ID zien en legde uit dat ze weinig tijd had. Er kwam onmiddellijk een verpleegkundige op hen af die hun een kamertje wees.

'Ik blijf wel even buiten staan, dan kun jij je rustig uitkleden,' zei Callanach.

'Heeft weinig zin. Die wond heb je gisteravond al gezien en ik denk dat het op dit moment niet erg opwindend is om mij in mijn onderbroek te zien staan. Pak een stoel en draai je hoofd om.' Ze ritste haar broek open en trok die langzaam naar beneden over de wond. 'Shit,' mompelde ze zacht.

'Gaat het wel goed?' vroeg Callanach, terwijl hij zijn blik strak gericht hield op de wasbak in de hoek.

'Niet echt. Ik had mijn benen al twee weken geleden moeten scheren. Ik lijk wel een yeti en nu word ik zo direct opgelapt door een dokter die denkt dat ik zo'n treurige ouwe vrijster ben die vindt dat ze een geweldige avond heeft als ze voor de zoveelste keer naar de serie *The Book Group* kijkt, en zich nippend van een wodka met Irn Bru verbeeldt dat het een cocktail is omdat ze er een maraschinokers in heeft laten glijden.'

Een slanke, gebruinde hand schoof met een elegant gebaar het gordijn opzij en dokter Selina Vega kwam binnen, de enige vrouw op de hele wereld die een witte doktersjas sexyer en oogverblindender kon laten lijken dan een avondjurk op een rode loper.

'Selina,' zei Callanach. 'Dat is toevallig.'

'Niet echt. Iemand bij de balie herkende je en vroeg of ik de behandeling wilde doen.' Ze glimlachte. 'Hallo, Ava. Dat is een lelijke wond. Ga maar even liggen, dan kan ik er beter naar kijken.'

'Eh, ja natuurlijk... ik denk dat ik eigenlijk alleen maar een recept voor een antibioticakuur nodig heb. We zitten wat krap in de tijd. Leuk om je weer te zien. Alles goed met je?' vroeg Ava, die zich pijnlijk bewust was van de spanning tussen Callanach en zijn exvriendin, en zich afvroeg of haar gebabbel de sfeer nu verbeterde of juist erger maakte.

'Ik zal dit moeten schoonmaken en hechten. Die zwaluwstaartjes houden de randen niet goed bij elkaar. Als je er niks aan doet, hou je een flink litteken over en blijf je je leven lang pijn hebben van het onderliggende weefsel.'

'Goed, het moet dus gehecht worden,' zei Ava. 'Luc, dit gaat wel even duren. Wil je anders even koffie gaan halen of zo? Sorry, Selina, we komen net terug van een plaats delict. Het is een lange dag geweest.'

'Prima, ik neem wel thee voor je mee. Selina, een espresso?'

'Graag,' knikte ze, terwijl ze wat instrumenten uit een lade pakte en een lamp op Ava's been richtte. 'Zal ik het eerst verdoven?' vroeg ze.

'Hoeft niet. Het doet al zoveel pijn dat het niet veel erger kan worden als jij er nog eens een naald in steekt.'

Selina begon de zwaluwstaartjes eraf te trekken en de wond schoon te maken. Ava zag haar soepele vingers hun magische werk verrichten en vroeg zich af waarom Callanach zo'n beeldschone vrouw had laten lopen. Ze leken zoveel gemeen te hebben.

'Wat jammer dat het niets geworden is tussen jou en Luc,' zei ze. 'Echt. Ik vond dat jullie heel goed bij elkaar pasten.'

'Ik zal je een antibiotica-injectie moeten geven om die infectie te bestrijden. Er zat wat gruis en stof in de diepe snee. De wond gaat pas dicht als hij niet meer geïnfecteerd is. Hoe is het gebeurd?'

'Ik ben gisteravond gevallen toen ik een mogelijk misdrijf onderzocht, in een kasteel nota bene. Gelukkig was Luc erbij. Hij lijkt altijd op het juiste moment op de juiste plaats te zijn. Kom maar op met die injectie. Naalden doen me helemaal niets. Mag ik vragen wat er tussen jullie gebeurd is? Ik weet dat het me niets aangaat, maar Luc is erg gesloten over zijn privéleven en ik maak me zorgen om hem.'

Selina trok de naald uit Ava's been en mikte hem in de naaldencontainer.

'Vraag je me dat als zijn baas of in een andere hoedanigheid?'

'Als goede vriendin. Want weet je, je hebt me wel mijn filmvriend afgepakt. Niemand anders wil op een woensdagnacht oude zwartwitfilms met me kijken. Maar dat offer had ik graag gebracht, als hij maar gelukkig was. Ik hoopte dat het echt wat zou worden tussen jullie.'

Selina haalde een halfronde hechtnaald uit een steriel zakje en begon de wond te hechten.

'Luc zit ingewikkeld in elkaar,' zei ze. 'Zijn verleden achtervolgt hem nog elke dag. Mensen koesteren verkeerde verwachtingen van hem en dat is een zware last voor hem.'

Ava sloot haar ogen en ging achterover liggen, en greep de zijkanten van het bed stevig vast. Ze kon wel stoer doen over naalden, maar je moest wel gek zijn als je het leuk vond om te zien hoe er een naald door je vlees werd geduwd.

'Daarom vond ik het zo fijn om te horen dat jullie met elkaar begonnen te daten. Na al die ellende met Astrid Borde en die beschuldiging van verkrachting had hij iemand nodig die hij echt kon vertrouwen.'

Ze zoog plotseling haar adem naar binnen. De huid rond de wond was gevoeliger dan ze dacht, en ze had een verkeerde inschatting gemaakt toen ze dacht dat de pijn niet veel erger kon worden.

'Heeft hij het tegen jou vaak over mij gehad?' vroeg Selina rustig.

'Natuurlijk,' antwoordde Ava snel op geruststellende toon, en ze probeerde zich gesprekken te herinneren waarin Callanach wat meer over Selina had verteld of wat ze dat weekend hadden gedaan. Ze kon niets bedenken. 'Maar dat is niet makkelijk met ons werk. De meesten van ons laten hun privéleven het liefst achter bij de voordeur, zodat privé en werk niet door elkaar gaan lopen. Dat begrijp jij vast wel. Dat zal voor jou wel hetzelfde zijn.'

'Nou, eerlijk gezegd praatte ik tegen mijn collega's voortdurend over Luc,' zei Selina, terwijl ze de wond depte en heel voorzichtig probeerde te hechten. 'Ik had gehoopt dat we deze zomer zouden gaan samenwonen. Heeft hij je niet verteld dat ik dat heb voorgesteld?'

'Ik geloof dat hij het daar wel over heeft gehad, ja,' loog Ava, terwijl ze een blik op het gordijn wierp en zich afvroeg wanneer Luc eens terugkwam met de drankjes.

Ze was een slechte leugenaar en Selina was slim en had het door. Ze zou zo meteen een onhandige poging moeten doen om het gesprek op iets anders te brengen.

'Net als jij dacht ik dat Luc gelukkig was. We zijn allebei naar Schotland geëmigreerd, we zijn allebei sportief en dol op de zon, en we hebben begrip voor elkaars onregelmatige diensten. Perfect toch?'

Ava slaagde erin kort te knikken. Het deed nu erg veel pijn.

'Dus nu vraag ik me steeds af: waarom besloot hij dat het niets tussen ons zou worden? Ben ik niet grappig genoeg, kook ik niet lekker, neem ik het leven te serieus? Maar weet je, ik denk dat het niets met mij te maken heeft. Dat klinkt misschien arrogant...'

'Helemaal niet. Mijn vriendin Natasha vindt jou helemaal het einde,' wierp Ava tegen.

'... maar ik werk hard, geniet van het leven en ik zie er niet slecht uit.'

Ava kon alleen maar met haar ogen rollen.

'Daarom denk ik dat er iemand anders is.' Selina stopte met hechten, ging rechtop zitten en keek Ava aan. 'Wat denk jij, Ava? Is er een andere vrouw in Lucs leven over wie ik niets weet?'

'Absoluut niet. Hij was erg op zichzelf tot hij jou leerde kennen. Er was heel kort een ongemakkelijk contact met zijn buurvrouw Bunny, maar dat kwam meer van haar kant dan van hem en het stopte al voordat het goed en wel begonnen was. Afgezien daarvan heeft hij met niemand gedatet sinds hij in Schotland is komen wonen, voor zover ik weet dan.' Ava bekeek de keurige hechtingen in haar been terwijl Selina de wond afdekte met een gaasje. 'Zo zeg! Wat mooi gedaan. Ik ben je heel dankbaar.'

'Je bedoelt afgezien van de dates met jou, naar de bioscoop gaan, de dinertjes, samen een drankje doen, de vistochtjes...' zei Selina, terwijl ze alles opruimde.

'Nou, dat zouden we geen van tweeën dates willen noemen,' zei Ava lachend. 'Een paar collega's van het werk die elkaar gezelschap houden omdat ze verder misschien niemand hebben.'

'Weet je dat hij 's nachts soms wakker wordt en jouw naam roept? Hij heeft een regelmatig terugkerende nachtmerrie. Hij vertelde me dat hij die heeft overgehouden aan die keer dat jij was ontvoerd en hij bang was dat hij te laat was om je te redden. Dat moet een heel traumatische ervaring voor je zijn geweest.' Selina trok haar handschoenen uit en gooide ze in een prullenbak.

'Ja, dat klopt,' zei Ava zacht. Ze dacht liever niet terug aan die gebeurtenis. Andere vrouwen waren er minder gelukkig vanaf gekomen en ze hadden het niet allemaal overleefd.

'Dat soort trauma's smeedt een hechte band tussen mensen. Soms had ik het gevoel dat hij liever jou in zijn armen had gehouden als hij wakker werd uit zo'n droom. Ik fungeerde altijd als een surrogaat. Ik denk dat het goed is dat ik daar op tijd achter ben gekomen.' Ze stond op en haalde een receptenblokje uit haar zak.

'Sorry dat het zo lang duurde. Maar hier zijn de drankjes eindelijk,' zei Callanach, terwijl hij het gordijn met zijn voet opzijduwde en hun allebei een papieren bekertje aanreikte waaruit damp omhoog kringelde.

'Dank je wel,' zei Ava rustig. 'Luc, wil jij buiten even wachten tot ik me heb aangekleed?'

'O, natuurlijk. Geef maar een gil als je hulp nodig hebt.'

Hij keek haar beduusd aan maar liep toch weg.

Ava haalde diep adem en probeerde een antwoord te formuleren. Selina had de situatie tussen Callanach en haar duidelijk verkeerd ingeschat en als dat de reden was waarom ze uit elkaar waren gegaan, moest ze dat rechtzetten.

'Selina, Luc en ik zijn gewoon collega's. Dat weet je toch? Hij ziet me meer als een van de jongens dan als een vrouw in wie hij geïnteresseerd zou kunnen zijn. En het is lang niet altijd koek en ei tussen ons. God nee, als wij ruzie hebben dan gaat het er hard aan toe.'

'Dat geloof ik graag,' glimlachte Selina. 'Alsjeblieft, je recept. Je moet er meteen mee naar de apotheek en vanavond al beginnen met de antibiotica. Geen alcohol tot je de kuur hebt afgemaakt. Als je been pijn gaat doen, moet je onmiddellijk naar de dokter. En probeer de hechtingen zo droog mogelijk te houden.'

Ava ging rechtop zitten en trok voorzichtig haar broek over haar been.

'Dank je wel,' zei ze zacht, en ze nam het recept aan.

'Doe hem geen pijn, Ava,' fluisterde Selina. 'Hij doet wel stoer, maar een mens kan maar zoveel hebben. Als jij niet hetzelfde voor hem voelt als hij voor jou, moet je hem loslaten.'

'Maar ik –'

'Met alle respect, maar je moet je niet van de domme houden. Dat past niet bij je,' zei Selina. 'Ik hoop dat je been snel geneest.'

Ava zat op de rand van het bed en vroeg zich af of ze nu achter Selina aan moest, die haar espresso had laten staan of vergeten was. Niet dat er nog iets te zeggen viel. Ze was er duidelijk van overtuigd dat er iets speelde tussen Ava en Callanach, en wat betreft dat zich van de domme houden... daarmee had ze een grens overschreden. Het was niet makkelijk om iemand als Callanach te delen, vermoedde ze. Met zijn knappe uiterlijk en Franse charme kreeg hij veel aandacht van vrouwen, dus ze snapte wel dat zijn vriendin zo nu en dan een steek van jaloezie voelde. En Callanach en zij werkten inderdaad heel hecht samen.

Ze liet haar voeten in haar gympen glijden. Meer dan hecht, moest ze toegeven. Vanochtend was ze wakker geworden in zijn bed nadat hij haar leven had gered. Dat had Selina aangevoeld. Dat gevoel van wederzijdse afhankelijkheid dat je als collega's soms ontwikkelde, het gevoel dat er één persoon op de hele wereld is die jou nooit zal laten vallen. De zekerheid dat er één iemand is die weet wat je denkt, die al je handelingen en beslissingen van tevoren aanvoelt en je telkens weer opvangt als je valt – lichamelijk, emotioneel, professioneel, persoonlijk – telkens weer.

Ava nam een slok thee en beet op haar onderlip, zich afvragend of ze Selina's waanideeën met Callanach moest bespreken. Misschien zou hij eerst geschokt reageren maar het daarna wel grappig vinden. Misschien zou het er zelfs toe leiden dat Selina en hij in gesprek zouden gaan en dat de breuk tussen hen geheeld kon worden.

Ze was geschrokken van dat verhaal over die nachtmerries. Ze had die verschrikkelijke dagen zo diep mogelijk weggestopt in haar geheugen en was ervan uitgegaan dat alle anderen die daarbij betrokken waren geweest hetzelfde hadden gedaan. Callanach had met de gedachte geleefd dat hij haar kwijt zou raken aan een psychopaat en dat had blijkbaar een zware wissel op hem getrokken. Ze probeerde weer kalm te worden en liep de gang op, waar ze hem voor een mededelingenbord zag staan en een vies gezicht trekken toen hij een slok koffie nam.

'We zijn klaar,' zei ze zacht.

'Mooi, dat ging snel. Waar is Selina?'

'Ze werd weggeroepen,' zei Ava, en dat was bepaald niet haar enige leugen die avond. 'Ik moest je de groeten doen. Je moet haar binnenkort maar eens bellen. Ik denk echt dat ze het leuk zou vinden om af te spreken als jullie allebei wat minder opgefokt zijn.'

'Goed idee,' zei hij, en hij sloeg zijn arm om Ava's middel zodat ze op hem kon leunen en niet op haar been hoefde te steunen. 'Waar hadden jullie het over toen ik koffie ging halen?'

Ava zweeg een tel. 'Over Spanje,' zei ze. 'Zou jij me nu naar een apotheek willen rijden?'

'Wat je maar wilt,' antwoordde hij, het portier voor haar openend. 'Ik sta geheel en al tot je beschikking.'

9

Eerder

Terwijl Ava bij de apotheek op haar recept stond te wachten, slenterde een man, slechts gewapend met een onschuldige portie gebakken vis, door de straten van Edinburgh en gluurde naar binnen in huizen waarvan de gordijnen achteloos open waren gelaten. Dokter Selina Vega had aangeboden een dienst over te nemen van een zieke collega, omdat ze wist dat ze toch niet kon slapen na haar ontmoeting met de man van wie ze hield en die ze was kwijtgeraakt. Pax Graham las aan zijn gloednieuwe bureau de verklaringen door van het personeel in het verpleeghuis en vroeg zich af hoe hij zijn baas op de tweede dag van zijn nieuwe baan moest vertellen dat een collega de voornaamste verdachte in een moordzaak was. En mevrouw Fenella Hawksmith – Fenny voor haar bingovriendinnen, die zich de afgelopen drie weken hadden afgevraagd waar ze was – werd op dat moment in een lijkzak naar buiten gereden en overgebracht naar het mortuarium van Edinburgh.

De laatste drie jaar van haar leven had Fenny geleefd met de gedachte dat de dood een verlossing zou betekenen. Dat ze haar man aan kanker had verloren was erg, maar het was snel gegaan. Daarna kon ze niet langer in hun huis blijven wonen en had ze de goedkopere, anonieme flat aan Easter Road gevonden. Maar waar ze veel meer hartzeer van had was de dochter die ze in Glasgow aan de drugs was kwijtgeraakt. Twaalf jaar eerder was Alice weggelopen. Teruggekomen. Afgekickt. Een terugval gehad. Weer weggelopen. Op straat geleefd. Weer naar huis gekomen. Van hen gestolen. Weer weggelopen. De afgelopen vijf jaar had Fenny niet geweten of haar lieve meisje nog leefde of niet. Ze had haar niet eens kunnen vertellen dat haar vader was overleden. Er was niemand die haar vasthield toen ze rouwde om de dood van haar man, en niemand die haar troostte en haar een reden gaf om te leven.

Fenny's huisarts was meelevend, maar had het gewoon te druk en had haar op haar verzoek antidepressiva voorgeschreven toen ze hem beschreef hoe wanhopig ze zich voelde. In het hospice van haar man waren ze ook vriendelijk geweest, maar er liepen te veel dames in bloemetjesjurken rond. 'Edinburghse kakmadammen' zou haar eigen moeder ze hebben genoemd, die uit een heel andere wereld kwamen dan de armoedige omgeving waarin zij in Glasgow was opgegroeid. Het was niet zo dat ze haar veroordeelden, maar ze voelde zich er gewoon niet thuis.

Haar eerste poging om een einde te maken aan haar ellendige bestaan was meteen mislukt omdat ze alle tabletten die ze samen met een fles goedkope rode wijn had ingenomen weer net zo hard had uitgekotst. Het enige blijvende resultaat was een smerige vlek op haar beige tapijt en een kater die dagenlang had aangehouden.

De keer daarop had ze het beter gepland. In plaats van het thuis te doen, omringd door foto's van degenen die ze had liefgehad en verloren, had ze honderd pond van haar spaargeld stukgeslagen, in de gedachte dat ze het toch niet mee kon nemen, en een hotelkamer geboekt. De ironie van die uitgave was dat haar poging geslaagd zou zijn als ze zich thuis in haar eigen badkamer had opgesloten. Maar het toeval wilde dat het kamermeisje die ochtend vergeten was schone handdoeken neer te leggen, dus terwijl Fenny net haar polsen doorsneed klopte de vrouw op de deur en liep naar binnen toen ze geen antwoord hoorde.

Ze hadden een ambulance gebeld en Fenny was razendsnel naar

het dichtstbijzijnde ziekenhuis vervoerd. Er was een psychiater bij gehaald en de daaropvolgende vier maanden was ze opgenomen op een afdeling waar het personeel roze droeg en vaker glimlachte dan normaal, en erop aandrong dat ze aan allerlei dagelijkse activiteiten deelnam zoals yoga, meditatie en mindfulness. Aan het eind had Fenny zich tot zo'n voorbeeldige leerling ontpopt dat ze met taart en de allerbeste wensen was uitgezwaaid.

Ze hadden geen idee dat ze werkelijk alles zou hebben gedaan om nooit meer terug te hoeven naar die yogalessen, met een lerares die onophoudelijk op een zangerige fluistertoon prevelde dat ze van haar lichaam moest houden en ernaar moest luisteren. Fenny's lichaam, daar was ze behoorlijk zeker van, haatte haar als de pest en ze weigerde te luisteren naar wat het haar eventueel te zeggen had, maar door mee te buigen was ze uit de kliniek weggekomen, met als neveneffect dat ze ongelooflijk kwaad was geworden. Kwaad op haar man, die twee pakjes per dag rookte en haar alleen had achtergelaten op weg naar de oude dag. Kwaad op haar dochter, om wie ze tien jaar lang elke dag had gehuild, en die zomaar was verdwenen. Kwaad op de buren die dag en nacht keiharde rapmuziek draaiden.

Die woede bleek een helende werking te hebben. Ze wilde niet meer dood. Ze beantwoordde de rapmuziek met Italiaanse opera's en had luidsprekers gekocht waarmee je een heel festival kon overstemmen. Ze was lid geworden van een bingoclub omdat haar man altijd had afgegeven op vrouwen die hun centen uitgaven aan dat soort frivole onzin. Het bleek ook nog eens heel gezellig te zijn. Ze zocht niet langer naar haar dochter via websites voor vermiste personen en organisaties die families herenigden, en aanvaardde de realiteit dat ze niets kon doen om iemand terug te halen die dood was of niet gevonden wilde worden. In haar nieuwe filosofie liet ze het lot over haar leven beslissen. Ze liet zich simpelweg meedrijven op het tij.

Op een dinsdag werd er rond een uur of twaalf op haar deur geklopt. Wie vroeg zich nou af of hij tussen elf en lunchtijd de deur wel open moest doen? Rond dat tijdstip gebeurden er nooit rare dingen, toch niet op een dinsdag in je eigen huis. Het kwam vaak genoeg voor dat een van de andere huurders zomaar iemand binnenliet in de centrale hal zonder naar een naam te vragen. De pizzabezorger drukte vaak lukraak op een bel en keek pas naar het juiste flatnummer als hij binnen stond, beschut tegen de regen.

Fenny had de deur opengedaan in de hoop dat het niet weer Jehova's getuigen waren die haar de oren van het hoofd kletsten. Ze voelde zich altijd schuldig als ze hun de deur wees, maar als ze dat niet deed moest ze soms een halfuur lang beleefd over hun fraai gedrukte brochures praten, broedend op een excuus om ze de deur uit te krijgen.

Maar de man die voor haar deur stond zag er serieus en professioneel uit.

'Mevrouw Hawksmith,' zei hij, een badge aan een felgekleurd sleutelkoord ophoudend. 'Ik ben van een liefdadigheidsorganisatie voor gezinshereniging. We hebben informatie over uw dochter Alice. Kan ik even met u praten, als het schikt?'

Ze had er geen moment bij nagedacht. Dertig seconden later was ze druk bezig kruimels van de bank te vegen zodat hij ergens kon zitten zonder zijn keurige broek vuil te maken. Het duizelde haar. Nieuws over haar dochter na zo'n lange tijd... Dus ze was niet dood. Als ze dood was geweest, had de politie nu voor haar deur gestaan.

Midden in haar krappe huiskamertje stond Fenny van het ene been op het andere te wippen, wachtend op het nieuws, bang voor wat ze te horen zou krijgen, zich vastklampend aan de hoop waarvan ze al vergeten was dat die bestond.

'Is er hier iemand die u kan steunen of bent u vandaag alleen?' had de man gevraagd.

'Nee, ik ben alleen...'

In haar opwinding realiseerde Fenny zich dat ze niet eens naar zijn naam had gevraagd. Nu wist ze niet zo goed hoe ze nog kon terugkrabbelen, niet dat ze tijd wilde verspillen. Er was nieuws. Dat maakte opeens alle verjaardagen, kerstdagen, Moederdagen, alle ochtenden dat het bed van haar dochter onbeslapen was geweest, meer dan goed. Eindelijk had ze iets anders om naar uit te kijken, in plaats van de leegte van verlies.

'Even voor de duidelijkheid, u woont momenteel niet samen en u hebt geen huisgenoot? Het is belangrijk dat alle informatie die wij met u delen vertrouwelijk blijft, begrijpt u wel.'

'Ja, absoluut,' had Fenny meteen geantwoord. 'Alleen ik woon hier. Als u nieuws hebt, beloof ik dat ik er met niemand anders over zal praten.'

'Goed,' had hij geruststellend gezegd. 'Dat klinkt goed. Ik moet me ook een oordeel vormen over uw huidige mentale toestand. Wij hebben al meermaals ervaren dat mensen heel heftig kunnen reageren als ze nieuws horen over lang vermist gewaande dierbaren, en het hele proces van hereniging gaat soms gepaard met een hoop moeilijkheden en teleurstelling. Het is een traject dat we niet aanraden tenzij de mensen goed in hun vel zitten.'

Hereniging. Ze had het zich niet verbeeld. Hij had het gezegd. Niet alleen leefde haar dochter nog, maar ze was ergens waar ze bij haar kon en sterk genoeg van lijf en leden om contact te leggen. Op dat moment geloofde ze overal in. In karma, kismet, het noodlot, God, klavertjesvier – de hele rimram. Het had een reden dat ze had besloten om geld te verspillen aan een hotelkamer om een eind aan haar leven te maken. Het had een reden dat het kamermeisje op het slechtste – nu het beste – moment was binnengekomen. Die eindeloze yogasessies waren iedere seconde van vernedering en nepglimlachjes waard geweest. De kalmerende middelen waarvan ze misselijk werd. De therapie waarin ze elk smerig of slaapverwekkend detail uit haar leven uit de doeken had gedaan. Dat alles had haar tot hier gebracht.

Ze deed een paar stappen – drie stappen, maar haar benen leken wel van pap en ze was bang dat ze het niet zou halen – om Alice' foto van de vensterbank te pakken. Die was genomen toen haar zeven jaar oude schattebout net een tekenwedstrijd had gewonnen. Ze had echt talent, maar dat had ze niet van Fenny geërfd. Ze was vooral heel goed in portretten, en had in haar jonge leven heel wat tijd doorgebracht aan tafel, waar ze het ene schetsblok na het andere voltekende.

In een doos, bij haar trouwfoto's en moederdagkaarten, bewaarde Fenny nog een envelop met een paar tekeningen, die ze zo innig koesterde dat ze ze niet meer uit de doos durfde te halen en in haar handen durfde te nemen. In die doos zaten de kinderlijke uitingen van eeuwige liefde die later waren omgeslagen in van haat doortrokken geschreeuw toen de drugs de wereld van haar dochter hadden veranderd in een plek waar de enige troost die ze verwelkomde waanbeelden waren, verpakt in plastic wikkeltjes, en waar ze je alleen haar liefde betuigde als je haar geld gaf.

'Waar is ze?' had Fenny gefluisterd, waarbij haar mondhoeken omhoogkrulden, wat een ongewoon beeld opleverde. Ze had zo lang niet geglimlacht dat het vreemd aanvoelde.

'Ik weet het niet,' zei de man, 'vind je dat je het hebt verdiend om haar te zien?'

Fenny's glimlach verflauwde.

'Verdiend?' vroeg ze langzaam. 'Ja, natuurlijk, waarom zou ik het niet verdienen om mijn kind te zien?'

'Heb jij je leven gekoesterd, Fenella?'

'Natuurlijk. Mijn man is dood. Hij zou er alles voor over hebben gehad om ons meisje weer in de ogen te kunnen kijken. Nu ben ik als enige overgebleven en moet ik het voor ons beiden doen. Ze weet niet eens dat haar papa overleden is. Ik weet niet goed hoe ik haar dat moet vertellen.' Uiteindelijk hielden Fenny's benen haar gewicht niet meer zodat ze zich op de bank liet zakken, en ze haalde diep adem.

'Maar je man kon zijn dood niet voorkomen, hè? Hij is aan kanker gestorven als ik het goed heb.'

'Eh...' talmde ze.

Het laatste wat Fenny wilde was onbeleefd doen tegen de man die haar probeerde te helpen, maar ze begreep niet helemaal waar hij zijn informatie vandaan haalde. Alice kon met geen mogelijkheid weten welke tragedie er tijdens haar afwezigheid had plaatsgevonden en Fenny kon zich niet herinneren dat ze de organisaties voor gezinshereniging ooit had verteld over de dood van haar man.

'Ja, longkanker. Ik heb me bij een paar organisaties ingeschreven om mijn dochter te vinden. Ik was een tikje verrast toen u hier voor de deur stond, en ik heb de naam van uw organisatie niet goed verstaan.'

'Maar je hebt het geschenk van het leven voor lief genomen,' ging hij verder, alsof ze niets had gezegd. 'Je dacht dat je het weg kon gooien. Je besloot dat jouw behoefte om verlost te worden van de verantwoordelijkheden die een mens in deze wereld nu eenmaal heeft, belangrijker was dan te waarderen wat je geschonken was.'

'Ik snap niet zo goed waar u het over hebt,' zei Fenny. 'Wat heeft dit met mijn dochter te maken?'

'Neem je je medicijnen nog steeds of heb je besloten dat jij het beter weet dan de mensen die je proberen te helpen?' vroeg hij.

Fenny zette de foto van Alice die ze krampachtig vasthield met trillende hand op het bijzettafeltje.

'Door wie bent u gestuurd?' vroeg ze rustig. 'Iemand van het ziekenhuis? Maakt dit deel uit van hun vervolgprogramma? Is dit een test? Want als ze op deze manier willen controleren of ik nog steeds vooruitga, dan vind ik het schandalig dat ze de dingen die ik hun over mijn dochter heb verteld...'

Ze kon haar zin niet afmaken. Er bestonden geen woorden die krachtig genoeg klonken om uiting te geven aan de walging die ze voelde over wat hier aan de hand was.

Fenny bekeek de man van top tot teen. Hij had geen dossier bij zich. Geen papieren, niets. Als hij hier was gekomen om over haar dochter te praten, had hij aantekeningen moeten maken, haar moeten vragen een document te tekenen of haar identiteit moeten controleren. Ze keek om zich heen en probeerde zich te herinneren waar ze haar leesbril had gelaten, zodat ze de piepkleine lettertjes op zijn badge kon lezen, die op dit moment slechts een groot waas waren.

Hij stond op en zei: 'Fenella, we moeten met elkaar praten en ik wil dat je me de goede antwoorden geeft. Je moet je concentreren. Daar ga ik je mee helpen, oké? Ik ga het allemaal veel makkelijker voor je maken.'

'Ik wil mijn dochter zien,' zei Fenny, en ze keek naar de bobbel in de broekzak van de man.

Het voorwerp was in ieder geval geen telefoon en aan de brede, ronde vormen te zien was het evenmin een bos sleutels.

'Wil je dat?' vroeg hij. 'Hoe vaak denk je eigenlijk aan haar? Een keer per dag? Is ze wel zo vaak in je gedachten? Of is het niet eerder zo dat je hooguit een keer per week aan haar denkt?'

Fenny stond op en ging dichter bij hem staan dan ze eigenlijk prettig vond, met haar gezicht een paar centimeter van het zijne, en keek hem recht aan.

'Er gaat geen uur voorbij dat ik niet aan mijn kleine meisje denk,' zei ze. Haar ogen vulden zich met tranen en elke spier in haar lichaam stond strak van woede.

'O ja?' zei hij glimlachend. 'Zou een moeder die zielsveel van haar vermiste kind houdt zich van kant willen maken? Dat denk ik niet. Ik denk dat je dan eindeloos lang op haar zou wachten, want als er ook maar een minieme kans bestond dat je dochter naar huis zou komen, gearresteerd zou worden, in een ziekenhuis terecht zou komen en naar je zou vragen, dan zou je er voor haar willen zijn. Waarom zou je dat arme kind haar enige nog levende ouder willen ontnemen? Dat doe je gewoon niet.'

Hij pakte Fenny's linkerhand met zijn rechterhand vast. Iets aan zijn aanraking voelde vreemd aan, koel, onnatuurlijk. Ze tilde haar hand op om beter te kijken.

Handschoenen. Deze voor haar onbekende man droeg om een of

andere reden doorzichtige plastic handschoenen.

Op het moment dat ze haar mond opendeed om de vraag die ze zich stelde in woorden om te zetten, voelde ze iets tegen haar linkerpols bonken, gevolgd door een metalige klik. De om haar pols bungelende handboei was dichtgeklikt, maar zat niet overdreven strak. Absurd genoeg dacht ze eerst nog dat hij toch van de politie was – en hier niet was om haar te vertellen dat haar dochter dood was maar om haar te arresteren voor een delict dat ze als moeder had begaan en waarvan ze zich niet eens bewust was. Het duurde een paar seconden voordat ze zich realiseerde dat ze het bij het verkeerde eind had.

'Hé, wat is dit godverdomme? Ik wil dat je nu opdondert. Hoor je me?'

De man lachte.

Fenny rukte aan de handboei. Ze wilde niet eens dat hij haar losmaakte, want dat betekende dat hij haar weer zou aanraken en dat wilde ze absoluut niet. Niet met die enge handschoenen.

'Wil je dat ik nu al wegga? Maar je hebt nog niet gehoord wat ik over Alice heb te vertellen,' zei hij.

'Je bent hier niet om over mijn dochter te praten,' zei Fenny. 'Nou opflikkeren, engerd, of ik bel de politie.'

De man liep naar de gigantische geluidsinstallatie in Fenny's piepkleine woonkamer, zette hem aan en scrolde door de afspeellijst op de iPod waarmee Fenny urenlang nummers in willekeurige volgorde kon draaien zonder dat ze verder iets hoefde te doen.

'Je bent dol op opera, hè? Dat heb ik al eerder door de deur heen gehoord,' zei hij. 'Een paar keer stond de muziek zo hard dat ik hem buiten op straat kon horen.' Hij drukte op een toets en violen vulden de kamer met dramatische mineurklanken. 'Dat is het enige aan jou wat indruk op me heeft gemaakt. De liefde voor de schone kunsten is wat ons van de beesten onderscheidt.'

Toen Fenny begon te krijsen zette de man de muziek gewoon harder. De bewoner in de flat daaronder sloeg meteen terug met flarden van een Amerikaans rapnummer.

'Kom, dan verhuizen we naar de badkamer, mevrouw Hawksmith, want dat is de plek waar u het liefst verblijft.'

Hij trok haar aan de handboei mee naar de badkamer en daardoor werd ze uit haar geschoktheid en passiviteit wakker geschud. Fenny rukte de handboei uit zijn vingers en stormde op de voordeur af. Daar was hij op bedacht. Dat realiseerde ze zich toen ze hard op de grond viel doordat hij haar pootje had gehaakt. Kalmpjes keek hij toe hoe ze met haar kaak op het tapijt klapte.

'Fucker,' mompelde Fenny.

Hij trok haar aan haar haar omhoog en schudde afkeurend zijn hoofd.

'Kijk. Nu wil je opeens leven. Nu heb je besloten dat je niet langer een ondankbare jankende zielenpoot wilt zijn en wil je houden wat je hebt. Maar nu is dat van mij. Je wilde het weggeven, en gelukkig voor jou ben ik de enige die dat geschenk weet te waarderen.'

'Ik wilde niet sterven,' gilde Fenny. 'Niet echt. Ik was depressief. Ik wist niet hoe ik ermee om moest gaan maar in de kliniek hebben ze me dat geleerd. Ze hebben me geholpen. Wie ben jij? Je werkt niet voor een liefdadigheidsorganisatie. Wie heeft jou over mij verteld?'

'Wat zou je arme overleden man hiervan vinden, denk je? Hij kreeg een verschrikkelijke ongeneeslijke ziekte en moest met tegenzin afscheid nemen van het leven. Toen besloot jij dat van jou weg te gooien, zonder ook maar enig oog te hebben voor de schoonheid ervan, voor de kracht die mensen in hun lichaam weten te bundelen. Je hebt je eigen leven als een wegwerpartikel behandeld terwijl zijn leven hem ontnomen was. Weet je wat ik denk, mevrouw Hawksmith? Ik denk dat jouw man zou vinden dat jij je recht op leven hebt verspeeld.'

Hij haalde een pistool uit zijn binnenzak. Fenny had nog nooit van haar leven een echt pistool gezien. Het wapen was kleiner dan ze had gedacht, maar de aanwezigheid ervan ontketende iets kwaadaardigs, vergiftigde de atmosfeer.

'Trek je kleren uit,' commandeerde de man, 'en ga in bad liggen.'

Fenny keek in de porseleinen witheid en zag de dood op haar wachten.

'Ik wil niet dood,' snikte ze.

'Dat is goed. Niet willen sterven is goed. Dat is het begin van je genezing. Trek je kleren uit.'

Een zwerm vliegen zoemde rond in Fenny's hoofd en ze slaagde er niet in de rits van haar broek open te krijgen, hoe hard ze ook haar best deed.

'Ik heb wat sieraden,' smeekte ze. 'En wat geld in mijn portemonnee. En oorlogsonderscheidingen van mijn grootvader. Die zijn veel waard. Die mag je allemaal hebben. Ik hoef ze niet. Maak me alsjeblieft niet dood.' Op een of andere manier wist ze haar broek uit te krijgen. 'Je zei dat ik er moest zijn voor Alice, en daar had je gelijk in. Ze zou hier zomaar op een dag voor de deur kunnen staan. Misschien heeft ze zelfs een baby'tje waar ze hulp bij nodig heeft.' Haar handen trilden terwijl ze aan de knoopjes van haar blouse prutste. 'Ik kan weer in behandeling gaan om ervoor te zorgen dat ik nooit meer zoiets stoms doe. Ik doe alles wat je wilt. Alleen niet... dit. Ik wil niet in het bad stappen.'

Fenny begon te huilen en de man knikte begripvol.

'Alsjeblieft, dwing me niet. Alsjeblieft, alsjeblieft, dwing me niet –'

'Al je kleren. Net als de vorige keer. Ik wil dat je het precies zo doet als de vorige keer.' Hij gebaarde met het pistool dat ze haar slipje moest uittrekken.

Fenny staarde naar de loop en vroeg zich af of het pistool echt geladen was. De kogel was sneller dan wat hij voor haar in petto had, daar was ze zeker van. Hij had de kille ogen van een reptiel. Ongelooflijk dat ze dat niet meteen had gezien toen hij voor de deur stond. De glimlach was perfect, de kleren keurig en uit zijn woorden sprak alleen maar geruststelling, maar als de ogen werkelijk de spiegels van de ziel waren, dan weerspiegelden die van hem een soort niemandsland waarin het leven de strijd al heel lang geleden had opgegeven. Zelfs het kruipende ongedierte dat doorgaans uitstekend gedijt op dood en verval, had die plek verlaten. Binnen in deze man huisde een echo van niets.

Op dat moment besefte Fenny dat smeken, huilen, krijsen of pleiten geen enkel verschil zou maken. Dit was het einde. Ze stapte in de badkuip en volgde zonder tegenstribbelen zijn verdere instructies op. Dat leek haar het makkelijkst.

10

5 maart

Ava spoelde de eerste antibioticacapsule weg met een glas sinaasappelsap en legde haar pijnlijk kloppende been op Callanachs bank. Het was halfeen 's nachts en het was opvallend rustig in de stad.

'Hoe groot acht jij de kans dat mevrouw Hawksmith zelfmoord heeft gepleegd?' vroeg ze.

'Fysiek zou het misschien net kunnen, maar ik heb er geen goed gevoel bij. Waarom zou je moeite doen om je enkels vast te binden met tiewraps?'

'Misschien om er zeker van te zijn dat je niet van gedachten kunt veranderen,' zei Ava. 'Als het alleen die tiewraps waren geweest, had ik het misschien geloofd. Maar die handboeien deden voor mij de deur dicht. Daardoor kreeg ik het gevoel dat dat hele tafereel een soort van tableau was, dat het in scène is gezet. Dit beeld is uit iemands fantasie ontsproten en die heeft precies bedacht hoe hij het moest aanpakken. Als je zelfmoord pleegt, ga je niet zo te werk. Je reageert op een trigger en vaak verloopt het heel chaotisch. Ik ben geen expert, maar ik zou denken dat je instinctief een zekere flexibiliteit of uitweg inbouwt. En ook dat je het jezelf comfortabel of makkelijk maakt. Niemand wil op zo'n traumatische manier doodgaan, hoe depressief je ook bent. In verband met de dood van Stephen Berry heb jij toch met iemand gesproken die een steungroep voor mensen met suïcidale gedachten leidt? Denk je dat hij naar het bureau zou willen komen om eens met me te praten? Ik denk dat het nuttig zou zijn om de mening van een deskundige te horen.'

Callanach dacht erover na, want hij wist dat Ava gelijk had en dat Rune Maclure graag zou willen helpen. Opnieuw schoot de gedachte door hem heen dat die twee uitstekend bij elkaar pasten. Maclure zou Ava aan het lachen weten te maken en op haar gemak stellen, dacht hij. Hij zat precies in de goede leeftijdscategorie en Callanach was er vrij zeker van dat hij geen trouwring droeg. Dat betekende natuurlijk niet dat hij single was, maar als dat wel zo was... Callanach riep zichzelf tot de orde. Hij had niet het recht om te verhinderen dat Ava in contact kwam met andere mannen, of die nu goed voor haar waren of juist slecht.

'Ja, hij heet Rune Maclure.' Hij besloot voor de gulden middenweg te kiezen en zei: 'Ik neem morgen contact met hem op. Ga jij morgen naar het mortuarium om zo veel mogelijk info van Ailsa te krijgen. Daarna zien we elkaar op het bureau om het team te debriefen. Dat scheelt tijd.'

'Jij hebt morgen wel andere dingen aan je hoofd. Pax Graham moet je verhoren over dat overlijdensgeval in het verpleeghuis en hoe eerder we dat hebben afgehandeld, hoe beter. Hij moet een officiële verklaring op schrift hebben voor het geval je relevante informatie hebt, en dan hebben we ook meteen de juiste procedure gevolgd. Wat ik nog steeds niet weet is wat je daar eigenlijk deed. Het lijkt nu alweer eeuwen geleden, maar dát was de reden waarom ik eerder op de avond langskwam.'

'Voordat ik dat gesprek aanga wil ik eerst iets te drinken inschenken, ook al kun je niet meedoen,' zei hij, en hij liep naar de keuken en schonk zich een glas rode wijn in.

'Heb je bier in huis?' riep Ava hem achterna.

'Ja, maar jij mag niet drinken. Op doktersvoorschrift. Hoe kwam Selina trouwens op je over?'

Ava overwoog hoe ze die vraag zou beantwoorden. Selina was

een heleboel dingen: geschokt, boos, verdrietig. Jaloers. Dat was het woord dat Ava wilde vermijden. Jaloers op Ava en haar relatie met Callanach. Ze had een verkeerde indruk van hun relatie gekregen, zoveel was duidelijk, maar hoe moest ze dat uitleggen zonder dat het hen allebei in verlegenheid bracht? Natasha had haar vaak genoeg gejend met Callanach, maar dat waren gewoon plaagstootjes. Er zat niks achter.

'Ik denk dat ze er wel overheen komt, en nu niet van onderwerp proberen te veranderen. Ik dacht eigenlijk dat je afgezien van de verworpenen in het team Zware Misdrijven niemand kende in Schotland. Ik weet dat de man in het verpleeghuis niet eerder met een zaak in verband is gebracht. Er staat niets over hem in het systeem. Dat moet je morgen uitleggen, dus je kunt vanavond vast oefenen.'

Callanach ging naast haar zitten, tilde haar pijnlijke been op en legde dat op zijn dij.

'Jaren geleden was Bruce Jenson de baas van mijn vader,' vertelde hij. 'Lang geleden, voor mijn geboorte, toen mijn vader zijn eerste betaalde baan kreeg bij een meubelfabriek, Edinburgh Bespoke. Op vakantie heb ik in de familiegeschiedenis zitten graven en mijn moeder ernaar gevraagd, en toen ik terugkwam besloot ik hem een bezoek te brengen.'

'Flauwekul.' Ava zag dat Callanach een half glas wijn in één keer leegdronk. 'Sinds wanneer moet jij zoveel wijn in één keer achteroverslaan om over een familiegeschiedenis te kunnen praten? Wat hou je achter?'

'Niets,' antwoordde hij. 'Geen drama, geen probleem. Wat Jenson vandaag is overkomen was puur toeval. Ik zal brigadier Graham morgen mijn verklaring overhandigen, hij kan me verder vragen stellen over de sporen die ze gevonden hebben, en dat is het dan.'

Ava staarde hem aan. 'Oké, ik ga daar voorlopig mee akkoord. Dus Jenson was ruim dertig jaar geleden de baas van je vader. Waarom heb je hem opgezocht?'

Callanach haalde zijn schouders op. 'Nieuwsgierigheid, denk ik.

Een verlangen om de band met het verleden aan te halen.'

'Oké. Maar toen ik je vertelde dat hij dood was vertrok je geen spier. Je leek wel enigszins geschokt toen je je realiseerde dat jij de laatste persoon was die hem in leven had gezien, maar je toonde geen medeleven voor hem of voor de familie.'

'Ik heb die man één keer een kwartiertje gesproken. Hoe verwacht je dan dat ik reageer?' vroeg Callanach. Hij leunde achterover op de bank en sloot zijn ogen.

'Ik verwacht dat je je naam in het gastenboek schrijft en niet met je ID zwaait als je een volstrekt onschuldige reden hebt om een oude man op te zoeken. En ik heb er een hekel aan als je tegen me liegt, want dan krijg ik het gevoel dat je me niet vertrouwt en ik merk dat ik dat heel naar vind.'

'Ava, niet doen,' fluisterde Callanach.

'Ik doe niets,' zei ze, en ze pakte het glas uit zijn hand om zelf een slokje te nemen.

'Jawel.' Hij draaide zijn hoofd opzij en keek haar aan. 'Jij haalt er nu allerlei emoties bij, en ik wil het simpel houden.'

'Je hebt al toegegeven dat jouw DNA of vingerafdrukken op Jensons kin kunnen zitten. Iemands gezicht aanraken doe je ofwel liefdevol of omdat je boos bent. Welke van de twee was het?'

'Wat dacht je ervan dat hij kwijlde en ik zijn kin vasthield om het af te vegen?' antwoordde Callanach, terwijl hij het glas weer uit haar handen wilde pakken.

'Heb je dat in je verklaring opgeschreven?'

'Ja,' zei hij.

'Hoe is die vaas gebroken?'

'Die heb ik per ongeluk met mijn elleboog omgestoten,' zei hij. Hij stond op om een ander glas te pakken, omdat hij wist dat Ava lak had aan het doktersvoorschrift en hem het zijne niet terug zou geven.

'Grappig. Ik ken je al een tijdje, maar het is me nooit opgevallen dat je onhandig bent. Je bent je altijd scherp bewust van je omgeving, vooral in ziekenhuizen. Het past niet bij je.'

'Je moet ophouden met wroeten,' zei hij. 'Voor jouw en mijn gemoedsrust.'

'Ik heb in eerdere zaken hetzelfde tegen jou gezegd en toen bleef je net zolang wroeten tot er geen geheimen meer tussen ons waren. Dat deed je voor mij. Wat mag ik niet weten? Kom op, Luc. Ze halen jouw DNA van zijn gezicht en als het enige andere DNA van Jenson zelf is, dan zullen ze je uitleg dat hij kwijlde echt niet geloven.'

'Shit,' riep hij uit. 'Daar had ik niet aan gedacht.'

'Waaraan?'

'Dat mijn DNA met dat van hem wordt vergeleken om elke contaminatie uit te sluiten.' Callanach schoot overeind, greep naar zijn maag en morste de net ingeschonken wijn, terwijl hij niet probeerde te kokhalzen.

'Ik neem terug wat ik zei over dat je niet onhandig bent.' Ze glimlachte lief en pakte het glas uit zijn hand. 'Luc, wat speelt er? Als je Jenson niet hebt aangeraakt hoef je je nergens zorgen over te maken, wat er in werkelijkheid ook is gebeurd.'

Ava hinkte naar de keuken om een doekje te pakken. Ze knielde op de grond om zo veel mogelijk wijn op te deppen, terwijl ze probeerde haar collega niet aan te staren. Daarna gooide ze het kletsnatte vaatdoekje in de gootsteen en waste nog even haar handen om Callanach de tijd te gunnen om tot zichzelf te komen, en kwam weer terug.

'Luister,' zei ze rustig toen ze weer naast hem ging zitten, 'gisteravond heb jij mijn leven gered toen ik een onverantwoord risico nam. Ik klom op die muur ook al wist ik dat het roekeloos was, maar het kwam niet bij me op dat mij iets kon overkomen omdat jij bij me was om me vast te houden. Je bent er altijd als ik je nodig heb. Mag ik nu alsjeblieft hetzelfde doen voor jou?'

Callanach wreef in zijn ogen en liet zijn schouders hangen. Hij draaide een kwartslag en legde zijn benen op de bank. Ava deed hetzelfde. Ze keken elkaar aan en Ava wachtte tot hij van wal stak.

'Toen mijn moeder verleden jaar naar Edinburgh kwam en jij had bekokstoofd dat zij en ik elkaar in het hotel troffen, vertelde ze me over een kerstfeest, jaren geleden, in de fabriek waar mijn vader toen werkte. Ze waren jong en hadden weinig geld. In die tijd was het niet makkelijk om een goede baan te vinden en haar Engels was niet zo geweldig, dus moest mijn vader voor hen allebei zorgen. Hij werkte als afdelingschef bij Edinburgh Bespoke. Hij was populair en hij had een vrouw die zo mooi was – in die tijd vonden ze een Française heel exotisch – dat ik vermoed dat er heel wat jaloezie speelde op het werk. Tijdens dat feest kreeg een vrachtwagen panne en werd mijn vader eropuit gestuurd om de lading op te halen. Hij kon rijden en had niets gedronken omdat hij met mijn moeder was. Hij nam zijn verantwoordelijkheid als echtgenoot uiterst serieus. Het is eigenlijk ironisch: als hij die avond wel had gedronken, zou mijn moeder niets zijn overkomen.'

Ava vroeg niets. Dat was ook niet nodig. Iedere ervaren rechercheur kon raden hoe het zou aflopen.

'Het bedrijf werd gerund door twee mannen. Gilroy Western en de nu overleden Bruce Jenson. Terwijl mijn vader weg was, boden ze mijn jonge, onschuldige moeder een rondleiding door de fabriek aan, en lieten haar hun kantoren zien, helemaal boven in het gebouw, ver weg van de muziek en het lawaai van het feestje.'

'O god...' fluisterde Ava.

'Ze wisten haar een kantoor binnen te loodsen, deden de deur op slot, trokken een jutezak over haar hoofd en een van hen heeft haar toen verkracht. Dat hadden ze van tevoren al bedisseld, dat was wel duidelijk. Ze kon zich niet verdedigen en ze had een paar glazen punch gedronken op het feest. Ze dreigden te zeggen dat ze zich aan hen had opgedrongen en haar man te ontslaan als ze het zou vertellen.'

'En als je vader ook maar enigszins op jou lijkt, zou hij ze hebben vermoord. Letterlijk,' voegde Ava eraan toe.

'Dus dat is het verhaal. Dat is de gruwelijke waarheid over mijn aanwezigheid in dat verpleeghuis. Ik heb heel lang geprobeerd bij Jenson uit de buurt te blijven, maar toen ik mijn moeder laatst in Parijs zag, realiseerde ik me dat de pijn die ze haar hebben aangedaan in de loop der tijd niet minder is geworden. Integendeel.'

'Dit mag je niet aan Pax Graham vertellen,' zei Ava, die al een paar stappen vooruitdacht. 'Met zo'n motief kan ik je onmogelijk in actieve dienst houden.'

'Schors me dan. Ik heb het niet gedaan, Ava. Al wilde ik het wel. Ik heb die schoft bij zijn kin gepakt om hem te dwingen naar een foto van mijn ouders te kijken, maar hij was al zo zwaar dement dat ik die foto net zo goed onder de neus van een dooie had kunnen houden. Bruce Jenson had zijn gerechte straf al ondergaan. Dat realiseerde ik me toen ik daar was.'

'De vaas?' vroeg Ava.

'Ik verloor mijn zelfbeheersing toen ik merkte dat ik geen antwoorden zou krijgen. Ik heb de scherven onmiddellijk opgeruimd en tegen de verpleegkundige gezegd dat het een ongelukje was.'

'En die kapotte ruit in de terrasdeur?'

'Ik heb uit woede tegen die ruit getrapt, met de neus van mijn schoen, dus er is geen afdruk te zien. Er ontstond alleen maar een barst in het glas, dat was alles. Meer heb ik niet gedaan,' verklaarde Callanach.

Ava zuchtte. 'Dan hebben we alleen nog het probleem dat je je politie-ID hebt gebruikt om binnen te komen. Wat voor verklaring ga je daarvoor geven?'

Callanach streek met zijn hand door zijn haar. 'Het DNA zou weleens een veel groter probleem kunnen worden.' Hij glimlachte naar haar. 'Afhankelijk van hoe zorgvuldig het lab die twee monsters onderzoekt, dat van mij en van hem.'

'Ik snap het niet,' zei Ava.

'Mijn moeder heeft mijn vader nooit verteld dat ze was verkracht en er veranderde niets aan hun intieme relatie, anders zou hij achterdochtig zijn geworden. De maand daarop bleek ze zwanger te zijn.'

Het duurde een paar seconden voordat Ava de betekenis daarvan tot zich liet doordringen.

'O, nee. Luc, wat verschrikkelijk. Hij kan onmogelijk...'

'Feitelijk is er een kans van een op drie dat hij het wel is,' zei Callanach. 'Ik heb geen DNA van mijn vader om te vergelijken, dus moet ik deductief te werk gaan. Daarom was ik daar. Ik heb een haar uit Jensons hoofd getrokken en opgestuurd om een DNA-profiel te laten opstellen.'

'Maar als hij wel jouw vader is, vertoont jouw DNA opvallend veel gelijkenis met dat van hem als de resultaten van het forensisch onderzoek terugkomen.'

'Ja,' zei Callanach.

'Wat voldoende motief oplevert om de zaak aan een jury voor te leggen, samen met de rest van het bewijs. Godver.'

'Hm-hm,' beaamde Callanach.

'Godver,' zei Ava nog een keer. 'Maar het is slechts een kans van een op drie, zoals je zelf al zei. Zelfs als hij...' – ze koos ervoor om het woord niet uit te spreken – 'dan zal het lab misschien niet per se de link leggen, en al helemaal niet als ze al verwachten jouw DNA op het lijk aan te treffen, dus het enige wat ze zullen doen is het voor alle zekerheid vergelijken met je DNA-monster in onze database.'

'Ava, ik weet niet waar je aan zit te denken, maar je moet ophouden. Als we dit proberen te verdoezelen loopt het uit op een ramp. Op dit moment heb ik niets te verbergen.'

'Meen je dat nou echt? Heb je niets te verbergen? Je bent op bezoek geweest bij een man die daarna dood is aangetroffen, die op zijn minst heeft samengezworen om je moeder te verkrachten en die misschien wel je vader is. Wat denk je dat er gebeurt als dit een rechtszaak wordt? Was je kwaad? Ze zullen op de gebroken vaas wijzen. Probeerde je je identiteit te verhullen? Ze zullen zeggen dat dat de reden was waarom je het gastenboek niet wilde tekenen...'

'Ik ben via de hoofdingang binnengekomen en heb met de verpleegkundigen gepraat. Zelfs ik ben me ervan bewust dat ik een gezicht heb dat ze niet snel zullen vergeten. Niemand zal geloven dat ik zo stom ben om een man te vermoorden en daarna de deur uit te lopen alsof er niets gebeurd is. Daar zou ik nooit mee weg kunnen komen.'

'Dus je verloor je zelfbeheersing toen je bij hem in de kamer was. Je was niet van plan om hem te vermoorden, maar je werd razend. Het liep helemaal fout, dus deed je het enige wat je kon doen, en dat was naar buiten gaan zoals je binnen was gekomen.'

'Sta je nou aan mijn kant of niet?' vroeg hij met opgetrokken wenkbrauwen.

'Ik ben realistisch. Je mag hier niets over loslaten. Als ze er toch achter komen dat jullie DNA overeenkomsten vertoont, moet je volhouden dat je dat niet wist.' Ze sloot haar ogen en schudde haar hoofd. 'O god, Luc, is dat de reden waarom je moeder verdween toen jij terechtstond voor die verkrachtingszaak?'

Hij knikte.

'En daar heb je al die tijd mee geworsteld zonder mij iets te vertellen? Waarom? Ik had je kunnen helpen, kunnen luisteren, iets...'

'Zo eenvoudig lag het niet, Ava. Ik heb er lang over gedaan om het zelf allemaal te verwerken. Ik hoopte dat ik het los kon laten en verder kon. Nu heb ik er spijt van dat ik je niet in vertrouwen heb genomen.'

'De volgende vraag is: wie heeft Bruce Jenson dan wel vermoord en waarom?' vroeg Ava, en ze nam een laatste slok wijn.

'Ik heb geen idee,' zei Callanach. 'Ik zou denken een verpleegkundige of een verzorgende die wachtte op een gelegenheid en nu zijn of haar kans zag. Er is niemand Jensons kamer binnengekomen toen ik daar was en toen ik wegging was het al laat. Ik denk niet dat ze daarna nog bezoekers hebben binnengelaten. Míj hadden ze ook niet binnengelaten als ik niet met mijn ID had gezwaaid.'

'Weet jij waar Jensons voormalige partner woont?' vroeg Ava.

'Western? Voor zover ik weet, woont hij in Spanje, in de buurt van Malaga. Ik heb geen contact met hem opgenomen.'

'Godzijdank, dus hij zal geen reden hebben om jouw naam te noemen als hij het nieuws hoort. En Jensons familie? Zouden zij je naam herkennen?'

'Dat kan ik me niet voorstellen. Het is nou niet bepaald iets wat je aan je vrouw en kind opbiecht – dat je een jonge vrouw hebt verkracht en de twee daaropvolgende jaren het salaris van haar man hebt uitbetaald tot hij ongeneeslijk ziek werd en je hem zijn ontslag gaf.'

'Je moet ze wel diep haten,' zei Ava. 'Ik denk niet dat ik het je kwalijk zou nemen als je dat kussen inderdaad op Jensons gezicht had gedrukt.'

Callanach verbleekte.

'Sorry.' Ze schoof wat dichter naar hem toe zodat ze hem kon vastpakken, sloeg haar armen om zijn hals en legde haar hoofd op zijn schouder. 'Ik ben echt blij dat je het me hebt verteld. We lossen dit samen op. Ik zorg ervoor dat je niets overkomt, dat beloof ik. Je hebt al genoeg meegemaakt. Het hele team weet dat je niet tot zoiets in staat bent, hoe erg het er ook voor je uitziet.'

'Zelfs brigadier Lively?' vroeg Callanach om de sfeer wat luchtiger te maken.

'Nou, sinds we Pax Graham bij het team hebben gehaald, ben jij opeens Lively's favoriete inspecteur,' lachte Ava. 'Blijkbaar ben je niet langer de meest begeerde vrijgezel van het team. Denk je dat je daarmee kunt leven?'

'Ik zal het proberen,' zei hij glimlachend. 'Zeg, en geldt dat ook voor jou? Heb jij je oog laten vallen op inspecteur Graham met zijn brede schouders, lange haar en Schotse accent?'

'En als dat zo was, zou het je iets aangaan?' antwoordde Ava plagerig.

'Nou, ik weet wel dat je geen persoonlijke relaties moet aangaan met collega's die onder je bevel staan,' zei hij.

'O, zoals wakker worden in hun bed?' grinnikte ze. 'Ja, je hebt gelijk. Dat is beslist niet zoals het hoort.'

'Over slapen gesproken,' zei Callanach, 'het ziet ernaar uit dat je nog een nachtje blijft logeren nu je wijn hebt gedronken in combinatie met antibiotica. Kom.' Hij keek op zijn horloge. 'Het is al halftwee. Je kunt net zo goed nog een nachtje blijven. Het heeft geen zin om nu nog naar huis te gaan.'

Ava wilde tegensputteren en bedacht toen dat dat stom was. Ze had al een keer bij Callanach geslapen, dus een tweede keer zou geen enkel verschil maken. En ze wilde hem nu niet alleen laten, na alles wat hij haar had toevertrouwd. Er waren momenten dat een mens niet alleen hoorde te zijn.

11

5 maart

Ava ging eerst naar huis om te douchen en andere kleren aan te trekken en reed daarna door naar Reach Out. Tripp had haar komst gemeld en Rune Maclure stond haar al op te wachten toen ze kwam aanrijden. Hij hield de deur voor haar open, deed een stap naar achteren om haar langs te laten en gebaarde naar haar trekkende been.

'Jeetje, u bent behoorlijk toegetakeld,' zei hij.

'Ruzie gehad met een muur. Bent u meneer Maclure?'

'Zeg maar Rune. Omdat mijn ouders me zo'n aparte naam hebben gegeven, vind ik het altijd zonde om hem niet te gebruiken.'

'Ava,' zei ze op haar beurt en ze schudde hem de hand. 'Heeft brigadier Tripp je verteld waarom ik even met je wilde praten?'

'Ja,' antwoordde Maclure. 'Heeft je gezicht ruzie gehad met diezelfde muur of was dat een ander incident, want ik krijg nu wel het idee dat werken bij de politie niet ongevaarlijk is.'

'Zelfde muur. Ik moet toegeven dat ik de strijd heb verloren.'

Maclure lachte. 'Ga zitten. Er staat verse koffie op tafel en een van onze vrijwilligers heeft zowaar een pak koekjes aangebroken. Die zijn eigenlijk bedoeld voor mensen die het moeilijk hebben, maar omdat je de moed hebt gehad om de confrontatie met een boosaardige stenen muur aan te gaan, lijkt het me passend om je vol te pompen met suiker.' Hij schonk Ava een kop koffie in terwijl ze ging zitten en spijt had dat ze die ochtend niet de dubbele aanbevolen dosis aspirine had genomen. 'Dus brand maar los. Je collega's wilden informatie over Stephen Berry, maar ik neem aan dat jij wat algemenere vragen hebt.'

'Dat klopt. Ik kan je geen details geven, dat is een kwestie van vertrouwelijkheid, en daar weet jij door je werk natuurlijk alles van, maar ik wil meer inzicht krijgen in het psychologische proces op het moment dat iemand zelfmoord pleegt. Dus niet de dag of het uur ervoor, maar het moment zelf, wanneer iemand actief bezig is een eind aan zijn leven te maken.'

'Dat is lastig, ben ik bang, want dat hangt af van hun persoonlijkheid. Sommige mensen hebben hun geest al vrijwel losgemaakt van hun lichaam als ze die laatste handeling verrichten en gaan bijna mechanisch te werk. Ze leggen een perfecte knoop in het touw, zorgen ervoor dat de stoel op een vlak oppervlak staat en niet kantelt als ze erop gaan staan. Ze hebben een uur van tevoren een pijnstiller genomen om het lichamelijke ongemak te minimaliseren en hebben een e-mail voor familie en vrienden opgesteld waarin ze uitleggen wat ze hebben gedaan, klaar om op het laatste moment te versturen. Het is heel bijzonder. En wat we vaak horen is dat die mensen in hun dagelijks leven net zo perfect georganiseerd waren. Die mensen zijn ook heel goed in het verbergen van hun plannen en hun leed.

Zoals je wel kunt raden mislukt het bij chaotische persoonlijkheden vaker omdat ze hun suïcide minder goed hebben georganiseerd. Ze improviseren maar wat op een moment dat ze zich echt ellendig voelen en brengen zichzelf daardoor blijvend letsel toe zonder dood te gaan, of hun poging slaagt wel, maar dan laten ze een gruwelijk tafereel achter. Verder heb je nog de mensen die in een opwelling zelfmoord plegen en soms komen we er nooit achter hoe het zat. Dan heb ik het over mensen die voor een trein springen of met de auto een rivier in rijden. Of mensen gaan op reis en zijn dan alleen met hun gedachten – ze bevinden zich in de openbare ruimte maar hebben toch het gevoel dat niemand op de hele wereld hen kan zien – wat tot een tragedie kan leiden die niemand had kunnen voorzien.'

Ava roerde in haar koffie en vroeg zich af hoe ze dat kon rijmen met het tafereel in de flat van Fenny Hawksmith.

'Dat is niet helemaal wat je wilde horen, klopt dat?' vroeg Maclure.

'Alleen maar omdat het niet helemaal aansluit bij wat er op een plaats delict is gebeurd waar we op dit moment mee te maken hebben. We hebben een slachtoffer dat in geen enkele van de door jouw beschreven categorieën past.'

'Kun je me er dan iets meer over vertellen?' Maclure stak zijn handen in de lucht. 'Geen namen, geen adres, geen uiterlijke kenmerken en voor wat het waard is: de geheimhouding die ik in mijn werk hanteer geldt ook voor dit gesprek.'

Ava glimlachte. 'Dank je,' zei ze. 'We hebben een vrouwelijk slachtoffer dat zichzelf zodanig heeft vastgebonden dat als ze van gedachten was veranderd en besloot dat ze toch wilde leven, dat niet meer mogelijk was. Ook de volgorde van de handelingen was complex. Als ze één handeling niet op de juiste manier had uitgevoerd, zou ze de volgende niet hebben kunnen doen, enzovoort. Wat ik me afvraag: het komt allemaal heel doordacht en ongelooflijk gedisciplineerd over. Ze koos voor een langzame dood. Is dat normaal? Want als ik het zelf zou doen en me zo wanhopig voelde, dan zou ik het zo snel mogelijk achter de rug willen hebben.'

'Kijk, het eerste wat je moet bedenken is dat de besluitvorming vlak voordat iemand een zelfmoordpoging doet, niet altijd even logisch lijkt, dat wil zeggen: niet logisch in jouw ogen. Je hebt mensen die de dood liever willen rekken en het psychologische trauma ervan bewust willen beleven, maar de dramatische impact ervan willen vermijden. Bijvoorbeeld door over een periode van enkele uren slaaptabletten in te nemen om de hoeveelheid in hun lichaam gestaag op te bouwen. Het komt wel vaker voor dat ze ervoor zorgen dat er geen weg terug is, vooral als iemand in het verleden al een paar mislukte pogingen heeft gedaan. Hoewel ik zou zeggen dat de menselijke psyche altijd een uitweg probeert in te bouwen.

Als ik jou was, zou ik proberen meer te weten te komen over de persoonlijkheid van je slachtoffer en te kijken of dat te rijmen valt met wat je aantrof. Je kunt een zelfmoord niet beschouwen als een opzichzelfstaande gebeurtenis. Een zelfmoord is in alle opzichten intrinsiek verbonden met het leven van die persoon.'

'Dat is een goed advies,' zei Ava. 'Hoelang doe je dit werk al?'

'Vijftien jaar,' zei Maclure. 'En jij? Je bent hoofdinspecteur, dus ik vermoed dat je al een tijdje meeloopt; hoewel ik niet zou denken dat je daar de leeftijd voor hebt.'

'Op sommige dagen voelt het alsof ik al mijn hele leven bij de politie werk, maar dan zie ik weer een plaats delict en realiseer ik me dat het universum denkt dat ik nog een kind ben dat nog veel moet leren. Ik moet ervandoor, maar ik wil je heel hartelijk bedanken voor je tijd.'

'Graag gedaan. Hier...' Hij reikte haar een blauw visitekaartje aan. 'Het nummer op het kaartje is mijn privénummer, niet mijn werknummer. Meestal heb ik mijn telefoon aanstaan. Als je nog vragen hebt kun je me dag en nacht bellen. Ik wil graag helpen. Weet je of de informatie die ik je collega heb gegeven, nog nuttig is geweest? Bij de Queensferry Crossing stond iemand in de menigte in wie ze misschien geïnteresseerd waren.'

'Ik weet nog niet hoe het met het lopende onderzoek staat, maar ik geloof dat brigadier Tripp dat verder uitzoekt.'

Er werd op de deur geklopt en een stevig gebouwde jonge vrouw met een wasbleke huid en glanzend rood haar keek naar binnen, terwijl ze een geeuw onderdrukte.

'Rune, er is iemand binnen komen lopen. Lijkt behoorlijk overstuur. Ben je nog lang bezig?'

'We zijn het gesprek net aan het afronden,' zei Maclure glimlachend. 'Geef hem of haar maar iets warms te drinken, probeer even een luchtig gesprekje te voeren en dan kom ik er zo aan, Vicki.'

Vicki Rosach slofte weg.

'Ik hou je op,' zei Ava. 'Ga maar.'

'Het is goed. Vicki werkt hier nog niet zo lang en ze denkt dat iedereen die hier binnen komt wandelen een verborgen wapen bij zich heeft waarmee ze zich ter plekke van kant willen maken. Ik probeer dat soort drama's te ontmoedigen. Een ontspannen benadering stelt de mensen die ik behandel vaak veel meer op hun gemak.'

Ze hoorden stemmen in de gang achter de gesloten deur en draaiden tegelijk hun hoofd om.

'Kun je me zeggen wie er nu bij hem zit?' wilde een man weten.

'Geen idee. Een vrouw,' zei Vicki.

'Daar ben ik niet echt mee geholpen, Vicki,' luidde het antwoord. 'Zit hij met een cliënt te praten of gaat het om iets administratiefs?'

'Weet ik niet, maar ze leek me oké, alleen zag haar gezicht eruit alsof ze graag woeste spelletjes speelt.'

Ava trok haar wenkbrauwen op naar Rune Maclure. Hij stond op en liep naar de deur.

'Charlie,' zei hij rustig. 'Ik praat hier over een politiezaak, en voor de goede orde: deze deuren zijn allesbehalve geluiddicht als je er aan de andere kant vlakbij staat.'

'Misschien is dit niet de geëigende plek om met de politie te praten, vanwege de gevoelige zaken waarmee we hier te maken hebben,' zei Charlie.

'Ik ben bijna klaar. Geef me nog een minuutje. We hebben het er nog wel over,' antwoordde Maclure zacht.

Maclure kwam weer binnenlopen en wreef in zijn ogen.

'Sorry. Mijn collega Charlie Packham kan weinig geduld opbrengen voor domme mensen en hij neemt geen blad voor de mond. Maar als therapeut is hij geweldig. We krijgen hier vaak mensen met een militaire achtergrond en daar is hij speciaal voor opgeleid. Ik weet niet hoe hij het doet, maar hij boekt goede resultaten.' Hij glimlachte. 'Zeg, ik hoop niet dat je nu denkt dat ik mijn kans schoon zie omdat je hulp nodig hebt, maar het nummer op het kaartje is er niet alleen voor als je nog vragen hebt. Gewoon, als je een keer zin hebt om te kletsen. Ik heb lang geleden geleerd niet te wachten op een gunstig moment om iemand mee uit te vragen. Want dat doet zich toch nooit voor.'

'O,' zei Ava. 'Dank je wel. Op dit moment ligt het wat ingewikkeld,' voegde ze er vrijblijvend aan toe.

'Dat snap ik,' zei hij. 'Maar voor het geval dat, je weet nooit.'

Ava liep terug naar haar auto en staarde naar zichzelf in de binnenspiegel. Wat was hier aan de hand? Eerst had ze bij Tantallon Castle krankzinnig veel risico genomen, daarna was ze twee nachten bij Callanach blijven slapen, en nu gaf ze kennelijk signalen af waardoor mannen die ze amper kende, haar hun telefoonnummer gaven. En dat allemaal terwijl ze eruitzag als iemand die pas een gewelddadige relatie achter de rug had. En dan had ze ook nog eens dat merkwaardige gesprek met Selina gevoerd.

Misschien had het iets met leeftijd te maken en dacht iedereen in haar omgeving dat het nu tijd was om te settelen omdat het er anders nooit meer van kwam. Het lijstje mannen met wie ze iets had gehad getuigde van ontstellend weinig inzicht. De meeste relaties waren vooral bedoeld om haar moeder te plezieren of om zichzelf gerust te stellen dat ze niet met haar werk was getrouwd. Ava zuchtte. Dit was niet het moment om te zitten navelstaren. Een telefoontje met haar hartsvriendin Natasha later op de dag zou korte metten maken met die persoonlijke problemen, hoewel haar vriendin haar onvermijdelijk ook flink in de zeik zou nemen. Op dit moment was ze al te laat voor de afspraak met Ailsa, en dat was onaanvaardbaar.

Het was druk in het mortuarium. Ava liep met gebogen hoofd stilletjes langs drie families die waren gekomen om hun geliefden te zien. Edinburgh rouwde om een paar tieners die overleden waren aan het inhaleren van een ballonnetje lachgas in combinatie met alcohol. Telkens als ze ouders om hun kinderen zag huilen, was ze blij dat ze een andere weg had gekozen en niet voor het ouderschap was gegaan. De angst die je als ouder voelde was niet te beschrijven.

Dokter Ailsa Lambert gebaarde dat ze binnen moest komen, de donkere kringen onder haar ogen duidden op te weinig slaap en te veel doden. Edinburgh was absoluut een van de mooiste steden van de wereld, maar er vonden ook heel wat tragedies plaats.

'Ben je hier de hele nacht geweest?' vroeg Ava.

'Ik had geen keus. Hebben mensen er echt zo ontzettend veel behoefte aan om met lachgas te experimenteren? Deze jonge mensen zijn vannacht onnodig gestorven. Het is niet gewoon een tragedie, het is een verspilling van mensenlevens.' Ailsa smeet haar pen op het metalen werkblad en hervond haar kalmte.

'Ik vind dit heel erg,' zei Ava. 'Ik snap niet hoe jij kunt omgaan met het leed dat je dag in dag uit onder ogen krijgt.'

'Iemand moet het doen,' zei Ailsa. 'Goed, mevrouw Hawksmith. Voornaam Fenella, is me verteld. Een vriendin van haar is hier vanmorgen gekomen om het lichaam te identificeren nadat de politie gisteren bij haar langs was geweest.' Ze sloeg het laken terug. 'Ik kon het lichaam maar deels laten zien. Ik wilde die arme vrouw geen nachtmerries bezorgen, maar ze wist twee tattoos tot in detail te beschrijven en ook haar lengte, gewicht en de kleur van haar ogen. We vergelijken haar vingerafdrukken met de afdrukken in de database die zijn gemaakt als gevolg van een veroordeling wegens rijden onder invloed enkele jaren geleden.'

'Oké, wat weten we nog meer?'

'Niet veel goeds,' zei Ailsa. Ze trok het laken nu helemaal weg zodat het hele lichaam zichtbaar werd. 'Neem je je antibiotica?'

'Jazeker, en Luc houdt een oogje op me. Hij is zo bang voor je dat hij amper van mijn zijde durft te wijken.'

'Dat heeft anders niets met angst te maken,' zei Ailsa. 'Haal maar even diep adem, want dit is niet wat je had verwacht. We hebben het wapen gelokaliseerd waarmee de incisies in haar arm zijn gemaakt.

Het is een zakmes, zo'n multifunctioneel ding. Duur.' Haar gezicht stond strak. 'Ik heb een match geconstateerd met de breedte van de snijwonden, en met het bloed op het lemmet, dus ik ben er honderd procent zeker van dat dit het wapen is. De enige vingerafdrukken op het lemmet zijn die van mevrouw Hawksmith.'

'Oké,' zei Ava langzaam. Alles wat Ailsa zei klonk logisch, maar de patholoog maakte een gespannen indruk en leek zich kwaad te maken. 'Dat duidt op zelfmoord. Ik heb vanmorgen een deskundige gesproken die zei dat het weliswaar niet vaak voorkomt dat mensen het tafereel van hun zelfmoord zo tot in de puntjes organiseren, maar dat het niet onmogelijk is. Dus wat vertel je me niet?'

'Dit is geen zelfmoord,' zei Ailsa. 'Ik doe dit werk al dertig jaar en ik heb meer mensen gezien die een eind aan hun leven hebben gemaakt dan me lief is. Dit is iets anders, Ava, en hoewel deze arme vrouw dit in theorie zelf zou kunnen hebben gedaan, weiger ik dat te geloven.'

'Vertel.'

'Het mes is niet op de plaats delict gevonden omdat het in haar lichaam zat,' zei Ailsa. 'Ik vond het toen ik haar lichaamsholten onderzocht. Het zakmes is na het aanbrengen van de incisies dichtgeklapt en is toen in haar rectum gestopt, precies zo ver als je kunt komen door het er met een vinger in te duwen.'

Ava zei niets. Het kwam niet vaak voor dat ze in het mortuarium dingen hoorde waarvan ze sprakeloos werd, maar zo nu en dan was ze met stomheid geslagen.

'Kan ik even naar buiten lopen en weer binnenkomen en dan vragen of je me een ander verhaal kunt vertellen?' vroeg ze uiteindelijk.

'Alleen als ik met je mee mag,' zei Ailsa.

Ze stonden ieder aan een kant van Fenella Hawksmiths lichaam en staarden naar de vrouw. Ava schudde haar hoofd.

'Dus ofwel ze heeft zichzelf gesneden, het mes dichtgeklapt, het bij zichzelf naar binnen geduwd, daarna die handboeien omgedaan en liggen wachten tot ze stierf...' begon Ailsa.

'Of iemand anders heeft dat bij haar gedaan,' maakte Ava de zin voor haar af.

'Ik geloof dat het het laatste is. Kijk maar.' Ze draaide de linkerarm van de vrouw naar buiten om de incisies duidelijker te laten zien. 'Door de eeltplekken op de rechterhand van mevrouw Hawksmith weet ik dat ze rechtshandig was. Door de jaren heen leidt dat tot verharding van de opperhuid van de vingertoppen en de handpalm. Met die hand schrijf je, snij je groenten, pak je dingen op, maak je blikken open, noem maar op. Ook zijn de spieren van de rechterhand een fractie beter ontwikkeld. Kijk nu eens naar die sneden.' Ailsa trok een verrijdbare lamp tot bij de onderzoekstafel en plaatste een vergrootglas vlak boven de sneden om ze duidelijker zichtbaar te maken. 'Het diepste deel van de incisie zit aan de rechterkant van de elleboogsholte, dus de snee loopt van rechts naar links. Als je naar het mes kijkt, zie je dat het een botte kant heeft en die botte kant is aan de rechterkant van de elleboogsholte in haar huid gestoken.'

'Dus dan heeft ze het lemmet van zich af geduwd in plaats van het naar zich toe te trekken,' merkte Ava op.

'Dat is helemaal geen natuurlijke handeling. Als je leert schrijven, leer je het potlood naar je toe te trekken. Als je eten snijdt, haal je het mes naar je toe en duw je het niet van je af. Het lijkt mij ondenkbaar dat ze aan de binnenkant van haar elleboog begon te snijden en het mes van zich af duwde.'

'Iemand anders heeft haar arm opengesneden,' zei Ava.

Ailsa knikte. 'Daarmee wil ik niet zeggen dat ze dit niet zelf gedaan kan hebben, begrijp me niet verkeerd, maar het is niet logisch. Totaal niet. En dan nog de plek waar het mes is gevonden...'

'Het is een vernedering. Zijn er tekenen van seksueel misbruik?' informeerde Ava.

'Niets wat daarop duidt. Vaginaal noch anaal. Ik heb geen scheuren of verwondingen aangetroffen. Eventuele lichaamssappen kunnen allang verdwenen zijn omdat ze zo lang in het water heeft gelegen voordat ze gevonden werd. We hebben monsters genomen om op DNA te onderzoeken, maar daar verwacht ik niets van.'

'Het is een heel persoonlijke daad, maar dan bedoel ik niet in lichamelijk opzicht. Er spreekt een intense persoonlijke haat uit als je een stervende vrouw zo diep wilt vernederen. De dader moet een heel specifiek motief hebben gehad,' zei Ava.

'Nog één ding,' zei Ailsa. 'Onder de handboeien en de tiewraps heb ik flinke bloeduitstortingen aangetroffen. Alleen op die specifieke plekken, en aan de buitenkant van de huid waren ze niet zichtbaar omdat het lijk al verkleurd was, maar het lijkt erop dat mevrouw Hawksmith heeft geworsteld om los te komen. Als ik nu voor advocaat van de duivel wil spelen, zou ik kunnen beweren dat ze misschien al die voorbereidingen heeft getroffen en vervolgens te laat van gedachten is veranderd, maar daar staat tegenover dat het water nog lang in het bad heeft gestaan. Dat hebben we gezien aan de smerige randen en aan de hoeveelheid water in haar lichaam. Als ze inderdaad van gedachten is veranderd, waarom heeft ze dan niet op zijn minst de stop eruit getrokken, in de hoop dat het bloed zou stollen en ze daarmee wat tijd zou winnen totdat ze gevonden werd?'

Ava dacht terug aan de badkamer.

'De ketting zat tussen haar voeten, een gewone rubberen stop aan een ketting, ja toch?'

Ailsa draaide zich om, pakte een grote foto en gaf die aan Ava. Op de foto was duidelijk te zien dat de rubberen stop nog in de afvoer zat.

'Is er een lichamelijke reden waarom ze niet overeind kon komen om die stop eruit te trekken?' vroeg Ava.

'Nee. Waarschijnlijk heeft mevrouw Hawksmith al tientallen jaren geen buikspieroefeningen meer gedaan, maar ze had zich aan de tiewraps om haar enkels kunnen optrekken. Daar was ze fit genoeg voor, en dan had ze de stop eruit kunnen trekken, vooral omdat haar enkels elk aan een leiding waren vastgebonden, waardoor er de nodige ruimte tussen haar benen over was.'

'Waarom heeft ze het dan niet gedaan?' vroeg Ava zich af.

'Dat, mijn lieve kind, is een vraag die jij moet beantwoorden.' Ailsa trok haar handschoenen uit. 'Moet ik nog even kijken naar die wond op je been of kan ik erop vertrouwen dat je nu beter voor jezelf zorgt?'

'Dat doe ik, heus. Ik eet zelfs elke dag vijf porties fruit en groenten,' mompelde Ava, terwijl ze haar eigen handschoenen uittrok en in een prullenbak mikte.

'Liegen is niet je sterkste kant. Probeer het tot een minimum te beperken,' zei Ailsa op een mild berispende toon.

'Ik moet terug naar het bureau om het team bij te praten.' Ava glimlachte en raakte Ailsa's schouder even aan.

'En ik heb familieleden die op een verklaring wachten. Of ze zich er veel beter door zullen voelen is de vraag. O ja, voordat je gaat, nog even over Stephen Berry. De resultaten van het toxicologisch onderzoek zijn binnen. Hij had hoge doses selectieve serotonineheropnameremmers in zijn bloed.'

'In gewone taal?'

'Een antidepressivum van het SSRI-type. Als je de heropname van serotonine in de hersenen blokkeert, blijft er meer beschikbaar in het lichaam. Daardoor voel je je opgewekter en het helpt tegen depressie. Het wordt doorgaans voorgeschreven aan mensen met een bipolaire stoornis en het middel staat ook vermeld in het medisch dossier dat zijn huisarts ons heeft toegestuurd. In aanmerking genomen dat we nu weten dat hij onlangs een poging tot zelfmoord heeft gedaan, komt in mijn verslag te staan dat hij zich opzettelijk van het leven heeft beroofd. Het is onduidelijk waardoor die kneuzing op zijn middelvinger is veroorzaakt, maar er is geen bewijs dat zijn dood verdacht was.'

'Oké, klinkt logisch,' beaamde Ava, maar in stilte wenste ze dat ze dat had geweten voor ze in een vlaag van misplaatste heroïek de muren van Tantallon Castle had beklommen.

'Hij had een vriendin, een schat van een meid – ze is hierheen gekomen om me het een en ander over Stephen te vertellen. Ik geloof dat ze Rosa heet. Misschien kan iemand van jouw team eens met haar gaan praten.'

'Goed idee,' zei Ava. Ze nam afscheid van Ailsa zodat die verder kon met haar werk.

In de auto nam ze een paar minuten de tijd om Natasha te appen. Antibiotica of niet, ze had straks een borrel nodig.

Dump je vriendin voor een avond. Ik wil afspreken, typte ze.

Natasha reageerde onmiddellijk.

Dacht dat je het nooit zou vragen. Whighams Wine Cellars 20.00 uur. En trek eerst andere kleren aan. Ik trakteer op cocktails.

Precies wat ze nu nodig had, besloot Ava. Cocktails drinken met Natasha liep meestal uit op een ramp, maar zoals ze zich nu voelde kon het alleen maar beter worden. In theorie tenminste.

12

5 maart

Pax Graham en Janet Monroe zaten in de verhoorkamer tegenover Callanach. Alle drie waren ze gespannen en ze deden krampachtig beleefd tegen elkaar. Callanach had zijn verklaring die ochtend meteen ingeleverd om het team de tijd te geven om die door te nemen, en duidelijk gemaakt dat hij akkoord ging met een formeel verhoor en dat het gesprek werd opgenomen.

Callanach hield zich aan de versie die hij met Ava had besproken, liet de details weg die hem een mogelijk motief verschaften om Bruce Jenson iets aan te doen en gaf een korte beschrijving van zijn bezoek.

'En die vaas,' vroeg Graham. 'Hoe heeft die kunnen breken?'

'Meneer Jenson had kwijl op zijn kin zitten. Het leek me overdreven om er iemand bij te halen, maar ik vond het ook een beetje lomp om het te laten zoals het was, dus liep ik door de kamer om een handdoek of een papieren zakdoekje te zoeken. En daarbij stootte ik met mijn elleboog die vaas om en die viel toen met inhoud en al op de grond. De vaas viel kapot en er lagen een paar verlepte bloemen op de grond en wat water dat ik op wilde deppen. Ik heb eerst zijn kin afgeveegd en toen de rommel opgeruimd en in de prullenbak gegooid,' legde Callanach uit.

'Viel het je op dat het glas in de terrasdeur kapot was toen je bij meneer Jenson op bezoek was?' vervolgde Graham.

Callanach wachtte even, en fronste zijn wenkbrauwen alsof hij nadacht.

'Ik heb niets gezien.'

'De ruit was ingeslagen toen de verpleegster meneer Jenson dood aantrof,' zei Graham. 'Daardoor kon de indringer het slot aan de binnenkant openmaken en moeiteloos naar binnen lopen. Er lag glas op de grond in de kamer, wat erop wijst dat de ruit vanaf de buitenkant is ingeslagen.'

Callanach verhulde zijn verbazing.

'Er lag geen glas op de grond toen ik er was. Dat zou ik gezien hebben, vooral omdat ik die kapotte vaas heb opgeruimd.'

Hij ontspande zich en liet zijn schouders zakken. Niemand had hem over het glas verteld. Wat Bruce Jenson was overkomen had niets met zijn bezoek te maken. De timing was gewoon ongelukkig. En het feit dat hij een barst in de ruit had veroorzaakt, maakte hem nog niet verantwoordelijk voor Jensons dood. Alleen was het wel zo dat de kamer daardoor makkelijker toegankelijk was geworden voor potentiële inbrekers. Een ruit met een barst erin was nu eenmaal makkelijker in te tikken.

'Is er iets gestolen?'

'De zoon van meneer Jenson zegt van niet,' antwoordde Janet Monroe.

Pax Graham wierp haar een snelle blik toe waarmee hij duidelijk maakte dat ze haar mond had moeten houden.

'Wist je dat meneer Jenson dement was voordat je bij hem op bezoek ging?' vroeg Graham.

'Ja. Het was een verpleeghuis, dus ik wist dat er problemen waren met zijn gezondheid, maar niet in welk stadium hij verkeerde. Als ik dat had geweten was ik niet bij hem op bezoek gegaan.'

'Dus, waar wilde je het met hem over hebben? Ik heb begrepen dat je vader vroeger voor hem had gewerkt, maar wilde je iets specifieks van hem weten?'

'Nee, ik was gewoon benieuwd naar het verleden van mijn vader. Ik vroeg me af of Jenson zich mijn vader nog kon herinneren. Sinds ik terug ben in Schotland ben ik nieuwsgierig geworden naar mijn verleden en mijn familie. Ik probeer een hechtere band te krijgen met Edinburgh.'

'Maar je hebt je ID gebruikt om daar binnen te komen,' merkte Graham op. 'Je hebt het gastenboek niet getekend. De verpleegkundige met wie je gesproken hebt kreeg de indruk dat je daar was in je functie van politieman.'

'Mijn fout. Het was deels uit luiheid en deels uit gewoonte. Ik ben het zo gewend om overal binnen te lopen en even met mijn badge te zwaaien, dat ik er geen moment bij heb stilgestaan. Bovendien val ik hier nogal op. Voor zover ik weet ben ik de enige Franse politieman bij de Schotse politie, dus het was absoluut niet mijn bedoeling om iemand om de tuin te leiden. Zo ging het gewoon sneller. Ik geef toe dat ik daar verkeerd aan heb gedaan, maar ze heeft mijn naam gezien en had me kunnen identificeren, net als wanneer ik het gastenboek had getekend.'

Pax Graham bladerde door een stapeltje aantekeningen.

'Er zal natuurlijk uitgebreid forensisch onderzoek worden verricht, op het lichaam en op de voorwerpen in de kamer. Kun je zeggen wat je hebt aangeraakt voor zover je je dat kunt herinneren, zodat we weten waar we jouw DNA kunnen verwachten?'

'Zeker. De deurklinken, de prullenmand, de oppervlakken van de vaas en de papieren handdoekjes, de vloer. Ik heb meneer Jensons kin afgeveegd, dus ook zijn gezicht. Terwijl ik dat deed, stond ik over de stoel gebogen, dus ik zal ook de kussens wel hebben aangeraakt. Ik heb ook de fotolijstjes naast zijn bed opgepakt, om te zien of er oude foto's bij zaten uit de dagen dat de fabriek er nog was, maar er stonden alleen maar recente foto's, van zijn familie denk ik.'

'Waarom dacht je dat er foto's van de oude fabriek bij stonden?' vroeg Graham. 'Is dat niet onwaarschijnlijk?'

Op die vraag was Callanach voorbereid.

'Ik wist dat het bij demente patiënten helpt om hen aan hun verleden te herinneren, om de herinneringen levend te houden. Het zou kunnen dat de familie meneer Jenson probeerde te herinneren aan wie hij was in een periode van zijn leven die voor hem belangrijk is geweest.'

Hij verafschuwde de werkelijke reden waarom hij die foto's had opgepakt. Kijken of er sprake was van een gelijkenis tussen jou en de kinderen van de man die jouw moeder misschien heeft verkracht, was iets waar Callanach liever niet te diep over nadacht.

'De testikels van het slachtoffer waren ook ernstig toegetakeld,' voegde Graham eraan toe. Hij wreef in zijn ogen en hield ze gesloten. 'Kun je me daar iets over vertellen?'

'Wat de fuck?' Callanach schoot naar voren en plantte zijn handen op het bureau.

'We moeten al die vragen stellen, je kent de procedure. Als er een mogelijkheid bestaat dat die verwondingen per ongeluk of bij vergissing zijn toegebracht... nou ja, we moeten het plaatje helder zien te krijgen.'

Callanach leunde weer achterover in zijn stoel, blij dat Graham zijn reactie uitlegde als verontwaardiging in plaats van geschoktheid. Wie zou in godsnaam een man die al dement was en daar zeker aan zou overlijden, in zijn kruis willen verwonden? De enige persoon die daar een reden voor zou kunnen hebben, was hijzelf. De kans dat Jensons dood toeval was begon steeds minder waarschijnlijk te worden en de waarheid – dat iemand hem de schuld in de schoenen probeerde te schuiven – begon tot hem door te dringen.

'Nee,' zei hij. 'Ik weet niets van een verwonding aan zijn testikels. Niet per ongeluk of hoe dan ook. Toen ik afscheid nam van meneer Jenson ging het goed met hem. Hij haalde nog adem en was niet gewond. Ik heb niemand anders daar binnen zien gaan. Ik heb mijn excuses aangeboden voor die gebroken vaas, vroeg of ik die kon vergoeden, nam afscheid van de verpleegkundige en ben naar buiten gelopen. Daarna kreeg ik een telefoontje van hoofdinspecteur Turner en ben naar het mortuarium gereden in verband met het onderzoek naar de dood van Stephen Berry. Ik ben de hele nacht met haar samen geweest.'

'De hele nacht?' vroeg Graham. 'Letterlijk de hele nacht?' Opeens klonk hij beschuldigend.

'Hoofdinspecteur Turner raakte gewond toen we op onderzoek gingen bij Tantallon Castle. Ze had medische verzorging nodig en daarna hebben we besproken hoe we de zaak-Stephen Berry gingen aanpakken.'

'Op het bureau?' vroeg Graham nadrukkelijk.

'Nee. Bij mij thuis,' antwoordde Callanach. Hij was zich ervan bewust dat dat koren op de altijd draaiende roddelmolen was, maar besefte tegelijkertijd dat hij niet kon liegen over dit soort triviale details.

Juist als je daarover loog kon dat je verhaal onderuithalen. Er bestond een grote kans dat Pax Graham zijn gangen zou nagaan en zijn relaas bij Ava zou checken, en dan moesten hun verhalen overeenkomen. Hij wist dat het wat vreemd overkwam dat ze naar zijn huis waren gegaan en niet naar het ziekenhuis of het bureau, maar ze hadden niets verkeerd gedaan. Daarom vond hij het gek dat hij zich daar toch schuldig over voelde.

'We waren allebei moe, we hadden het koud en we hadden honger, en hoofdinspecteur Turner had een hoofdwond opgelopen en had iemand nodig die een oogje op haar hield.'

'Juist. Goed, ik denk dat we klaar zijn. Als we nog verdere vragen hebben naar aanleiding van het forensisch onderzoek willen we nog een keer met je praten. Agent Monroe, kun je mij en inspecteur Callanach even alleen laten? Ik zet de opname stil. Het heeft niets met het onderzoek te maken.'

'Natuurlijk,' zei ze. 'Kan ik een kop koffie voor jullie halen? Jullie zullen allebei wel doodmoe zijn.'

Callanach glimlachte. Monroe was slim en probeerde de goede vrede te bewaren. Hij mocht haar wel.

'Dank je, heel graag,' zei hij.

'Voor mij niets,' zei Graham, en hij sloeg zijn armen over elkaar.

Monroe ging de deur uit.

'Je brengt hoofdinspecteur Turner in een lastige positie. Ik besef dat dit wat ongepast klinkt, want ik werk hier pas een paar dagen als inspecteur, maar het moet me toch van het hart. Voor de duur van dit onderzoek zou je akkoord moeten gaan met een schorsing op vrijwillige basis.'

'Ik heb niets te verbergen,' zei Callanach. 'En ja, het is inderdaad ongepast. Hoofdinspecteur Turner kan heel goed voor zichzelf opkomen. Ze heeft daar een besluit over genomen.'

'Echt? Beseft ze de impact van jouw op band opgenomen verklaring dat jullie samen de nacht bij jou thuis hebben doorgebracht? Je mag haar carrière niet in gevaar brengen.'

'Maak je je na twee dagen al zoveel zorgen over haar? Ik heb het gevoel dat ik hier niet degene ben die zich onprofessioneel opstelt.'

'Wat bedoel je daarmee?' vroeg Graham met een strak gezicht.

'Weet je wat? We moeten hiermee ophouden. We zullen nog lang met elkaar moeten samenwerken, en we laten Ava de beslissingen nemen. Ik blijf beschikbaar om antwoord te geven op alle vragen die je nog hebt en als jij op een gegeven moment redenen hebt om te geloven dat ik een verdachte ben in deze zaak, dan ben ik er zeker van dat ze me onmiddellijk schorst.'

Callanach stond op en liep naar de deur.

'Je noemde haar Ava,' zei Graham. 'Is de bevelstructuur bij Zware Misdrijven echt zo losjes?'

Callanach had zich wel voor zijn kop kunnen slaan.

'Ik moet aan het werk,' zei hij. 'Veel succes met het oplossen van deze zaak.'

13

5 maart

Ava bracht het voltallige team Zware Misdrijven ervan op de hoogte dat Fenella Hawksmiths dood nu als verdacht werd beschouwd, en deelde hun de schokkende details van de lijkschouwing mee.

'Omdat we weten dat ze de stop eventueel uit het bad had kunnen trekken, gaan we er voorlopig van uit dat degene die haar de verwondingen heeft toegebracht, al die tijd naast het bad heeft zitten wachten tot ze was doodgebloed of bewusteloos raakte, en ervoor heeft gezorgd dat het water in het bad bleef staan zodat haar bloed niet kon stollen.'

'Maar dat kan uren hebben geduurd, toch?' vroeg Tripp.

'Inderdaad,' beaamde Ava.

'Dus we zijn op zoek naar iemand die haar heeft vastgebonden, de verwondingen heeft toegebracht, het slachtoffer heeft vernederd door het mes in haar lichaam te stoppen, en die haar daarna langzaam heeft zien doodbloeden?' vroeg een agent ongelovig.

'Aye, we zijn met andere woorden voor de zoveelste keer op zoek naar een doorgedraaide gek,' viel Lively hem bij.

Ava had besloten om Lively weer op de zaak-Hawksmith te zetten. Als de details in de media bekend raakten zou het een hoop ophef veroorzaken, en voor deze zaak had ze haar meest ervaren mensen nodig.

'Tripp, weten we al wat meer over haar achtergrond?' vroeg Ava.

'Echtgenoot overleden, natuurlijke doodsoorzaak,' las hij voor uit zijn aantekeningen. 'Dochter wordt vermist, dat heeft een vriendin van het slachtoffer tenminste gezegd. Was jarenlang drugsverslaafd en mevrouw Hawksmith heeft talloze pogingen gedaan om met haar in contact te komen. We hebben geen idee waar de dochter nu is, of ze nog leeft of niet. We zijn dat nu aan het uitzoeken.'

'Laat een landelijk opsporingsbevel uitgaan. Als de dochter nog leeft moet ze op de hoogte worden gesteld van de dood van haar moeder en eventueel beschouwd worden als verdachte. We moeten ook te weten komen met wie ze omgaat als ze nog steeds in die drugswereld zit. Het kan zijn dat Fenella Hawksmith is gemarteld om haar geld af te troggelen. Dat zou een verklaring vormen voor de tiewraps en de handboeien.'

'Ze had ook constant bonje met de buren over geluidsoverlast. Blijkbaar voerde mevrouw Hawksmith een soort privéoorlog door keiharde rapmuziek met opera's te bestrijden.'

'Lijkt me een onwaarschijnlijk motief voor moord, maar ga het toch maar na,' zei Ava. 'Als dit inderdaad een moord is, dan is die begaan door iemand die volstrekt gewetenloos is en zich uitzonderlijk goed heeft voorbereid. Dat is bij burenruzies meestal niet het geval. Doe ook maar een huis-aan-huisonderzoek in de buurt. Ik wil dat jullie met al haar vrienden en iedereen die haar kent gaan praten. Neem haar recente telefoongesprekken door. En geef prioriteit aan de zoektocht naar haar dochter.'

Callanach wachtte Ava in de gang op.

'We moeten praten,' zei hij zacht.

'Op jouw kamer dan,' antwoordde ze en ze liep met een omweg naar zijn kamer.

Callanach deed de deur achter zich dicht.

'Pax Graham heeft me vanmorgen verhoord. Ik moest uitleggen dat ik met jou was na mijn bezoek aan het verpleeghuis.' Hij zweeg even. 'De hele nacht.'

'Dat hadden we moeten zien aankomen. Maak je geen zorgen. We hebben samen aan de zaak-Berry gewerkt. Over Stephen Berry gesproken, Ailsa is tot de conclusie gekomen dat het een ongeluk was of zelfmoord. Hij nam een antidepressivum en had een hoge dosis in zijn bloed. Rune Maclure zei ook al dat hij een bipolaire stoornis had. Verder nog iets?'

'Ik wilde vragen of je plannen had voor vanavond. Ik dacht dat we allebei wel wat afleiding konden gebruiken. Is er een film die je graag wilt zien?'

'Eerlijk gezegd heb ik vanavond met Natasha afgesproken. Je zult me ondertussen wel beu zijn. Ik ben al twee nachten achter elkaar bij jou blijven pitten.' Ze streek met haar hand door haar haar. 'Ik had vannacht niet moeten blijven. Daar heb ik spijt van.'

'Geen spijt hebben.'

'Ja, toch wel. Jij hebt ruimte voor jezelf nodig en het is niet gezond als je zo hecht samenwerkt en zulke goede vrienden bent. Ik had gisteravond een taxi kunnen nemen,' zei ze glimlachend. 'Dat had ik moeten doen. We hebben het er niet meer over. Ik regel het wel met inspecteur Graham. Ging het verder goed tussen jullie?'

'Ja hoor,' loog Callanach. 'Dus je hebt Rune Maclure ontmoet. Vond je hem aardig?'

'Ja, heel aardig. Maar van zijn assistente weet ik het niet zo zeker. Ik kan witheet worden als een jong wicht me afkeurend aankijkt,' zei ze lachend. 'En ik heb zo het idee dat Maclure me zijn nummer heeft gegeven om een reden die niets met het werk heeft te maken. Ik wist niet zo goed hoe ik moest reageren, om eerlijk te zijn is het al heel lang geleden dat iemand belangstelling voor me toonde.'

'Ga je hem bellen?' vroeg Callanach voor hij zich kon inhouden. 'Ik dacht al dat jullie elkaar goed zouden liggen.'

'Nee. Ik heb al meer dan genoeg op mijn bord. We moeten twee zaken oplossen en twee nieuwelingen inwerken, en ik zie er verschrikkelijk uit.'

'Daar dacht Maclure kennelijk anders over,' merkte Callanach op.

'Dan is hij een idioot, en dan kan hij nog zo aantrekkelijk zijn, maar ik ga niet daten met idioten. Oké, ik moet de koningin van het obscene taalgebruik op de hoogte stellen. Wens me maar succes. Ik wil heel graag een andere keer naar de film. Vanaf morgen draaien ze de klassieker *The Prime of Miss Jean Brodie* als nachtfilm in de bioscoop aan York Place.'

'Vind ik dat een leuke film?' vroeg Callanach.

'Nee, maar ik wel. Ik moet ervandoor. Breng jij het team bij elkaar. We lopen al drie weken achter op de dader, dus we moeten opschieten.'

Callanach keek haar na en vroeg zich af waar ze haar energie vandaan haalde. Ze waren om twee uur pas in slaap gevallen en om zes uur was ze weer opgestaan om naar huis te gaan en zich om te kleden. Hij had haar moeten zeggen dat de moord op Jenson hem niet lekker zat, maar Ava had het al druk genoeg.

Hij deed zijn laptop open en begon aan een e-mail die hij al sinds zijn vakantie had moeten schrijven. Zijn moeder had er recht op te weten dat Bruce Jenson dood was, maar hij wilde niet dat ze zich zorgen zou maken of hij daarbij betrokken was. Daarom besloot hij het kort en simpel te houden.

Maman,

Ik wil je laten weten dat ik na mijn terugkeer naar Engeland heb besloten op zoek te gaan naar Jenson en Western. Ik heb het niet eerder willen zeggen omdat ik wist dat het je van streek zou maken. Ik hoop dat het je goed zal doen te weten dat Bruce Jenson dood is. Hij was zwaar dement en is in het verpleeghuis gestorven. Over Gilroy Western heb ik geen nieuws. Het is hier weer druk, dus sorry als ik de komende weken niets van me laat horen.

Liefs,
Luc

Nadat hij de mail verzonden had realiseerde hij zich dat hij er ook even uit moest. Ava had die avond met Natasha afgesproken en Selina bellen vond hij te ingewikkeld, dus appte hij Lance Proudfoot, een plaatselijke journalist die het afgelopen jaar niet alleen een zeer bruikbare contactpersoon was gebleken maar ook een goede vriend was geworden. Lance was min of meer gepensioneerd, slimmer dan de meeste mensen op de toppen van hun kunnen en vasthoudender dan een zalm die stroomopwaarts springt, en afgezien van de momenten waarop hij Callanach officieus een handje hielp met een onderzoek en daarbij soms gewond raakte, hield hij een eigen nieuwsblog bij.

Ze hadden om zeven uur afgesproken in Sandy Bell's op Forrest Hill, een nieuwe bar die Callanach niet kende, maar die makkelijk te vinden was dankzij de felblauwe voorgevel en de muziek die vanaf de straat al te horen was. Lance stond al aan de bar met een glas whisky voor zich, druk pratend en helemaal in zijn element. Callanach bleef in de deuropening even naar hem staan kijken, en zag dat zijn vriend zijn leren motorpak droeg en er fit uitzag. Hij begroette Lance met een klap op de schouder.

'Zijn er ook pubs in deze stad waar ze jou niet kennen?' vroeg Callanach.

Lance draaide zich om en omhelsde hem hartelijk. 'Geen enkele pub die de moeite waard is om je zuurverdiende centen in te spenderen, dat kan ik je op een briefje geven. Luc Callanach, je ziet eruit alsof je een maand niet geslapen hebt. Je moet beter voor jezelf zorgen, anders gaat het bergafwaarts met dat jongensachtige knappe uiterlijk van je.'

In de hoek speelde een folkgroepje voor de vroege gasten, tokkelend op hun gitaar en harmonieus zingend over een verloren gewaande zeeman. De bar zag eruit als een tempel voor zeldzame single malts en elke zitplaats was bezet. Lance had een paar krukken bezet gehouden door zijn helm op de ene kruk te leggen en zijn handschoenen op de andere, en hij legde alles op de grond zodat ze konden zitten.

'Je voelde vast dat ik het net over je had toen je me appte,' zei Lance.

'In positieve of negatieve zin?' vroeg Callanach.

'Niet zo cynisch, man!' brulde Lance. 'In goede zin natuurlijk. Ik was net tegen mijn buurman aan het zeggen dat mijn leven een stuk interessanter is geworden sinds ik je ken.'

'Misschien wel, maar je hebt ook veel vaker in het ziekenhuis gelegen,' zei Callanach grinnikend. 'Lukt het je de laatste tijd een beetje uit de problemen te blijven?'

'Ach Luc, het geheim van het leven is dat problemen je juist jong houden. Mijn zoon is eindelijk op zichzelf gaan wonen, dus ik hoef niet langer te luisteren naar het gekibbel met zijn vriendin en god weet wat ze verder in die logeerkamer uitvreten. Ik ben dol op die jongen, maar er komt een tijd dat je rustig naar een rugbywedstrijd wil kijken, een curry wil klaarmaken en The Beatles wil opzetten, zonder dat iemand daar commentaar op levert. En hoe is het met jou? Hoe was je vakantie?'

'Ingewikkeld,' antwoordde Callanach. 'Maar het deed me goed om weer terug te zijn in Parijs. Ik was veel te lang niet in Frankrijk geweest.'

'Parijs is altijd een goed idee. Wacht even, uit welke film komt dat ook alweer?' Lance nam een slok whisky. '*Sabrina* – met Bogart en Hepburn – dat was 'm.'

'Jij ook al? Ava is gek op oude films.'

'Nu we het toch over Edinburghs lieftalligste hoofdinspecteur hebben, hoe gaat het met haar?'

'Gekmakend, niet te stoppen en geestig. Niks veranderd,' zei Callanach. 'Maar ik wil het niet over het werk hebben. Wat heb jij de laatste tijd uitgevoerd?'

'Mijn neus in andermans zaken gestoken in de hoop dat de rest van de wereld wil lezen wat ik daarover te zeggen heb. Nu ik je toch spreek, hoe zit dat met het lijk dat jullie een paar dagen geleden op Easter Road hebben gevonden? De weg was daar urenlang afgezet en die flat is nog steeds afgesloten met tape.'

'Verdacht overlijdensgeval, meer kan ik er niet over zeggen.'

'Kom op, in vertrouwen, en ik beloof dat ik er pas over schrijf nadat jullie met een officiële verklaring naar buiten zijn gekomen. Het is deze maand opvallend rustig in de stad. Ik heb een nieuwtje nodig,' klaagde Lance.

Callanach dacht na. Ze moesten Alice Hawksmith opsporen en na een hele dag zoeken had het team niets kunnen vinden. Fenella's dochter had een hele rits oude veroordelingen staan, maar zes jaar geleden was ze van de radar verdwenen en sindsdien was er niets meer van haar vernomen. Geen bijstandsuitkering aangevraagd, geen medisch dossier, geen inkomensgegevens en geen belastingaangifte. Ze zou niet zomaar boven water komen.

'Oké. Ik kan je het volgende vertellen. Ik leid het onderzoek, dus je mag me citeren. We doen het officieel. We zouden graag in contact komen met een vrouw genaamd Alice Hawksmith, negenentwintig jaar oud, om haar als getuige te horen. Haar laatst bekende woonplaats is in de omgeving van Aberdeen. Het lijk dat we gevonden hebben is van haar moeder – Fenella Hawksmith – en we denken dat de dochter haar enige nog levende familielid is.'

Lance had zijn telefoon tevoorschijn gehaald en was al aan het typen.

'Als jij de leiding hebt, is het een zaak voor Zware Misdrijven,' zei hij. 'Dus gaat het om een moord, ja toch? Je bent niet alleen op zoek naar een familielid dat op de hoogte moet worden gesteld. Hoe luidt het echte verhaal?'

'Over de rest mag je niets schrijven,' zei Callanach. 'Dus je kunt het maar beter niet horen.'

'Hé, je hebt het tegen mij. Ik heb samen met jou in de kelder van een club in Glasgow gestaan, in de zekerheid dat we het geen van tweeën zouden overleven, ik heb m'n kop gehouden over je vroegere baas die van de maffia had gestolen, en ik heb er geen woord over geschreven. Hoeveel loyaliteit moet ik nog laten zien voordat je gelooft dat je me kunt vertrouwen?' vroeg Lance grinnikend.

Daar had hij gelijk in. Lance had inderdaad samen met hem en vóór hem de wet overtreden. Als iemand een geheim kon bewaren, was hij het wel.

'We hebben nog niets concreets. De omstandigheden zijn behoorlijk schokkend, het lijkt een geval van zelfmoord, maar veel gewelddadiger dan je zou verwachten. Het lichaam heeft daar drie weken gelegen.'

'Drie weken? Dat zal geen prettige aanblik zijn geweest. Heb je al verdachten?'

'In dit stadium nog niet. We kunnen het sowieso niet veel langer stilhouden. Vandaag hebben we een buurtonderzoek gedaan. Als jij het verhaal publiceert en de naam van het slachtoffer noemt, kan het zijn dat iemand zich iets herinnert en naar voren treedt.'

'Doodsoorzaak?' vroeg Lance.

'Bepaalde details wil ik liever niet bekendmaken om de bruikbare tips te kunnen schiften van de onvermijdelijke bullshit. Ik heb het idee dat de dader het slachtoffer kende. Bepaalde persoonlijke details wezen daarop...'

'Dus je zou ermee geholpen zijn als je een goed beeld krijgt van haar leven. Vrienden en mensen met wie ze omging, de plekken waar ze vaak kwam, waar ze boodschappen deed, dat soort dingen.'

'Precies. We willen weten wie haar voor het laatst heeft gezien, of ze problemen had, je kent het wel.'

'Ik snap het,' zei Lance. 'Morgenochtend zet ik een artikel online. Oké, voor de draad ermee. Hoe gaat het met die beeldschone arts en waarom mag ik haar nog steeds niet zien?'

'Je bent te laat. De beeldschone arts is weer single. En ze is te jong voor jou, dus haal je maar niets in je hoofd.'

'Ho ho, sommige vrouwen weten heus wel dat de omgang met een oudere man z'n voordelen heeft. We kunnen goed klussen, we weten hoe we de afwasmachine moeten inruimen, dat het levensgevaarlijk is je vuile sokken te laten rondslingeren, en de meesten van ons hebben maar eens in de twee weken voldoende energie voor seks.'

'Je stelt het ouder worden niet bepaald aantrekkelijk voor,' zei Callanach lachend.

'Wat is er gebeurd?' vroeg Lance.

'Het voelde niet goed voor me. Ik vond het tegenover haar niet eerlijk om net te doen alsof dat zo was. Ze verdient veel beter.'

'Heb je advies nodig?' vroeg Lance, en hij sloeg een arm om Callanachs schouder.

'Nee,' antwoordde Callanach en hij nam haastig een slok whisky.

'Seks zit in je hoofd. Het gaat niet om perfecte benen of mooie borsten. Waar het om gaat is de persoon zien te vinden die op die knop in jouw hoofd weet te drukken. Meestal is dat ook iemand die je stapelgek maakt en jou een volslagen idioot vindt. Misschien was die dokter gewoon te verliefd op je.'

'Weet je nog wat ik net zei toen je me advies aanbood?'

'Dit is een bar. Ik ben een Schot die single malt drinkt. Het is uit met je vriendin. Wat dacht je dan dat ik zou doen? Als ik je geen nutteloos advies had gegeven zouden we tegen elke ongeschreven pubregel hebben gezondigd.'

Tegen halfnegen mochten ze beiden allang niet meer achter het stuur kruipen en hadden ze een lange wandeling voor de boeg of moesten ze een taxi nemen.

Natasha was laat, iets waar Ava meestal patent op had. Tegen de tijd dat ze binnen kwam waaien in Whighams Wine Cellars op de hoek van Hope Street en Charlotte Square zat Ava al aan haar tweede cocktail en had ze eten voor hen beiden besteld. Met zijn rustieke, maar toch chique inrichting en de kale bakstenen muren en gezellige nisjes vormde de kelder van Whighams de perfecte setting voor een eerste date. Natasha sprak hier vaak af met een nieuwe vlam, maar bij Ava ging het er vooral om dat ze zich heel even in een idyllische omgeving kon wanen.

Het jazzcombo speelde zulke goede nummers dat Ava haar ogen dicht had gedaan en een paar minuten lang in de muziek opging. Even geen gevechten, geen bloedvergieten. Geen wapen dat in een moment van dronken verdwazing plotseling uit een zak werd getrokken. In Whighams kon Ava zich inbeelden dat ze in een stad ergens op de wereld in een goed restaurant zat. Niet dat ze ergens anders wilde zijn dan in Edinburgh, maar soms was dat een aangename fantasie en op dit moment was fantaseren het enige wat er voor haar in zat, met nog drie maanden te gaan voordat ze op vakantie kon.

'Godallemachtig, ik hoop dat er zo'n spannend verhaal zit achter dat gezicht van je dat ik het voor een klap geld aan de schandaalpers kan verkopen zodat ik er een sportwagen aan overhoud!' zei Natasha stralend terwijl ze zich in Ava's armen wierp en haar omhelsde. Vervolgens duwde ze met haar vinger op de bult op Ava's voorhoofd.

'Au! Wil je dat laten? En waarom ben je er nu pas?' kreunde Ava.

'Ik heb mijn benen laten waxen en de schoonheidsspecialiste was verlaat. Niet van onderwerp veranderen. Waarom zit je zo raar op je stoel?' wilde ze weten.

Ava trok haar broekspijp op en liet de wond zien, inclusief de hechtingen.

'Allejezus.' Natasha floot even. 'En ik maar denken dat *mijn* benen zwaar behaard zijn. Het lijkt wel alsof je de afgelopen vijf jaar in de wildernis hebt gezeten.'

'Bedankt,' zei Ava lachend. 'Mijn baas vergeleek me laatst met een figurant in een zombiefilm. Ik voel deze week erg veel liefde om me heen.'

Een ober bracht hun twee hoge glazen met een regenboogkleurig drankje en ijs. Ava pakte haar glas en dronk het in één keer halfleeg voordat Natasha de volgende beschimping in stelling bracht.

'Even serieus, die verwondingen. Komt dat door je werk of door iets spannenders?'

Ava leunde achterover, met haar glas tegen zich aan gedrukt. 'Officieel? Door mijn werk. Maar ik heb een onverantwoord risico genomen, Tash, en ik snap niet waarom. Als Luc er niet was geweest, had ik verkreukeld onderaan de muur van Tantallon Castle gelegen.'

'Wat deed je dan bij Tantallon Castle?' vroeg Natasha.

'Ik was er op zoek naar bewijsmateriaal op een mogelijke plaats delict, omdat ik bang was dat het die nacht verloren zou gaan door een storm. Het leek toen heel logisch.'

'Dat hoop ik wel. Ben je in het donker over die muur gekropen? Ben je nou helemaal stapelgek geworden of zo?'

'Schuldig op alle punten en ik heb mijn straf gehad. Ik hoop dat je honger hebt want ik heb de helft besteld van wat er allemaal op het menu staat,' zei Ava terwijl ze naar de ober zwaaide om nog een paar cocktails te bestellen.

'En je was er met Luc, die je gered heeft. Dat klinkt spannend,' zei Natasha, terwijl ze een cocktailkers uit haar glas viste en die over haar onderlip liet rollen.

'Iets te spannend voor ons allebei. Ik heb hem bijna geplet toen hij me weer omhoog wist te trekken over de muur heen. En vervolgens is hij de hele nacht bezig geweest om me op te lappen. Mijn been bloedde zo erg dat zijn lakens onder het bloed zaten, dus moet ik ook nog eens een set nieuwe lakens voor hem kopen, en nu zit hij zelf in een...'

'De hele nacht? In zijn bed? Jullie tweetjes?' Natasha trok haar wenkbrauwen op. 'Twee champagnecocktails alstublieft,' riep ze naar de ober die net langsliep.

'Niet beginnen, hè,' waarschuwde Ava haar.

'Mijn oudste vriendin brengt de nacht door met de knapste man van heel Schotland – hoewel hij mij niets doet, maar ik ga graag af op de mening van anderen – en ik mag daar geen vragen over stellen? Weet die verrukkelijke Spaanse dokter wat jullie samen hebben uitgevreten?'

'Selina en Luc zijn niet meer samen. En nee, je krijgt haar telefoonnummer niet.'

'Verdomme, sinds wanneer? En hoe komt het dat ik dat allemaal niet weet? Wacht 's even...' vervolgde Natasha voordat Ava antwoord kon geven, 'Luc en jij hebben een hele nacht saampjes in bed gelegen en jullie zijn op dit moment allebei single? Wacht, wacht, niks zeggen tot ik weer een glas in m'n hand heb, en neem je tijd. Ik wil het tot in de kleinste sappige details horen. Letterlijk sappig, hoop ik. Je weet niet half hoe opgelucht ik ben. Ik begon al te denken dat je een kuisheidsgelofte had afgelegd.'

'Hou je nou op? Sorry als ik je teleurstel, maar er is helemaal niets gebeurd tussen Luc en mij. Beide nachten niet. Geloof het of niet, maar we zijn volwassen genoeg om elkaar steun te bieden zonder dat we ons zo laten meeslepen dat we uit de kleren gaan zodra we met elkaar alleen zijn.'

Natasha staarde haar fronsend aan. 'Beide nachten?'

'Luister nou eerst, voordat je weer te snel conclusies trekt. Geef me de kans om het uit te leggen. De eerste nacht was ik ernstig gewond en was ik in shock na mijn bijna fatale valpartij. En gisternacht kwamen we terug van een plaats delict en moesten we praten. We hebben wat gedronken en intussen was het al heel laat geworden. Mijn been was net gehecht, dus het was handiger om te blijven slapen.'

'Handiger om te blijven slapen? Ik krijg er gewoon hartkloppingen van. Dus wat je eigenlijk wil zeggen, is dat jullie allebei je kleren aan hebben gehouden, beide nachten, en elkaar niet hebben aangeraakt?' Natasha bonkte een paar keer met haar voorhoofd op tafel. 'Weet je, je was veel leuker toen je zestien was. Toen je nog maagd was, dacht je in ieder geval nog dat seks iets was om naar uit te kijken.'

'Tasha!' zei Ava waarschuwend. De ober zette twee glazen op tafel en ze pakte haar glas op en proefde. 'Wat is dit toch lekker!'

'Heb je Luc dan op z'n minst in zijn blootje gezien?' vroeg Natasha giechelig.

'Sorry dat ik degene ben die je eraan moet herinneren, maar je bent gay. Vanwaar die plotselinge belangstelling voor de mannelijke anatomie?'

'Doe me een lol,' zei Natasha. 'Details, alsjeblieft – en niet zo saai als je het nu doet voorkomen.'

'Dat doe ik niet. Ik ben Lucs meerdere. Het zou ongepast zijn om...'

'Wat een gelul!' lachte Natasha, champagne over haar schoot sproeiend. 'Je hebt de afgelopen twee nachten in zijn bed gelegen. Maakte je je toen ook zorgen over de bevelstructuur? Bovendien is Luc ook een vriend van míj. Ik vraag je alleen naar details die ik hem ook gerust zou durven vragen als hij hier was.'

'Daar kan ik niets tegen inbrengen. Je bent schaamteloos, weet je dat?' Ava rolde met haar ogen.

'Stop. Er schuilt een zekere methodiek in mijn gekte. Ik wil mijn gelijk halen – dat doe ik graag, dat weet je. Zie het als een levensecht voorbeeld van een filosofisch argument. Ik bied je gratis mijn deskundige advies aan. Drink je glas leeg en geef het nou maar op.'

Ava deed wat haar gezegd werd.

'Goed,' begon ze, 'omdat ik niets te verbergen heb en Luc evenmin, zal ik je alles vertellen tot in de saaiste details. Ik was behoorlijk overstuur na die val en door- en doornat van de regen. Luc moest mijn been zien om de wond schoon te maken en zwaluwstaartjes aan te brengen. Ik heb een bad genomen en ben daarna in zijn bed gaan liggen – voor de goede orde, hij bleef boven op de lakens liggen – en toen zijn we in slaap gevallen. Het was al laat. We hebben drie, vier uur geslapen en zijn toen opgestaan. Hij ging douchen en ik heb me aangekleed, en toen zijn we naar het bureau gereden.'

'Dus je was naakt nadat je in bad had gezeten...'

'Lijkt me logisch, ja,' zuchtte Ava.

'En heeft Luc zich ook uitgekleed?' vroeg Natasha grijnzend.

'Nou ja! Kom op zeg, Natasha. Wat is dit nou voor vraag?'

'Ik vraag het gewoon. Heb je hem naakt gezien?'

Ava probeerde een laatste slokje uit haar al lege glas te nemen voor ze antwoord gaf.

'Ja, ik heb Luc naakt gezien als je het echt wilt weten, maar dat is al heel lang geleden, toen we ruzie hadden en hij heel kinderachtig z'n gelijk probeerde te bewijzen. Omdat je het naadje van de kous wilt weten, diepgezonken als je bent, kan ik je vertellen dat hij een volmaakt lichaam heeft, wat ook te verwachten valt met zo'n gezicht. Zijn sixpack, de schattige kuiltjes tussen zijn heupen en de ronding van zijn billen als hij loopt. Zijn huid is niet zozeer zongebruind, maar over zijn hele lichaam egaal gebronsd. Mooie borstkas en prachtige armen, niet overdreven gespierd, maar perfect gedefinieerd. Je kunt de verschillende spierbundels zien zitten. Sterke, gespierde dijen. En dat streepje haar dat vanuit het kruis naar zijn navel loopt, als een regelrechte uitnodiging. Snap je wat ik bedoel?' Ze glimlachte in haar glas.

'Ober!' riep Natasha. 'Kunt u ons nog vier van hetzelfde brengen, alstublieft?' Ze wees naar de lege glazen op tafel. 'Dat heb je beeldend verwoord, dank je wel.'

'Je vroeg erom,' zei Ava zelfvoldaan.

'Ja, klopt, en je antwoord bevestigt alles wat ik al dacht. Je hebt iedere vierkante centimeter van zijn lichaam in je hoofd zitten. Tot in de details. Zonder enige aarzeling of onzekerheid. Het klinkt allemaal even complimenteus. Sommige details vond ik bijna te veel van het goede. Heb je je weleens afgevraagd hoe het voor hem was dat jij in zijn bed lag?'

Ava dacht na.

'Hij stelde het voor. Het kwam geen moment bij ons op dat een van ons op de bank zou slapen, dus het leek heel vanzelfsprekend om samen op bed te gaan liggen. Hij heeft net een relatie met een godin achter de rug, dus het lijkt me nogal logisch dat medelijden de enige emotie was die ik bij hem op kon wekken.'

'Godallemachtig, wat ben je toch stom!' zei Natasha. 'Ik bedoel, ik hou van je, dat weet je, maar wat je privéleven betreft heb je een bord voor je kop. Hoe heb je het ooit tot hoofdinspecteur geschopt?'

'Wat zeg je nou?'

'Heb je dan nooit gezien hoe hij naar je kijkt? Hoe bezitterig hij doet? Hoe boos hij wordt als je in gevaar verkeert? Ik durf er heel wat om te verwedden dat hij geen oog dicht heeft gedaan. Ik durf te wedden dat hij de hele nacht naar jou heeft liggen kijken, misschien je haar wat heeft gestreeld, of...'

'Nou is het genoeg! Heb je behalve je benen ook je verstand laten waxen? Luc heeft nooit avances gemaakt. Hij heeft nooit laten merken dat hij in mij is geïnteresseerd. Na twee nachten in zijn bed kan ik je vertellen dat hij me met geen vinger heeft aangeraakt. Als hij en ik niet zulke goede vrienden waren zou ik me zelfs een beetje gepikeerd hebben gevoeld; alhoewel ik moet toegeven dat ik er op dit moment niet op mijn best uitzie...'

'Nou, met dat oerwoud op je benen zou mij de lust ook vergaan.'

'Sodemieter op,' zei Ava, en ze pakte de volgende cocktail al van het blad voordat de ober hem op tafel kon zetten.

Natasha begon keihard te lachen. 'Luister, je hoeft deze vraag niet hardop te beantwoorden, maar denk er dan in ieder geval over na. Kun je in alle oprechtheid beweren dat je nooit naar Luc hebt gekeken – of hij nou kleren aanhad of niet – met die tinteling onder in je buik? Die vloeibare warmte die zich door je buik verspreidt? Want ik heb het in zijn ogen gezien als hij naar jou kijkt en ik denk dat jullie het daar eens over moeten hebben.'

Ava trok haar wenkbrauwen op. 'Ben je klaar?'

'Absoluut,' zei Natasha. Ze ging rechtop zitten en trok haar schouders naar achteren.

'Mooi zo. Oké, en nu gaan we het over iets anders hebben.'

'Prima. Ik ben niet gek.'

'Hoe staat het met je nieuwe vriendin?'

'Heeft constant aandacht nodig. Was jij je ervan bewust dat je pupillen groter werden toen ik je vroeg of je Luc aantrekkelijk vond?' Natasha leunde naar voren en tuurde in Ava's pupillen.

'Het is donker hierbinnen. Natuurlijk zijn mijn pupillen verwijd. Hoezo wil ze constant aandacht?'

'Te vaak bellen en appen. Te vaak "hou je me vast tot ik in slaap ben gevallen". En even voor de duidelijkheid, zo donker is het hierbinnen niet en zonet waren je pupillen heel normaal.'

Het eten werd geserveerd en de schoonheid en verrukkelijke geur van de gerechten wist hen tijdelijk af te leiden. Ava had voor Natasha een Schotse saignant gebakken ribeye besteld en voor zichzelf Shetlandmosselen. En eindelijk hield Natasha op met praten.

14

6 maart

Osaki Shozo drukte op de zoemer en deed een stap naar achteren, zich afvragend of hij kon worden gered, en of hij zich wilde laten redden. Hij had het kaartje van de hulplijn op een prikbord op het arbeidsbureau gevonden, waar het vermoedelijk bij wijze van laatste redmiddel was opgehangen. Lukt het je niet om een baan te vinden? Probeer jezelf niet van kant te maken. Deze mensen kunnen je misschien helpen. Het was ofwel een geniaal idee of heel erg wreed.

'Ja, hallo?' klonk een ongeïnteresseerde stem door de blikkerige speaker.

'Ik hoop iemand te kunnen spreken. Ik heb... hulp nodig. Kunt u me helpen?'

'Ik doe wel even open,' luidde het antwoord.

Osaki wachtte tot de deur openging. Hij had geen idee wat hij hier eigenlijk deed. De mensen daarbinnen zouden nergens iets aan kunnen veranderen.

Een jonge vrouw met rood haar deed de deur open en nam Osaki van top tot teen op. Toen ging ze opzij en gebaarde dat hij binnen kon komen.

'Loop maar mee. Je kunt daar in die wachtruimte gaan zitten, dan geef ik je een formulier om in te vullen, maar je bent niet verplicht om antwoord te geven op de vragen als je dat niet wilt.'

Maar uit de toon waarop ze dat zei maakte hij het tegenovergestelde op. Het leek onbeleefd om te weigeren het formulier in te vullen en Osaki was niet onbeleefd. Dat was juist zijn probleem.

'Ik heet Vicki. Ik kan je koffie, thee of water brengen. Hier is het formulier en een pen. Onze eerstvolgende beschikbare consulent zal met je komen praten. Dat zal meneer Packham of meneer Maclure worden, want de anderen zijn met cliënten bezig. Het duurt sowieso maar een paar minuten. Heb je een wapen bij je? Dat moet ik nou eenmaal vragen. En ook of je op dit moment onder invloed bent van alcohol of drugs?'

Ze overhandigde Osaki een klembord en snoof de lucht om hem heen op. Zeker om te weten of hij alcohol had gedronken, vermoedde Osaki, en ze deed het niet erg subtiel. Het was alsof hij weer in Tokio bij zijn ouders was. Hij boog zijn hoofd en realiseerde zich dat ze op antwoord wachtte.

'Geen alcohol. Geen drugs,' zei hij, 'en geen wapen. Je mag me fouilleren als je wilt.'

'Dat hoort niet bij mijn taakomschrijving,' antwoordde Vicki. 'Je kunt het formulier aan de consulent geven als hij je komt halen.'

Nog voor Osaki een blik op het formulier had geworpen was Vicki alweer druk met appjes lezen op haar telefoon. Het waren allemaal standaardvragen. Naam, adres, geboortedatum, huisarts, huidige medicatie, verslavingen, familieleden – voorafgegaan door de mededeling dat hij niet verplicht was informatie te geven om toch geholpen te worden door Reach Out. Osaki begon zijn naam in te vullen en keek op toen hij aan de andere kant van de deur stemmen hoorde.

'Vicki, ik heb je gevraagd om op het werk niet met je telefoon bezig te zijn. Het is echt heel belangrijk dat we ons concentreren op de mensen die we hier proberen te helpen en zoals je weet gaat het hier om vertrouwelijke gegevens,' zei een diepe basstem.

'Ik was gewoon met mijn vriend aan het appen. Ik wist niet dat dat ook al niet mocht,' antwoordde Vicki. 'En ik heb dit dossier al bij meneer Packham op de lijst gezet, dus misschien moet hij dit maar doen.'

'Als iemand zit te wachten, dan gaan we gewoon door. Haal dat dossier van Charlies stapel. Het maakt niets uit.'

'Nee, maar Charlie heeft vandaag nog niet veel cliënten gehad. Ik dacht dat het handiger was om het wat beter te verdelen.'

'Vicki,' zei Maclure geduldig. 'We werken hier niet op commissiebasis. Je wilt mensen niet laten wachten. Goed, wat is er aan de hand?'

'Hij zit het formulier nog in te vullen.'

'Het zou fijn zijn als je bij de mensen blijft zitten tot een van ons ze kan zien, dat je ze op hun gemak stelt, een vriendelijk gesprekje aanknoopt. Dat weet je toch wel.'

'Ik wilde hem net koffie brengen,' antwoordde Vicki.

Osaki kon zich niet herinneren dat hij om koffie had gevraagd. Waarschijnlijk was dat een vergissing. Hij kreeg de indruk dat Vicki hier nog maar net werkte. Zij had tenminste een baan. Osaki zou er alles voor overhebben om een baan te vinden. Misschien zou zijn vrouw dan minder ontevreden over hem zijn.

'Goed. Ik geloof dat er nog wat administratie ligt waar iets mee moet worden gedaan. We hebben het later nog wel over de manier waarop we hier cliënten ontvangen. Dank je wel.'

Vicki werd duidelijk afgeserveerd. Osaki stond op, bang om onbeleefd over te komen op de man die hopelijk antwoorden voor hem had. De deur ging open.

Een aantrekkelijke zwarte man met een modieuze stoppelbaard kwam breed glimlachend binnen en schudde hem de hand.

'Ik ben Rune Maclure,' zei hij. 'Kom, we gaan op mijn kamer zitten, dan hebben we wat meer privacy. Ik geloof dat Vicki u zo direct koffie komt brengen. Ze weet waar we zitten.'

Osaki volgde Maclure een korte trap op naar een gezellig ingerichte kamer met grote posters van landschappen aan de muur. Hij zag geen bureau, geen kantoorstoelen, alleen maar boekenplanken, planten en zachte stoffen meubels. Hij liet zich langzaam op een sofa zakken en probeerde een coherent verhaal te bedenken om uit te leggen wat hij hier kwam doen.

'Het is goed,' zei Maclure rustig. 'De eerste zinnen zijn het moeilijkst, dus laat mij maar beginnen. Alles wat je me vertelt blijft vertrouwelijk. We maken aantekeningen, maar die blijven geheim, net als een consult bij een arts. Als je je naam niet wilt geven, dan noteren we alleen de datum en het tijdstip van je bezoek, en de aantekeningen worden vaak alleen maar gebruikt voor interne training. Het vergt heel wat moed om hier binnen te stappen, dus wat je nu ook doormaakt, besef dat je hiermee al heel dapper bent geweest en jezelf een dienst hebt bewezen. Kun je me vertellen waar je mee zit?'

Osaki knikte, sloeg zijn handen op zijn schoot ineen en ging rechtop zitten omdat hij niet achterover wilde leunen op de comfortabele bank.

'Ik heb gefaald,' zei hij abrupt.

Maclure gunde hem even de tijd om daar iets meer over te zeggen. Toen er verder niets meer kwam, sprak hij hem bemoedigend toe.

'Falen is subjectief. Het hangt af van de maatstaven die we voor onszelf hanteren. Als je te hard over jezelf oordeelt, heb je bijna altijd gefaald.'

'Als ik niet had gefaald, was mijn vrouw me niet ontrouw. Ik kan geen werk vinden om haar te onderhouden. Daardoor moet zij nu lange dagen maken. Het is niet het leven dat ik haar had beloofd.'

Hij hield zijn ogen op zijn knieën gericht en sprak heel kalm. Hij had zich al belachelijk gemaakt door in het bijzijn van zijn vrouw in tranen uit te barsten. Hij wilde niet ook nog eens afgaan tegenover een vreemde.

'Mag ik vragen hoe oud je bent?' vroeg Maclure.

'Vijfentwintig,' antwoordde Osaki.

'En aan je uitspraak hoor ik dat dit je tweede taal is, maar grammaticaal zijn je zinnen foutloos. Indrukwekkend. Het kost veel moeite en inzet om een tweede taal perfect te leren spreken.'

'Ik heb mijn vrouw ontmoet toen ze drie jaar geleden als uitwisselingsstudent naar Japan kwam. Ik sprak toen al Engels, maar ik heb ervoor gezorgd dat ik de taal vloeiend sprak voordat ik hierheen kwam om te trouwen.'

'Juist ja. Het is heel wat om hierheen te komen voor iemand anders en het is lastig om een nieuw leven te beginnen in een vreemd land, laat staan om hier een baan te vinden.'

Osaki dacht terug aan al die sollicitatiegesprekken die hij had gevoerd. Het kwam niet alleen doordat de taal anders was, maar ook de gezichtsuitdrukkingen, de manieren en omgangsvormen, om nog maar te zwijgen van de andere gebruiken en tradities. Wat hij te horen had gekregen van de weinige potentiële werkgevers die de moeite hadden genomen om feedback te geven, was dat ze hem te krampachtig en te formeel vonden. En dat gold niet alleen voor banen waarin hij met klanten te maken zou krijgen. Bedrijven waren op zoek naar 'teamspelers', 'mensen met goede communicatieve vaardigheden' en 'inspirerende medewerkers die een band met hun collega's konden opbouwen'. Het interesseerde ze niet dat hij bereid was om zoveel uren te werken als hij kon krijgen, of tegen een minimumloon, of bereid was om werk aan te pakken dat ver onder zijn niveau lag en dat totaal niet beantwoordde aan de verwachtingen die hij had gekoesterd nadat hij zijn opleiding tot systeembeheerder had afgerond.

'De Japanse en Schotse cultuur verschillen enorm,' zei hij alleen maar.

'Dat geloof ik graag,' zei Maclure. 'Hoe gaat het nu tussen jou en je vrouw?'

'Ze is ontevreden. Er is een andere man in haar leven die haar troost.'

'Zijn ze ook intiem met elkaar?' vroeg Maclure zacht.

Osaki knikte.

'Dus je hebt geen baan kunnen vinden, je bent ver van huis en familie en je vrouw heeft een verhouding met een andere man. Dat zou voor iedereen heel moeilijk te verstouwen zijn en in mijn ogen heb je niet gefaald. Ik vind dat je juist heel moedig bent geweest en meer tijd en steun nodig hebt om je aan het leven hier in Schotland aan te passen.'

De deur ging weer open en Vicki kwam binnen met een dienblad met twee koppen koffie en een schaaltje koekjes. Maclure wierp haar een strak glimlachje toe.

'Dank je wel, Vicki. Zet het maar op tafel. Volgende keer misschien eerst even kloppen, voor het geval het niet zo'n gelukkig moment is.'

Vicki zuchtte even, mompelde kortaf een verontschuldiging en liep weer weg.

'Ze is nieuw,' zei Maclure. 'Dit kan een vreemde plek zijn om te werken tot het vertrouwd gaat worden. Maar vertel me eens hoe dat voor je voelt, het idee dat je gefaald hebt.'

'Geen gevoel. Het is een feit. Als ik nu terugga naar Japan stel ik ook mijn ouders nog teleur. Zij zeiden dat ik niet moest gaan. Ze zeiden dat Kylie de verkeerde vrouw voor me was. Maar ik zei dat ik het beter wist. Ik heb mijn ouders geschoffeerd. Ik heb niet het recht om mijn mislukking mee naar huis te nemen.'

'Dat is een zware last om te dragen en ik begrijp dat hier sprake is van een cultureel verschil, en ik heb misschien niet de kennis in huis om daar advies over te geven, maar ik kan wel zeggen dat de meeste ouders hun kinderen snel en makkelijk vergeven. We willen alleen het beste voor onze dierbaren, zelfs in de zwaarste omstandigheden. Heb je met je ouders proberen te praten over wat er aan de hand is?'

'Dat kan ik niet. Mijn vrouw neemt een andere man mee naar huis, ook als ik thuis ben. Ze lacht me uit als ik vraag of ze dat niet wil doen. Ze zegt... ze maakt persoonlijke opmerkingen over mijn lichaam en zegt dat ze dat niet zou hoeven doen als ik een echte vent was. Ik schaam me. Mijn ouders hoeven dat niet te horen.'

Maclure pakte het half ingevulde formulier op.

'Osaki, heet je toch, hè? Je moet het zeggen als ik je naam verkeerd uitspreek. Ik ben ook niet zo'n werelds type. Als consulent probeer ik de partner niet te demoniseren en geen partij te kiezen. Er blijft altijd veel ongezegd tussen stellen en tussen ons hier in deze kamer, maar alle relaties zijn gebaseerd op wederzijds respect. Als jij in je hart weet dat je je vrouw met respect hebt behandeld, mag je verwachten dat zij jou op haar beurt ook respecteert. Misschien ben jij wel niet degene die schande over je huwelijk brengt. Ik begrijp dat in jouw cultuur de rol die elk vervult binnen het huwelijk anders wordt ingevuld, maar wanneer er in een intieme relatie sprake is van machtsongelijkheid tussen twee mensen, loopt dat vrijwel altijd uit op een ramp. Ik denk dat dat een universele waarheid is die voor alle culturen geldt.'

'De oorzaak doet er niet meer toe. Ik kan geen werk vinden. Ik kan de huur niet betalen. Ik kan mijn vrouw niet eens bevredigen. Ik heb mijn ouders niet gehoorzaamd en heb mezelf te schande gemaakt. Ik ben hier omdat de dood de enige manier is om verlossing te vinden.'

'Oké, laten we daar wat langer over nadenken,' zei Maclure. 'Wil je de koffie proberen? Hij is niet geweldig, maar ik heb te veel koffie koud zien worden omdat ik niet even pauzeerde. Wilde je eigenlijk wel koffie?'

'Nee, dank u. Ik hou niet van koffie,' antwoordde Osaki.

Hij had zijn hoofd zo diep gebogen dat Maclure hem amper verstond.

'Had je Vicki om thee of water gevraagd? Ik kan iets anders laten komen.'

'Nee, ik had nergens om gevraagd, maar dank u voor het aanbod.'

Maclure keek naar de deur waardoor Vicki verdwenen was, zich afvragend hoe hun recentste werkneemster het klaarspeelde om zelfs de simpelste taken slecht uit te voeren, gezien haar indrukwekkende cv en uitstekende referenties. Ze zou op zijn minst moeten leren om op het werk haar telefoon met rust te laten. Niets gaf mensen sterker het gevoel dat ze niks waard waren dan iemand die op zijn telefoon zat te klooien terwijl zij op dat moment behoefte aan aandacht hadden.

'Je had het over de dood,' zei Maclure zakelijk. 'Is dat een optie die je feitelijk hebt overwogen?'

'Het is onvermijdelijk. Er is geen andere uitweg,' antwoordde Osaki.

'Oké, laten we het er voorlopig op houden dat we het daar niet met elkaar over eens zijn. Als je zelfmoord pleegt kun je je fouten niet goedmaken. Je verbetert je verhouding met je ouders er niet mee en je kunt geen nieuw leven beginnen. Met zelfmoord veroorzaak je evenveel pijn als je er misschien mee oplost. En niet elke poging lukt, wat verschrikkelijke niet-dodelijke gevolgen kan hebben.'

'Ik heb het al helemaal gepland,' zei Osaki. 'Ik wens mijn familie niet meer tot last te zijn.'

'Maar je zit nu hier. Daar ben ik blij om want dat zegt me dat je nog hoop koestert, dat je nog openstaat voor de gedachte dat er een andere oplossing mogelijk is. Zullen we het daar eens over hebben?'

Osaki gaf geen antwoord.

'Weet je, ik krijg hier veel mensen te zien, en die zitten allemaal in een ander stadium. Door de jaren heen ben ik gaan geloven dat er meer moed voor nodig is om om hulp te vragen dan om zelfmoord te plegen. Je loopt het risico niet te worden geloofd, of dat mensen denken dat je hysterisch bent of alleen maar op zoek bent naar aandacht. Ik snap dat jouw zorgen over je situatie reëel en gegrond zijn. Iedereen zou jouw situatie heel moeilijk vinden, niet alleen jij. Maar we verschillen van mening over de mate waarin jou dat kan worden aangerekend.'

'Aangerekend?' vroeg Osaki.

'In hoeverre het jouw schuld is. Je verantwoordelijkheid. Het lijkt of er iets van racisme meespeelt in het feit dat jij er niet in slaagt werk te vinden. Misschien is het geen openlijk of zelfs bewust racisme, maar het zou kunnen dat potentiële werkgevers niet door die culturele verschillen heen kunnen kijken en geen manier zien om een brug te slaan. Je bent duidelijk intelligent en gekwalificeerd. Ik lees in het formulier dat je hebt ingevuld dat je als systeembeheerder bent opgeleid en dat je tweetalig bent. Misschien zoek je op de verkeerde plek naar werk. Je moet die verschillen juist omarmen in plaats van ze weg te duwen. Probeer werk te vinden op een universiteit of college, of ga Japanse les geven. Heb je al eens reisbureaus geprobeerd of een vertaalbureau?'

'Stel dat ik werk vind. Hoe moet het dan met mijn vrouw? Ik weet niet hoe ik dat moet oplossen, al zou mijn situatie verbeteren.'

'Daar moet je zelf een beslissing over nemen. Alleen jij weet of je de relatie wilt redden, maar jullie moeten het er allebei over eens zijn dat jullie verder willen. Het zal niet makkelijk worden om het vertrouwen te herstellen, maar je kunt je ook afvragen of je niet beter verdient. Getrouwd zijn betekent dat je samen ook de zware momenten trotseert, niet alleen maar het makkelijke deel van de reis. Zie jij jezelf op de langere termijn nog samen met je vrouw?'

'Maar wat moet ik dan tegen mijn ouders zeggen? Die geloven niet in scheiden.'

'Luister. Japan is hier heel ver vandaan. Je kunt je ouders vertellen wat je wilt. Je bent een volwassen man. Dit is jouw leven en dat leef je maar één keer. Ik begrijp je respect voor je familie en de traditie. Ik vind ook dat een samenleving structuur nodig heeft en dat we respect moeten hebben voor de oudere generatie, maar dat mag niet ten koste gaan van de manier waarop jij je leven wilt inrichten.'

'Ik kan niet tegen ze liegen,' zei Osaki kortaf. 'Dan schaam ik me nog dieper. Als ze erachter zouden komen dat mijn vrouw met een andere man in ons bed ligt... dan kan ik net zo goed dood zijn. Dan willen ze me nooit meer zien. Mijn vader vond het zwak dat ik naar Schotland ging. Hij zei dat ik had moeten eisen dat zij in Tokio kwam wonen. Ik vind het vreselijk dat hij gelijk heeft gekregen.'

'Je vader wilde je dicht in de buurt houden, om er voor je te zijn. Het lijkt me heel zwaar voor ouders om te accepteren dat hun kind er klaar voor is om een eigen leven te gaan leiden. Maar er zijn wel meer manieren om dat varkentje te wassen,' zei Maclure.

Osaki keek hem verbijsterd aan. 'Varkentje wassen?'

'Dat is een uitdrukking. Ik bedoel het niet letterlijk. Denk maar eens na. Je zou bijvoorbeeld ook tegen je ouders kunnen zeggen dat je erachter bent gekomen dat je vrouw geen kinderen kan krijgen en dat dat tot verwijdering heeft geleid. Of dat er in Edinburgh geen werk te vinden was en dat je daarom terugkeert naar Tokio, maar dat je vrouw haar familie niet in de steek wilde laten. Of gewoon dat je ze zo erg miste dat je bereid was je huwelijk op te offeren om terug te kunnen keren naar je vaderland.

Misschien vragen ze zich dan af hoe het precies zit, maar het zou voldoende reden zijn om terug te gaan naar Japan. Je zou daar werk kunnen vinden en een nieuwe liefde. De scheiding hier zou niet veel moeite hoeven kosten want ze heeft overspel gepleegd. En niemand hoeft dood.'

'Maar dan is er nog altijd sprake van misleiding.'

'De realiteit is wat wij ervan maken,' zei Maclure. 'Laat je leven niet vergallen door trots of principes.'

'Het is geen trots,' wierp Osaki tegen. 'Het gaat om de vernedering. Mijn vrouw maakt me uit voor van alles en nog wat. Ze zegt dat' – hij keek Maclure aan, er verschenen nu barstjes in zijn façade – 'mijn penis te klein is. Als ik iets terugzeg dreigt ze mijn ouders te mailen en ze te vertellen dat ik op mannen val en geen seks met haar wil. Ik ga liever dood dan dat ik aan mijn vader en moeder moet uitleggen hoe het echt zit. Ze zijn heel traditioneel. Ze zullen het niet begrijpen.'

'Het lijkt me dat je in een heel foute relatie vastzit. Vaak denken mensen dat alleen vrouwen daarvan het slachtoffer zijn. Psychisch geweld is ook geweld. Het slaat wonden die je niet met het blote oog kunt zien, maar die daarom niet minder reëel zijn. Voor mannen is het heel moeilijk om erover te praten omdat in onze maatschappij mannen stoer moeten zijn. Gewoon onzin. Je moet het zo zien: als jij zou merken dat je zus in een foute relatie zat, dan zou je alles in het werk stellen om haar eruit te halen, toch? Je zou niet tegen haar zeggen dat ze zwak of dom is of dat ze het zelf had moeten oplossen.'

Osaki stond op. 'Dank u. U hebt me erg goed geholpen.'

Maclure kwam ook overeind.

'Je hoeft nog niet te gaan. Er zijn heel wat opties mogelijk. We kunnen informatie geven over plekken waar je terechtkunt voor gratis juridisch advies, voor hulp om je financiën op orde te krijgen, zelfs hulp bij het vinden van een baan. Soms is het een kwestie van de regie over je leven terugnemen. Het gevoel dat je leven uit de rails loopt kan heel beangstigend zijn. Ik kan je in contact brengen met...'

'Als ik een besluit neem moet het een rationeel besluit zijn, gebaseerd op goede gronden. U bent heel vriendelijk geweest en dat waardeer ik zeer. Nu moet ik gaan.'

Maclure keek ongelukkig, maar stak zijn hand uit en schudde die van Osaki.

'Er is hier vierentwintig uur per dag iemand beschikbaar of je kunt ons bellen. Je kunt nu zelfs online met ons chatten, als je dat makkelijker vindt.'

'Meneer Maclure,' zei Osaki op hartelijke toon. 'U bent niet verantwoordelijk voor mij of voor mijn keuzes. Het was niet mijn bedoeling om iemand anders een akelig gevoel te geven.'

'Dat is ook niet zo,' zei Maclure. 'Je gaf me hoop zodra je door die deur naar binnen kwam. Ik wil alleen dat je een stukje positiviteit mee naar buiten neemt.'

Ze schudden elkaar nog eens de hand en Osaki liep weg. Zo was hij altijd omgegaan met lastige beslissingen in zijn leven. Door zorgvuldig na te denken en alles tegen elkaar af te wegen, en door objectief advies in te winnen. Behalve bij zijn keuze voor deze vrouw. Toen het Schotse meisje op wie al zijn vrienden vielen voor hem had gekozen, speelden alleen zijn gierende hormonen en zijn hyperactieve ego mee. Zoals zijn vader al had voorspeld, had hij nu spijt van zijn impulsieve daad. Dat zou hem niet meer overkomen, ook niet bij de beslissing om al dan niet een eind aan zijn leven te maken. Rune Maclure had hem meer geholpen dan hij ooit kon vermoeden.

Vicki liep met hem mee naar de voordeur, met een stapeltje keurig gelabelde dossiers onder haar ene arm, en wenste hem verstrooid nog een fijne dag. Ze had echt wat extra training nodig, dacht Osaki, terwijl hij opzijging voor een andere man die over het pad aan kwam lopen.

'Druk maar op de blauwe knop links van de deurklink,' zei Osaki tegen hem.

'Ik ben hier niet om hulp te krijgen,' reageerde de man kortaf, en op zijn gezicht stond duidelijk ergernis te lezen. 'Ik heb hier met iemand afgesproken.'

'Sorry.'

Osaki boog lichtjes zijn hoofd toen Vicki, haar jas dichtknopend, naar buiten kwam en even aarzelde toen ze zag dat Osaki er nog stond.

'Ik heb niet veel tijd,' zei de geïrriteerde man.

Vicki liep naar hem toe en samen liepen ze het pad af naar de stoep.

'Wat kwam die hier doen?' vroeg de man fluisterend, maar wel zo hard dat Osaki het kon horen.

'Hou je kop,' siste Vicki.

Osaki wachtte om te zien welke kant ze op gingen en liep toen de andere kant uit. Hij hoefde hun gesprek niet te horen om te weten hoe de man over hem dacht. Dat bleek duidelijk uit zijn reactie. Hulp zoeken was zwak. Zielig. Hij had zichzelf net zo goed het etiket van loser op kunnen plakken, zo noemden ze mensen als hij, en voor hem gold dat zeker. Hij was alles kwijtgeraakt. Zijn land, zijn familie, zijn cultuur. Zijn trots. Het werd tijd om daar iets aan te doen, het liefst zo snel mogelijk. Hij had een besluit genomen. Het enige wat hem overbleef was het in gang te zetten.

Osaki ging op weg naar de dichtstbijzijnde gereedschapswinkel.

15

6 maart

Sinds Lance Proudfoot zijn artikel online had gezet, was het bureau platgebeld door mensen met informatie over Fenella Hawksmith en haar dochter Alice. Ava was zich er scherp van bewust dat de meeste tips hen alleen maar verder van huis zouden brengen, maar ze moesten toch ergens beginnen.

Ze had net Pax Grahams verslag over de moord in het verpleeghuis doorgenomen, en vol ontzetting gelezen dat Bruce Jensons geslachtsdelen daarbij ook nog eens waren toegetakeld. Maar aan Callanachs onschuld twijfelde ze geen moment. Hij had zich in haar ogen keer op keer bewezen. Ze hielden niets voor elkaar verborgen, er stonden geen leugens tussen hen in. Daar durfde ze haar leven onder te verwedden, dus haar carrière in de waagschaal stellen viel daarbij in het niet.

Callanach had haar om zeven uur die ochtend een appje gestuurd om haar te waarschuwen dat er een artikel online was gezet om een doorbraak te bewerkstelligen in de zaak-Hawksmith, net op het moment dat ze een pijnstiller nam tegen de hoofdpijn en hoopte dat haar alcoholconsumptie de werking van de antibiotica niet had ondermijnd.

'Hoe ging het met Natasha?' vroeg Callanach nog voordat Ava tijd had om op te kijken en te reageren op het korte klopje op haar half openstaande deur.

'Even sprankelend als altijd,' zei Ava grinnikend. 'Ze vroeg naar je.'

'Ik mis haar. Waarom komen jullie volgende week niet bij me eten?'

'Ze heeft het nu te druk met haar laatste verovering,' huichelde Ava. Ze was absoluut niet van plan om Natasha en Callanach in dezelfde ruimte te zetten, nu Tasha zo geïntrigeerd was door hun verkeerd geïnterpreteerde nachten in bed. 'Goed idee om Lance Proudfoot te vragen om een artikel online te zetten. Het is vaak gelezen. Er komt constant informatie binnen.'

'Daarom ben ik hier ook,' zei Callanach. 'Het medische dossier van Fenella Hawksmith is net binnengekomen. Ze heeft een reeks zelfmoordpogingen achter de rug en is een tijdje voor haar eigen veiligheid opgenomen geweest.'

'Gebruikte ze nog medicijnen?' vroeg Ava.

'Geen medicijnen op recept, maar het kan zijn dat ze iets nam waarvoor je geen recept hoeft te hebben. Als de uitslag van het toxicologisch onderzoek binnen is weten we meer. Ik heb het nagevraagd bij de mensen van de technische recherche. Ze hebben geen medicijnen, al dan niet legaal, in haar flat aangetroffen, behalve middeltjes die je zo bij de drogist kunt halen. En wat ze had was al een tijdje over de datum.'

'Dus geen tekenen van een verslaving.'

'Niets,' beaamde Callanach.

Ze staarden elkaar aan over het bureau heen. Ava bestudeerde haar door het incident bij Tantallon gescheurde nagels en vroeg zich af wie als eerste iets zou zeggen. Callanach gaf haar de eer.

'Je denkt toch niet...' zei ze langzaam.

'Het móét wel toeval zijn,' antwoordde hij. 'Want anders moeten jij en ik terug naar Tantallon om weer op die verrekte muur te klimmen.'

'Het heeft vrijwel non-stop geregend sinds het overlijden van Stephen Berry. De kans dat we nog iets bruikbaars vinden is minimaal, maar ik denk dat we een poging moeten wagen.'

'Ava, we hebben al dat slachtoffer in het verpleeghuis en Fenella Hawksmith. Weet je het zeker?'

'Stephen Berry heeft een paar weken geleden een zelfmoordpoging gedaan, nu is hij dood als gevolg van een val van een kasteelmuur midden in de nacht. Denk eens na. Het toxicologisch onderzoek wees uit dat hij zijn medicijnen nam. Hij heeft zich dus aan het advies van zijn arts gehouden. Hij had genoeg serotonine in zijn lijf om hem stabiel, zij het niet gelukkig te houden, in de betekenis van het woord die jij en ik eraan geven. Hij had toch een vriendin?'

'Ex,' zei Callanach.

'Dan gaan we eens met haar praten, om te horen waar hij mee bezig was en in wat voor stemming hij verkeerde tussen de zelfmoordpoging op de Queensferry Crossing en zijn tripje naar Tantallon Castle.'

'Ik stuur Tripp er wel heen,' zei Callanach. 'Weten we al iets concreets over de dochter van mevrouw Hawksmith?'

'Geen overlijdensakte,' zei Ava. 'Dus ofwel ze leeft nog, of ze is dood maar niet geïdentificeerd, of ze is dood maar nog niet gevonden.'

'Hoe denk je Overbeck ervan te overtuigen dat we de dood van Stephen Berry als een mogelijke moordzaak moeten onderzoeken?'

'Dat ga ik niet doen,' zei Ava. 'Ik werp een geheim wapen in de strijd. Daar hoef jij je geen zorgen over te maken.'

'Heb je een geheim wapen dat je niet met mij wilt delen? Dat noem ik niet eerlijk.'

'Geloof me, daar wil je niets van weten. En voor het geval je je dat afvroeg, Pax Graham gaat ervan uit dat Bruce Jenson vermoord is door iemand van het personeel. Uit het forensisch onderzoek is gebleken dat de ruit in de terrasdeur eerst van binnenuit is ingetikt zodat er een barst ontstond, en daarna door iemand van buitenaf is ingetrapt. Ze zijn tot de conclusie gekomen dat de moordenaar de indruk wilde wekken dat het om een insluiper ging.'

'Motief?' vroeg Callanach.

'Moorden in verpleeghuizen vloeien vaak voort uit opgekropte frustratie of werkstress. Soms is er sprake van een onderliggende stoornis als münchhausen by proxy of een engel-des-doodssyndroom waardoor bepaalde mensen zich sowieso tot werken in de zorg voelen aangetrokken.'

'Als dat zo is, zou ik verwachten dat er meer onverklaarbare sterfgevallen hebben plaatsgevonden.'

'Omdat we nog niet genoeg op ons bord hebben, bedoel je?' vroeg Ava met opgetrokken wenkbrauwen. 'Het kan iemand zijn die net is aangenomen of een uitzendkracht. Andere sterfgevallen waren misschien al te verwachten maar zijn alleen iets bespoedigd, waardoor er geen reden was om een lijkschouwing te verrichten. Gebrek aan bewijs betekent nog niet dat dit incident op zichzelf staat. Een verpleeghuis is de allerbeste omgeving om er zeker van te zijn dat alle sterfgevallen als een natuurlijke dood worden beschouwd. Ik zeg het je maar zodat je een beetje kunt ontspannen. Graham is een goeie rechercheur. Hij komt er wel achter.'

Callanach knikte. 'Oké,' gaf hij toe. 'Ik ga die informatie over Hawksmith doorspitten. Veel succes met Overbeck.'

Terug achter zijn bureau nam hij zijn e-mails door. Er waren een paar berichten van Lance – reacties op zijn artikel die rechtstreeks naar het team Zware Misdrijven hadden moeten worden doorgestuurd, maar bij Lance terecht waren gekomen. Een paar advertenties die niet in de spambox waren beland en een paar onlinerekeningen. En hij zag dat hij de e-mail had teruggekregen die hij aan zijn moeder had gestuurd. Hij kreeg een misselijk gevoel. De laatste keer dat hij een e-mail aan zijn moeder had teruggekregen, was ze uit zijn leven verdwenen nadat hij zich had moeten verdedigen tegen de beschuldiging van verkrachting. Die keer had ze dat met opzet gedaan. Ze wilde toen afstand nemen van die afschuwelijke toestand en de herinneringen die daardoor werden opgerakeld. Maar toen hij haar in Parijs opzocht leek het weer goed met haar te gaan. Ze hadden het uitgepraat en de hechte band van vroeger hersteld. En nu dit...

Callanach las zijn oorspronkelijke mail nog eens door en controleerde het adres op typefouten. Alles klopte. Hij verstuurde de mail opnieuw en schreef erbij dat hij het bericht al eerder had verzonden maar terug had gekregen, en dat hij hoopte dat er niets ergs aan de hand was. Het was al moeilijk genoeg om het onderwerp Bruce Jenson ter sprake te brengen zonder zich zorgen te maken dat zijn moeder het weer niet aankon.

Het gezicht van brigadier Lively leek op een leeggelopen strandbal. Ava wees op de lege stoel voor haar bureau terwijl ze de laatste hand legde aan een verzoek om extra geld om aanvullend forensisch onderzoek te verrichten bij Tantallon Castle. Het was een rotstreek van haar om die aanvraag door Lively te laten indienen, maar hoofdinspecteur Overbeck verkeerde niet in de positie om zich daar publiekelijk over te beklagen.

'Ik wil dat jij je niet onaanzienlijke invloed bij de commissaris aanwendt om geld los te peuteren voor een volledig forensisch onderzoek bij Tantallon Castle,' zei Ava glimlachend. 'Ik ben er bijna klaar mee en dan draag ik deze simpele administratieve taak aan jou over.'

'Het Tantallon-dossier is gesloten,' zei Lively. 'Dokter Lambert is tot de conclusie gekomen dat het weliswaar om een rampzalig afgelopen zelfmoordpoging ging, maar dat het toch zelfmoord was.'

'Ja, maar dan zitten we met twee zelfmoordgevallen vlak na elkaar,' antwoordde Ava rustig.

'Ho es even, de zaak-Berry vertoont geen enkele overeenkomst met de zaak-Hawksmith. Daar trapt de Boze Opperheks niet in. Ik ga niet naar boven met een giftig boeket, dat verdom ik,' morde Lively.

'Je hoeft die twee zaken ook niet met elkaar in verband te brengen, tenzij ze ernaar vraagt. Ik bel zo de patholoog om dat met haar te bespreken, en ik weet zeker dat ze het ermee eens zal zijn dat we de overeenkomsten tussen die twee zaken nader moeten bestuderen.'

'Overeenkomsten? Een man, een vrouw, verschillende leeftijden. In het eerste geval ging het om een valpartij, in het tweede om iemand die haar armen heeft opengesneden in een warm bad.'

'Je klinkt al net als zij,' antwoordde Ava hatelijk.

'Met alle respect, mevrouw. Maar u kunt m'n rug op.'

'Ik zal net doen of ik dit niet gehoord heb, brigadier, maar het is wel de laatste keer. Ik zit met twee lijken opgescheept die op het eerste gezicht zelfmoordgevallen lijken, maar bij geen van beide is het een uitgemaakte zaak.'

'Twee is toeval, drie duidt op een patroon. Daar zal de commissaris niet blij mee zijn,' antwoordde Lively. 'En met alle respect, ik vind het niet eerlijk van u om mij voor uw karretje te spannen.'

'Speelt je geweten nu ineens op? Want van iedereen die in mijn team werkt, ben jij toch wel degene die zich de afgelopen jaren tegenover z'n collega's van zijn meest hufterige kant heeft laten zien. Daar leek je toen niet mee te zitten.'

'Maar ik heb nooit een collega die een relatie had met een andere collega gebruikt om er mijn voordeel mee te doen,' antwoordde Lively kalm. 'U zou me dit niet vragen als ik een vrouw was.'

Ava stond op en zette haar handen in de zij. 'Ga je me nou van seksisme beschuldigen?'

Lively haalde diep adem. 'Aye, in feite wel, ja. Als uw nieuwe agente Janet Monroe iets kreeg met een man die hoger in rang was dan u, dan zou u liever uw eigen ogen uitsteken dan haar relatie met hem misbruiken om iets gedaan te krijgen.'

'Shit,' mompelde Ava. 'Zo had ik het nog niet bekeken. Sorry. Dat meen ik. Vergeet het maar, ik ga zelf wel naar Overbeck toe. Voor wat het waard is, je hebt gelijk. Dat zou ik bij een vrouw niet gedaan hebben. Het kwam gewoon niet bij me op dat...' Ze wist niet zo goed hoe ze haar zin af moest maken.

'Dat ik misschien gevoelens heb? U wordt bedankt, mevrouw. Ik ben in de meldkamer voor het geval u me nodig hebt voor iets wat binnen mijn taakomschrijving valt.'

Hij liep naar buiten zonder de deur echt dicht te knallen, maar voor Ava voelde het alsof hij dat wel had gedaan.

Ze pakte haar notities, beende met grote passen naar de trap en haastte zich naar Overbecks kamer, kiezend voor snelle actie in plaats van na te denken over haar verkeerde inschatting van Lively's reactie, om nog maar te zwijgen van haar eigen schuldgevoel. Ze had wel verwacht dat Lively zou tegensputteren, zich erover zou beklagen dat hij dat klusje moest opknappen, maar ze had zich geen seconde afgevraagd of ze daarmee wel ethisch handelde. Iedereen bij de Schotse politie jende elkaar voortdurend en gedroeg zich politiek incorrect, maar dat was allemaal niet serieus bedoeld. Als het erop aankwam was ze er honderd procent zeker van dat ze elkaar door dik en dun steunden. Lively had andere collega's zo vaak geschoffeerd zonder zelf lik op stuk te krijgen, dat ze er geen moment bij had stilgestaan of haar verzoek wel gepast was. In haar ogen had het een luchthartig, onbeduidend verzoek geleken. Nu besefte ze pas wat het eigenlijk was – misbruik maken van het feit dat zij op de hoogte was van zijn relatie met Overbeck.

Commissaris Overbeck liep net haar kamer uit toen Ava eraan kwam.

'Als je me wilt spreken moet je meelopen naar mijn auto,' zei ze.

Ava draaide zich om en liep achter haar aan.

'Laat het goede nieuws maar horen.'

'Het is geen goed nieuws, ben ik bang,' zei Ava.

'Dat was sarcastisch bedoeld, Turner! Natuurlijk kom je goddomme geen goed nieuws brengen. Je staat hier met een dossier onder je arm. Nou, kom maar op.'

'Ik moet een plaats delict veiligstellen op een voor het publiek toegankelijke plek, Tantallon Castle om precies te zijn, wat betekent dat we het kasteel voor het publiek moeten sluiten.'

‘Tantallon? Prachtige plek vind ik dat.’ Overbeck glimlachte weemoedig. ‘Dat gaat om die val van die hoge muur, toch? Als ik me niet vergis is die zaak al afgehandeld. Waarom wil je hem heropenen?’

Ava legde het zo beknopt mogelijk uit, met het oog op de tijdsdruk en het feit dat Overbeck niet van ellenlange verhalen hield.

‘Oké,’ vatte de commissaris het samen. ‘Ik geef je toestemming om de plaats delict volledig te laten onderzoeken, gesprekken te voeren met Stephen Berry’s dierbare naasten en te kijken of er verbanden zijn tussen de zaken Berry en Hawksmith, maar verder geen gekkigheden, gesnapt? Het is allemaal wel flinterdun. Dus hou het binnen de perken.’

‘Ja. Wat ik nog wilde zeggen,’ zei Ava, terwijl ze bij Overbecks auto waren aangekomen. ‘Ik heb iets gedaan wat ik niet hoorde te doen.’

‘Dat klinkt ongewoon opwindend uit jouw mond,’ lachte Overbeck. ‘Nou, kom op dan. Choqueer me maar.’ Ze maakte het portier open en ging achter het stuur zitten.

‘Ik vroeg brigadier Lively om u te benaderen voor de extra financiering van het onderzoek. Dat weigerde hij natuurlijk terecht. Hij zei ook... nou ja, hij beschuldigde me van seksisme, en ik ben bang dat hij gelijk had. Maar ik heb liever dat u het van mij hoort dan van hem. Ik heb hem mijn excuses aangeboden.’

Overbeck trok een grimas, tuitte haar lippen en begon toen bulderend te lachen, en greep het stuur vast tot ze enigszins tot bedaren was gekomen.

‘Hoofdinspecteur Turner, het enige schokkende aan dit hele verhaal is dat ik precies hetzelfde zou hebben gedaan als ik in jouw schoenen stond. Maak je niet druk. Dit is misschien wel de eerste keer dat je iets doet waar ik alleen maar respect voor kan opbrengen. Sluwe tante ben je.’

Ava staarde haar met open mond aan.

‘En toen beschuldigde hij jou van seksisme? Hij doet een beetje narrig de laatste tijd. Als hij een vrouw was, zou ik denken dat hij ongesteld moet worden.'

'O mijn god,' stamelde Ava.

'Maak je geen zorgen, Turner. Hij komt er wel overheen. Hij is eigenlijk kwaad op mij, niet op jou.'

'Dat vind ik heel erg om te horen,' zei Ava, en ze meende het.

Het werd haar steeds duidelijker dat haar ergerniswekkende maar loyale brigadier tot over zijn oren verliefd was op de commissaris.

'Hij wil dat ik ga scheiden. Het probleem is dat ik toch nog wel enige affectie voel voor mijn echtgenoot, ook al is hij een volslagen idioot. Ik weet niet zeker of ik er al aan toe ben om de volgende stap te zetten. Zo noemen ze dat toch in de boulevardpers? Waarom kunnen mannen toch niet tevreden zijn met een snelle wip? Als ik een pond kreeg voor elke keer dat een vent meer vastigheid wil, had ik mijn baan allang opgezegd.' Overbeck sloeg het portier dicht, maar draaide het raampje open. 'En hoe zit het met die andere moord? In dat verpleeghuis?'

'Waarschijnlijk iemand van het personeel,' zei Ava, die hoopte dat Overbeck nu gewoon zou wegrijden.

'Mooi. Zeg, en gedraag je een beetje hè. Niet nog meer collega's overstuur maken met dat smerige seksisme van je.'

Ze reed met gierende banden weg, met een kakelende lach om haar eigen grap, en liet Ava opgelucht en tegelijkertijd geschokt achter. Brigadier Lively zat duidelijk in zak en as, waardoor ze zich alleen maar nog schuldiger voelde om het klusje dat ze hem had willen laten opknappen.

16

8 maart

Gilroy Western woog de voor- en nadelen van een affaire tegen elkaar af. Op zijn leeftijd was het woord 'affaire' een eufemisme, en dat wist hij. Het kon in zoverre een affaire worden genoemd omdat hij getrouwd was met een andere vrouw. Hij had zijn echtgenote, die al in de zestig was, thuisgelaten in hun appartement in Spanje, waar ze gezelschap had aan haar golfmaatjes en troost kon zoeken in de talloze expatbars in de buurt. Als je met iemand anders het bed deelde heette het dat je een affaire had, maar dit was toch meer een zakelijke afspraak, en dat besefte hij maar al te goed.

De dertig jaar jongere vrouw die hem plezierde met standjes waarvan zijn vrouw jaren geleden had besloten dat ze er rugpijn van kreeg, en met pijpbeurten waar zijn vrouw nooit trek in had gehad, zou het ongetwijfeld te druk hebben om met hem af te spreken als hij haar niet zo genereus beloonde met sieraden, kleren en dure wijnen. In feite was ze een prostituee, alleen noemde ze zich niet zo. Hij zat er niet mee. Wanneer je een eerlijke prijs betaalde voor een dienst, had niemand wat te klagen, en zo stond hij het liefst in het leven.

Gisteravond was hij op Edinburgh Airport geland en vandaar naar Moray Place gereden, en nu was hij nog slechts een halfuur verwijderd van de warme, vochtige verrukking van orale seks. Zijn minnares wachtte op hem en droeg hopelijk een van die schandelijk dure lingeriesetjes die hij haar de vorige keer cadeau had gedaan. Eigenlijk was hij voorlopig niet van plan geweest om naar Schotland te gaan en hij was alleen maar teruggekomen omdat hij bericht had gekregen dat zijn oude zakenpartner Bruce Jenson was overleden.

De afgelopen tien jaar hadden ze amper contact gehad, maar Bruce koesterde blijkbaar nog warme gevoelens voor hem, want hij had hem in zijn testament genoemd. Dat had Western behoorlijk verbaasd. Ze hadden Edinburgh Bespoke voor een goede prijs verkocht aan een bedrijf dat hun halve fabriek vol had gezet met machines waarmee je de meubels in een mum van tijd en tegen de helft van de prijs kon maken. De rest van de gebouwen hadden ze verkocht aan projectontwikkelaars, die ze hadden laten slopen en er luxe appartementen hadden neergezet.

Hij vond het wel ergerlijk dat Bruce Jenson ervoor had gekozen om het testament ouderwets hardop te laten voorlezen met de hele familie erbij, want dat betekende dat hij het niet kon maken om weg te blijven van de herdenkingsdienst later op de dag. In hun e-mail hadden de advocaten zich vaag uitgelaten over de doodsoorzaak, maar Western wist dat zijn vroegere partner al jarenlang kampte met een slechte gezondheid. Om heel eerlijk te zijn was het al lang voordat de diagnose werd gesteld overduidelijk dat hij aan het dementeren was. Als eerste was zijn geheugen achteruitgegaan. Elk gesprek moest je drie keer met hem voeren en Jenson was sowieso nooit goed geweest in het onthouden van namen en gezichten.

Tijdens de herdenkingsdienst zou worden stilgestaan bij Jensons leven en Western was allang blij dat er niet van hem werd verwacht dat hij ook nog eens zou opdraven voor de begrafenis of crematie. Het was al erg genoeg dat hij de leeftijd had bereikt waarop hij bij elk hoofdpijntje aan een hersentumor dacht en zich bij de geringste darmstoornis al afvroeg of het wel verstandig was geweest om die laatste coloscopie over te slaan. Het laatste waar hij behoefte aan had was een zoveelste leeftijdgenoot te zien omvallen. Het was geen pretje om je bewust te worden van je eigen sterfelijkheid.

Hij zat in zijn huurauto en keek op zijn horloge. Zijn minnares hield er niet van als hij te vroeg verscheen. Bij vorige gelegenheden had ze hem duidelijk gemaakt dat ze dat onbeleefd vond. Hij wist heel goed waarom, maar hield zich van de domme. Ze kreeg wel vaker 'herenbezoek' zoals dat vroeger spottend werd genoemd. Gilroy Western vond het prima zo. Hij was niet op zoek naar vastigheid. Onderweg in het vliegtuig had hij vooral gefantaseerd dat de diamanten oorbellen die hij voor haar had gekocht, volstonden om haar zover te krijgen dat ze het dit keer zou doorslikken.

Hij had nog tien minuten te gaan voordat hij weg kon. Hij staarde omhoog naar zijn schitterende, vijf verdiepingen tellende herenhuis en vroeg zich af hoeveel het momenteel waard was. Het huis maakte deel uit van een rondlopende aaneengesloten rij huizen, een mooi voorbeeld van de klassieke Edinburghse bouwkunst met zijn bruine bakstenen muren, boogramen op de begane grond, smeedijzeren balkons op de eerste verdieping en het souterrain dat hij verhuurde.

Eigenlijk bracht hij niet genoeg tijd door in zijn geboortestad om het huis nog aan te houden. Het zou goedkoper zijn om een hotel te nemen als hij hier was, maar er viel iets te zeggen voor het vasthouden van je investeringen. De huizenprijzen in de stad bleven maar stijgen en Edinburgh was nog altijd populair bij toeristen. Hij zou het ooit aan zijn dochter kunnen nalaten en bovendien was hij trots op zijn nationaliteit.

In Spanje was het prima toeven, maar Malaga had niet dat kosmopolitische chique sfeertje van Barcelona of de historische grandeur van Madrid. Ondanks de regen, de kou en het feit dat de golfterreinen in Amerikaanse handen waren, was Edinburgh nog steeds synoniem met thuis. Hij had nog genoeg geld om het zeker tien jaar uit te houden voor hij zijn aandelen moest aanspreken of zijn onroerend goed moest verkopen. Genoeg om zijn andere 'vriendin' in Spanje te onderhouden die hij eens per week bezocht en meer dan genoeg om hebbedingetjes te kopen voor zijn vrouw zodat ze niet te veel vragen zou stellen over wat hij allemaal uitspookte in zijn vrije tijd.

Al met al mocht hij niet klagen, maar hij had er dan ook hard voor gewerkt. Hij had moeilijke beslissingen genomen, zich meedogenloos opgesteld – dat was nu eenmaal nodig als je in zaken zat – en had een goede hand van kopen en verkopen, en daarom vond hij het onzin om zich schuldig te voelen omdat hij een beetje lol maakte. Zolang zijn vrouw niets wist had ze ook nergens last van, als hij er maar voor zorgde dat hij niks opliep waardoor hij aan de zware antibiotica moest of onaangenaam ruikende medicinale crèmes moest aanbrengen.

Hij keek nog eens op zijn horloge. Lang genoeg gewacht.

Ondanks het natte weer startte de auto soepel, en zacht neuriënd reed hij weg, denkend aan wat hem wachtte op zijn bestemming. Nog voor hij Doune Terrace insloeg had hij al een stijve, terwijl hij zich afvroeg wat Bruce Jenson hem precies had nagelaten. Jenson had lang niet zo goed geboerd als hij sinds ze de zaak hadden verkocht, maar zijn vroegere partner was ook nooit echt geïnteresseerd geweest in investeringen op de lange termijn. Hij hoopte vurig dat Jenson hem niet de meubelcollectie had nagelaten die hij absoluut mee had willen nemen toen ze Edinburgh Bespoke opdoekten; hij herinnerde zich nog maar al te goed Jensons ellenlange monologen over de bijdrage die de fabriek had geleverd aan de traditie van goed vakmanschap waar Edinburgh om bekendstond. Stel je voor wat een enorm vuur er nodig was om al die herinneringen te verbranden voor hij het vliegtuig terug naar Malaga kon nemen...

Western sloeg links af naar Gloucester Street, in zijn sas met het ongebruikelijk rustige verkeer. Het was zelfs opgehouden met regenen voor zijn dikverdiende neukmarathon voordat hij naar die herdenkingsdienst moest, dankzij een flinke dosis viagra, dat door de expatdokters in Spanje werd uitgedeeld alsof het snoep was. Zo direct zou hij liggen beuken als een boze tiener op zijn eerste drumsetje.

De auto maakte meer snelheid toen hij de smalle heuvel af reed en hij tikte de rem even aan om vaart te minderen. Er klonk een hol geluid toen het pedaal de vloer raakte, maar er volgde geen mechanische respons van de remblokken. Hij tilde zijn voet op en remde nog eens, en wist nog net op tijd een ruk aan het stuur te geven om de fietser te ontwijken die uit India Place kwam racen. Western trapte opnieuw op de rem. Hij reed nu meer dan zeventig kilometer per uur en de helling was zo steil dat hij alleen maar meer snelheid maakte.

Hij tastte naar de handrem, waardoor hij de macht over het stuur kwijtraakte, naar links schoot en de stoep raakte. De auto maakte een schuiver. Hij liet de handrem los om mee te sturen met de slip en de auto weer recht op de weg te krijgen, en zag onderaan de helling op het kruispunt met Kerr Street auto's op zich afkomen. Negentig kilometer per uur nu. Die verrekte huurauto ook. Waarom was hij in godsnaam teruggekomen naar Edinburgh? Over de honderd kilometer per uur en een vrouw met een kinderwagen stak net Kerr Street over, waar hij links af moest slaan. Waarom uitgerekend op dit moment, godverdomme? Hij greep weer naar de handrem, maar zijn handpalm was glad van het zweet en de auto zwalkte alle kanten op.

Naar links liep Kerr Street heuvelafwaarts en naar rechts liep de straat omhoog. Toen Western rechts af probeerde te slaan om de snelheid uit de auto te halen en de kinderwagen te ontwijken, vloog hij over de stoeprand op de hoek waardoor de wielen aan de bestuurderskant van de grond kwamen. Een andere auto probeerde uit alle macht te remmen, maar ramde hem vanachter, waardoor zijn auto met een snelheid van meer dan honderd kilometer per uur een radslag maakte alsof er geen zwaartekracht bestond en de wereld in slow motion rondtolde.

Gegil. Het klonk als het gegil van een vrouw, maar leek uit zijn eigen keel te komen. En toen begon hij te vallen. De hoge fluittoon en de knal waarmee de airbag zichzelf opblies gingen gepaard met een harde klap, waardoor zijn wangen zowat loskwamen van zijn kaken terwijl hij met zijn hoofd naar voren snokte.

Terwijl de auto over de kop sloeg, maakte het voertuig een kantelbeweging zoals je normaal alleen in een achtbaan ervaart, en aan Westerns linkerkant klonk het geluid van scheurend metaal en versplinterend glas. Hij had een gebouw geraakt. Dat zag hij, doordat zijn hoofd door de airbag negentig graden was gedraaid. De rest van de auto schoof als een harmonica in elkaar en probeerde zijn rug in tweeën te vouwen, maar dan de verkeerde kant op.

Het portier aan de bestuurderskant was verdwenen, en hij werd bekogeld met glasscherven. Op het moment dat ze zijn kwetsbare gezicht, hals, arm en been binnendrongen, verbaasde het hem hoe gloeiend heet ze voelden. Om een of andere reden had hij verwacht dat ze koud zouden aanvoelen. Toen kwam de stank – overweldigend, scherp, misselijkmakend. Kazig. Waarom rook het in zijn auto naar kaas, in godsnaam?

De voorruit gloeide rood op en er zat iets kleverigs in zijn ogen. Hij had nog tijd om te bedenken dat zijn dochter dat schitterende pand aan Moray Place veel eerder zou erven dan hij had gedacht. Zijn echtgenote zou nu een rijke vrouw worden en al dat zuurverdiende geld opmaken aan golfclubs, cocktails en schoenen die ze maar één keer zou dragen. Misschien wachtte Bruce Jenson hem aan gene zijde op.

Hij kon geen adem krijgen. Gilroy Western zag het glimlachende gezicht van zijn moeder, voelde toen de harde mep van zijn vaders broekriem. Hij hoorde het eerste gehuil van zijn dochter toen ze buiten de verloskamer in zijn armen werd gelegd. Hij dacht terug aan de eerste keer dat hij seks had met een Amerikaans meisje op de universiteit dat op zijn Schotse accent viel en moest giechelen toen hij schunnige woorden in haar oor fluisterde. En die gedachte riep iets duisterders op – een herinnering van lang geleden die hij had verdrongen, waar hij een andere draai aan had gegeven en waarvan hij de schuld op een ander had afgewenteld. Een andere vrouw, een andere avond.

Het was op een feestje. Met te veel drank. Was het Bruce Jensons idee geweest of het zijne? Hij wilde Jenson de schuld geven maar wist dat dat niet met de waarheid strookte.

Zijn brein herkende de stank en hij realiseerde zich dat hij met zijn auto tegen de kaaswinkel op het kruispunt van Kerr Street was gebotst.

De vrouw die Jenson voor hem tegen de grond had gehouden, had geschreeuwd en hun gesmeekt op te houden.

Brie, dacht hij, om er niet aan terug te hoeven denken. Hij was altijd dol geweest op kaas. Camembert, stilton, Goudse. Maar de herinnering was krachtiger dan het sterkste aroma van de kaasproducten.

Een grotere glasscherf doorboorde zijn keel.

Hij zag dat Bruce Jenson de vrouw tegen de grond drukte en vroeg zich af waarom hij niet kon verstaan wat ze zei. Ze was een Française, dat was het. Beeldschoon ook, werkelijk adembenemend. Vanaf het moment dat ze binnenkwam begeerde hij haar.

Alles was nu zwart en er klonk een gezoem in zijn oren. Zelfs de stank van de kaas was naar de achtergrond verdwenen.

De vrouw snikte toen hij bij haar binnendrong. Hij voelde zich toen heel sterk, oppermachtig, dat hij zich het bezit van een andere man kon toe-eigenen, stelen, schenden, omdat hij wist dat ze niets zou – kon – zeggen.

Western proefde bloed in zijn mond, voelde het uit zijn oren sijpelen.

Hij zag haar gezicht toen ze de zak van haar hoofd hadden getrokken en haar de gang op gooiden. Maar nu huilde ze niet meer. En hoewel ze Frans leek te spreken, een taal waar hij niets van verstond, begreep hij nu heel goed wat ze zei.

17

10 maart

Inspecteur Graham zat achter het bureau in de verhoorkamer en maakte een volkomen ontspannen indruk, in tegenstelling tot de man tegenover hem, die hem met zijn onverholen woeste blik probeerde te vermoorden, en zijn advocate die met haar nagels op het bureau trommelde en zo nu en dan een kalmerend klopje gaf op de arm van de woest starende man. Agent Janet Monroe zat op het puntje van haar stoel naast Graham, met haar pen in de aanslag om aantekeningen te maken. Hoofdinspecteur Ava Turner, die vanochtend wat later binnen was gekomen, nadat Andrew Jenson naar de verhoorkamer was gebracht om ondervraagd te worden, koos ervoor om in de hoek te blijven staan, met haar rug tegen de muur.

'Op dit moment wordt u als getuige gehoord, op vrijwillige basis. U bent vrij om te allen tijde te vertrekken, maar ik moet u wel waarschuwen dat we in dit onderzoek concrete sporen volgen, en als u niet bereid bent om antwoord te geven op onze vragen is het mogelijk dat u in een later stadium wordt gearresteerd en formeel verhoord zult worden. Begrijpt u dat?'

'Het is geen hogere wiskunde, hè,' kaatste Andrew Jenson terug.

'Stemt u erin toe dat dit gesprek wordt opgenomen?' vroeg Graham.

'Ja, we weten hoe het gaat. Dus laten we dit nou maar snel afhandelen,' zei Jensons advocate snibbig.

'Zoals u wilt,' zei Graham. 'Meneer Jenson, waar was u op de avond van 3 maart toen uw vader werd vermoord?'

'Thuis bij mijn vrouw, voor de tv,' zei Andrew.

'En u bent de hele avond de deur niet uit geweest?'

'Nee. Mijn vrouw zal dat beamen.'

'Zijn er nog andere getuigen die dat kunnen bevestigen?' vroeg Graham.

'Bij mij thuis? We waren met z'n tweeën,' zei Andrew.

Zijn gezicht had een akelige paarsrode kleur en tussen zijn wenkbrauwen had zich een zweetdruppel gevormd.

'Hoe laat bent u thuisgekomen?'

'Halftien. Na het werk ben ik eten gaan halen in een afhaalrestaurant. Mijn vrouw staat het liefst zo min mogelijk in de keuken.'

'Dus hoe laat bent u dan van uw werk weggereden?' wilde Graham ter verduidelijking weten.

'Dat weet ik niet precies. Het was een avond om gek van te worden. Er stond een lange rij bij het Indiase restaurant en het personeel deed er eeuwen over om de bestellingen goed op te nemen.'

'Maar bij benadering, hoe laat denkt u dat u ongeveer wegreed?' bleef Graham aandringen.

'Dat zou ik moeten nakijken.'

Graham keek Janet Monroe aan, die in het dossier begon te bladeren, haar ogen over een bladzijde liet glijden en een regel aanwees.

'U werkt voor Borderline Airways, hè?'

Andrew knikte.

'Uit de camerabeelden blijkt dat u het terrein om zeven uur in de auto verliet. Klopt dat voor uw gevoel?'

De advocate boog zich naar Andrew Jenson toe en fluisterde hem iets in het oor.

'Ja,' antwoordde hij.

'Dus u deed er tweeënhalf uur over om een maaltijd af te halen en naar huis te rijden?'

Geen antwoord.

'Hoe heet het restaurant waar u een maaltijd hebt afgehaald?'

'Prashant in Main Street.'

'Ken je dat restaurant?' vroeg Graham aan Monroe.

'Jazeker. Ik heb er vaak genoeg onaangename momenten meegemaakt op de vrijdagavond na sluitingstijd van de pubs, en heel wat scheldpartijen moeten aanhoren van klanten die hun korma niet lekker vonden en dat wilden oplossen door de eigenaar ermee te bekogelen. Daarom hebben ze er nu vierentwintig uur per dag camerabewaking, binnen en buiten,' merkte Monroe op, zonder op te kijken van haar blocnote.

'Wat hebt u besteld?' vroeg Graham aan Andrew Jenson.

'Kunnen we ons misschien beperken tot relevante vragen? Anders kunnen we beter opstappen,' zei de advocate.

'Ik vroeg me alleen af of dat soort details meneer Jenson misschien helpen om zich te herinneren hoelang het duurde om zijn bestelling op te geven en wanneer die klaar was, want uw cliënt herinnert zich alleen maar dat het allemaal wat lang duurde.'

'Ik had *jalfrezi* en mijn vrouw had fish-and-chips.'

'O, dus er is niets mis met uw geheugen,' merkte Graham op. 'Dat is goed om te horen. Hoelang hebt u in Prashant staan wachten, van het moment van binnenkomst tot u weer wegreed?'

Andrew Jenson wierp een snelle zijdelingse blik op zijn advocate. 'Twintig minuten, misschien iets langer,' zei hij.

'Eens kijken,' zei Graham, en hij wachtte terwijl Monroe naar een andere pagina bladerde. 'Ja, hier staat het. U kwam er om 20.55 uur aan en reed om 21.09 weer weg. U stond vlak voor het restaurant geparkeerd, stapte in uw auto en bent vandaar waarschijnlijk rechtstreeks naar huis gereden.'

'Als u weet naar welk afhaalrestaurant ik ging, waarom stelt u die vraag dan?' vroeg Andrew met opeengeklemde kaken.

'Ik neem het nu even over,' onderbrak zijn advocate hem. 'Probeert u mijn cliënt in een hoek te drijven, inspecteur? U kent de regels. Voorafgaand aan een verhoor wordt u geacht in het kort samen te vatten over welke bewijzen u beschikt.'

'Maar ik verhoor hier geen verdachte, of wel soms? Wij voeren hier een gesprek met een getuige die op vrijwillige basis met ons praat.'

De advocate slikte, keek Ava aan die strak terugkeek, en leek toen even te glimlachen. Het was geen vriendelijke glimlach.

'Goed dan. Ga door,' zei ze.

'Het punt is, meneer Jenson, de dag nadat uw vader dood was aangetroffen hebt u een verklaring afgelegd. Daarin zei u dat u wat eerder van uw werk thuis was gekomen, maar niets over een afhaalmaaltijd. Die details hebben we later vernomen toen uw vrouw een verklaring aflegde.'

'En wat dan nog? Ik had net gehoord dat mijn vader dood was, vermoord. Denkt u dat ik me in die omstandigheden druk maakte over een currymaaltijd?'

'Dat is ook de reden waarom we het u vandaag opnieuw vragen, nu u de gelegenheid hebt gehad om wat langer na te denken over de volgorde van de gebeurtenissen. In uw geschreven verklaring die u de agenten hebt overhandigd, zegt u dat u laat van uw werk bent weggereden, rond een uur of acht, en dat u om halfnegen thuiskwam. Het probleem is dat we nu met een periode van om en nabij de twee uur zitten, rekening houdend met de rijtijd, waar u geen verklaring voor kunt geven.'

'Dit pik ik niet. Ik heb niks verkeerd gedaan. Hij was mijn vader, goddomme. Waarom zou ik mijn vader willen vermoorden?'

'Omdat we nu weten dat u uw advocaten opdracht hebt gegeven om zijn testament aan te vechten. Uw vader heeft, om ons tot nu toe onbekende redenen, zijn hele vermogen nagelaten aan een hulporganisatie voor verkrachtingsslachtoffers. Dan gaat het om de opbrengst uit de verkoop van zijn huis, wat effecten, een vintage auto die in de opslag staat en het geld op zijn bankrekening. We weten nog niet precies om hoeveel geld het gaat, maar we denken dat het huis bijvoorbeeld al achthonderdduizend pond waard is. Als hij dat niet aan die organisatie zou hebben nagelaten, zou u zijn enige erfgenaam zijn geweest. We kunnen ons voorstellen dat u daar niet blij mee was, om het maar zachtjes uit te drukken.'

Ava was in een hoek gaan staan waar Graham en Monroe haar gezicht niet konden zien, en probeerde rustig adem te blijven halen. In zijn onderzoek was Graham op een volledig wettige kwestie gestuit die een plausibel motief was voor de moord op Bruce Jenson, maar ze kon hem onmogelijk vertellen dat ze wist waarom Jenson specifiek had gekozen voor een organisatie die verkrachtingsslachtoffers steunde zonder Callanach meteen als verdachte in beeld te brengen. Als ze dat wel deed, en ze wist dat ze dat hoorde te doen, zou duidelijk worden dat ze vanaf het begin cruciale informatie had achtergehouden over de reden van Callanachs bezoek aan het verpleeghuis. Het deed er niet toe dat ze ervan overtuigd was dat Callanach niets te maken had met Bruce Jensons dood. Dit ging over iets veel fundamentelers. Over eerlijkheid, openheid en wettelijke procedures.

'Het is mijn geld. Ik heb er recht op en ik heb ook het recht om het testament te laten aanvechten door mijn advocaten. Dat betekent nog niet dat ik iets verkeerds heb gedaan,' snauwde Andrew.

'Daar hebt u gelijk in, maar toen we erachter kwamen was dat voor ons aanleiding om nog eens te kijken naar de tijdlijn die u ons hebt gegeven. Dus nu willen we graag weten waar u was tussen het moment dat u van uw werk wegreed en het moment waarop u bij Prashant aankwam,' legde Graham kalm uit.

'Gaat je geen flikker aan,' schreeuwde Andrew Jenson.

Ava bestudeerde Jensons lichaamstaal. Zijn armen had hij stevig over elkaar geslagen, hoog op de borst, bijna alsof hij zichzelf omhelsde. Hij zat daar met hoog opgetrokken schouders, zo ver mogelijk naar achteren in zijn stoel, weg van Graham, maar wel kaarsrecht. Klaar om te vluchten als hij het gevecht niet kon winnen. Zijn onderkaak bewoog heftig heen en weer.

'Goed, u hoeft geen antwoord te geven op vragen zolang u niet onder arrest staat. We zullen het over iets anders hebben. Hebt u enig idee waarom uw vader zijn geld zou willen nalaten aan een organisatie die hulp biedt in verkrachtingszaken?'

'Natuurlijk niet. Het slaat helemaal nergens op. Hij was dement, beeldde zich van alles en nog wat in. Ik heb hem zijn hele leven nooit een cent aan een goed doel zien schenken. Maar toen hij echt ziek werd, toen hij wist dat hij niet lang meer te leven had, besloot hij zijn testament te veranderen. Hij was vaak in de war, begon dan onsamenhangend te praten, met zijn hoofd op de tafel of tegen de muur of wat dan ook te bonken. Daarom vecht ik dat testament aan. Hij had geen idee wat hij deed toen hij me onterfde.'

'Hebt u het daar met hem over gehad?'

'Dat heb ik geprobeerd. Hij reageerde altijd heel heftig en zei dat ik een goede baan had en meer had dan ik nodig had. En dat ik er maar voor moest werken als ik meer geld wilde, net als hij. Hij zei dat andere mensen het harder nodig hadden. En dan raakte hij zo over zijn toeren dat ik het maar liet zitten. Het ging heel snel bergafwaarts met hem en ik wist dat ik het sowieso voor de rechter kon brengen als hij eenmaal overleden was.'

'Dus u zat gewoon te wachten tot hij doodging?' merkte Janet Monroe op.

'Zo zat het niet,' antwoordde Jenson zacht.

'Maar u was wel kwaad op hem,' zei Graham.

'Hij was dement!' Andrew Jenson stond op, en boog zich woedend over het bureau heen.

'Dat was hij dus niet. Zijn advocaat en twee onafhankelijke getuigen waren aanwezig toen hij die wijzigingen aanbracht in zijn wilsbeschikking, en ze hebben er uit voorzorg een psychiater bij gehaald die heeft verklaard dat uw vader op het moment dat hij het testament veranderde, bij zijn volle verstand was,' las Graham voor uit een verklaring in het dossier.

'Belachelijk! Waarom zou mijn vader opeens zoveel geld aan crisishulp voor verkrachte vrouwen willen schenken?'

'Misschien is er ooit iets gebeurd met iemand die hem dierbaar was?' opperde Monroe.

'Ja hoor, of misschien heeft hij vijf minuten naar een documentaire gekeken, raakte daarvan overstuur en wist de advocaat die hij per uur betaalde en de psychiater die hij ook per uur betaalde, zover te krijgen dat ze zeiden wat hij wilde. De symptomen van dementie zijn niet altijd even duidelijk. Mijn vader kon helder lijken en vijf minuten later niet meer weten dat hij een gesprek had gevoerd.'

'Goed,' zei Graham. 'We kunnen het hierbij laten, maar ik wil u toch dringend verzoeken ons te vertellen waar u was toen uw vader werd vermoord.'

'Hebt u enig bewijs dat mijn cliënt hierbij betrokken is?' vroeg de advocate.

'Nee,' antwoordde Graham eerlijk. 'Maar het is onze taak om alle potentiële verdachten na te trekken en ons werk wordt er een stuk makkelijker op als de mensen meewerken. Als u hier niets mee te maken hebt, meneer Jenson, als u een alibi hebt voor het tijdskader in kwestie, dan is het zaak om dat ons zo snel mogelijk te vertellen zodat wij weer verder kunnen en de persoon die hiervoor verantwoordelijk is kunnen pakken.'

Graham wachtte tot Andrew Jenson en zijn advocate de kamer hadden verlaten voordat hij zich tot Ava richtte.

'Wat denkt u?' vroeg hij haar.

'Ik denk dat die man een idioot is, maar hij leek me eerder kwaad dan bang. Hebben we enig idee wat hij probeert te verbergen?'

'We controleren de camerabeelden in de omgeving om te proberen zijn route van die avond in kaart te brengen. De informatie die zijn vrouw ons gaf is veel accurater en gedetailleerder, dus zij heeft er niets mee te maken. Maar hij heeft wel een motief, dat staat vast. Dat Bruce Jenson zijn hele bezit aan een goed doel heeft nagelaten, zou in alle gevallen een probleem hebben gegeven,' zei Graham terwijl hij opstond.

'Ja, maar Andrew Jenson wist al dat hij het testament kon aanvechten, en hij maakt nog een redelijke kans om te winnen ook, ondanks het rapport van de psychiater,' zei Ava, die vermeed het over het goede doel zelf te hebben. 'Zoek uit waar hij was en wat hij daar deed. Dat is de snelste manier om hem van het onderzoek uit te sluiten en onze aandacht te richten op de dingen die resultaat opleveren. Goed werk, allebei.'

Ava probeerde heel rustig weg te lopen, in de wetenschap dat ze er niet onderuit kwam om dit met Callanach te bespreken. Maar de wezenlijke vraag die ze zich stelde was niet hoe Callanach op dat nieuws zou reageren, maar wat ze zelf moest doen met wat ze nu wist.

18

10 maart

Callanach reikte Rosa Macmillan een doos papieren zakdoekjes aan.

'Ik weet niet wat erger is,' snikte ze. 'Ik weet dat dat vreselijk klinkt, maar hij leek in een goede periode te zitten, dus toen ik hoorde dat Stephen zelfmoord had gepleegd begon ik te twijfelen aan alles wat ik van hem dacht te weten. En vervolgens krijg ik te horen dat hij misschien is vermoord... waarom zou iemand dat doen? Hij vond het al moeilijk genoeg om te overleven.'

'Had Tantallon Castle een bijzondere betekenis voor Stephen?' vroeg Callanach.

'Niet dat ik weet. Ik weet zeker dat hij er weleens geweest is, op een schoolreisje of zo, maar niet recent. En het is al helemaal niets voor hem om er midden in de nacht naartoe te gaan terwijl het gesloten was.'

'Op weg naar Queensferry heeft hij in de taxi met een mes gezwaaid,' bracht Callanach haar in herinnering. 'Zou u kunnen zeggen dat zijn gedrag steeds grilliger en onvoorspelbaarder werd?'

'Nee, dat vond ik helemaal niet. Hij nam zijn medicijnen weer. Ik weet wel dat hij zich rot voelde over wat hij in die taxi had gedaan en zich zorgen maakte of hij misschien vervolgd zou worden, maar hij was bereid om de verantwoordelijkheid te nemen en zijn arts had erin toegestemd om zo nodig een medisch rapport op te stellen.

Stephen en ik spraken elkaar nog regelmatig en zagen elkaar zo nu en dan. Zijn vriendin zou ik niet meer worden, dat was allemaal veel te pijnlijk voor me, maar hij had me wel weer toegelaten in zijn leven. Voor het eerst dacht hij na over zijn toekomst, hij was van plan nog een paar diploma's te halen en misschien een vakantie te boeken waarbij je met een groepje mensen rondtrekt in Zuid-Amerika of Australië. Het ging echt beter met hem.'

'Wanneer hebt u hem voor het laatst gezien?'

'De avond voor hij stierf. We hebben koffiegedronken, het over hem gehad, hoe het met hem ging en hij vroeg mij zowaar hoe het ging op mijn werk en met mijn ouders, en dat vond ik een goed teken. Als hij diep in de put zat kwam het niet bij hem op om te vragen hoe het met de ander ging en zat hij alleen maar in zijn eigen gedachten opgesloten. Ik heb hem ook nog gesproken op de dag dat hij stierf. Ik belde hem en toen spraken we af om de week daarop samen te gaan eten. Gewoon een pizza, niks bijzonders, maar ik merkte aan alles dat hij daar enorm naar uitkeek. Daarom kon ik het gewoon niet geloven toen ik het hoorde...'

'Heeft hij met u over zijn zelfmoordpoging gesproken? Het zal wel even geduurd hebben voor hij hersteld was van dat incident op de brug.'

Callanach schonk Rosa nog een kop koffie in en reikte haar die aan, zodat ze iets had om vast te houden.

'Heel vaak, maar niet op de manier die je zou verwachten. Het was natuurlijk een heel traumatische gebeurtenis, maar hij vertelde me dat hij zich op het allerlaatste moment realiseerde dat hij verschrikkelijk graag wilde blijven leven. Hij was ook kwaad, hij ging enorm tekeer over een man in de menigte die hij had horen lachen. Stephen zei dat hij toen hij dat hoorde, vastbesloten was om niet te sterven, de menigte niet te geven waar ze op zat te wachten. Hij voelde zich net een freak op de kermis, vertelde hij.'

'Daar heb ik over gehoord,' zei Callanach. 'Mensen die in het openbaar een zelfmoordpoging doen, trekken helaas een menigte mensen aan. Dat vind ik heel erg.'

'Ik niet, althans, ik vond het niet erg. Als er woede nodig was om hem van die brug af te krijgen, dan mag die ongevoelige klootzak die dacht dat het geinig was om iemand aan te sporen om te springen er van mij elke keer staan als iemand zich van kant wil maken.'

'Hebt u toevallig gezien of Stephen gewond was aan zijn rechterhand, om precies te zijn aan zijn middelvinger?' vroeg Callanach.

'Toen we de avond ervoor koffiedronken, heb ik zijn beide handen vastgehouden. Die zagen er volstrekt normaal uit. Hoezo?'

'Vlak onder de nagel van zijn middelvinger leek de afdruk van een schoenzool te zitten en de vinger zelf was op die plek gebroken. Heeft hij het niet over een ongeluk gehad toen u hem aan de telefoon sprak?'

'Nee, hij klonk vrolijk, zei dat hij een goede dag had,' antwoordde Rosa. Ze begon weer te huilen, en vouwde met een elegant gebaar het zakdoekje op en drukte het tegen haar wang.

'Nog één ding. We hebben Stephens telefoon niet kunnen vinden. Die lag niet bij Tantallon Castle, en ook niet in zijn auto of zijn flat.'

'Die man die hem bij de Queensferry Crossing heeft geholpen – ik weet zijn naam niet meer – had hem vast toen hij me probeerde te bellen, net op het moment dat Stephen uitgleed. Hij greep Stephens hand maar heeft de telefoon toen laten vallen. Stephen en ik hebben elkaar daarna via de vaste telefoonlijn gesproken. Hij had nog geen nieuwe.'

'Dan is dat duidelijk,' zei Callanach en hij maakte een aantekening. 'Ik vind het allemaal heel erg voor u en excuses dat ik u heb gevraagd om naar het bureau te komen om met ons te praten. Ik weet dat u daar niet op zat te wachten.'

'Eigenlijk vind ik het wel fijn om over hem te praten. Omdat we al uit elkaar waren, heb ik van mijn vrienden en familie vooral te horen gekregen dat ik toch wel heel veel geluk heb gehad omdat het al uit was en dat ik nu veel beter af ben. Niemand leek te begrijpen dat ik met hem gebroken heb omdat ik de gedachte dat hij zelfmoord wilde plegen niet meer aankon. Nu vraag ik me voortdurend af hoe ik hem had kunnen tegenhouden. Als Stephen inderdaad vermoord blijkt te zijn, dan weet ik in ieder geval dat ik helemaal niets had kunnen doen.'

'Of het nou wel of geen zelfmoord was, u had niets kunnen doen. U bent niet verantwoordelijk. We worstelen allemaal weleens met het leven. Soms kunnen we het nog net aan, maar soms wordt het ons te veel. Dat is een dunne scheidslijn. Stephen leek mij een goed mens. Het laatste wat hij zou willen is dat u zich schuldig voelt over zijn dood, ongeacht wat er gebeurd is.'

'U hebt gelijk,' glimlachte ze flauwtjes. 'Dank voor uw woorden.'

'Ik roep even een agent om u naar buiten te begeleiden,' zei hij. 'Als er nieuws is dan laten we het u weten, hoe dan ook.'

Hij liep naar de deur en deed hem open, net op het moment dat Ava aan de andere kant stond.

'Hé,' zei ze. 'Als je klaar bent, wil ik je even spreken.'

'Ik ben klaar,' zei hij. 'Jouw kamer of de mijne?'

'Geen van beide,' antwoordde Ava. 'We gaan lunchen. Ik zie je over een uur in Pret op Shandwick Place, oké?'

'Is goed,' zei Callanach, zich afvragend waarom ze zo bleek zag.

Slaapgebrek, vermoedde hij. Ava was nooit goed geweest in voor zichzelf zorgen. Hij vroeg Tripp om zich over Rosa te ontfermen en liep terug naar zijn kamer om zijn aantekeningen uit te werken. Op zijn laptop zag hij dat er een paar e-mails waren binnengekomen op zijn privéaccount. Een bericht van Lance, en een van zijn moeder. Hij las eerst dat van Lance.

Luc, ik ben benaderd door een voedselbank in Inverness, die meldt dat een vrouw die voldoet aan het signalement van Alice Hawksmith daar regelmatig komt. Ze heeft een tatoeage met de vlag van Schotland op haar linkerschouder, zoals op de foto die ik van je kreeg. Ik heb je hun e-mail doorgestuurd. Hoop dat dit is wat je zoekt. Ik heb ook gehoord dat Tantallon Castle gesloten is voor het publiek en als een plaats delict wordt beschouwd. Kun je me daar nog iets meer over vertellen?

Callanach scrolde naar de mail van de voedselbank en belde toen de politie van Inverness om hun de details door te geven. Ze zouden er een undercoveragent moeten neerzetten om met Alice Hawksmith in contact te komen. Ze moest in ieder geval op de hoogte worden gesteld van de dood van haar moeder.

Hij haalde diep adem en opende de mail van zijn moeder, half en half in de verwachting dat ze hem om meer tijd en ruimte zou vragen voor hij opnieuw contact kon opnemen. Ook al begreep hij waarom ze uit zijn leven was verdwenen, toch deed die gedachte nog steeds pijn.

'Luc, lieverd,' vertaalde hij. Ze schreef altijd in het Frans, hoewel ze vloeiend Engels sprak.

Sorry voor de verwarring met de e-mails. Bleek een foutje te zijn. Ik kreeg een bericht dat mijn account niet veilig was, maar ik kon het wachtwoord niet veranderen. Ik heb een paar dagen lang geen mails kunnen ontvangen, maar ik geloof dat het nu is opgelost, en vanmorgen ontving ik jouw mail pas.

Callanach zuchtte, blij dat er een verklaring voor was, en opeens schaamde hij zich omdat hij zonder enige reden aan zijn moeder had getwijfeld.

Ik weet dat ik vergevensgezinder zou moeten zijn, maar ik ben blij dat Bruce Jenson dood is. Dat betekent dat ik nooit meer aan hem hoef te denken. Ga alsjeblieft niet op zoek naar Gilroy Western. Dat gaat niet goed aflopen, lieverd, en je hebt al genoeg te verstouwen gehad. Het is al heel lang geleden en hoewel het soms nog pijn doet, is de herinnering vervaagd. Ga verder met je leven. Ik vond het heerlijk om elkaar in Parijs te zien. Beloof me dat je me snel in Monaco komt opzoeken.

Veel liefs,

Maman

x

Lively stak zijn hoofd om de deur van Callanachs kamer.

'Hebt u een minuutje?' vroeg hij luchtig.

'Een paar minuten zelfs,' zei Callanach. 'Wat is er?'

'We hebben net een telefoontje gekregen van het onderzoeksteam voertuigen. Een auto is de kaaswinkel op Kerr Street binnengereden, één dode. Het ging om een huurauto, maar het blijkt dat de remleidingen zijn doorgesneden. Ze vragen of wij het onderzoek willen overnemen. Ik heb gezegd dat ik erheen ga om hun conclusies te bekijken voordat ik een dossier open. Kunt u me even missen? We boeken niet veel vorderingen in de zaak-Hawksmith en de uitslag van het forensisch onderzoek bij Tantallon Castle laat nog een paar dagen op zich wachten.'

'Tuurlijk,' zei Callanach. 'Doe jij dat auto-ongeluk en laat de zaak-Hawksmith aan Tripp over. En ik zou je willen vragen of je een bericht achter kunt laten voor commissaris Overbeck in verband met deze nieuwe zaak. Ze zal het wel willen weten als we nog een moord aan het huidige aantal moeten toevoegen.'

'Zit u me nou in de zeik te nemen?' wilde Lively weten.

Callanach staarde hem niet-begrijpend aan.

'Wat heeft hoofdinspecteur Turner u precies verteld?' vroeg Lively.

'Brigadier, ik snap niet waar je het over hebt. Wat had hoofdinspecteur Turner me moeten vertellen?'

Lively fronste zijn wenkbrauwen, zweeg even en duwde toen zijn handen in zijn zakken.

'Sorry. Ik moet iets verkeerd begrepen hebben. Ik ga er meteen mee aan de slag.'

'Weet je zeker dat alles oké is?' vroeg Callanach nog eens toen Lively naar de deur liep.

'Niets wat u zou begrijpen,' mompelde Lively. 'Ik laat nog van me horen.'

Hoofdschuddend pakte Callanach zijn jas en autosleutels. Het zou geen enkele zin hebben gehad om door te vragen bij Lively. Op zijn beste momenten was de man al niet bepaald iemand die zijn gevoelens met anderen deelde, en wat koppigheid betrof kon hij zo een masterclass geven aan verwende zestienjarige tienermeiden die te horen hadden gekregen dat hun shoppingtripje niet doorging. Hij kon het maar beter aan Ava vragen, besloot hij, want die zat toch al op hem te wachten.

19

10 maart

Osaki Shozo had zijn dag niet. Toen hij 's ochtends wakker was geworden lagen zijn vrouw en haar minnaar op de bank te slapen en had hij even overwogen om een emmer koud water over hen heen te gooien maar zag daar toch van af omdat hij geen scène wilde schoppen. Dat zou ooit het opschrift op zijn graf worden, maar voorlopig niet. In plaats daarvan was hij van plan om van de radar te verdwijnen.

Hij had het een en ander uitgezocht en het bleek dat zijn vrouw na twee jaar echtscheiding zou kunnen aanvragen op grond van kwaadwillige verlating. Ze hadden geen bezittingen die de financiële afhandeling ingewikkeld konden maken. Geen gezamenlijke bankrekening, geen leningen. Zijn ouders zouden ermee moeten leren leven dat hij uit hun leven was verdwenen in plaats van dat hij een eind aan zijn eigen leven maakte. Het was een soort compromis voor de schande die hij hun aandeed.

Hij had gedoucht, boodschappen gedaan voor de lunch en was weer teruggekomen, en tegen die tijd waren zijn vrouw en haar minnaar al de deur uit. Hij weerstond de verleiding om de bankkussens op te rapen die over de vloer slingerden. Een week geleden had hij nog achter hun kont lopen opruimen, hun koffiekopjes afgewassen en de toiletbril omlaag gedaan die de minnaar omhoog had laten staan.

In het begin had het hem pijn gedaan dat ze voor het soort man had gekozen dat niet eens de moeite nam om de toiletbril omlaag te doen. Nu vond Osaki dat ze precies kreeg wat ze verdiende. Vroeg of laat zou de eerste verliefdheid wegebben en zou ze zich realiseren wat ze kwijt was. Of misschien ook niet, maar tegen die tijd was hij al zo ver weg dat hij kon geloven wat hij wilde.

Het was onmogelijk gebleken in Edinburgh een baan als systeembeheerder te vinden, maar een baantje op een vistrawler naar IJsland was een fluitje van een cent geweest. Het was niet de bedoeling dat hij ging vissen, had de kapitein lachend gezegd toen hij vroeg of hij kon aanmonsteren, maar ze hadden aan boord wel een soort kok/schoonmaker nodig. Hij zou moeten koken, schoonmaken, wassen en allerlei klusjes moeten doen voor de rest van de bemanning, die moest eten, slapen, de vangst uit zee halen en in het ruim kiepen en verder niets aan hun hoofd wilde hebben.

Hij kon goed genoeg koken om twaalf mensen te eten te geven en wat hij niet wist kon hij leren. Het enige wat de rest van de bemanning zich mogelijk kon afvragen was de precieze reden waarom Osaki bij hen was aangemonsterd. Dat hij de komende vier maanden geen vrouwen zou zien deerde hem totaal niet.

De trawler vertrok over drie dagen. Hij kon een grote tas kleren en wat persoonlijke spullen meenemen, en de rest bracht hij naar de kringloopwinkel. Daarna moest hij zijn laatste beetje geld opnemen en zijn bankrekening opheffen. Tot slot zou hij wat recepten doornemen en bedenken wat hij voor ze ging koken. Het leek hem nogal voor de hand te liggen: hartige taarten, stoofschotels en pasta waren de makkelijkste gerechten om twaalf hongerige mannen voor te zetten. Ze gewoon volstoppen met eiwitten en koolhydraten.

Hij had nog een bibliotheekkaart uit de tijd dat hij workshops volgde om te leren hoe hij zijn cv moest oppoetsen en had even overwogen om wat kookboeken te lenen, maar kreeg toen last van zijn hyperactieve geweten en had het toch maar niet gedaan, omdat hij ze nooit op tijd terug kon brengen. En zeker niet in een zodanige staat dat andere mensen ze nog konden lezen, na een maandenlang verblijf tussen de stinkende vis en stinkende mannen die de boeken zonder aarzelen als onderzetter voor hun mok zouden gebruiken.

Osaki liet zijn hoofd hangen. Ooit zou er een dag aanbreken waarop goede manieren meer zouden opleveren dan zijn vrouw kwijtraken en zichzelf belachelijk maken. Maar op een trawler met een stel claustrofobische, opgefokte testosteronbommen zou het hem weleens zijn leven kunnen kosten.

Eerst haalde hij de moersleutel en de afdichtingsring tevoorschijn die hij in de gereedschapswinkel had gekocht. Hij had beloofd de lekkende keukenkraan te repareren en tot dat soort onderhoud was hij volgens de huurovereenkomst ook verplicht. Hij had er maar een paar minuten voor nodig en was tevreden met het resultaat. Iets repareren gaf hem voldoening. Zijn huwelijk kon hij niet repareren en als zoon kon hij zijn ouders de teleurstelling niet besparen, maar hij kon wel de flat achterlaten in dezelfde staat als waarin hij verkeerde toen ze erin trokken. Wat zijn vrouw ermee deed als hij eenmaal weg was, was haar zaak.

Daarna koos hij welke kleren hij mee wilde nemen en welke naar de kringloop gingen, al viel er niet veel weg te geven. Hij was in Schotland gearriveerd met drie koffers, dus hij hoefde maar één volle vuilniszak af te leveren bij de kringloopwinkel om de hoek. De kleren waren gewassen en netjes opgevouwen en hij had er een etiketje aan bevestigd met de boordmaat, taille en beenlengte, om het makkelijker te maken voor de mensen die ze op maat moesten hangen. Hij wilde de vuilniszak net bij de voordeur zetten toen er werd aangeklopt. Osaki deed open.

Voordat hij het wist werd hij hard en vol door een vuist op zijn neus getroffen en het volgende moment stroomde er bloed in zijn keel en voelde hij zijn ogen branden. Hij kon zich niet herinneren dat hij achteruit was gestrompeld, maar opeens lag hij midden in de woonkamer op de grond, snakkend naar adem en bloed hoestend op het tapijt dat zijn vrouw indertijd zo graag had willen hebben. Osaki was niet het enige wat ze beu was geworden.

'Buig je hoofd voorover,' zei de man, en hij hielp Osaki door hem bij zijn haren vast te pakken en zijn hoofd zo ver naar voren te duwen tot het bijna de grond raakte. 'En nu zo veel mogelijk bloed uitspugen.'

Osaki deed wat hem gezegd werd, eerder handelend op instinct dan uit vrije wil.

Een stuk gaffertape werd ruw over zijn mond geplakt.

'Blijf zo zitten, anders stik je in je eigen bloed. Stil blijven zitten terwijl ik je help.'

Met een schaar knipte hij een minieme opening in de tape op Osaki's mond zodat hij een beetje kon ademhalen, maar zijn mond niet open kon doen om geluid voort te brengen.

'We gaan dit snel afhandelen voordat je lieftallige vrouw terugkomt. Hoewel ik niet verwacht dat ze me zal tegenhouden. Wat denk jij? Denk je dat ze zou wegrennen om de politie te waarschuwen, of denk je dat ze in haar hart blij zou zijn met wat ze aantreft?'

Osaki zat op zijn knieën, met zijn voorhoofd tegen het tapijt, en voelde de kamer om zich heen draaien. De woorden van de man waren hem niet duidelijk. De lucht die in zijn longen stroomde was vochtig. Hij begreep er helemaal niets van. Gehandschoende handen rolden hem op zijn zij en bonden zijn polsen op zijn rug bij elkaar met een dunne plastic draad die in zijn huid sneed, zodat hij zijn armen niet meer kon bewegen. Hij zoog zo veel mogelijk lucht naar binnen door de smalle opening in de tape en snoot uit alle macht. Een stroom bloed en klonters spetterde tegen de onderkant van de bank, maar het hielp. Hij kon nu beter ademen en knipperde verwoed met zijn ogen.

Zijn aanvaller stond met zijn rug naar hem toe en was iets in een tas aan het zoeken. Osaki benutte dat moment door als een vis uit het water omhoog te springen in de richting van de dichtstbijzijnde muur, omdat hij wist dat als hij er hard met zijn voeten tegenaan bonkte, zijn constant heetgebakerde buurman binnen een paar seconden op zijn deur zou staan bonzen. Die buurman was een vloek sinds ze hier waren komen wonen. Nu was hij een reddingslijn. Hij slaagde erin een keer tegen de muur te bonken voordat hij weer naar het midden van de kamer werd gesleept.

'Nee, dat ga je niet doen,' kreeg hij te horen. 'Je bent niet in de wieg gelegd om dapper te zijn. Dat verdien je niet. Daar is het nu een beetje te laat voor. Je bent zwak.'

Osaki knikte gelaten.

'Maar ik niet.'

De man haalde een doos uit de tas en scheurde die open, doordat hij handschoenen droeg ging het wat moeizaam, maar niet zo langzaam dat Osaki weer hoop kreeg. Er kwam een gloednieuw broodrooster uit tevoorschijn, glanzend van nieuwigheid. De man zette het op de grond.

'Ik ga pakken wat jij uit vrije wil weg wilde gooien. Ik ga het gebruiken, me eraan laven en ervan genieten.' De indringer boog zich voorover naar het dichtstbijzijnde stopcontact, duwde de stekker erin en zette het broodrooster aan. 'Weet jij hoe ik denk over mannen die zelfmoord overwegen? Ik weet het, je kunt niets zeggen, dus zal ik het je maar vertellen.' Hij grijnsde. 'In mijn ogen zijn dat geen mannen. Het zijn... sorry dat ik zo'n denigrerend woord moet gebruiken – feministen haten dat woord – maar het zijn net wijven. Snap je wat ik bedoel? Slappe mietjes zonder ruggengraat, die alle shit die het leven nu eenmaal met zich meebrengt niet aankunnen.'

Hij pakte Osaki's enkels vast en bond die bij elkaar, net als hij met zijn polsen had gedaan, daarna sleepte hij de zware oude leunstoel over de vloer en klemde Osaki's benen tussen de fauteuil en de bank. Aanvankelijk was alles langzaam tot Osaki's brein doorgedrongen, maar nu werkte het op volle toeren. Hij voorzag een heel scala van martelingen... en geen ervan voorspelde veel goeds. Hij tilde zijn hoofd op en probeerde ermee op de vloer te bonken, maar een zorgvuldig onder zijn hoofd geschoven kussen maakte daar meteen een eind aan.

'Blijf daar maar rustig liggen. Niet weglopen,' grinnikte de man.

Osaki hoorde een paar seconden lang een kraan in de keuken lopen en vroeg zich even af of het de koudwaterkraan was die hij eerder die ochtend had gerepareerd. Het was toch wel een staaltje van navrante ironie dat je je eigen moord daardoor enigszins had vergemakkelijkt. Hij had nog tijd om te betreuren dat hij niet eerder naar de boot was gegaan en dat hij zijn vrouw niet had getrotseerd. En tegelijkertijd vond hij het verschrikkelijk dat ze straks thuis zou komen en hem dood zou aantreffen. Als kind had hij zijn grootvader gevonden toen die een beroerte had gehad, zijn gezicht tot een grimas vertrokken van de pijn, en dat beeld was hem nog jarenlang bijgebleven. Hij vermoedde dat zijn vrouw zich sneller zou herstellen.

De man kwam weer binnen met een volle kan water, de herkenningstune neuriënd van een tv-serie uit de jaren zeventig waar Osaki herhalingen van had gezien, over Amerikaanse legerartsen in de Koreaanse oorlog. Hij kon zich niet meer herinneren hoe de serie heette. En nu had hij geen gevoel meer in zijn benen en zijn gezicht. Alles voelde opeens koud aan, alsof hij buiten lag in de winter. Zijn benen waren nat.

'Nou, kijk eens aan, ik ben naar de keuken gelopen om wat water te halen voor het geval je niet kon doen wat ik wilde dat je deed, en nu heb je het al gedaan zonder dat ik het je heb gevraagd. Als je de rest van je leven nou net zo enthousiast was geweest, had ik vandaag niet bij je langs hoeven komen.'

Hij trok dikke, zwarte rubberhandschoenen aan voordat hij knielde en Osaki's broek openritste en die samen met zijn onderbroek naar beneden trok, zodat zijn geslachtsdelen bloot kwamen te liggen.

'Ik heb heel lang nagedacht over hoe ik dit zou doen, en aangezien jij jezelf in feite hebt gecastreerd, lijkt het me een passend einde om dat letterlijk uit te beelden. Het zal snel gaan, dat beloof ik je. Sneller dan alles wat je jezelf zou hebben aangedaan. Wil je nog een paar laatste woorden zeggen? Maak je geen zorgen, ik kan me wel voorstellen wat je wilt zeggen. Dan hoef je jezelf ook niet te vernederen en te smeken. Ben je er klaar voor?'

Hij legde Osaki's lichaam in de gewenste positie, goot de kan water van zijn hoofd tot zijn voeten over hem uit, deed toen een stap naar achteren en droogde de handschoenen af aan zijn jeans. Hij stak zijn armen in de lucht, en haalde een paar keer diep adem alsof hij op het punt stond een olympische prestatie te leveren. De man keek omhoog naar het plafond, met zijn handpalmen naar boven gericht, en bleef even zo staan.

Osaki sloeg hem gebiologeerd gade. Het was alsof duizenden toeschouwers toekeken en de man op het punt stond de grootste goocheltruc van de eeuw uit te voeren.

Uiteindelijk pakte hij een dikke houten stok uit de tas en hield die recht boven de hendel van het broodrooster. Op het moment dat hij hem omlaag duwde, waardoor er een dodelijke hoeveelheid stroom vrijkwam, verloor Osaki Shozo het bewustzijn, en geen moment te vroeg.

20

10 maart

'Dus Bruce Jenson heeft al zijn geld – tot de laatste cent – nagelaten aan een stichting die hulp biedt aan slachtoffers van seksueel geweld. Zijn zoon zei dat hij geen idee heeft waarom Jenson dat heeft gedaan, en ik geloof hem. Hij heeft zijn advocaten opdracht gegeven om het testament aan te vechten, hoewel zijn vader de tegenwoordigheid van geest had om een psychiater te laten verklaren dat hij op de dag dat hij het testament liet wijzigen nog goed bij zijn verstand was.'

'Het geld moet naar die stichting,' zei Callanach, die zijn lunch opzijschoof en het bij een kop zwarte koffie hield.

'Ik denk dat die stichting erbij gebaat zou zijn als je moeder zich bekendmaakt en uitlegt dat er een reden was voor deze schenking. Maar dat zou wel een extra verband leggen tussen jou en Jenson, en bovendien is het een motief voor moord. En het zou ook algemeen bekend worden. Je kunt zoiets onmogelijk stilhouden,' zei Ava. Uit solidariteit met Callanach zag ze zelf ook maar af van haar lunch.

'Ik had gewoon meteen de waarheid moeten vertellen,' zei Callanach. 'Nu heb ik jou erbij betrokken, en wordt de financiële steun aan een noodlijdende liefdadigheidsinstelling teruggebracht tot de vraag wiens belang groter is: dat van hen of dat van mij. Het is allemaal gruwelijk ingewikkeld geworden.'

Ava legde haar hand op de zijne. 'Wat zou je moeder willen?'

'Ze heeft zo lang over die verkrachtingszaak gezwegen dat ik denk dat het haar veel pijn zal doen om nu wéér met de details voor de draad te moeten komen, maar ze zal ook andere slachtoffers en overlevenden willen helpen. Ik zal het met haar bespreken. Als zij haar kant van het verhaal wil vertellen, leg ik het aan Graham uit en laat ik me schorsen terwijl hij de zaak onderzoekt.'

'God, Luc, ik heb hier ook schuld aan. Ik heb het gevoel dat ik je er in het begin toe heb aangezet om je mond te houden. Omdat je gezwegen hebt over die verkrachtingszaak zit je nu dieper in de problemen dan als je gewoon open kaart had gespeeld. We gaan samen met de commissaris praten. Dit is net zo goed mijn probleem als het jouwe.'

'Ben je gek? Wat voor zin heeft dat? De zaak wordt er voor jou niet beter op als we allebei worden geschorst. Trouwens, ik denk dat jij me dan dwingt de ene na de andere zwart-witfilm te kijken en afhaalmaaltijden naar binnen te werken. Ik weet niet of ik dat wel aankan. Dit is mijn probleem, Ava. Je hebt alleen maar vertrouwen in me gehad en geprobeerd mijn reputatie te beschermen. Jij hoeft je niet op te offeren omdat dit uiteindelijk geen goed doordacht plan bleek.'

'Maar het is zo oneerlijk. Je arme moeder moet het allemaal weer opnieuw meemaken als ze er zeker van wil zijn dat het geld op de goede plek terechtkomt, en jouw carrière staat weer stil terwijl de zaak wordt onderzocht. Dat is toch onrechtvaardig?'

Callanach pakte haar hand en drukte zo'n vederlichte kus op haar knokkels dat Ava het amper voelde. Ze keek hem verrast aan.

'De rechtvaardigheid zit 'm erin,' zei hij, 'dat ik nu iemand heb van wie ik weet dat ze me door dik en dun blijft steunen, in tegenstelling tot de vorige keer dat ik vals werd beschuldigd. Dat betekent meer voor me dan je je kunt indenken.'

Ava glimlachte, kneep even in zijn vingers en slaakte een zucht toen haar telefoon ging. Die van Callanach ging een paar seconden later ook. Ze namen allebei op en bogen hun hoofd om de beller te kunnen verstaan boven het luide geroezemoes van de klanten in het restaurant. Eén blik van verstandhouding en ze renden allebei naar de deur.

De flat aan Leamington Road lag dan wel op loopafstand van het stadscentrum, maar stelde verder weinig voor. Het appartement op de bovenste verdieping bestond uit vier ruimten – keuken, badkamer, slaapkamer en zitkamer – en in twee van de vertrekken kon je maar met één persoon tegelijk naar binnen. Ava en Callanach waren er eerder dan dokter Ailsa Lambert en het team van de technische recherche, en het eerste wat ze deden was voorkomen dat de brandweerlieden die het lichaam hadden gevonden alle bewijsmateriaal vernietigden.

'Wie heeft het gemeld?' vroeg Ava.

'De onderbuurman rook een brandlucht en heeft ons gebeld. Hij is naar boven gerend en klopte op de deur, maar er werd niet opengedaan,' legde een van de brandweerlieden uit.

'Iedereen die de flat is binnengegaan moet een verklaring afleggen en aangeven waar hij heeft gelopen om contaminatie van DNA of contactsporen te voorkomen,' droeg ze hem op. 'Kunt u beschrijven wat u zag toen u hier binnenkwam?'

'Natuurlijk. We waren er vrij zeker van dat er niet iets in brand stond want er hing geen rook in de gang, maar zelfs op de verdieping daaronder roken we een koperachtige, zwavelige lucht die steeds sterker werd toen we voor de deur stonden.'

'En dat duidt op?' vroeg Ava.

'Die zwavelige lucht is vaak afkomstig van brandend menselijk haar. Dat komt door de chemische stof die vrijkomt als keratine in brand vliegt. Die koperachtige lucht kan ook van aangebrand rood vlees komen, maar in de keuken is de geur meestal niet zo doordringend.

We hebben hard op de deur gebonkt en toen er geen reactie kwam besloten we de deur in te trappen. Daar hebben we de man op de vloer van de zitkamer aangetroffen. We hebben hem niet verplaatst omdat meteen duidelijk was dat hij dood was. Mijn mensen hebben alleen de stroom uitgeschakeld, en daarna hebben we de rest van de flat doorzocht om te zien of er nog andere mensen waren of andere brandhaarden. Zodra we de boel veilig hadden gesteld, hebben we u gebeld.'

Ailsa Lambert kwam binnen en vuurde meteen een stortvloed van instructies af om de plaats delict vrij te maken. Ze begon onmiddellijk foto's te maken van het lijk en richtte zich tot Ava zonder over haar schouder te kijken.

'Net wanneer ik denk dat ik alles heb gezien, weet de mens zich zo mogelijk nog verder te verlagen. Deze man is op z'n hoogst een uur dood, en waarschijnlijk korter.'

Ze knielde om een close-up te nemen van de tiewrap waarmee zijn polsen bij elkaar waren gebonden, en keek toen op het schermpje van de camera om het beeld te vergroten.

'Ava, je hebt een probleem,' kondigde Ailsa aan.

'Aan je stem te horen heb je het over een groter probleem dan een vastgebonden, halfnaakte dode man?'

'Dat is precies wat ik bedoel. Ik moet het nog nader bestuderen, maar te zien aan het merk en het soort groef in de nylondraad is er een grote kans dat deze tiewraps afkomstig zijn uit dezelfde batch die is gebruikt bij de moord op Fenella Hawksmith.'

'Laat eens zien,' zei Ava, naast haar neerknielend.

'Kijk,' zei Ailsa, 'op het vierkante openingetje waar het spitse uiteinde doorheen is getrokken, zie je een diagonale inkeping op de plek waar het nylon van de productielijn is getild. Onder dezelfde hoek en op dezelfde lengte als de andere tiewraps, en de productiecode B80 is ook gelijk.'

'Daar moeten er miljoenen van zijn,' zei Ava.

'Absoluut, maar twee ervan zijn in deze stad aangetroffen op lijken, en dienden om de slachtoffers voor hun dood in bedwang te houden. Hoe waarschijnlijk is dat?'

Ava streek met de hand door haar haar.

'Nee, laat dat. Dat wil ik niet op mijn plaats delict. Ik heb geen behoefte aan nog meer losse haren op deze vloer. Handen langs je zij en zet je capuchon op.'

'Sorry,' zei Ava en ze trok onmiddellijk haar capuchon over haar hoofd. 'Ik hoopte alleen tegen beter weten in dat deze twee sterfgevallen niets met elkaar te maken hadden.'

'Nou, die hoop is hiermee dan doorgeprikt,' zei Ailsa. 'In beide gevallen zijn de slachtoffers psychisch zwaar gemarteld. Ze wisten allebei wat hun te wachten stond. Deze man is wel veel sneller overleden. Hij is bewusteloos geraakt zodra hij onder stroom kwam te staan, maar het blijft natuurlijk een verschrikkelijke manier om te sterven.'

Callanach beëindigde zijn gesprek met een paar andere brandweerlui en kwam bij hen staan.

'Godver...' mompelde hij.

Ailsa wierp hem een blik toe die ze bewaarde voor mensen die in haar bijzijn vloekten, iets wat ze zeer afkeurde.

'Ach ja,' zei ze. 'Mannen reageren nu eenmaal heftig op de verminking van mannelijke genitaliën. En ik moet toegeven, deze is wel heel erg schokkend.' Ze stond op en boog zich over het lijk. 'Ons slachtoffer is vermoedelijk een Japanner van tussen de vijfentwintig en de dertig jaar oud en ongeveer een meter vijfenzeventig lang. Zijn kleren zijn losgeknoopt en zijn broek is opengeritst zodat zijn genitaliën en borstkas bloot kwamen te liggen.

Er ligt een waterkan op de bank waar we vingerafdrukken van nemen zodra er foto's van zijn genomen, maar ik vermoed dat die kan is gebruikt om water over het lichaam van de man te gieten om de elektrische geleiding te optimaliseren. De penis van deze man' – ze pakte een instrument uit haar tas en tilde de zwart geworden restanten vlees even op – 'is in het broodrooster gestopt voordat de stroom werd ingeschakeld. In combinatie met het water was dat afdoende om hem te doden. De brandwonden komen overeen met dood door elektrocutie, en dat geldt ook voor de opengebarsten huid op zijn onderbuik. Zijn benen waren tussen meubelstukken vastgeklemd om te voorkomen dat hij van het broodrooster weg kon kruipen. De andere brandwonden op het lichaam zijn geen aparte verwondingen, maar zijn ontstaan toen de stroom een uitweg uit zijn lichaam zocht.'

Callanach liep naar de voordeur en inspecteerde de sloten.

'Geen schade,' zei hij. 'Net als in de flat van Fenella Hawksmith. De dader is gewoon binnengelaten.'

Iemand van de technische recherche overhandigde Ailsa een paspoort.

'Oké. Het slachtoffer heet Osaki Shozo en is vijfentwintig jaar oud. Hij draagt een trouwring en ik heb twee paar damesschoenen in de hoek zien staan. Zijn vrouw zal naar het mortuarium moeten komen om het lichaam officieel te identificeren.'

'Ik ga er meteen mee aan de slag,' zei Ava.

'Dat zou ik maar doen,' zei Ailsa. 'Degene die meneer Shozo heeft vermoord is zwaar gestoord. Dit, en wat Fenella Hawksmith is aangedaan, is het werk van een diep getroebleerde geest.'

'Twee moorden binnen korte tijd,' merkte Callanach op. 'Meestal zit er een veel langere periode tussen, waarin de dader zich herstelt, nieuwe plannen maakt of op de gebeurtenis teert en die nog eens herbeleeft.'

'Psychopaten hebben constant stimuli nodig. Hoe gestoorder ze zijn, hoe minder bevrediging ze uit een gewelddaad putten,' voegde Ailsa eraan toe.

'Maar er speelt meer,' zei Ava. 'Seriemoordenaars verfijnen hun techniek bij elke moord. Ze bedenken nieuwe dingen om uit te proberen. De meeste criminele psychopaten beschouwen de moorden die ze plegen als een werk in uitvoering. Een nieuw slachtoffer is voor hen een leeg doek. Osaki Shozo was zowel een experiment als een uiting van wat de moordenaar voor ogen heeft en waartoe hij in staat is. De vraag is, wat wil de moordenaar ons precies over zichzelf vertellen?

De plaats delict in het geval van Fenella Hawksmith was emotioneel gezien tamelijk complex. Die tiewraps dienden niet alleen in praktische zin om haar vast te binden, maar ontnamen haar nog veel meer behalve het vermogen om zich fysiek te verzetten. Ze fungeerden als een extra straf, een aanwijzing van wat haar te wachten stond. Door een slachtoffer lichamelijk hulpeloos te maken, laat de moordenaar ook zien hoeveel macht hij of zij heeft.'

'En het broodrooster?' vroeg Callanach.

'Het ging niet om het broodrooster, het ging om zijn penis,' zei Ava. 'Het slachtoffer is daardoor ontmand, gedegradeerd tot minder dan een man.'

'Kan het wraak zijn, misschien als vergelding voor een aanranding?' opperde Callanach.

'De moeite waard om rekening mee te houden, hoewel mensen in geval van eigenrichting vaak ongecontroleerd geweld gebruiken en iemand vooral slaan en schoppen. Hij heeft alleen een stomp in zijn gezicht gekregen, maar verder niets. Al met al is hier sprake van gecontroleerd geweld waarbij de dader zijn handen niet heeft gebruikt. Het komt gestructureerd over.'

'Dat is waar, maar er zijn gevallen bekend van vrouwen die wachten tot hun partner slaapt of stomdronken is, voordat ze zijn penis afsnijden. Dit zou een meer fantasievolle versie kunnen zijn,' zei Callanach.

'Alleen is het slachtoffer gestorven, waarmee het argument wordt ontkracht dat het haar erom ging zijn penis onbruikbaar te maken. Vrouwen die penectomie begaan willen juist dat hun slachtoffer zich bewust is van wat hem is overkomen. De vergelding zit hem zowel in de emotionele schade die ze hem toebrengen als in de fysieke schade. Voor degene die dit gedaan heeft moet het overduidelijk zijn geweest dat het slachtoffer zou sterven.'

'Penectomie?' vroeg Callanach.

'Ja. Er bestaat zelfs een woord voor,' zei Ailsa, terwijl ze bij het hoofd van het slachtoffer knielde, de tape op zijn mond lostrok en in een bewijszak stopte, en daarna zijn kaak openwrikte. Er viel een stukje bebloed vlees naar buiten. 'Nieuwe bewijszak voor menselijk weefsel,' riep ze tegen een voorbijlopende forensisch rechercheur. 'Hij heeft op zijn tong gebeten. Dat komt wel vaker voor, maar deze man heeft zijn tong volledig doorgebeten. De elektrische schok was zo plotseling en zwaar dat hij meteen een hartstilstand kreeg.'

'Wat betekent dat de moordenaar een methode heeft gekozen waardoor hij of zij binnen wist te komen, deed wat er gedaan moest worden en daarna snel weg wist te komen. Waarom verschilt dit scenario zo totaal van de moord op Fenella Hawksmith?' vroeg Ava zich hardop af.

'Hij of zij past zich aan. Mevrouw Hawksmith woonde alleen. De moordenaar doet de deur op slot, doet voor niemand open en heeft alle tijd van de wereld. In dit geval bestond er een kans dat de echtgenote om een of andere reden thuis zou komen,' zei Callanach.

'Ik woon hier godverdomme. Jullie hebben niet het recht om me buiten te sluiten!'

Een vrouw wrong zich tussen twee rechercheurs door, struikelde over een tas met instrumenten en viel languit de kamer in.

Ava en Callanach schoten allebei naar voren om te voorkomen dat de vrouw het verkoolde lichaam op de grond zou zien, maar het was al te laat. Ze zette het al op een gillen voordat Ava haar kon vastpakken. Ailsa pakte een steriel laken aan van een snel reagerende technisch rechercheur en bedekte de schokkende aanblik van Osaki Shozo.

'O mijn god!' gilde ze. 'Osaki? O fuck, dit kan niet waar zijn. Wat is er met mijn man gebeurd?'

Een man stormde naar binnen, een en al opgepompte biceps en amateuristische tatoeages.

'Kylie? Ik wil naar mijn vriendin!' schreeuwde hij tegen de agent die tevergeefs probeerde hem tegen te houden.

'Dit is een plaats delict,' verzuchtte Ailsa zachtjes tegen Ava.

'Iedereen naar buiten behalve de mensen van de technische recherche,' riep Ava. 'Mevrouw, ik begrijp dat u van slag bent. We brengen u naar een plek waar we even kunnen praten.'

Ze knikte naar het groepje agenten dat zich nu opeens bij de deuropening verdrong, terwijl ze eerder nergens te zien waren geweest toen ze de ingang tot de flat moesten bewaken. Er waren drie agenten nodig om de tegenstribbelende man naar buiten te werken en nog eens twee om de snikkende vrouw overeind te helpen en naar de gang te dirigeren.

'Als dat de echtgenote is, waarom noemt een andere man haar dan zijn vriendin?' vroeg Callanach aan Ava.

'Misschien was het een schijnhuwelijk om een verblijfsvergunning te krijgen,' opperde Ava.

'Kan zijn, maar haar reactie was eerder emotioneel dan professioneel. Als het om een zakelijke regeling ging, dan was ze door zijn dood juist verlost geweest van haar pseudo-echtgenoot en vrij om haar diensten elders aan te bieden.'

'Kunnen jullie je gesprek misschien buiten voortzetten?' onderbrak Ailsa hen. 'We zien ons nu genoodzaakt opnieuw alle sporen veilig te stellen op de plaats delict, en het wordt tijd om de overledene naar een rustiger plek over te brengen.'

Ava en Callanach liepen naar buiten en zagen de vrouw voor de ingang van het flatgebouw in een politiewagen zitten. Haar vriend – het was eindelijk tot de agenten doorgedrongen dat ze de juiste procedure moesten volgen – was in een andere auto gezet. Ava stelde zich voor en vroeg hoe de vrouw heette.

'Kylie Shozo,' snikte ze, en ze pakte het stapeltje papieren zakdoekjes aan dat een politievrouw haar aanreikte.

'Kunt u bevestigen wie de overledene is?'

'Dat is mijn echtgenoot, Osaki. Wat is er in godsnaam met hem gebeurd?' Ze snoot haar neus luidruchtig en liet het zakdoekje op de vloer van de auto vallen.

'Osaki Shozo?' verduidelijkte Ava.

'Ja, natuurlijk,' antwoordde Kylie, Ava aanstarend met een fronsende blik en openstaande mond. 'Was het een ongeluk?'

'Daar lijkt het helaas niet op. Wanneer hebt u uw echtgenoot voor het laatst gezien?'

'Hij was er vanmorgen nog, toen we weggingen. Er was niets aan de hand. Wie heeft hem dat aangedaan?'

'Dat weten we nog niet. Ik hoopte dat u me zou kunnen vertellen of uw man in de problemen zat of vijanden had?'

'Osaki?' Ze lachte en moest toen weer snikken. 'Uitgesloten. Die heeft nog nooit een vlieg kwaad gedaan. Raak ik nou mijn flat kwijt? Word ik er uitgezet omdat hij nu dood is?'

Ava sloeg haar armen over elkaar en dwong zichzelf tot tien te tellen.

'Mevrouw Shozo, uw echtgenoot is het slachtoffer van een misdaad. Er zal autopsie moeten plaatsvinden. Zodra het onderzoek is afgerond wordt het lichaam vrijgegeven zodat u hem kunt begraven.'

'O, lekker is dat. Ik heb geen geld voor een begrafenis. Dat is hartstikke duur. Ik heb niet gevraagd om...'

'Over wie had u het toen u zei "we" zijn vanmorgen weggegaan?' viel Ava haar in de rede.

Kylie stak haar kin in de lucht. 'Beef.'

'En Beef is de meneer die na u binnenkwam?'

'Precies. En mijn privéleven gaat je geen ene ruk aan, verwaande trut.' Kylie trok een pakje sigaretten uit haar zak en stak er een in haar mond.

'U mag niet roken in een politieauto, maar het staat u vrij om buiten een sigaret op te steken,' zei Ava tegen haar. 'Hebt u nog met uw man gesproken voordat Beef en u vanmorgen weggingen?'

'Nee. Hij was in de slaapkamer.'

'Kunt u uw relatie met uw man omschrijven?'

'Ben je nou stom of hoe zit het?' lachte Kylie.

'Blijkbaar,' mompelde Ava. 'Hoor eens, mevrouw Shozo, we moeten u en – sorry, maar heeft Beef ook een echte naam?'

'Sheldon,' mompelde Kylie.

Vandaar die bijnaam natuurlijk, dacht Ava.

'U zult samen naar het bureau moeten komen om een verklaring af te leggen en vingerafdrukken en DNA-materiaal af te geven zodat we u kunnen uitsluiten van de andere sporen op de plaats delict als u allebei onlangs in de flat bent geweest. We moeten ook nagaan waar u gisteren en vandaag bent geweest. En we hebben de contactgegevens van zijn familie nodig.'

'Tokio. Ik ga ze niet bellen om het te vertellen.' Ze stak de sigaret alsnog op.

Ava opende het portier van de auto om de rook te verdrijven.

'Geen probleem. Wij nemen wel contact op met de Japanse ambassade. Maar kunt u me even de situatie schetsen? Heel in het kort: u en uw echtgenoot waren uit elkaar maar deelden nog wel een flat. Hoe vond hij dat?'

'Hij zat alleen maar te janken. Niet waar ik bij was, natuurlijk, maar ik hoorde hem in de badkamer. Hij heeft nog een tijdje geprobeerd me over te halen om bij hem te blijven, maar ja, hij kon geen werk vinden. We gingen nooit eens uit, maakten nooit eens lol. Hij doet iets met computers, weet u wel? Toen ik hem leerde kennen, dacht ik dat hij vast wel een ton per jaar kon verdienen. Het heeft weinig zin om met iemand te trouwen als-ie de rekeningen niet kan betalen, toch? Dus ik zei ja toen hij me vroeg, bezorgde hem een visum en wat gebeurt er verdomme? Ik was uiteindelijk degene die voor de huur en de rekeningen kon dokken, en ook nog eens voor hem moest zorgen. Toch niet te geloven?'

'Dat moet voor u allebei moeilijk zijn geweest,' was het meest diplomatieke antwoord dat Ava eruit wist te krijgen. 'En hoe hebt u Beef leren kennen?'

'Hij is aanvoerder van het dartsteam in mijn stamkroeg. Beef zit in de bouw. Ik had me gewoon bij m'n eigen mensen moeten houden. Eigen schuld dikke bult. Ik moest zo nodig wat nieuws proberen en nu moet ik op de blaren zitten.'

Ava maakte aanstalten om uit de auto te stappen.

'Maar ik heb wel even van Osaki gehouden.'

Ava bleef zitten om te luisteren.

'Toen we elkaar net hadden leren kennen, snapt u? Hij was lief en vriendelijk, en ik vond hem exotisch. Ik vond het heerlijk om hem Japans te horen praten. Bent u weleens zo iemand tegengekomen? Die zo totaal anders was dan alle andere mensen die je ooit hebt ontmoet dat je helemaal hoteldebotel werd?'

Daar had Ava geen antwoord op.

'Weet u toevallig of hij een levensverzekering had afgesloten?' vroeg Kylie tot slot.

Ava liet het aan de agenten over om zich verder over de stuitende Kylie te ontfermen. Ze had niet gedacht dat ze zo mogelijk nog meer medelijden op zou kunnen brengen voor Osaki Shozo dan toen ze zijn lichaam had gezien, maar de gedachte dat zijn leven al net zo ellendig was verlopen als zijn dood was onverteerbaar.

21

11 maart

Het was 5.54 uur in de ochtend en hij had geen oog dichtgedaan. Dat kon hij nooit nadat hij iemand had vermoord. Zijn lichaam gonsde van opwinding op de van zweet doordrenkte lakens en een matras die al zo vaak dienst had gedaan als ondergrond voor een eenzame viering, dat hij van plan was een nieuwe aan te schaffen zodra zijn volgende reddingsoperatie achter de rug was.

Hij bedreef de ultieme vorm van recycling, hij was de belichaming van groene energie, hij pakte de levensbron af van mensen die daar slordig mee omsprongen, en laadde zichzelf daarmee op, waardoor hij nog sterker en gelouterd uit het proces tevoorschijn kwam.

Buiten verstoorde een kraai de rust. Een paar minuten later ging er ergens een raam open, wat gepaard ging met een paar krachtige vloeken. Er werd een voorwerp naar buiten gegooid. Het landde met een hol, metalig geluid op de grond, vermoedelijk een leeg blikje. De kraai bleef even stil en begon toen weer te krassen, schaterend om de absurde poging om hem het zwijgen op te leggen. Van nature was hij een roofdier en zijn voedingspatroon en jachttechniek verschilden niet van die van een vos. Kraaien aten eieren en jonge vogels, en zelfs volwassen vogels als ze de kans kregen, ze slorpten de levenskracht van hun prooi op, zogen ze leeg, werden een met hen. Het was de kringloop van de natuur.

Het leven. Niet de dood. Hij was dol op dieren. Dieren leverden strijd om te overleven. Ze vochten om te paren, te eten en hun jongen te beschermen. Ze gaven zich nooit gewonnen. Mensen waren anders. Mensen waren egocentrisch, slachtoffers van hun eigen evolutie, naar binnen gekeerd. Hij vroeg zich af op exact welk moment homo sapiens niet meer reageerde op zijn omgeving en in zijn eigen hoofd begon te leven. De moderne mens teerde de godganse dag op medelijden en analyseerde zijn emoties alsof hij op de set van een realityserie woonde. De moderne mens hechtte zo weinig waarde aan het geschenk van het leven dat hij het zomaar kon verkwanselen. Om een internetchallenge bijvoorbeeld, of om een zoveelste wapenfeit op de sociale media te kunnen delen. Die zwakke zielen waren aberraties.

Hij stond op en liep naar het raam. De kraai, boven in een boom die nooit nieuwe bladeren zou krijgen, hoe mooi de lente ook werd, kraste opnieuw en klapperde verwaand met zijn vleugels. Hij draaide zijn kop en staarde met een glazige, doodse blik door het raam naar binnen. Er was een moment van verbinding. Een openbaring.

Hij en de kraai waren één.

Hij schuifelde zijwaarts naar een kast, voorzichtig, om de vogel niet op te schrikken. Niet dat het waarschijnlijk was dat de kraai zou opvliegen, daarvoor waren ze allebei van nature te onverschrokken. Hij pakte een luchtbuks uit de kast. Het wapen was al geladen. Je kon niet voorzichtig genoeg zijn als je in een stad woonde. De buks had een indrukwekkend vizier, eigenlijk veel te duur in verhouding tot de kracht van het wapen, maar nu kwam het goed van pas.

Hij bracht het geweer langzaam omhoog, legde het in de holte tussen zijn schouder en sleutelbeen, en legde aan. De kop van de kraai vormde een te klein doelwit, maar met de borst wist hij wel raad. Hij ademde langzaam in, hield de lucht vast in zijn longen, ontspande en ademde weer rustig uit en telde in gedachten tot vijf.

De kraai opende zijn snavel om de rust weer te verstoren, maar er kwam geen geluid uit. In plaats daarvan klonk er een zachte plof toen het kogeltje doel trof en het beest van de tak tuimelde. Onderweg raakte hij nog een paar andere takken en viel op de grond, boven op een weggegooide verpakking van een afhaalmaaltijd. Geen commotie. Het was een waardig einde, dacht de man, die zich realiseerde dat hij zich eerst moest aankleden voor hij het lijkje kon ophalen. Tijd was van essentieel belang.

Hij schoot snel een spijkerbroek en een capuchonvest aan, liep de trap af langs de andere appartementen en sloop de gemeenschappelijke tuin in. Hij zorgde er altijd voor zo min mogelijk aandacht van de buren te trekken, en het zou geen goed begin zijn als ze hem het karkas van een dode vogel uit de tuin zouden zien halen. Hij kon nog steeds enigszins profiteren van de duisternis, ondanks de lichtvervuiling van de nabijgelegen gebouwen en straatverlichting.

Hij liet de kraai in een plastic zak glijden en schudde droevig het hoofd voor het geval dat nieuwsgierige ogen hem gadesloegen. Hij was naar buiten gelopen om te zien wat er gebeurd was, had hij voor zichzelf gerepeteerd, had daar de vogel aangetroffen en mee naar binnen genomen om hem te verzorgen in de veronderstelling dat het dier bewusteloos was, en niet dood. Hij oefende zich voortdurend in de verschillende versies van een gebeurtenis. Je wist maar nooit wanneer het onverwachte toesloeg, en hij nam de laatste tijd grotere risico's. Grotere risico's, grotere beloningen. Grotere macht.

Hij liep geruisloos de trap op – ook dat had hij geoefend –, deed de deur op slot en haalde de kraai in de keuken uit de plastic zak. Het was een schitterend dier. Ultiem vormgegeven, gemaakt om te vliegen en te jagen, zong de vogel hem nu luider toe dan hij bij leven ooit had kunnen doen.

Hij streek met zijn wijsvinger langs de snavel, voelde hoe scherp die was, bewonderde de aerodynamische vorm vanaf de staart tot aan de kop. Hij hield hem net zolang vast tot hij de laatste warmte uit het karkas in zijn handen voelde vloeien, en toen begon hij hem te plukken – een langduriger en ingewikkelder karwei dan hij had gedacht. Gelukkig had hij vandaag vrij.

Vleugels en staart eerst, dat ging makkelijk, dan de rug en de buik, wat al lastiger was met zo'n klein beest. Hij wilde de hele vogel, had hem het liefst intact gelaten, maar uiteindelijk moest hij een compromis sluiten. Met een enkele houw van een keukenmes hakte hij de alerte kop van het beest eraf, en zette die boven op de cactus in zijn vensterbank. Misschien had de vogel het recht om te zien wat er gebeurde.

Hij sneed het karkas van keel tot buik open, haalde de ingewanden eruit, en hakte de poten eraf. Daarna verhitte hij boter, zeezout en knoflook in een koekenpan, en liet de kraai erin glijden toen de pan goed heet was.

De vogel was in een mum van tijd gebakken. Hij arrangeerde hem zodanig op een bord dat de vorm van het dier nog duidelijk zichtbaar was, ging in kleermakerszit op de geschuurde houten vloer zitten en ademde met diepe teugen dezelfde lucht in die de kraai tot een uur geleden nog had ingeademd. Hij keek door het raam naar dezelfde hemel waarin de kraai had gevlogen. Hij luisterde naar de wind in de boom waarin de kraai was neergestreken.

De eerste hap was pure extase. Het deed er niet toe dat het vlees zenig was of onaangenaam naar geitenkaas smaakte. Het was leven. Leven dat zo kortgeleden nog geleefd werd dat hij de essentie ervan in zich voelde doordringen. Zijn transitie tot kraai was voltooid. Hij wás de kraai, en elk leven dat de kraai ooit tot zich had genomen.

Al die kleine vogeltjes fladderden binnen in hem.

Hij evolueerde razendsnel. Hij begreep de aard van de natuur.

Daar moest hij om lachen. En nog eens lachen. Zo lang en hard lachen dat hij er pijn in zijn zij van kreeg. Hij voelde zich lichter dan lucht, alsof hij kon vliegen. Hij was een roofdier. Een jager. Maar dan wel een jager met een doel. Hij at alleen maar om nog sterker te worden, langer te leven en de best mogelijke versie van zichzelf te worden. Hij begreep hoe kostbaar het leven was. Het was niet verkeerd om de mensen te straffen die met hun leven klooiden en het als iets vanzelfsprekends beschouwden. Het was gerechtigheid. Meer dan dat. Het was noodzakelijk om hen uit te roeien.

Nu hij zichzelf in de kraai had gevonden en één was geworden met de wereld, werd hij een onstuitbare kracht die de natuurwetten in stand hield.

22

11 maart

Ava staarde naar het filmdoek. Er waren maar weinig klassieke films die haar niet konden boeien, maar dit gedwongen nietsdoen, wetende dat ze thuis in haar bed alleen maar naar het plafond zou liggen staren terwijl de tijd wegtikte, vond ze nog veel erger dan de dodelijke vermoeidheid die ze voelde.

Fenella Hawksmith was dood. Haar dochter was opgespoord en had een waterdicht alibi. Ze hadden geen enkele aanwijzing.

Osaki Shozo was dood. Zijn vrouw en haar vriend Beef werden niet langer verdacht; elke stap die ze hadden gezet was bevestigd door een hele rits getuigen. Ze konden natuurlijk een huurmoordenaar in de arm hebben genomen, maar dat sloeg nergens op. Kylie Shozo zou financieel niet profiteren van de dood van haar man en hij had haar verder geen strobreed in de weg gelegd. Integendeel zelfs, want ze hadden ontdekt dat Osaki van plan was geweest om te verdwijnen op een vistrawler. De reactie van de vrouw, al stuitte die Ava tegen de borst, was ook niet gespeeld. Daar twijfelde ze geen moment aan.

En dan zaten ze nog met dat lastige detail rond Stephen Berry's dood – die ene piepkleine afdruk van een schoenzool op zijn vinger. Geen voor de hand liggend verband met de twee andere zaken. Geen duidelijk bewijs van opzet. En toch kon Ava het maar niet uit haar hoofd zetten – drie lijken, geen antwoorden.

En verder zat ze nog in haar maag met het onderzoek van Pax Graham en het feit dat Luc nog niet had gehoord wat zijn moeder zou beslissen inzake de nalatenschap van Bruce Jenson aan de stichting tegen seksueel geweld. De zoon van het slachtoffer, Andrew, was uiteindelijk met een video op de proppen gekomen om te bewijzen dat hij de uren die hij eerst niet kon verantwoorden, in een casino had doorgebracht om te proberen iets van de enorme som geld die hij het gokpaleis schuldig was terug te winnen. Daardoor werd hij niet langer verdacht en verder hadden ze geen verdachten op het oog.

Ava zuchtte. Het zou prettig zijn geweest als ze ten minste één fatsoenlijke aanwijzing in een van de zaken hadden gehad. Maar nee. De dagen regen zich aaneen en de zaak begon er steeds beroerder uit te zien. Ava begon zich steeds schuldiger te voelen omdat ze Lucs rol in de moord op Bruce Jenson had verzwegen. En nu had ze hem ook nog eens meegesleept naar een film die zelfs haar niet echt kon boeien. Het was halfelf 's avonds en het enige waar ze trek in had was popcorn. Van haar belofte aan Ailsa dat ze beter voor zichzelf zou zorgen, kwam dus ook al niets terecht.

'Is er al iets gebeurd?' vroeg Callanach, terwijl hij ging zitten en Ava een grote beker vol gloeiend hete, boterige popcorn overhandigde.

'Niets wat filmgeschiedenis gaat schrijven.'

Een vrouw die een paar rijen voor hen zat, riep nadrukkelijk 'sst'.

'Sorry!' riep Ava vrolijk terug.

'Wil je hier weg?' vroeg Callanach.

'Mag ik mijn popcorn meenemen?'

'Naar mijn huis? Alleen als je belooft niet te morsen zoals je onder de film altijd doet.'

'Je bent helemaal niet gezellig. We kunnen onderweg hotdogs halen. Er een leuk avondje van maken,' zei ze grinnikend.

'Hoe blijf jij zo slank?'

Hij sloeg haar jas over haar schouders terwijl ze opstond en de enorme beker popcorn recht probeerde te houden.

'Stress,' antwoordde ze. 'En doordat ik geen relatie heb. Single zijn betekent dat ik geen last heb van de ups en downs van al die ruzies, die alleen maar leiden tot vreetbuien omdat je ongelukkig bent, vreetbuien na een ruzie, vreetbuien vlak voordat je uit elkaar gaat, vreetbuien omdat je het weer goed hebt gemaakt. Mijn leven ziet er tegenwoordig heel simpel uit. Zeven dagen per week magnetronmaaltijden of iets van de delicatessenwinkel. Geen man betekent geen tussendoortjes. Mijn lichaam is een tempel.'

'Maar wat voor zin heeft dat als er niemand is om dat lichaam te aanbidden?'

Lachend gaf Ava hem een stomp in zijn ribben.

Een van de bezoekers, een man alleen die overduidelijk totaal niet geïnteresseerd was in klassieke films, draaide zich om en keek hen na.

Ze liepen naar buiten. De bioscoop op York Place lag op slechts vijf minuten lopen van Callanachs appartement en ze staken langzaam de rotonde van Picardy Place over terwijl Ava onverschillig wuifde naar de toeterende auto's.

'Heb je soms cocaïne uit de opslag voor bewijsstukken gepikt?' Callanach sloeg haar gade terwijl ze dromerig over het trottoir zwalkte.

'Nee, nog niet, maar het is wel een idee. Ik had nooit kunnen denken dat ik op een plaats delict zou komen waar een man is geëlektrocuteerd doordat hij met zijn penis in een broodrooster zat. Het lijkt wel of we in een soort schemerzone terecht zijn gekomen. Het is bijna een drama van shakespeareaanse proporties. Het tafereel in de flat van Fenella Hawksmith was al erg genoeg, met die langzame aanloop naar haar dood en die verkrachting met dat mes. Het is allemaal zo bizar, het lijkt niet echt. En we komen geen stap verder.'

'We hebben wel eerder lastige zaken gedaan. Wat zit jou nou het meest dwars aan deze zaken?'

Ava bleef midden op het trottoir stilstaan, gooide de popcorn in een vuilnisbak en zette haar handen in haar heupen, waardoor een groepje allesbehalve nuchtere mannen die luidkeels in slecht Italiaans een lied zongen, met een boog om haar heen moest lopen.

'Dat,' zei ze, hen nawijzend. 'Ik weet niet of ze vrienden zijn of broers of in hetzelfde voetbalteam zitten, maar ze hebben een band met elkaar. Meestal wordt de deur bij ons platgelopen door familieleden die antwoorden willen, eisen dat er recht wordt gedaan. Of anders krijgen we de media wel op ons dak die ongeduldig zitten te wachten op een nieuwe aanwijzing, de spanning opdrijven en de emoties bij het publiek ophitsen. En we mogen van geluk spreken dat we dit keer de gekte enigszins binnen de perken hebben weten te houden. De media hebben tot nu toe de zaak-Hawksmith nog niet in verband gebracht met de moord op Osaki Shozo, maar ik ben cynisch genoeg om me af te vragen of ze die moeite wel zullen doen.

Fenella Hawksmiths dochter wilde niet gevonden worden en reageerde opmerkelijk lauw op de dood van haar moeder. De lieflijke Kylie Shozo, die met haar man en haar minnaar een flat met één slaapkamer deelde, maakte zich grote zorgen of ze daar na de moord op haar man nog wel kon blijven wonen. Moet een slachtoffer in onze samenleving soms voldoen aan een bepaald stereotype, denk je? Kunnen we alleen maar sympathie opbrengen als het slachtoffer verpakt is in het lichaam van een twintigjarige jonge vrouw met blije foto's op de sociale media, met als standaard bijschrift "een leven in de knop geknakt" of "zoveel potentieel dat nooit zal worden verwezenlijkt"? Vervang dat door een oudere, zwaarlijvige weduwe en een Japanse immigrant, en het interesseert de mensen geen zak.

Ik maak me zorgen, Luc. Ik maak me echt zorgen dat een lijk niet meetelt als slachtoffer, tenzij hun huidskleur en kledingmaat voldoen aan onze walgelijk lage maatstaven.'

Ze was steeds harder gaan praten.

Callanach wachtte tot ze adem had gehaald, deed toen een stap naar voren om haar te omhelzen en hield haar stevig vast tot hij haar in zijn armen voelde ontspannen.

'Zal ik de popcorn weer voor je uit de afvalbak vissen?' vroeg hij.

Ava lachte even, legde haar voorhoofd tegen zijn schouder en lachte nog eens.

'Sta ik nog op mijn zeepkist?' vroeg ze.

'Volgens mij ben je erdoorheen gezakt. Kom,' zei hij. Hij liet haar los maar pakte haar hand en trok haar zachtjes mee. 'Voor wat het waard is: Rosa, de ex-vriendin van Stephen Berry, trekt het zich heel erg aan. Ze gaf veel om hem en één persoon is net zo belangrijk als duizend anderen. De strijd voor rechtvaardigheid heeft niets te maken met populariteit bij het publiek.'

Hij stak zijn sleutel in de gemeenschappelijke buitendeur en deed een stap naar achteren om Ava als eerste de trap op te laten gaan. Ze bleef met haar rug tegen de muur geleund bij de deur van zijn appartement op hem wachten, vechtend tegen haar tranen.

'Ik weet dat het heel zielig klinkt, maar ik ben me hierdoor wel gaan afvragen wie mij zou missen.'

Callanach pakte haar hand weer vast en trok haar naar binnen.

'Wat zal ik zeggen? Iedereen die een enthousiaste fan is van overmatig zelfmedelijden zou een week lang een wake voor je houden, maar afgezien van een dergelijke ziekelijke verering denk ik dat je gelijk hebt. Helemaal niemand.'

'Luc, ik meen het. Mijn familie is al jaren geleden tot de slotsom gekomen dat ik met de politie getrouwd ben. Tegenwoordig vragen ze wat er loos is als ik bij ze langsga. Het team bekijkt me met een mengeling van achterdocht en gelatenheid als ik de coordinatieruimte binnenkom. Vroeg of laat gaat Natasha samenwonen met een waanzinnig aantrekkelijke vrouw die haar aan het lachen maakt én haar verschrikkelijke muzieksmaak op de koop toe neemt, en dan heeft ze mij niet meer nodig. En jij...' Callanach nam haar jas van haar schouders en gooide hem op de eettafel. 'Ik ben er zeker van dat jij op een dag je biezen pakt en teruggaat naar

Frankrijk. Je raakt over je trauma heen en beseft dan dat je nergens anders echt gelukkig kunt zijn. Op een gegeven moment ga je naar de zon en de wijngaarden verlangen, dan pak je je koffers en laat me hier achter. Wat moet ik zonder jou?'

'Ava, ik ga nergens heen. Hier, ik zal het je bewijzen.' Hij haalde de sleutel van de voordeur van zijn sleutelring, pakte Ava's sleutelbos uit haar jaszak en maakte zijn sleutel eraan vast. 'Heb ik je nu overtuigd?'

'Idioot,' lachte ze. 'Ik hoef jouw sleutel niet.'

'Hou hem toch maar. Anders dan jij weet ik wél waar mijn reservesleutel ligt. Trouwens, jij laat je toch niet afpoeieren als je het in je hoofd hebt gehaald om langs te komen. Maar serieus, waarom denk je dat ik ooit weg zou gaan?'

Hij pakte twee glazen van een plank en maakte een fles Balvenie-whisky open die hij had bewaard voor als ze op bezoek kwam.

'Waarom zou je hier blijven? Het is koud. Je haat kou. En het regent hier zo vaak dat de Schotten bijna in amfibieën zijn veranderd. En daar komt de dood van Bruce Jenson nog eens bij. Net toen je dacht dat je die nare dingen uit het verleden achter je had liggen, gebeurt dát. En ik ben ook niet altijd een goeie vriendin voor je geweest. Ik heb me met je privéleven bemoeid...'

'Door datgene te doen wat jij juist achtte,' voegde Callanach eraan toe.

'Ik heb je uit mijn leven gebannen zonder uit te leggen waarom...'

'Om me te beschermen,' zei hij.

'En in plaats van je te steunen was ik alleen maar jaloers. Daar schaam ik me voor. Als ik me wat volwassener had opgesteld wat betreft Selina, zouden jullie misschien nog samen zijn geweest. Ze paste goed bij je, maar ik kon mezelf er niet toe zetten om ook maar één avond met jullie tweeën door te brengen. Dat spijt me verschrikkelijk.'

Ava plofte op de bank neer en fronste haar voorhoofd, wat ze niet vaak deed. Callanach ging op de armleuning zitten en liet een bodempje whisky walsen in zijn glas.

'Jaloers?' vroeg hij. 'Waarop precies?'

'Ik weet het niet. Op Selina, omdat ze jou helemaal voor zichzelf had. Ik geloof dat ik je als mijn bezit ben gaan beschouwen. Belachelijk hè? We werken de hele dag samen, ik breng meer tijd met jou door dan de meeste getrouwde stellen met elkaar, en toch hielden die avonden waarop we samen uit het werk kwamen en gewoon vrienden waren, me op de been. Samen eten, op de zaterdagochtend urenlang kletsen bij een kop koffie, om twee uur 's nachts samen naar de film. En toen kwam er opeens iemand anders in je leven, en dat vond ik verschrikkelijk. Godallemachtig, dit is echt vreselijk. Nu word ik in mijn zwartgallige bui ook nog eens pijnlijk eerlijk. Ik ben van plan om dronken te worden. Wil je voor twee uur vannacht een taxi voor me bellen?'

'Waarom heb je daar niet eerder met me over gepraat? We hebben toch altijd alles tegen elkaar kunnen zeggen?'

'O ja, natuurlijk. Stom van me. Ik had je gewoon op mijn kamer moeten ontbieden en voor het gemak even moeten vergeten dat ik je baas ben, en dan had ik moeten zeggen: "Zeg Luc, kun je die aantrekkelijke, langbenige Spaanse dokter niet dumpen? Want ik voel me een beetje in de steek gelaten." Dat zou een heel fijn gesprek zijn geworden.'

'Helpt het als ik je zeg dat ik hetzelfde voelde toen jij met Joe was? Ik haatte hem vanaf het begin en dat had niets te maken met het feit dat hij een pretentieuze, arrogante klootzak was. Het enige wat ik zag was dat hij jou van me had afgepakt.'

Ava dronk haar glas leeg, zette het op tafel en sloeg haar handen voor haar gezicht.

'Serieus? Moet je nou echt over Joe beginnen? Wat bezielde me? Dat bewijst maar weer eens dat mijn privéleven een regelrechte ramp is. Altijd zo geweest. Moet er een doorgedraaide psychopaat worden gevangen? Doe ik, geen probleem. Maar een goeie vent vinden naast wie ik 's ochtends wakker kan worden? Gezakt, slechtste leerling van haar klas, toont geen enkele natuurlijke aanleg.'

'Ik vind dat je wat te streng bent voor jezelf,' zei hij lachend.

'O, ben ik nou weer te streng voor mezelf? Ik dacht dat zelfmedelijden mijn specialiteit was.' Ava schonk zichzelf nog wat whisky in.

Ze zaten zwijgend te genieten van het vakmanschap waarmee de whisky was gemaakt, en keken elkaar zo nu en dan aan.

Callanach slaakte een diepe zucht en glimlachte toen. 'Over pijnlijk eerlijk gesproken. Op dat onderdeel versla ik je met gemak. Selina en ik zijn nooit met elkaar naar bed geweest. Niet één keer in al die maanden dat we samen waren.'

Ava wilde net haar glas naar haar mond brengen maar stopte halverwege en staarde ernaar alsof het opeens tot leven was gekomen.

'Sorry, wat zeg je nou?' vroeg ze uiteindelijk.

'Het is waar. Ik bedoel, we deden wel andere dingen, ik ben geen monnik, maar er heeft geen – hoe zeg je dat – consummering plaatsgevonden.'

'Consummatie,' verbeterde Ava hem.

Hij haalde een verkreukeld pakje Gauloises uit zijn broekzak, dat hij altijd bij zich droeg ter herinnering aan de periode dat hij nog rookte. Ava glimlachte toen hij een sigaret tussen zijn lippen nam zonder hem aan te steken, zodat hij de tabak proefde zonder de bevrediging – of het gevaar – van het inhaleren van de rook.

'Waarom niet?' vroeg ze.

'Een van de dingen die ik het leukst aan jou vind is dat je altijd gewoon zegt wat je denkt,' zei Callanach met een grijns.

'Je bedoelt dat ik geen filter heb,' glimlachte Ava op haar beurt.

'Ik bedoel dat je precies bent zoals je overkomt. Geen pretentie, geen uiterlijk vertoon. Je zou niet eens achterbaks kúnnen zijn, al zou je nog zo hard je best doen. Ik daarentegen heb leren liegen. Eerst tegen mezelf, daarna tegen de mensen van wie ik hou.' Hij liet zich van de armleuning glijden en ging naast Ava zitten, met zijn voeten op tafel. 'Ik ben impotent, Ava. Dat ben ik al sinds Astrid me van verkrachting beschuldigde. Ik ben in therapie geweest, heb medicijnen genomen en een beeldschone, langbenige Spaanse arts geprobeerd. Ik ben kapot. Jij bent de enige vrouw bij wie ik daar helemaal niet aan denk. Als ik bij jou ben voel ik geen stress of druk. Alleen het hier en nu, oprechte emoties, open gesprekken. Dus nee, ik denk er niet over om terug te keren naar Frankrijk, waar het allemaal begonnen is. De enige plek waar ik wil zijn is hier, met jou.'

Ava keek hem van opzij aan, met de armen over elkaar.

'Wel verdomme,' riep ze uit. 'Je worstelt hier al mee sinds de dag dat ik je voor het eerst zag en je hebt nooit iets gezegd?'

'Ava!' zei Callanach verbluft. 'Hoe had ik dat moeten...'

'Je bent echt een stomme idioot,' zei Ava. Ze omvatte zijn gezicht met beide handen en boog zich naar hem toe, duwde haar lippen op de zijne en vlijde zich tegen hem aan.

Een halve minuut later maakte ze zich van hem los, ademloos en met een rood gezicht.

'Eh, ik weet niet zo goed wat ik moet zeggen. Ik had dit niet moeten doen. Hoor eens, ik ga wel weg, en ik snap het heel goed als je morgen...'

Callanach sloeg zijn ene arm om haar middel en liet zijn andere hand om haar nek glijden.

'Sst, niks zeggen,' zei hij zacht. Hij tilde haar op en zette haar op zijn schoot, trok haar gezicht naar zich toe en opende haar lippen met de zijne.

Ze woelde met haar vingers door zijn donkere krullen en voelde zijn warmte terwijl ze zich tegen hem aan duwde en haar tong traag over zijn onderlip liet glijden, tot ze zich losmaakte om hem in de ogen te kijken.

'Echt?' vroeg ze zacht. 'Waarom zou je mij willen, van alle vrouwen die je kunt krijgen?'

'Omdat ik als ik jou niet kan krijgen, helemaal niemand wil. Dat meen ik.'

Hij streek haar haar naar achteren zodat haar keel bloot kwam te liggen en liet zijn tong vanaf het kuiltje in haar hals tussen haar sleutelbeenderen naar de zachte onderkant van haar kaak glijden voordat hij haar losliet zodat hun lippen elkaar weer konden vinden.

Ava liet een lachje horen, verkende zijn lichaam onder het T-shirt, voelde de golvende beweging van zijn harde spieren die zich onder haar handen spanden en ontspanden. Ze gleed met haar nagels die ze uit praktische overwegingen altijd kort hield, over de heuvels en dalen van zijn bovenlichaam, verrukt toen ze voelde hoe zijn lijf zich kromde en hij zwaar uitademde.

'Ava, weet je het zeker? Ik wil niet dat je er spijt van krijgt,' mompelde hij, terwijl hij de bovenste knoopjes van haar blouse losmaakte en de zachte huid tussen haar borsten kuste.

'Als ik één man in mijn leven vertrouw ben jij het wel, en spijt is een woord dat mannelijke politici in de mond nemen als ze op overspel worden betrapt. Kun je nu misschien mijn blouse verder uittrekken? Het begint hier een beetje warm te worden.'

Callanach deed wat ze vroeg, leunde toen achterover en sloeg haar bewonderend gade terwijl ze met zijn knoopjes in de weer was, en op het puntje van de bank in evenwicht probeerde te blijven en hem tegelijkertijd bleef kussen.

'Dit werkt niet,' zei Callanach.

'Wat? Maar ik dacht...'

'Ik bedoel alleen dat we niet genoeg ruimte hebben op de bank,' verduidelijkte hij. Hij liet zijn handen onder haar billen glijden, tilde haar op en droeg haar naar de slaapkamer waarbij hij zijn scheenbeen tegen de salontafel stootte en Ava met haar rug langs het deurkozijn schampte.

'Ben je altijd zo onhandig?' lachte ze.

'Alleen als ik een vrouw draag die niet stil wil blijven liggen en mijn gezichtsveld belemmert. Kijk uit!'

Hij liet haar op zijn bed vallen en zag hoe ze heen en weer rolde over zijn dekbed.

'God, dit is echt een heerlijk zacht dekbed. Alsof ik op een wolk terecht ben gekomen. Hoe is het mogelijk dat je een sixpack hebt, een filmsterrenkapsel en ook nog eens het beste beddengoed van het hele universum? Je blijft vast nooit bij mij slapen. Wat zeg ik, misschien moet ik je maar koud maken en je appartement overnemen.'

'Of je kunt gewoon bij me intrekken en nooit meer naar huis gaan,' stelde hij voor, terwijl hij naast haar kwam liggen. 'Je bent zo ongelooflijk mooi. Dat besef je niet, hè?'

'Moet jij zeggen, meneer fotomodel. In het team Zware Misdrijven is maar plaats voor één supermodel, en die prijs win jij.'

Callanach ging op haar liggen, streek het haar uit haar ogen en keek haar glimlachend aan.

'Oké, dus dan kun je me zeker niet weerstaan?'

'Jou weerstaan? Wat ben je dan precies van plan?' vroeg Ava met opgetrokken wenkbrauwen.

Hij liet zijn hand onder haar rug glijden, maakte de sluiting van haar beha los en schoof de bandjes van haar schouders.

'Ontspan je nou maar en laat mij m'n gang gaan,' fluisterde hij, terwijl zijn hand over haar buik gleed en hij met zijn duim de zachte huid vlak boven het knoopje van haar jeans streelde. 'Leg mij eens uit waarom we hier zo lang mee hebben gewacht.'

'Dat is makkelijk zat,' zei Ava, terwijl ze met een gelukzalige zucht haar handen onder haar hoofd legde. 'Omdat ik de moeite waard ben om op te wachten.'

'Daar zal ik niet tegen ingaan,' grinnikte hij, terwijl hij het knoopje van haar jeans losmaakte en haar weer kuste, plagerig in haar lippen beet en met zijn warme hand over haar borsten gleed. 'Maar ik ben blij dat je me niet langer hebt laten wachten. Ik weet niet zeker of ik het nog langer had uitgehouden.'

Hij gleed met zijn tong recht naar beneden over haar buik en trok haar lichaam omhoog tegen zich aan. Ava liet haar hoofd achterovervallen, genietend van zijn warme lippen op haar huid. Millimeter voor millimeter trok hij haar jeans over haar heupen naar beneden, waaronder een simpel zwart katoenen slipje en haar witte dijen zichtbaar werden. Hij gooide haar spijkerbroek op de grond en ging tussen haar benen liggen, gaf zachte kusjes op haar fraai geciseleerde heupen en streelde haar dijen met zijn vingertoppen. Ava liet zich ontspannen achterover zakken op het bed, met haar hoofd naar achteren gekanteld, en woelde met haar rechterhand door Callanachs haar.

'Ik hoor nu eigenlijk te vragen of je me morgenochtend nog respecteert of iets in die trant,' mompelde ze.

Callanach antwoordde in het Frans – iets onverstaanbaars, maar Ava begreep het min of meer – terwijl hij haar slipje uittrok en opzijgooide.

'God zij gedankt. Is het me eindelijk gelukt om je stil te krijgen?' vroeg hij, terwijl hij zijn tong langs de binnenkant van haar dij omhoog liet glijden.

'Je bent wel onbeschaamd, zeg,' lachte Ava.

'Vind je dat onbeschaamd? Geef me nog één minuutje.'

Ava hapte naar adem toen Callanachs vingers haar intiemste plek vonden, en hij haar zacht tussen haar benen begon te strelen, rond haar clitoris, waarbij hij vederlichte strelende bewegingen maakte maar tegelijkertijd zoveel druk uitoefende dat ze zich nog verder achterover liet vallen. Hij volgde zijn vingers met zijn tong.

'O mijn god,' kreunde Ava. 'Niet stoppen.'

'Zelfs niet om mijn jeans uit te trekken?' vroeg Callanach, terwijl hij overeind kwam en met de handen in de zij naar haar naakte lichaam staarde.

'Oké, je mag even stoppen om je kleren uit te trekken,' zei Ava glimlachend. 'Maar wel opschieten.'

'En verder zou ik het liefst voor altijd hier binnenblijven. Tenminste, zolang jij bij me blijft,' zei hij. Hij klom op het bed, met een knie tussen haar benen en de andere knie ernaast. 'Zeg dat je blijft.'

'Vannacht?' grinnikte Ava.

'Je weet best dat ik langer dan een nacht bedoel,' antwoordde hij. Hij kuste haar in haar hals en ging naast haar liggen. 'Beloof het me.'

'Zeg, zal ik je eens wat vertellen?' Ava keek hem in de ogen terwijl haar vingers een spoor over de spieren van zijn buik trokken. 'Dat probleem waar je mee zat? Ik geloof echt dat je je daarover geen zorgen meer hoeft te maken.'

Ze vouwde haar hand om zijn penis, greep zijn harde schacht stevig vast en trok er zachtjes aan, waarop hij zwaar begon te ademen en op zijn tanden beet om niet te heftig te reageren op het veel te lang uitgestelde genot.

'Jij bent degene op wie ik al die tijd heb gewacht,' zei Callanach. 'Ava, ik heb me dit moment zo vaak voorgesteld. Ik dacht alleen dat het er nooit van zou komen.'

'Dat moet je niet zeggen!' zei ze grinnikend. 'Wat is er met je imago van mysterieuze, coole, beheerste, sexy man gebeurd?'

Hij kuste haar en opende haar lippen, schoof zijn hand weer tussen haar benen en liet zijn vingers voorzichtig bij haar naar binnen glijden, terwijl Ava naar hem toe rolde en zich tegen hem aan drukte.

'Ik ben jou tegengekomen,' zei hij, en hij maakte zich even van haar los om haar in de ogen te kunnen kijken. 'Dat is er gebeurd.'

Hij schoof zijn vrije arm onder haar nek, legde haar op haar rug en bedekte haar lichaam met het zijne, zodat elke centimeter van zijn huid de hare streelde en ze zich pulserend tegen elkaar aan drukten.

Ava schoof hem zachtjes van zich af, nam de tijd om zich op te richten en hem op zijn rug te duwen en ging schrijlings op hem zitten, terwijl ze hem aankeek en ondertussen haar handen verkennend over zijn lichaam liet glijden.

'Sorry dat ik het moment moet verstoren,' zei ze zacht, 'maar omdat het al god weet hoelang geleden is dat ik seks heb gehad, ben ik niet aan de pil. Heb je iets?'

'Ach, voor mij is het nog veel langer geleden.'

'Sorry, dat was bot van me,' glimlachte ze.

'Niet erg. En ik heb inderdaad iets. Blijkbaar heb ik de hoop nooit helemaal opgegeven. Ze liggen op de onderste plank van mijn badkamerkastje, onder de wastafel. Ik pak ze wel even...'

'Jij blijft hier liggen,' zei Ava. 'Precies waar ik je wil hebben.'

'Oké, maar je krijgt zestig seconden. Als je er langer over doet kom ik je halen.'

Ava boog zich over hem heen en gaf hem een speelse kus voordat ze de badkamer in dook. De glimlach op haar gezicht weerspiegelde de onverwachte blijdschap die ze voelde omdat ze eindelijk aan haar gevoelens voor Callanach toe durfde te geven. De laatste keer dat ze zijn badkamer had gebruikt had ze zichzelf nog wijs kunnen maken dat haar gevoelens voor hem puur platonisch waren. Maar Natasha's pesterige opmerkingen hadden haar aan het denken gezet, en terwijl ze zich er daarvoor altijd met een grap vanaf had gemaakt, besefte ze dat er toch iets veranderd was.

Toen Callanach de relatie met Selina had verbroken, had Ava iets ervaren wat dicht in de buurt van opluchting kwam. Toen hij haar leven had gered en ze samen de nacht in zijn bed hadden doorgebracht, was het voor haar alsof ze thuiskwam. Dat had niet alleen te maken met zijn comfortabele appartement, maar vooral met zijn warme, hartelijke manier van doen en het feit dat ze zich bij hem op haar gemak voelde. Dat vooral. Er waren ook altijd momenten geweest waarop ze heel even iets anders voelde en waar ze met een grote boog omheen liep. Momenten waarop hij zijn armen om haar heen sloeg en zij wilde dat hij haar niet losliet. De keren dat ze samen in gevaar hadden verkeerd en ze toch niet het gevoel had gehad dat haar iets ergs kon overkomen zolang Callanach bij haar was.

Ava bleef even naar zichzelf staan kijken in de badkamerspiegel, haalde haar hand door haar warrige bos haar en probeerde de brede glimlach op haar gezicht af te zwakken, die iets ontzettend kinderlijks had. Voor anderen was het moeilijk voor te stellen dat je, terwijl je midden in een onderzoek zat en elke dag met dood en geweld te maken had, aan het eind van de dag naar huis ging en een leven had. Een echt leven. Het enige tegengif tegen al het leed om je heen, was ervoor zorgen dat ieder moment waardevol was.

'Heb je soms een plattegrond nodig?' riep Callanach.

'Hé, ik ben de moeite waard om op te wachten!' riep ze lachend.

'Wit kastje, onderste plank onder de wastafel. Als het nog langer duurt val ik in slaap.'

'Jij bent anders degene die er spijt van gaat krijgen, als je dat doet,' zei ze terwijl ze op haar knieën ging zitten en de kastdeurtjes opentrok, en naar de verzameling handdoeken, flesjes en toiletartikelen staarde die daarin waren gestouwd. 'Nou weet ik tenminste waarom het hier zo netjes lijkt. Omdat je letterlijk al je rotzooi in dit kastje hebt gepropt. Weet je zeker dat ze hier liggen?'

Ze stak haar hand onder de stapel handdoeken en gleed met haar vingertoppen over een ruw, koud voorwerp. Nieuwsgierig geworden en zonder erbij na te denken trok ze het onder de stapel vandaan.

Een paar seconden lang bleef ze daar roerloos zitten. Zelfs in het schemerige licht herkende ze onmiddellijk het voorwerp dat ze in haar hand hield.

'Ava, heb je ze nou gevonden?' riep Callanach.

Ze deed haar mond open om te antwoorden, maar de woorden werden opeens zo ingewikkeld dat ze er niet uit kwamen. In de slaapkamer hoorde ze hem over het bed glijden en zijn voeten op de grond zetten. Een lichtbaan scheen in de badkamer naar binnen en verlichtte de kleine leisteen waarop een kindergebedje was geschreven.

Op de ronde grijze steen met een doorsnede van ongeveer vijftien centimeter was met fraaie krulletters een traditioneel Keltisch gebedje geschilderd. Al sinds ze kon lezen had ze dat gebedje elke avond gepreveld voor het slapengaan. Ondanks het feit dat ze als tiener de kerk van haar ouders had afgewezen, had ze die leisteen gedurende haar hele volwassen leven in haar nachtkastje bewaard. Als iets wat troost bood, toen het leven nog ongecompliceerd was, een herinnering aan makkelijker tijden.

Ze had zich vaag gerealiseerd dat ze die steen al heel lang... maanden? jaren? niet meer had gezien. Maar het leven was te druk om op zoek te gaan naar verloren geraakte voorwerpen die uiteindelijk toch weer achter in een kast zouden zijn beland. Geen moment was de gedachte bij haar opgekomen dat iemand die steen zonder haar medeweten had weggenomen.

'Toch niet te geloven, laat een vrouw in je badkamer en ze blijft er urenlang hangen. Ik wist wel dat ik het zelf had moe...'

Het woord bleef onafgemaakt liggen op de lippen die haar een paar minuten geleden nog gekust hadden. De mond waarvan ze had gedacht dat er nooit een leugen uit zou komen. De man die ze altijd had vertrouwd, vanaf de eerste dag dat ze elkaar hadden leren kennen. Tot nu.

'Dit is van mij,' fluisterde ze. 'Wat doet dit in jouw badkamer, verstopt in een kastje?'

'Ava, godver, sorry. Ik wil je dit al tijden teruggeven, maar ik wist niet goed hoe,' zei Callanach, die naast haar knielde en een arm om haar schouders sloeg.

Ze schoof een stukje van hem vandaan. 'Ik dacht dat ik het op een verkeerde plek had teruggelegd. Ik dacht dat ik gewoon slordig was. Je kent me. Ik kan wel een moordenaar vangen maar nooit een paar schoenen terugvinden. Het was geen moment bij me opgekomen dat iemand anders zo'n persoonlijk voorwerp zou wegnemen. Overduidelijk iets uit mijn jeugd. Waarom zou je zoiets doen?'

Ze gleed met haar vingers over het ruwe oppervlak en herinnerde zich haar vaders gezicht toen hij haar dat leisteentje gaf. Het was een lief bedoeld, onschuldig cadeau. De absolute definitie van een gekoesterd kleinood.

'Ava, het is al zo lang geleden. Toen ik net bij de Schotse politie kwam en jij me er zo ongeveer toe dwong om je vriendschap te accepteren. Daarna werd jij ontvoerd, net als die andere vrouwen, en ik had geen idee of je nog in leven was. Ik voelde me verantwoordelijk. Ik was een wrak. Toen ben ik naar je huis gegaan om te kijken of we iets over het hoofd hadden gezien en of er tekenen van een worsteling waren. Terwijl ik daar was drong pas tot me door wat jou was overkomen. Ik was ten einde raad. Het team boekte geen enkele vooruitgang in de zaak. We hadden geen idee waar je naartoe was gebracht. De dingen die ik heb meegenomen waren voor mij een manier om emotioneel contact te houden, om erachter te komen waar je eventueel werd vastgehouden...'

'Wat bedoel je?' vroeg Ava met gefronste wenkbrauwen.

'Ik voelde een grote leegte in me toen ik uit Frankrijk vertrok – het kostte me moeite om überhaupt iets te voelen – dus ik was denk ik op zoek naar iets om me aan vast te houden...'

'Nee, dat bedoel ik niet. Ik snap dat je het op die manier voor jezelf probeert te rechtvaardigen, maar je zei dingen. Meervoud.'

Callanach staarde naar de onderste plank van zijn badkamerkastje. De dag waarop Ava ontvoerd werd terwijl ze met een zaak bezig waren, nu een jaar geleden, voelde nog als gisteren. Nog steeds even rauw. Toen hij die leisteen had meegenomen was dat bedoeld als iets tijdelijks. Zelfs toen begreep hij eigenlijk niet goed van zichzelf waarom hij dat deed.

Ava boog zich voorover en trok alle spullen die haar in de weg zaten van de plank en smeet ze op de grond. Daarbij vielen een paar flesjes kapot en in de stroperige vloeistof die zich rond haar knieen verspreidde bleven een paar wattenstaafjes plakken. Uiteindelijk reikte ze met haar hand helemaal naar achteren en trok een pressepapier en een sleutelring met een wereldbol eraan tevoorschijn.

'Ik hoop dat dit niet is wat ik denk dat het is,' zei Ava, en haar stem klonk nu gevaarlijk rustig.

'Je snapt het niet.'

'Je klinkt verbaasd. Vind je dat ik meer begrip moet opbrengen voor wat ik op dit moment in mijn handen hou? Psychopaten nemen trofeeën mee, Luc, politiemensen doen dat niet. Deze voorwerpen behoren toe aan de slachtoffers, aan de vrouwen die ontvoerd en gemarteld zijn. Wat maakte deze presse-papier jou precies duidelijk over de misdaad en hoe je die op kon lossen?' Ze kwam overeind, nog steeds naakt, en zette de handen in de zij. Haar gezicht was rood aangelopen.

'Ik ga niet beweren dat het ergens op sloeg. Kom alsjeblieft terug in bed, laten we hier nou even rustig over praten.'

'Ben je nou helemaal van de pot gerukt? Wil je hier rustig over praten? Besef je wel wat voor diepe inbreuk je hebt gemaakt op mijn privacy en hoezeer je mijn vertrouwen hebt beschaamd?'

'Toen je gevangen werd gehouden, was dat de enige manier waarop ik dicht bij je...'

'Hoe vaak ben je sindsdien bij mij thuis geweest? Je hebt keer op keer de kans gehad om dit aan mij terug te geven.'

'Zo makkelijk was het niet.'

'Ja, dat was het wel!' schreeuwde ze, terwijl ze een handdoek van het rek pakte en om zich heen wikkelde. 'Zelfs al vond je het moeilijk om die leisteen aan mij terug te geven, dan vraag ik me nog af waarom je die andere spullen verdomme bij je hebt gehouden? Haal je ze van tijd tot tijd tevoorschijn om ernaar te kijken? Denk je dan aan wat ons is overkomen? Reginald King heeft minstens drie vrouwen vermoord en het leven van de twee die het overleefd hebben verwoest, maar jij hebt eigendommen van ons onder in je badkamerkastje verstopt. Het lijkt wel of je er regelmatig aan terug wilt denken.'

'Je weet dat dat niet waar is.'

'Eerlijk gezegd weet ik niet wat ik moet denken. Tien minuten geleden zou ik nog gezworen hebben dat ik je net zo goed ken als mezelf. Ik had mijn carrière erom durven te verwedden dat er geen eerlijker, oprechter mens bestaat dan jij. Sterker nog, ik zet mijn carrière op dit moment zelfs letterlijk voor je op het spel! Zelfs al zou ik genoegen nemen met jouw uitleg dat jouw relatie met mij je ertoe bracht om die leisteen mee te nemen, dan blijft het een feit dat de twee andere vrouwen veel eerder zijn ontvoerd. Waarom heb je hun eigendommen weggenomen? Door mijn leisteen mee te nemen zette je gewoon een patroon voort. Het is... ik weet niet eens wat het is. Doodeng, als ik eerlijk ben.'

'Niet doen, je weet dat je me kunt vertrouwen...'

'Wat heb je ermee gedaan, met mijn leisteen?' vroeg ze zacht.

'Ava, kom op, je rukt alles uit zijn verband.'

'Ik meen het. Lag hij de hele tijd hier in dat kastje?'

'Dit is krankzinnig. Ik wist niet wat ik deed toen ik die voorwerpen meenam. Ik heb ze onder in een kastje gestopt omdat ik probeerde te vergeten dat ik ze ooit had weggenomen. Je weet dat het de standaardprocedure is om de bezittingen van een vermiste persoon te doorzoeken als ze ontvoerd zijn.'

'Gelul,' zei ze. 'Je wist wie mij had ontvoerd. Als daar ook maar enige twijfel over bestond, zouden de relevante bewijsstukken als bewijs zijn opgevoerd en niet naar je slaapkamer zijn gesmokkeld zonder dat daar toestemming voor was gegeven. Maakt dit soms deel uit van een of andere maffe fantasie waarin jij de held speelt? Jij redt me, weet alles van me, waardoor je me makkelijker weet te verleiden?'

'Dat is niet eerlijk. Ik heb dit niet allemaal zo gepland en dat weet je heel goed, en ik heb je al helemaal niet versierd. Je bent hier uit vrije wil, weet je nog? Het is nou niet zo dat ik je hier naar binnen heb moeten slepen.'

'Nee, natuurlijk niet. Jij bent Luc Callanach. Jij hoeft vrouwen nergens naartoe te slepen. Ze werpen zich aan je voeten als onnozele, willoze poppetjes. Sorry hoor, dat ik zo voorspelbaar en sneu ben.'

Ze stormde langs hem heen naar de slaapkamer om haar kleren op te rapen en beende naar de zitkamer om zich aan te kleden.

'Niet weggaan. We moeten hierover praten, Ava, niet in de laatste plaats omdat we nog steeds samen moeten werken en midden in een onderzoek zitten.'

'Ik ben professioneel genoeg om met jou te kunnen samenwerken zonder me te laten leiden door mijn gevoelens en telkens als jij komt binnenlopen knikkende knieën te krijgen, dus ik zit goed.'

'En ik dan? Kan het je werkelijk niets schelen hoe ik me voel?' vroeg hij, leunend tegen de deurpost, nog steeds naakt en met zijn armen over elkaar geslagen, terwijl zij worstelde om haar laarzen aan te krijgen.

'Ik doe net of ik dat niet heb gehoord,' zei ze. 'Die andere voorwerpen moeten worden terugbezorgd aan de vrouwen van wie je ze hebt gestolen. Wil je dat ik dat voor je doe of ga je je shit zelf regelen?'

'Ik doe het morgenochtend meteen,' zei hij. 'Hoor eens, je mag nu niet achter het stuur kruipen. Ik slaap op de bank en dan kun jij het bed nemen. Morgenochtend kunnen we dit proberen recht te zetten...'

'Morgenochtend ben ik helder in mijn hoofd en zit ik achter mijn bureau om vijf verschillende moordzaken op te lossen. Ik stel voor dat jij hetzelfde doet.' Ze zette haar telefoon aan. 'Ik bel een taxi. Bedankt voor je juridische advies. Ik wacht buiten wel.'

Ze griste haar leisteen van de grond, propte hem in haar jaszak en liep naar de deur.

'Ava,' zei Callanach rustig. 'Dit kan niet het einde zijn. Ik heb een fout gemaakt. Een gigantische fout die een beetje geschift overkomt, dat besef ik, maar dat kwam doordat ik op dat moment een crisis doormaakte. Ik hoop dat je het allemaal wat kunt relativeren als je wat minder boos bent.'

'Je snapt het niet, hè? Vertrouwen betekent álles voor me en van alle mensen die ik ken vertrouwde ik jou het meest. We waren niet alleen maar collega's. Ik dacht dat we vrienden waren. We steunden elkaar. Natasha kent mij misschien het langst, maar jij... Jij hebt mij op mijn meest kwetsbare momenten gezien. Ik heb niets voor jou achtergehouden, Luc. Niets. En dan kom ik erachter dat jij dit soort geheimen voor mij verbergt...

Vind jij dat dit alleen maar een beetje geschift overkomt? Ik ben verdomme een expert op het gebied van geschiftheid. Ik heb er dagelijks mee te maken op mijn werk. Ik heb het in de ogen gekeken toen ik gevangen werd gehouden. Weet je waar ik geen behoefte aan heb? Ik heb geen behoefte aan nog meer geschiftheid in mijn privéleven als ik in de slaapkamer ben van de man van wie ik dacht dat hij mijn rots in de branding was, als ik op zoek ga naar condooms – condooms, verdomme! – in het badkamerkastje van de man op wie ik verliefd dacht te zijn.'

Ze draaide zich om, rukte de deur open en sloeg hem met een klap achter zich dicht.

23

12 maart

Callanach stond vroeg op en stopte de voorwerpen die Ava in zijn badkamerkastje had gevonden in een doos. De presse-papier liet hij achter bij het huis van Elaine Buxtons ouders, waar ze was gaan wonen toen haar carrière na haar afgrijslijke ontvoering in duigen lag en haar zelfvertrouwen tot nul was gereduceerd. De sleutelhanger met de wereldbol was klein genoeg om in een envelop bij dominee Jayne Magee door de brievenbus te laten glijden. Drie weken nadat Callanach Elaine, Ava en Jayne in een geheime kelderruimte had gevonden was zij alweer aan het werk gegaan.

Drie andere vrouwen hadden het niet overleefd. Hij voelde zich opnieuw misselijk worden bij die herinnering en bij de gedachte wat er gebeurd zou zijn als hij niet op tijd was geweest. Beide objecten had hij voorzien van een briefje met het verhaal dat er in het magazijn voor bewijsmateriaal nog een paar spullen boven water waren gekomen. Hij was er niet trots op, maar zo moest het maar.

Het was pas acht uur in de ochtend. Vroeg of laat moest hij naar het bureau, maar op dit moment ging hij liever laat. Lance belde toen hij in de auto van een espresso nipte en tot de sombere conclusie kwam dat de dag niet slechter had kunnen beginnen.

'Hoi, ik wilde even horen hoe het met je is,' zei hij.

'Ik heb het verkloot,' zei Callanach.

'Dat overkomt iedereen weleens. Waar gaat het precies om?'

'Daar wil ik het nu niet over hebben,' zei Callanach zuchtend.

'Ik kan vanavond wat te eten maken. Een uur of zeven, bij mij? Ik weet dat het in de mode is om later te eten, maar op mijn leeftijd is 's avonds laat eten net zo ongemakkelijk als seks hebben wanneer je schoonmoeder op bezoek is.'

'Liever een andere keer, Lance. Ik ben niet in de stemming voor een gezellig etentje. Was er verder nog iets?'

'Natuurlijk. Je kent me toch? Dat etentje stellen we dan uit, maar ik moet je toch echt om een wederdienst vragen, een van de vele die je me schuldig bent. Een jonge Japanse man is onder verdachte omstandigheden overleden, maar er is nog niet veel informatie aan de pers vrijgegeven, niet door de politie, tenminste. De weduwe van de man heeft gisteravond rond middernacht in haar stamkroeg, toen ze waarschijnlijk niet meer helemaal nuchter was, een paar uitspraken gedaan. Haar versie van de gebeurtenissen klinkt op z'n zachtst gezegd nogal verontrustend. Ik vroeg me af of jij misschien enig licht op haar beweringen kan werpen?'

'Verdomme!' Callanach verfrommelde het lege koffiebekertje en vroeg zich af of Ava dit al wist. Ze zou nu wel achter haar bureau zitten, want acht uur was aan de late kant voor haar doen. 'Wat heeft mevrouw Shozo gezegd?'

'Wat ik ervan begreep was dat ze geld wilde inzamelen om de onkosten te dekken die ze moet maken omdat haar flat nu een plaats delict is waar ze niet in kan. Ze brabbelde ook een paar onverstaanbare zinnen over dat haar man is vermoord met een broodrooster. Het meeste wat ze zei was klinkklare onzin, maar het nummer van haar bankrekening wist ze een paar keer feilloos op te lepelen. En mensen die wilden weten hoe ze konden helpen verwees ze naar een kerel die ze haar manager noemde, hoewel ik het idee had dat zijn managementstijl eerder aan de persoonlijke dan aan de professionele kant van het spectrum lag.'

'Werd die manager misschien Beef genoemd?' vroeg Callanach.

'Je bent dus op de hoogte van de zaak. Ondanks het feit dat de niet heel erg verdrietige mevrouw Shozo zo'n beetje alle media had uitgenodigd, hebben maar een paar leden van de fine fleur van het Edinburghse journaille de moeite genomen om gisteravond naar die pub te komen, maar sommigen namen haar relaas wel serieus en hebben de details genoteerd, en de rest zal het verhaal ondertussen ook wel hebben opgepikt. Dus waarom die radiostilte van de kant van de politie als het om een moord gaat?'

'Daar kan ik niks over zeggen, Lance. Je moet contact opnemen met de persvoorlichter als je iets wilt hebben wat je kunt publiceren,' zei Callanach, en hij startte de auto. Het was steenkoud en de ruiten waren beslagen.

'Geef me dan iets waarvan ik net kan doen of het een geniale conclusie van mezelf is, en waar ik op kan voortborduren,' zei Lance gevat.

'Shozo had voor zover we weten geen vijanden en geen schulden. Geen crimineel verleden en geen dubieuze connecties. Hij had zelfs een baan aangenomen en stond op het punt voor enige tijd het vasteland te verlaten.'

'Dat komt in grote lijnen overeen met wat zijn weduwe gisteravond zei. Dus je kunt wel wat hulp gebruiken, denk ik? Mensen die hem hebben gekend of die je een completer beeld kunnen geven van zijn laatste activiteiten, en hoe hij misschien de aandacht van de verkeerde figuur heeft getrokken.'

'Ja, maar wees op je hoede. Mevrouw Shozo praat duidelijk liever met de pers dan met ons. Als je haar te spreken kunt krijgen, kijk dan of je een een-op-eengesprek kunt arrangeren. Dat kun je dan misschien voor een hoofdartikel gebruiken. En dat van dat broodrooster kan ik niet bevestigen.'

'Maar je ontkent het dus ook niet,' was Lance' commentaar.

'Gezien mijn stemming op dit moment is dat niet een tactiek die ik je zou aanraden,' zei Callanach waarschuwend. 'Tot gauw, oké?'

'Dat zeg je altijd, Luc. Hou je taai. Bel als je me nodig hebt.'

Het bureau gonsde van de activiteit toen Callanach er om halfnegen arriveerde. Ava had al een document laten rondgaan waarin het onderzoek naar een mogelijk verband tussen de moord op Fenella Hawksmith en Osaki Shozo prioriteit kreeg. Tripp had de leiding over de ondervraging van getuigen in de zaak-Shozo en ging een huis-aan-huisonderzoek doen in de buurt van de flat, en hij zou ook de aankoop natrekken van wat een splinternieuw broodrooster bleek te zijn geweest. Commissaris Overbeck had het managen van de public relations op zich genomen, wat onvermijdelijk was nu de vrolijke weduwe Shozo had besloten een inzamelingsactie op touw te zetten, waarschijnlijk om haar nieuwe leven met Beef te financieren. En Callanach had geen idee wat *hij* geacht werd te doen. Ook al wilde Ava hem niet zien of spreken, toch zouden ze op zeker moment met elkaar in gesprek moeten.

Hij klopte op de deur van haar kamer en wachtte tot hij binnen werd geroepen terwijl hij aan de andere kant Lively's allesbehalve zoetgevooisde stemgeluid hoorde. Het was inspecteur Graham die de deur na een paar seconden opendeed en opzijging met zijn grote lijf om Callanach erlangs te laten. Ava stond achter haar bureau en hield het blad in een ijzeren greep. Ze klemde haar kaken zo hard op elkaar dat Callanach de aderen in haar hals zag opzwellen.

'Zal ik later terugkomen?' vroeg Callanach.

Ava keek hem strak aan.

'Nou, we hadden het met de chef net over die doorgesneden remleidingen waar ik u over verteld heb,' zei Lively op opgewonden toon, met zijn bulderende stem, zich totaal niet bewust van Ava's dodelijke blikken richting Callanach. 'Het blijkt dat de bestuurder in de stad was voor een begrafenis. En moet u horen: hij was helemaal uit Spanje hierheen komen vliegen om de laatste eer te bewijzen aan een ander slachtoffer van een recente moord.'

'Bruce Jenson.' Pax Graham maakte de clou af.

Lively keek alsof iemand het laatste koekje voor zijn neus had weggekaapt.

Callanach keek naar Ava, maar die hield haar ogen strak op Graham gericht.

'Hoe heette hij?' vroeg Callanach.

'Gilroy Western,' zei Lively, die zich niet zomaar de loef liet afsteken. 'Die botsing was geen auto-ongeluk. De remleidingen waren volledig doorgesneden, maar het was niet erg professioneel uitgevoerd. Het is onvoorstelbaar dat Western nog zo ver is gekomen, en dat er geen andere doden zijn gevallen.'

Callanach ademde diep in om het gevoel te onderdrukken dat er niet genoeg zuurstof in de kamer was. Jenson en Western allebei dood. Allebei vermoord, corrigeerde hij zichzelf. Zijn moeder zat in Frankrijk en was net zomin tot een meedogenloze moord in staat als een onschuldig kind. De gedachte kwam bij hem op dat er misschien andere verkrachtingsslachtoffers waren, vrouwen van andere werknemers. Gek dat hij nooit eerder aan die mogelijkheid had gedacht, maar nu leek dat alleszins plausibel. Hoeveel feestjes waren er niet in die fabriek gehouden in de twintig jaar dat die in bedrijf was? Jenson en Western hadden samengewerkt om zijn moeder in bedwang te houden en te verkrachten. Hoe groot was de kans dat ze dat al eerder hadden gedaan of het daarna nog een keer hadden geflikt omdat ze ermee weg waren gekomen?

'Kende je hem?' vroeg Pax Graham snel.

Callanach had geen tijd om een antwoord te verzinnen, en dat was ook precies Grahams bedoeling, dacht hij.

'Ik heb met zijn weduwe in Spanje gesproken. Ze zei dat Western de vroegere zakenpartner van Jenson was,' drong Graham aan.

'Ik kende zijn naam, maar ik heb hem nooit ontmoet,' zei Callanach.

Pax Graham keek naar Ava terwijl Callanach antwoord gaf. De sfeer in de kamer mocht Lively misschien zijn ontgaan, maar Graham voelde haarfijn aan dat er iets mis was, realiseerde Callanach zich.

'En dat is nog niet eens het mooiste,' ging Lively verder. 'Het onderzoek in alle andere zaken zit volledig vast, maar degene die de remleidingen heeft doorgesneden, heeft zichzelf verwond. We hebben bloed van die klootzak. Als hij in ons systeem zit, hebben we hem binnen een week te pakken.'

Pax Graham keek wat minder uitbundig.

'Het is wel een huurauto hè, dus er kijken regelmatig mensen onder de motorkap en onder de auto. Ik durf te wedden dat als we de hele auto op DNA onderzoeken er heel wat verschillende sporen naar voren komen. We moeten iemand zien te vinden die een motief had om beide mannen te vermoorden. Het merkwaardige is dat ze al jaren geen contact meer met elkaar hadden. Ze waren niet bepaald dikke vrienden, dus de connectie tussen hen moet iets in hun gemeenschappelijke verleden zijn.'

'Hoe pakken we het verder aan?' vroeg Ava.

'Morgen ondervragen we Gilroy Westerns familie via de telefoon, en ze hebben ons al toestemming gegeven om alle recente communicatie op zijn telefoon en zijn computer te doorzoeken. Kennelijk zit hij niet op de sociale media. Er zijn geen getuigen die iemand met die remleidingen hebben zien knoeien, maar dat is logisch omdat het waarschijnlijk 's nachts is gebeurd. In die straat hangen geen bewakingscamera's omdat het een woonwijk is, en bovendien regende het. De meeste mensen die daar in de buurt liepen te winkelen, hadden een paraplu opgestoken of een capuchon op, dus op die manier zullen we niet gauw iemand kunnen identificeren.'

'Laat me weten wanneer de uitslag van het DNA-onderzoek binnen is,' zei Ava. 'Lively, omdat jij al op de hoogte bent van de zaak-Gilroy Western kun jij verder samenwerken met inspecteur Graham. Ik zet Janet Monroe weer op het onderzoek naar de moord op Fenella Hawksmith en Osaki Shozo. Akkoord?'

Lively en Graham knikten.

'Als er verder niks te bespreken valt, kunnen we allemaal weer aan het werk,' voegde Ava eraan toe.

‘Ik wil even iets met u bespreken,’ zei Callanach.

‘Dat komt nu niet uit. Ik moet een persverklaring opstellen,’ zei Ava terwijl ze ging zitten en een notitieblok uit een la trok.

‘Dat zit wel goed, mevrouw, dat stukje handelt de Boze Opperheks voor u af,’ grijnsde Lively.

‘Goed dan. Eén minuut,’ zei Ava.

‘Ik zou het waarderen als je in een toegevoegde verklaring bevestigt dat je Gilroy Western nooit hebt ontmoet,’ zei Graham zachtjes terwijl hij langs Callanach liep. ‘Om de puntjes op de i te zetten gezien de connectie met Jenson.’

‘Absoluut,’ zei Callanach, die Grahams doordringende blik retourneerde. Zijn nieuwe collega was intelligenter dan zijn omvang deed vermoeden. Die verschafte hem een bijna volmaakte dekmantel voor zijn scherpzinnigheid. Graham had feilloos door dat er meer aan de hand was dan hem werd verteld. ‘Dat doe ik vanochtend nog voor je.’

Lively en Graham liepen weg, druk pratend over de te volgen strategieën en het forensisch onderzoek. Ava wachtte tot de deur helemaal dicht was.

‘Denk goed na voor je iets zegt,’ zei ze, frunnikend aan haar horlogebandje. ‘Je zei dat je niets van de moord op Bruce Jenson wist, hoewel je vlak daarvoor nog op de plaats delict was geweest. Ik weet dat je een motief hebt om wraak te nemen op Western. Dus als je hier niks mee te maken hebt, hoe kunnen ze dan in godsnaam allebei in deze stad zijn vermoord en naast elkaar in dat vervloekte mortuarium liggen?’

‘Ik heb geen idee,’ zei Callanach, en hij ging zitten.

‘Staan blijven,’ siste Ava. ‘Dit wordt geen gezellig informeel gesprekje.’

‘Ava –’

‘Hoofdinspecteur,’ corrigeerde ze hem. ‘Dat is wat ik voor je ben, en van nu af aan bejegenen we elkaar formeel.’

‘Als u dat noodzakelijk acht,’ zei hij.

'Ja, maar wat ik nog veel noodzakelijker acht is dat ik ervan op aan kan, dat ik er absoluut honderd fucking procent zeker van kan zijn dat jij niemand hebt betaald om die kerels uit de weg te ruimen die je moeder hebben verkracht.'

Callanach ademde diep in, liep naar het raam en staarde naar buiten waar de grijze straat nat werd van een voorjaarsregentje. Zelden had Edinburgh er zo koud uitgezien. Zelfs hartje winter had Edinburgh dagen gekend die minder deprimerend waren. Hier zat hij dan, in een stad waar hij een paar jaar geleden geen enkele band mee had, een stad die nog geen twaalf uur geleden vrijwel alles in zich had wat hij maar begeerde, maar nu een spookstad was.

'Ik heb geen stappen ondernomen om een van die twee mannen te laten vermoorden en ik heb me ook tegenover niemand laten ontvallen dat ik dat wilde. Ik heb de situatie met niemand besproken, behalve met mijn moeder en met u. Ik heb me niet schuldig gemaakt aan welk misdrijf dan ook. Is dat wat u wilde horen, hoofdinspecteur?'

'Doe maar niet zo lichtgeraakt. Dit is zoveel verder uit de hand gelopen dan ik ooit had kunnen voorzien, dat jij en ik worden ontslagen als de ware reden van je aanwezigheid in het verpleeghuis van Bruce Jenson boven water komt.'

'En dat is zeker de enige reden dat u razend op me bent?'

'Het is de enige reden waar ik op dit moment aan wil denken, maar nu je het toch ter sprake brengt, wat ik gisteravond in jouw flat heb gevonden rechtvaardigt mijn bezorgdheid om je geestelijke toestand dubbel en dwars.'

'Ik zou u graag van het tegendeel overtuigen, maar ik ken die uitdrukking op uw gezicht, dus ik zal er mijn tijd niet aan verspillen,' zei hij en hij liep naar de deur.

Ava stond op. 'Je moet weten dat ik overweeg je van je taken te ontheffen tot Pax Graham een verdachte heeft gearresteerd. Ik denk dat dat beter is voor alle betrokkenen.'

'U bedoelt dat het makkelijker voor u is als ik niet in de buurt ben.'

'Ik bedoel beter in de zin dat voor iedereen duidelijk is dat Zware Misdrijven passende maatregelen heeft genomen voor het geval de pleuris uitbreekt. Stel die verklaring op waar inspecteur Graham om vroeg en zorg ervoor dat brigadier Tripp alle ins en outs van de zaak-Hawksmith-Shozo kent.'

'En hoe dacht u die beslissing te rechtvaardigen gezien het feit dat ik na de moord op Jenson gewoon heb doorgewerkt?' vroeg hij.

'Heel eenvoudig eigenlijk. Jenson had misschien iets eenmaligs kunnen zijn, zonder enig verband met jou. Maar nu er twee slachtoffers zijn die allebei een connectie met jou hebben, is er een patroon ontstaan dat ik niet langer kan ontkennen. Je weet dat dat een logische stap is,' zei ze er iets vriendelijker achteraan.

'Ik weet dat wij samen een logische stap kunnen zetten.'

Ava keek hem uitdrukkingsloos aan en verroerde geen vin. 'Er is geen wij,' zei ze. 'Trek de deur dicht als je weggaat.'

Net toen Callanach de gang op wilde lopen kwam Rune Maclure binnen en wenste hun met een ingetogen glimlachje vriendelijk goedemorgen.

'Dat is snel, bedankt dat u contact hebt opgenomen,' zei Ava met een uitnodigend gebaar naar een stoel, wachtend tot Callanach de deur achter zich had dichtgetrokken.

'Het verbaast me dat u me zo snel kon ontvangen. U zult het wel ontzettend druk hebben,' antwoordde Maclure. 'Ik zal het kort houden, maar ik las vanmorgen in een nieuwsblog dat er weer een dode onder verdachte omstandigheden is gevonden.'

'Dat is wat vager geformuleerd dan het in feite is. Het is helaas moord, geen twijfel mogelijk.'

'Ik heb begrepen dat het slachtoffer Osaki Shozo heet, een man met de Japanse nationaliteit die hier na zijn huwelijk is komen wonen?'

'Dat klopt,' zei Ava.

'Dan wil ik toch even melden dat meneer Shozo een paar dagen geleden bij ons langs is geweest. Ik vond hem suïcidaal overkomen, maar op een andere manier dan ik bij anderen heb gezien.' Hij zweeg even. 'Eerder alsof hij zijn mogelijkheden afwoog. Dat klinkt misschien kil en berekenend, maar die indruk had ik juist helemaal niet van hem. Zelfdoding leek me in zijn geval vooral een door zijn cultuur ingegeven uitweg waartoe hij zich verplicht voelde. Ik heb m'n best gedaan om hem op andere gedachten te brengen, en ik hoopte dat ik daarin was geslaagd.'

'Ik kan u verzekeren dat uw advies geen enkele invloed heeft gehad op de dood van meneer Shozo. Integendeel, zou ik zeggen.'

'Mag ik vragen hoe het is gebeurd?'

'Elektrocutie,' zei Ava. 'Zijn er nog dingen in het bijzonder die u zich van het gesprek met het slachtoffer herinnert?'

'Een hevige spijt dat hij zijn familie in Japan had teleurgesteld. Hij voelde zich niet opgewassen tegen de problemen die hij in zijn huwelijk tegenkwam. Als ik het echte probleem zou moeten benoemen, zou ik zeggen dat meneer Shozo in hoge mate conflictmijdend was, zozeer zelfs dat hij toeliet dat hij buitengewoon slecht werd behandeld. Daar moet ik aan toevoegen dat ik alleen zijn kant van het verhaal heb gehoord omdat ik natuurlijk geen contact met mevrouw Shozo heb gehad, maar Osaki kwam oprecht over en ik geloof niet dat hij de boel dramatiseerde. Hij leek niet uit te zijn op medeleven of steun. Hij was op zoek naar feitelijke informatie en een klankbord. Zoals ik al zei was het een ander gesprek dan ik doorgaans heb.'

'Bedankt voor de info,' zei Ava. 'We zijn bezig om de laatste dagen van meneer Shozo te reconstrueren, en deze informatie kan ons daarbij helpen.'

'Jullie denken toch niet, omdat het zo vlak na de dood van Stephen Berry is, dat... dat er sprake is van een mogelijk verband? Ik begrijp dat jullie me niet veel kunnen vertellen, maar ik kreeg een heel naar gevoel vanmorgen toen ik Shozo's naam las. Dat zijn twee mensen die de afgelopen tijd door ons zijn geholpen, en nu zijn ze allebei...'

Ava liet de stilte haar werk doen terwijl ze over haar antwoord nadacht.

'We weten niet zeker hoe of waarom Stephen Berry om het leven is gekomen. Waarschijnlijk is er geen verband tussen de twee sterfgevallen, hoewel ik begrijp dat het verontrustend en verwarrend voor jullie moet zijn. Mag ik vragen wie de cliënten aan jullie toewijst?'

'Als iemand zich spontaan op kantoor meldt wordt hij binnengelaten en voorgesteld aan de eerstvolgende hulpverlener die beschikbaar is. We doen het werk met z'n vieren, twee van ons leggen huisbezoeken af en twee zitten op kantoor. Als we allebei beschikbaar zijn, beslist degene die de intake doet ter plekke bij wie de cliënt terechtkomt. Soms wil een vrouwelijke cliënt een vrouw als hulpverlener, dus het wisselt. Als iemand ons belt of wanneer er een zelfmoordpoging gaande is, sturen we diegene eropaf die het dichtst in de buurt zit en tijd heeft. Veel hangt af van het toeval en van wie zijn telefoon aan heeft staan.'

'Dat is goed om te weten, bedankt. Mag ik vragen of de naam Fenella Hawksmith u iets zegt?'

'Nee, die naam zou ik me wel hebben herinnerd. Dat is toch die vrouw die onlangs dood is aangetroffen?' Maclure leunde voorover, steunde met zijn ellebogen op zijn knieën en liet zijn hoofd op zijn handen rusten.

'Dat klopt. Mag ik misschien een agent langssturen om de lijst van spontane bezoeken in te zien?' vroeg Ava. Ze had geen toestemming nodig, maar het was altijd beter een beroep te doen op iemands welwillendheid dan met een gerechtelijk bevel te komen.

'Natuurlijk, wanneer jullie maar willen. Onze aantekeningen zijn bondig en bevatten basisinformatie over iemands naam en zo, en een korte samenvatting van het gesprek. Maar de mensen die bij ons binnenlopen zijn niet verplicht informatie te geven. Sommigen vullen valse gegevens in. Onze prioriteit is iedereen te helpen die wil praten. Het lijkt wel wat op een spoedeisendehulppost. Het invullen van het formulier is het minst belangrijk. Het is eigenlijk heel gek dat mensen het in de huidige samenleving abnormaal of gênant vinden om om hulp te vragen als ze suïcidale gevoelens hebben. Dat is een van de redenen waarom we de mensen die ons nodig hebben zo moeilijk kunnen bereiken.'

'Ik begrijp het. In dat geval kunnen we de medewerkers misschien ook foto's van de drie overledenen laten zien om te weten of ze contact met hen hebben gehad. Zou dat mogen?'

'Dat is een goede oplossing,' zei Maclure. 'We hebben behoorlijk zware roosters omdat sommige medewerkers huisbezoeken afleggen of op afroepbasis voor ziekenhuizen en gevangenissen werken, zodat we vaak op pad zijn. Ik regel wel een lijst van alle medewerkers. Dan kunnen de agenten iedereen snel te spreken krijgen.'

'Dank u wel. U bent zeer behulpzaam, meneer Maclure.'

'Rune, alstublieft,' bracht hij haar in herinnering. 'En vergeef me dat ik gebruik maak van deze akelige omstandigheden, maar het aanbod om samen koffie of thee te drinken, of iets sterkers, staat nog steeds. Ik hoop dat u zelfs tijdens het onderzoek naar zo'n ernstige zaak het bureau zo nu en dan even uit moet.'

'Dat is op dit moment nogal lastig,' verzuchtte Ava. 'Midden in zo'n onderzoek kan ik mijn tijd niet zelf indelen.'

'En ik zie aan uw gezicht dat u niet bepaald zit te wachten op een date, zaak of geen zaak,' zei Maclure met een glimlach.

'Met uw observatievermogen had u voor een carrière bij de politie moeten kiezen,' antwoordde Ava met een zuinig glimlachje.

'Absoluut niet. Ik probeer mensen geweld juist uit het hoofd te praten. Zelf kan ik niet tegen bloed, maar ik heb diepe bewondering voor mensen als u die doen wat nodig is. Dat vraagt offers die anderen domweg niet kunnen begrijpen,' zei hij terwijl hij opstond. 'Staat u me op z'n minst toe u over een paar maanden nog eens mee uit te vragen, wanneer alles wat overzichtelijker is. Het begin van de zomer misschien? Het leven lijkt altijd minder somber wanneer de zon zich laat zien.'

'Hoe weet u of u tegen die tijd nog zin hebt om koffie met me te drinken?' vroeg Ava oprecht verbaasd, zonder flirterige bijbedoeling. Ze was helemaal klaar met spelletjes spelen.

'Omdat alle goede dingen geduld vragen,' zei Maclure. 'Ik ben oud genoeg om die dingen te herkennen als ze op mijn pad komen.'

Ava knikte. 'U mag het vragen,' zei ze, 'maar ik beloof niks.'

'Goed,' zei hij vriendelijk. 'Ik zal alle informatie over onze medewerkers verzamelen. Laat me maar weten wanneer uw mensen onze verslagen willen inzien. Is inspecteur Callanach degene die langskomt?'

'Waarschijnlijk wordt het brigadier Tripp,' zei Ava, en ze liep met hem mee naar de deur. 'Inspecteur Callanach gaat binnenkort met verlof.'

Ze had geen idee wanneer ze dat besluit had genomen, maar opeens werd het voor haar glashelder en onvermijdelijk. Callanach kon eenvoudigweg niet voor Zware Misdrijven blijven werken zolang de moorden op Jenson en Western niet waren opgelost.

Rune Maclure stak zijn hand uit om afscheid te nemen. 'Ik wou dat we elkaar in een heel andere situatie waren tegengekomen. Het is voor mij een guilty pleasure van de eerste orde dat ik u hier vandaag mocht komen opzoeken.'

Ava keek hem na en overdacht zijn laatste woorden. Ze realiseerde zich dat ze de afgelopen tien jaar alleen mannen had ontmoet dankzij de gewelddadige misdaadzaken die ze onderzocht. Geen wonder dat elke relatie verkeerd afliep. Ze pakte de telefoon en koos Callanachs nummer.

24

13 maart

Ava keek op de klok in de briefingruimte. Toen die acht uur aanwees stond ze op en stak van wal, zonder acht te slaan op de nog binnendruppelende teamleden en de luidruchtige gesprekken op de achterste rijen. In plaats van dat het geroezemoes geleidelijk verstomde, werd het in één klap doodstil. De laatkomers zochten snel een plekje ergens in een hoek en hier en daar werd een wenkbrauw opgetrokken.

'Sinds gistermiddag, na het inzien van de dossiers van een landelijke organisatie voor de preventie van zelfdoding, Reach Out, behandelen we de dood van Stephen Berry als een mogelijke moord. De plaats delict bij Tantallon Castle heeft geen enkel bewijsmateriaal opgeleverd, maar dat was te verwachten met die storm die na de vondst van het lichaam is losgebarsten. Zowel Stephen Berry als Osaki Shozo heeft echter gesproken met een hulpverlener van de genoemde organisatie die in de vestiging in Edinburgh werkt, Rune Maclure. De heer Maclure heeft zich bij ons gemeld toen hij Osaki's naam in het nieuws zag om zijn bezorgdheid uit te spreken.'

'En hoe zit het met Fenella Hawksmith? Is er met haar ook een verband?' vroeg Janet Monroe.

'Er is geen enkel verband tussen haar en Reach Out, dat is gisteren uitgebreid door een team gecheckt, maar uit haar medisch dossier blijkt dat ze wel bij andere instellingen in behandeling is geweest voor ernstige depressie en eerdere zelfmoordpogingen heeft gedaan, en ze is ten minste in één kliniek opgenomen geweest na verwijzing door haar huisarts.'

'Is hier soms sprake van een soort quasi-medische psychopathie? Denkt de moordenaar dat hij die mensen uit hun lijden verlost?' luidde de volgende vraag van Monroe.

Ava mocht haar wel. Ze nam even de tijd om te antwoorden.

'Dat is mogelijk, maar niet waarschijnlijk. Je doelt op een soort "engel-des-doodssyndroom", maar in die gevallen worden de slachtoffers om het leven gebracht met medicijnen en zonder veel geweld. Deze moorden zijn juist extreem gewelddadig.'

'Ze hebben meer weg van een strafexercitie,' bracht Tripp naar voren. 'Dit lijken eerder haatmisdrijven.'

'Mee eens,' zei Ava. 'Ik wil terug naar de dood van Stephen Berry om te kijken wat we over het hoofd hebben gezien. Er is nauwelijks forensisch bewijs, maar Stephen heeft eerder in het openbaar een zelfmoordpoging gedaan op de Queensferry Crossing, die breed is gedeeld op de sociale media. Er stond een flinke menigte op de brug, en we weten dat er zowel filmpjes als foto's zijn gemaakt. Er was iemand die Stephen uitlachte. Dat zijn we te weten gekomen van meneer Maclure, die Stephen Berry naar beneden heeft weten te praten, en het is door verschillende agenten ter plaatse bevestigd. We moeten die man zien te vinden. Ik wil de identiteit van alle mensen die daar aanwezig waren. We moeten de kentekens natrekken van de voertuigen die tijdens het incident bij de afzetting door de politie zijn tegengehouden, en de bestuurders moeten zeggen wie er bij hen in hun auto zat.'

'Dan weten we nog niet wie er aan het lachen was,' zei iemand achterin.

'Nee, maar dan kunnen we degenen die er waren wel vragen om foto's of filmpjes waarmee we misschien iets verder komen. Het is mogelijk dat een van de omstanders een fixatie heeft ontwikkeld die is getriggerd doordat hij getuige was van Berry's zelfmoordpoging.'

'Maar hoe zou de dader Fenella Hawksmith dan op het spoor zijn gekomen?' vroeg Tripp.

'Check de mediaberichten van rond die tijd. Neem contact op met Hawksmiths huisarts en kijk of iemand in die periode een zelfmoordpoging heeft gedaan die de kranten haalde. Lees haar medische dossier door en kijk om welke reden ze toen is opgenomen. Ik heb al gevraagd of mensen van de uniformdienst verklaringen willen opnemen van de medewerkers van Reach Out over hun contacten met Berry en Shozo, en waar ze waren op het moment dat de drie moorden werden gepleegd.'

'De dader doet er steeds een schepje bovenop, hè?' zei Janet Monroe. 'Drie moorden in drie weken, en de een telkens gewelddadiger dan de vorige. We zullen proactiever te werk moeten gaan om hem te kunnen pakken voor er nog iemand de klos is.'

'Waar denk je aan?' vroeg Ava.

'Kunnen we niet proberen de aandacht van de dader te trekken?' stelde Monroe voor.

'Dat denk ik niet. Het zou lastig zijn om zo'n opzetje overtuigend in elkaar te zetten, het kan gevaarlijk zijn en bovendien kan een toename van zelfmoordpogingen in het openbaar ertoe leiden dat andere kwetsbaren dezelfde weg kiezen. Dat hebben we geleerd van die online zelfmoordafspraken tussen tieners. We moeten koste wat kost vermijden dat we bijdragen aan de ontwikkeling van een patroon. Als we dat doen, en andere mensen dat voorbeeld volgen, richten we de aandacht van de dader misschien op de verkeerde en helpen we hem zo een volgend slachtoffer te vinden.'

Monroe knikte.

'Goed. Brigadier Tripp heeft de leiding over de dagelijkse voortgang en hij rapporteert rechtstreeks aan mij. Ik wil dat iedereen vandaag zijn mouwen opstroopt, en we stoppen niet tot we iets hebben waar we mee verder kunnen.'

'Waar werkt inspecteur Supermodel dan aan?' riep Lively luid.

Ava had zich niet gerealiseerd dat hij in de briefingruimte was. Ze haalde diep adem. Ze was niet van plan geweest om het nieuws zo snel en plompverloren aan het team mee te delen, maar omdat iedereen er toch al was, leek dit de makkelijkste weg.

'Inspecteur Callanach is momenteel met verlof. Er is een belangenconflict aan het licht gekomen in het onderzoek naar de moorden op Jenson en Western en ik zag me genoodzaakt hem van het onderzoek af te halen tot die kwestie is opgelost.'

Lively stapte naar voren. 'Ik ga over dat onderzoek naar het doorsnijden van die remleidingen in de zaak-Gilroy Western. Hoe kan het dat ik hier niets van weet?'

'Het besluit is gisteravond laat genomen omdat het voor alle betrokkenen het beste is. Het heeft geen invloed op het onderzoek. Ik denk zelfs dat het tot een helderder besluitvorming leidt,' zei Ava, terwijl ze haar spullen bij elkaar pakte en weg wilde gaan.

Maar dat pikte Lively niet.

'Het mag dan geen invloed hebben op mijn onderzoek, maar u hebt een drievoudige moord op uw bord waar Callanach de leiding over had. Denkt u niet dat Zware Misdrijven zijn meest ervaren inspecteur op dit moment hard nodig heeft? Dat is niet bedoeld als belediging aan jouw adres, Max,' zei hij tegen Tripp.

'Zo vat ik het ook niet op,' zei Tripp zachtjes. 'Voor wat het waard is, mevrouw, ik ben het met Lively eens. Dit is geen goed moment om de inspecteur kwijt te raken.'

'Dank jullie voor je mening,' zei Ava. 'De commissaris staat achter mijn besluit en dat is om juridische redenen niet omkeerbaar. Inspecteur Callanach vindt het vast fijn om te weten dat hij zoveel steun binnen de afdeling geniet, vooral van mensen van wie hij dat het minst verwacht.' Ze wierp Lively een korte blik toe, en besefte dat het een minne opmerking was. 'De inspecteur komt vast weer snel terug. Discussie gesloten.'

'Neem me niet kwalijk, mevrouw, maar wat heeft het voor zin om

Callanach te schorsen? Het is onmogelijk dat hij bij de moorden op Jenson en Western betrokken was. Dat weet u net zo goed als iedereen. Dit is bullshit,' zei Lively.

Een absolute, ijzige stilte – die je zelden tegenkwam in de gebouwen van de Schotse politie – daalde neer tussen Ava en Lively.

Uiteindelijk liep Ava met lood in haar schoenen en een bonkend hoofd naar voren, haar dossiermappen als een kogelwerend vest tegen haar borst geklemd, en bleef vlak voor de brigadier staan.

'Ik zei: "Discussie gesloten." En nu aan het werk.'

Op weg naar haar kamer dwong Ava zich even de tijd te nemen om koffie te zetten, om de indruk weg te nemen dat ze gevlucht was en zich verschool, maar ze kon zich het gesprek dat achter haar oplaaide levendig voorstellen. Dat haar promotie haar uiteindelijk naar het hoofd was gestegen, dat ze niet meer objectief kon oordelen, dat Luc Callanach onrechtvaardig werd behandeld en dat hij – ondanks alle pesterijen en schimpscheuten die hij bij de Schotse politie had moeten verduren – plotseling een soort plaatselijke held was geworden.

Ze roerde langzaam in haar koffie, deed er om onverklaarbare reden suiker in, proefde even en gooide de inhoud meteen in de gootsteen. Daarna liep ze somber gestemd terug naar haar kamer. Het telefoontje waarmee ze Callanach er gisteravond van op de hoogte had gesteld dat hij tijdelijk, niet-disciplinair en met behoud van salaris zou worden geschorst, was vanaf het begin stroef verlopen en was aan het eind nog slechts eenrichtingsverkeer geweest. Volledig in verwarring verkerend over haar gevoelens was Ava nadat ze het gesprek koeltjes had afgesloten, op haar kamer in huilen uitgebarsten.

Ze was net lang genoeg naar huis gegaan om zich te douchen en schone kleren aan te trekken. Slaap, voor zover je daarvoor rustig en ontspannen moest gaan liggen met alleen je gedachten als gezelschap, was een vijand die ze tot elke prijs probeerde te ontlopen.

Callanach had zijn lot zonder klagen aangehoord, en Ava wist dat hij niet aan Bruce Jenson of Gilroy Western dacht, maar de herinnering aan zijn schorsing in Lyon probeerde te verdringen, toen hij niet alleen van zijn taken was ontheven, maar ook was gearresteerd wegens een verkrachting die hij niet had begaan. Ondanks haar harde woorden was ze van één ding overtuigd: Callanach was geen verkrachter. Maar de moorden op Jenson en Western zaten haar dwars. Ava besefte dat als twee mannen zouden samenspannen om een vrouw te verkrachten om wie zíj gaf – waarbij ze haar eigen, nu overleden moeder in gedachten had – ze alles, maar dan ook alles in het werk zou stellen om ze kapot te maken, ongeacht de consequenties. Als Callanach zich in de confrontatie met Bruce Jenson had weten in te houden zoals hij beweerde, mocht dat een wonder heten.

De telefoon op haar bureau ging, en gedachteloos nam ze op.

'Turner, Overbeck hier. Ben je wel bij de les?' snauwde de commissaris.

'Ja,' mompelde Ava. 'Sorry, ik probeer te veel dingen tegelijk te doen.'

'Dat moet jij weten,' zei Overbeck. 'Het zal je niet verbazen dat ik net bezoek heb gehad van brigadier Lively. Ik dacht dat hij dit keer echt een hartaanval zou krijgen.'

'Ik ben tegen hem uitgevaren,' zei Ava. 'Ik begrijp wel waarom hij boos is. Ik zal hem mijn excuses aanbieden.'

'Stommerd! Ik bel niet om jóú op de vingers te tikken. Jij bent zijn meerdere en hij had het recht niet om je op die manier uit te dagen, zeker niet waar het hele team bij was. Als je hem niet op zijn nummer had gezet, had ik jóú wel op het matje geroepen. Hoe heeft Callanach zijn schorsing opgenomen?'

'Rustig,' zei Ava.

'Hm,' zei Overbeck temerig. 'Altijd lastig, die hiërarchische relaties. Ik denk niet dat Lively me voorlopig met bezoekjes zal vereren na het werk.'

'Dat spijt me,' zei Ava gegeneerd. Overbecks relatie met Lively was nog altijd de olifant in de kamer.

'Niet nodig. Lively en ik wisten allebei waar we aan begonnen. Je hebt gedaan wat moest, Turner. We kunnen niet toestaan dat Callanach het onderzoek verkloot. Als we een verdachte arresteren zullen zijn advocaten erbovenop springen als ze horen dat een actief lid van het onderzoeksteam als getuige bij de zaak betrokken is.'

'Dank u,' zei Ava. 'Begrijpt brigadier Lively dat ook, of moet ik nog met hem praten?'

'Absoluut niet. Ik heb hem gezegd dat het mijn besluit was en dat jij je ertegen verzette. Waarschijnlijk staat hij op dit moment al voor je deur met een pak chocoladekoekjes om het goed te maken.'

'Dat had u niet hoeven doen, mevrouw,' zei Ava, en ze kreeg het onaangename gevoel dat de wereld op zijn kop stond. Zij en Overbeck aan de ene kant, en Callanach en Lively aan de andere. Wie had dat verdomme ooit zien aankomen?

'Jawel. Dat hoort erbij. En voordat je weekhartig tegen me gaat snotteren, moet je weten dat het zo werkt: jíj moet je mensen onder controle houden, en ze moeten niet alleen respect voor je hebben, maar ze moeten ook je bevelen willen opvolgen. Ik vang hun shit op om jou uit de wind te houden, en als ik shit van mijn leidinggevenden op mijn nek krijg, geef ik die weer net zo makkelijk door aan jou, omdat ik een goeie relatie met ze wil houden. Ik heb altijd al gevonden dat politiek manoeuvreren niet je sterkste kant was. Nou kappen met dat zelfmedelijden – en ontken het nou maar niet, want ik hoor het aan je stem. Je zult je veel beter voelen als je iemand hebt opgepakt. Of liever gezegd, dan zou ík me veel beter voelen, en dat is eigenlijk hetzelfde.'

'Ja mevrouw,' zei Ava. 'En ik wil nog even zeggen dat ik uw steun echt waardeer...'

Ze sprak tegen een dode lijn. Overbecks specialiteit, herinnerde ze zich.

Ze was nog bezig zichzelf te vermannen, toen Pax Graham op haar deur klopte en binnenkwam. Overbeck kon scherp uit de hoek komen, maar ze had wel gelijk. Want achter Graham kwam Lively met een rol koekjes binnenschuifelen. Ondanks alles moest Ava moeite doen om niet in de lach te schieten toen ze de chocoladekoekjes zag.

'De koffie ben ik vergeten,' zei Lively, terwijl hij de koekjes op haar bureau legde en ernaar staarde, niet goed wetende hoe hij verder moest.

'Geeft niet. Dank je,' zei Ava, en ze reikte naar de koekjes, een zoenoffer zoals alleen Lively dat kon brengen. 'Ik neem aan dat er nieuws is?'

'Klopt,' zei Graham, die op de rand van Ava's bureau ging zitten terwijl Lively de stoel pakte. 'De vrouw van Gilroy Western zegt dat hij hiernaartoe is gekomen op verzoek van Jensons advocaat, omdat er na de begrafenis een testament zou worden voorgelezen waarin hem iets werd nagelaten. Er stond in de e-mail niet wat, alleen dat hij erbij aanwezig moest zijn.'

'Er zal wel een addertje onder het gras zitten,' zei Ava.

'En een dikke ook,' zei Lively. 'De datum en het tijdstip van de herdenkingsdienst klopten, maar er zou geen testament worden voorgelezen, omdat Jensons hele bezit aan die stichting voor slachtoffers van seksueel geweld zou worden nagelaten.'

'Dus als hij de gegevens van de herdenkingsdienst heeft opgezocht, online bijvoorbeeld, zou hij bevestiging hebben gekregen, maar het was de erfenis die hem in het vooruitzicht werd gesteld die ervoor heeft gezorgd dat hij zou komen?' vroeg Ava.

'Dat, en bovendien de verlokking van wat zijn echtgenote een vaste verhouding noemde met een vrouw in Edinburgh. Waarschijnlijk was hij op weg naar zijn minnares toen hij verongelukte. Er lagen een paar diamanten oorbellen in fraaie cadeauverpakking in zijn auto. Zijn vrouw zegt dat het niet de bedoeling was dat ze hiervan op de hoogte was, maar ze wist wanneer ze eieren voor haar geld moest kiezen. Ze weet niet hoe de vrouw heet, maar daar komen we vast wel achter via de telefoon van meneer Western. Ik geloof dat ze het had over een goedkoop stuk straatmeubilair,' zei Lively.

'Een escortdame?' vroeg Ava. 'Spoor haar op en praat met haar. Probeer uit te vissen waar ze was op de avond voordat Western stierf, en of ze ooit contact heeft gehad met Bruce Jenson. Prostituees worden vaker verkracht dan welke andere beroepsgroep ook.'

'Denkt u dat er een verband is met Jensons besluit over wat hij met zijn geld wilde doen?' vroeg Graham.

'Ik denk dat we moeten kijken of Gilroy Western zijn testament onlangs ook heeft gewijzigd,' zei Ava. 'Hij was een zakenman die in de loop der jaren met talloze advocaten van doen heeft gehad, dus waarom trapte hij in die valse e-mail?'

'Die stak goed in elkaar. De afzender had de moeite genomen een vals e-mailadres met de naam van het advocatenkantoor te regelen. Compleet met alle bedrijfsgegevens, het logo en met de handtekening van Jensons eigen advocaat. Het was geen knoeiwerk. Er werd niets aan het toeval overgelaten.' Lively keek op zijn horloge. 'Ik moet maar eens gaan. De techneuten bekijken Westerns telefoon en ik hoop dat ze een paar vragen kunnen beantwoorden. Mag ik trouwens met inspecteur Callanach praten, gewoon, als vrienden?'

'O, zijn jullie tegenwoordig vrienden? Lag ik soms in coma toen dat is gebeurd?' vroeg Ava met de armen over elkaar geslagen.

'Goed, ik had niet tegen u in mogen gaan tijdens de briefing, maar het is –'

'Dat ben ik al vergeten brigadier, maar je kunt geen contact opnemen met Callanach. Hij is om een reden met administratief verlof gestuurd. En jij bent bezig met een onderzoek waar Callanach van moet worden afgeschermd. Je zou hem een heel slechte dienst bewijzen als je nu contact met hem zoekt.'

'Dat begrijp ik,' mompelde hij. 'Het is alleen dat... nou ja, we konden het niet altijd even goed met elkaar vinden. Ik wil hem alleen laten weten dat het team hem steunt.'

'Hij heeft de steun van het team of van wie dan ook niet nodig omdat hij op geen enkele manier ergens bij betrokken is, maar hij zou het gebaar zeker waarderen. Ik zal jullie steun aan hem overbrengen.'

'Goed, dan ga ik er nu vandoor. Ik eh, liep de commissaris net tegen het lijf,' mompelde Lively, terwijl zijn ogen Grahams kant op schoten en weer terug.

Lively was ongeveer even goed in het verzinnen van uitvluchten als in het volgen van een dieet.

'Ik heb haar ook gesproken,' zei Ava. 'Ze geeft ons team rugdekking, brigadier. Misschien moet je haar wat meer krediet geven.'

'Aye. Misschien,' zei hij somber en hij liep de deur uit.

Graham wachtte tot Lively een eind de gang op was gelopen voor hij de onvermijdelijke vraag stelde.

'Gaat het wel goed? Het lijkt erop dat u een zware dag hebt gehad.'

'Ik overleef het wel. Wat zegt jouw intuïtie je over de zaak-Jenson-Western?'

'Ik denk dat die een lange voorgeschiedenis heeft. Het is iets waarbij beide mannen betrokken zijn geweest, of het gaat om een onopgelost conflict tussen hen. Westerns vrouw was er heel zeker van dat ze elkaar de afgelopen tien jaar niet gezien hebben.'

'Weet je zeker dat er een verband is tussen de twee moorden?'

'Ik weet op dit moment bijna niks zeker, maar de e-mail waarmee Western naar de begrafenis van Jenson is gelokt is té toevallig. Want waarom is de dader niet naar Spanje gevlogen en heeft hij daar de remmen van Westerns auto niet doorgesneden?'

'Misschien was dan het risico te groot dat er een ander gezinslid zou omkomen,' opperde Ava.

'Of misschien zou een reis naar het buitenland een spoor achterlaten zoals paspoorten, tickets, creditcards.'

'Goed, kijk wat je boven water kunt krijgen, en laat het me meteen weten. Nu ik Callanach met verlof heb moeten sturen, moeten we die zaak zo snel mogelijk oplossen.'

'Dat zal wel lastig zijn geweest. Jullie waren collega's voordat u die promotie kreeg. Ik kan me voorstellen dat het een moeilijk gesprek is geweest. Laat het me weten als ik iets kan doen, hè? En van die afspraak om iets te gaan drinken is nog niks gekomen, want niemand was natuurlijk in de stemming om een promotie te vieren terwijl er links en rechts doden vielen. Help me herinneren dat ik u op een pint trakteer als dit allemaal achter de rug is.'

'Daar hou ik je aan,' zei Ava met een geforceerde glimlach.

Graham liep haar kamer uit met een opmerkelijk soepele tred voor iemand van zijn omvang. De meeste lange mensen liepen krom, maar Pax Graham leek het liefst de hele gang te vullen. Hij was een goed mens. Opmerkzaam. Misschien op dit moment iets te opmerkzaam wat haar betrof. Afgaand op het aantal uitnodigingen om koffie te drinken of een drankje te doen, kon ze zich niet herinneren dat ze ooit zo populair geweest. Maar het laatste wat ze wilde was de avances van Rune Maclure of Pax Graham aanmoedigen, ook al waren ze allebei nog zo aantrekkelijk en intelligent. Er was slechts één man aan wie ze kon denken, en als er een knop was waarmee ze alles wat er twee nachten geleden tussen hen was voorgevallen uit haar geheugen kon wissen, zou ze er zonder aarzelen op drukken.

Callanach pakte het glas rode wijn op dat hij de vorige avond had laten staan en dronk het achter elkaar leeg. Hij staarde even in het lege glas en gooide het vervolgens met kracht tegen de keukendeur, met als gevolg dat de scherven door de hele zitkamer vlogen. Na Ava's telefoontje had hij onmiddellijk joggingkleren aangetrokken en was zo hard door Edinburgh gaan rennen dat elke spier aan flarden was getrokken. Vanochtend vormde de pijn een welkome afleiding van het feit dat hij nergens naartoe kon en niets kon uitrichten behalve wachten terwijl andere mensen hun werk deden, zodat hij ook weer aan het werk kon.

Dat Ava gelijk had maakte het er niet beter op. Doorwerken terwijl er een onderzoek liep waarbij hij mogelijk betrokken was – zij het als getuige aan de zijlijn – was vragen om moeilijkheden, en Ava had hem een uitweg geboden waarmee werd vermeden dat hij met zijn diepe walging van zowel Jenson als Western naar buiten moest komen. Toch wist hij zijn woede nauwelijks in toom te houden. Het leek erop dat hoe hard hij ook vocht, het noodlot hem onverbiddelijk terugwierp. Alsof het nog niet genoeg was dat hij zijn oude leven in Frankrijk vaarwel had moeten zeggen, om nog maar te zwijgen van zijn gekoesterde carrière bij Interpol, hing er nu een ander vraagteken boven zijn hoofd. Er was een grens aan het aantal keren dat je collega's geloofden dat je onschuldig was. Vroeg of laat zou het aan hem blijven kleven. Het ergste was dat zijn carrière hem niet eens meer kon schelen. Hij had iets verziekt wat hem veel meer waard was.

Hij liep de badkamer in, waar hij zich op de grond liet zakken en naar het kastje staarde waarin hij indertijd Ava's leisteen had opgeborgen en daarna nooit meer had aangeraakt, en eigenlijk vergeten was. Hij had wel een poging gedaan om haar uit te leggen wat er in hem omging toen hij die meenam, maar eigenlijk moest hij er zelf ook naar gissen. Dat hij destijds emotioneel gezien een wrak was, was nog te zwak uitgedrukt.

Vrijwel onmiddellijk nadat hij zijn handtekening had gezet, had hij al spijt van zijn besluit om bij de Schotse politie te gaan werken. En alleen de wetenschap dat hij zijn leven een positieve wending moest geven omdat hij anders in een diepe depressie zou belanden, had hem het vliegtuig naar Edinburgh doen nemen. Dat, en het besef dat als hij niet op een of andere manier zou doorgaan met politiewerk, hij zou toestaan dat Astrid Borde, de vrouw die hem valselijk had beschuldigd, werkelijk alles van hem af zou pakken.

Toen had hij Ava leren kennen. Hij had eerst geprobeerd haar op afstand te houden, zich toen gerealiseerd dat ze een veel te sterke en oprechte vrouw was om dat te pikken, en zichzelf toegestaan met haar bevriend te raken. Maar al even snel was ze hem ontnomen door een man die in staat bleek tot de meest bizarre martelpraktijken en vormen van geweld.

Het was fout geweest om een persoonlijk aandenken van haar mee te nemen, maar destijds was dat het enige wat hem troost kon bieden. Van de andere slachtoffers had hij ook voorwerpen meegenomen, maar dat was alleen omdat hij op zoek was naar een manier om zich met hen verbonden te voelen, ondanks de emotionele leegte in zijn bestaan. Dat hij hun eigendommen na afronding van het onderzoek niet had teruggegeven had deels te maken met ontkenning, deels met schaamte.

Hij staarde naar de handdoeken die boven op de weggenomen voorwerpen hadden gelegen en nog steeds op de vloer slingerden. Zoals de meeste dingen in zijn leven was ook deze stommiteit veroorzaakt door een druk bestaan. Je gebruikte een handdoek, waste hem en legde hem weer boven op de stapel. En onder op die stapel hadden al die tijd de bezittingen van drie verschillende slachtoffers gelegen. Tot nu toe.

Het was een ramp. Eindelijk had hij Ava in zijn armen gehouden, en nu kon ze zijn aanblik niet meer verdragen. Het hielp niet om een rationele verklaring te geven voor wat hij had gedaan. Als politievrouw was ze de nuchterheid zelve, maar in haar persoonlijke leven had haar hart de overhand.

Langzaam vouwde hij de handdoeken op, legde ze weer op een stapel in de kast en deed het deurtje dicht. Toen stond hij op en maakte de planken in de badkamer schoon. Daarna trok hij de lakens van zijn bed recht, met in zijn achterhoofd een beroemde recente uitspraak dat als je de wereld wilde veranderen, je moest beginnen met je bed op te maken. Het was een banale handeling, maar wel een zinvolle, besefte hij.

Hij kon zich nu geen zelfmedelijden permitteren, zoals in de periode dat hij door Astrid Borde van verkrachting was beschuldigd en zich in een lange zelfbespiegeling had verloren. De mogelijke gevolgen van de situatie waarin hij zich nu bevond waren lang niet zo verstrekkend, maar dit keer zou hij er niet voor op de vlucht gaan. Het had hem veel moeite gekost om in Edinburgh in te burgeren, en het zou wel heel stom zijn om al die moeite verloren te laten gaan.

In de zitkamer veegde hij de glasscherven bij elkaar en keek rond om te checken of er verder nog uiterlijke tekenen van de chaos in zijn hoofd zichtbaar waren. Ondertussen was het lunchtijd geworden. Het was verreweg het makkelijkst om het bij koffie en toast te houden, maar hij zette zich ertoe wat vis te grillen en er een salade bij te maken.

Toen deed hij datgene waar hij enorm tegenop zag. Hij belde zijn vriend, Lance Proudfoot, om een eetafspraak te maken en bereidde zich erop voor hem alles maar dan ook alles te vertellen en geen enkel detail weg te laten van wat hij had meegemaakt en wat hij op dit moment moest doorstaan. Dat was de laatste horde die hij moest nemen: anderen weer leren vertrouwen, en daar kon hij Ava niet mee belasten. Hij moest weer een zekere balans vinden in zijn leven, dat ingewikkelde gelaagde patroon van familie, vrienden, collega's en geliefden.

Terwijl hij de vaatwasser inruimde, kwamen Ava's laatste woorden weer bij hem terug, zoals die om de paar minuten terugkwamen sinds ze de deur uit was gelopen, woorden waarin zoveel pijn had doorgeklonken dat hij dacht dat ze voor altijd in hem zouden blijven nagalmen. De man op wie ze verliefd dacht te zijn, had ze gezegd. Hij vroeg zich af hoeveel spijt ze daar nu van had.

25

14 maart

De Kraai had geen enkele vindingrijkheid, kracht of overreding hoeven gebruiken om de boerderij binnen te komen en voelde zich beetgenomen. De mensen van East Saltoun waren kennelijk van de oude stempel en lieten hun deur 's avonds van het slot. Hij stapte naar binnen, haalde diep adem en ving eerst de sterke mestlucht op van een paar uitgeschopte laarzen, voordat de onmiskenbare zoete geur van versgebakken appeltaart met een royale dosis kaneel vanuit de oven zijn neus binnendrong.

De bewoner zat waarschijnlijk voor de tv, waar hij tijdens de voorgaande bezoekjes van de Kraai ook had gezeten, hoewel hij toen alleen door de ramen had staan loeren. Bij boerderijen waren honden altijd het grootste probleem, maar omdat de eigenaar geen schapen had, had hij alleen gezelschap van een bastaardhond die bijna voortdurend voor de haard lag te dutten. Zijn vermoeden dat het beest half doof was, werd bevestigd doordat het totaal niet reageerde op de indringer.

Hij nam de tijd en was voorzichtig, ondanks het feit dat hij ondertussen onoverwinnelijk was geworden. Hij voelde zich elke dag sterker worden en sinds hij de oorspronkelijke gevederde versie van zichzelf had opgegeten merkte hij dat zijn zicht en evenwichtsgevoel aanmerkelijk verbeterd waren. En dat was echt zo – geen inbeelding – ongeacht wat anderen zouden zeggen als hij het hun vertelde.

De wereld was onbegrensd. Zij die dachten dat de wetenschap alle geheimen van de wereld al had blootgelegd, waren blind voor het potentieel en sloten zich af voor de mysteries van het universum. De Kraai stelde zijn geest open voor alles wat de natuur hem te bieden had, en daardoor was hij geëvolueerd tot een brandpunt van natuurkracht.

De zintuigen van degenen die zeiden dat hij gek was – de kleine lieden – waren afgestompt door elektronische gadgets, beeldschermen, fitnessapparaten, instrumenten om hun fitheid te meten, apparaten om boeken op te lezen, de lijst was eindeloos. Hij was rauw, puur en onbedorven. Natuurlijk had hij een mobieltje – soms moest je noodzakelijke apparaten adopteren om te kunnen functioneren en mee te kunnen doen – maar hij begreep wat al die accessoires in werkelijkheid waren: geleiders die de mensheid beroofden van haar basale energie.

Dit keer had de Kraai een pistool in zijn zak en een slagersmes dat hij uit het messenblok in de keuken had gepakt. De boer was wel halverwege de zestig, maar hij werkte al zijn hele leven op het land en was waarschijnlijk nog sterk en, wat misschien nog veel gevaarlijker was, niet bang. Het jachtgeweer van de boer stond in een kast in de hal, duidelijk zichtbaar door het raam in de zitkamer, wat nogal stom was. Maar hij had in elk geval de moeite genomen de kast op slot te doen.

De Kraai werd opgeschrikt door een harde dreun op de bovenverdieping. Hij verstarde en hield zijn hoofd schuin om het geluid beter te kunnen lokaliseren en zette al zijn nieuwe zintuigen in, proevend aan de lucht of hij iets over het hoofd had gezien. Een geur die daar niet thuis leek te horen, voorwerpen die erop wezen dat er nog iemand anders in huis was behalve de boer, die ongetrouwd en kinderloos was gebleven, wat niet zo verwonderlijk was getuige de afzichtelijke littekens op zijn gezicht. Wat ook de reden was, vermoedde de Kraai, waarom de boer in het verleden al vaak pogingen had gedaan om deze wereld te ontvluchten voordat de hem toegemeten tijd erop zat.

Slachtoffers van verbranding werden gruwelijk behandeld door de samenleving. Het gestaar, de voortdurende afwijzing, het contrast tussen alles wat door de maatschappij als volmaakt werd bestempeld en de realiteit van een blik in de spiegel. De Kraai begreep hoe moeilijk het was, maar vergeven kon hij het niet. Dieren wentelden zich niet in zelfmedelijden, verlangend naar de dood. Ze foerageerden, jaagden, doodden, aten en copuleerden, ongeacht hoe ze zich voelden.

Ze streden. Dat was het juiste woord.

Gerustgesteld dat het lawaai van de bovenverdieping slechts een door tocht dichtslaande deur was, trok hij het pistool uit zijn zak en verschoof de veiligheidspal. Eigenlijk had hij het wapen niet nodig want hij twijfelde geen moment aan zijn fysieke capaciteiten, maar hij zou de boer er makkelijker mee in bedwang kunnen houden. Het was belangrijk dat de avond precies verliep zoals hij zich had voorgesteld. Alleen dan zou de levenskracht van de man op hem overgaan. Diens dood moest circulair en betekenisvol zijn, anders was het gewoon moord, en dat zou zijn werk reduceren tot een banale handeling.

Toen hij de zitkamer binnenliep duurde het even voor de boer hem in de gaten kreeg. De oude man snoof luid, pakte de afstandsbediening en zette de tv uit.

'Ik heb mijn belasting betaald. Het kan me niet schelen of je een dwangbevel hebt, ik heb zelf met de rechtbank gebeld om na te gaan of mijn dossier gesloten was. Dus wegwezen.' Hij maakte een wegwuivend gebaar. 'Opgedonderd, en doe de deur achter je dicht.'

'Ik kom hier niet vanwege de belastingen,' zei de Kraai. 'En ik ben geen deurwaarder.'

'Nou, je bent ook niet van de politie. De politie moet zich bekendmaken voordat ze binnenkomen. Ben je soms zo'n nieuwe klojo van de immigratiedienst? Ik heb je al gezegd dat ik niks te verbergen heb.'

Hij kwam nu overeind, met zijn vinger priemend naar de Kraai, terwijl zijn woede het nog steeds won van zijn toenemende verwarring. Nog geen angst, maar die zou zo wel komen.

'Heb je een pistool bij je?' vroeg hij, starend naar het kleine zwarte ding dat grotendeels verborgen ging in de hand van de Kraai, en naar het versleten vloerkleed wees.

'Dat klopt,' zei de Kraai, die het wapen nu op de buik van de boer richtte. 'Ik weet dat jij een geweer hebt, hoewel je dat nu netjes in de kast hebt staan, zoals je als oppassende burger ook hoort te doen.'

De boer keek door de deuropening naar de hal, waar zijn wapenkast naast de trap stond.

'Dat is hem, die daar. Je hoeft me alleen maar de sleutels te geven.'

'Ja, om de dooie dood niet, stomme idioot. Wat wil je nou, ga je me doodschieten om een rottig oud jachtgeweer?'

'Dat is precies wat ik ga doen als je me die sleutels niet geeft. Dat is alles, daarna ga ik weer weg,' zei de Kraai kalm.

De boer wierp weer een blik op de gang. Hij stond op het punt toe te geven. Daar was de Kraai zeker van, net zo zeker als hij rook dat de taart aan het aanbranden was, waardoor de eerst zo zoete geur overging in een bittere verkoolde lucht.

'Ga je dan weg? Ben je alleen daarvoor gekomen?' vroeg de boer voor de zekerheid.

De Kraai leek zijn schouders op te halen. Wat de boer niet kon zien, omdat ze onzichtbaar waren voor stervelingen die nooit boven hun menselijke zelf uit zouden stijgen, waren de enorme vleugels die de Kraai op zijn rug voelde. Hij sloeg ze even uit, en in zijn gedachten besloegen ze de hele achterwand van de krappe zitkamer. Hij voelde de windvlaag die ze veroorzaakten door zijn haar strijken.

'Ja hoor,' zei hij.

De boer stak zijn hand diep in zijn zak en haalde een roestige sleutelring tevoorschijn met een stuk of vijf sleutels eraan. Hij nam de kleinste tussen zijn duim en wijsvinger en liep langzaam naar de wapenkast.

'Dat doe ik wel,' zei de Kraai met uitgestoken hand, terwijl hij zijn pistool op de borst van de boer gericht hield.

Met de sleutels in zijn hand liep hij naar de kast, en gebaarde naar zijn gijzelaar dat die in de hoek moest gaan staan. Hij maakte zich geen zorgen dat de man de benen zou nemen. De boerderij stond op ruim anderhalve kilometer van andere huizen en als hij een waarschuwingsschot moest lossen om de man tot staan te brengen zou dat niet meteen opvallen in een boerengemeenschap waar de vossen- en dassenstand op peil werd gehouden als dat nodig was. De Kraai pakte het jachtgeweer uit de kast en controleerde of het geladen was. Dat was het geval, een teken dat de man slordig omsprong met zijn wapens, maar dat kwam nu wel goed uit.

'Dank je,' zei hij. 'Voor ik ga: heb je hier beneden een toilet?'

'Je gaat verdomme niet mijn geweer jatten en dan ook nog eens hier op de plee zitten. Krijg de pest!' zei de boer, die weer moed vatte omdat de indringer nu had waar hij voor gekomen was.

De Kraai liet de beledigingen voor wat ze waren. Daar stond hij boven. Hij deed drie deuren open voor hij vond waarnaar hij op zoek was.

'Ga hier staan,' zei hij tegen de boer, wiens gezicht purperkleurig zag in de slecht verlichte hal, waar het licht van de vlammen van de open haard over zijn gezicht speelde, als een macabere parodie op de brandwonden die hij vroeger had opgelopen. Daar hoefde hij zich binnenkort geen zorgen meer over te maken. De Kraai zette zijn verzoek kracht bij door beide wapens tegelijk op zijn gijzelaar te richten. Dat werkte.

'Je gaat me opsluiten zodat ik de smerissen niet ken bellen hè, is dat het idee? Dan kun je je de moeite besparen, want ik wil de pliesie net zomin over de vloer als jij, dus ga nou maar gewoon,' probeerde de boer.

De Kraai negeerde hem en knikte in de richting van het toilet. De boer liep de piepkleine wc in die al in geen jaren was opgeknapt maar wel brandschoon was, dat moest hij de man nageven.

'Ik wil dat je daar gewoon gaat staan en in de spiegel kijkt,' zei de Kraai. 'Je mag op het fonteintje leunen als dat makkelijker is.'

'Wat wil je nou? Haal het niet in je zieke hoofd om me aan te raken, ja?'

'Daar hoef je niet bang voor te zijn. Het is vast al jaren geleden sinds iemand jou heeft willen aanraken, hè? Steekt dat nog steeds? Ik wed dat je daar 's nachts van wakker ligt. Hoelang heb je liggen branden voor ze je kwamen redden? Je zult wel hebben gedacht dat je doodging. Ik weet dat je sinds die tijd vaak hebt gewenst dat dat ook was gebeurd.'

'Hoe weet je dat?' vroeg de boer. 'Wie ben jij?'

'Ik ben alles,' antwoordde de Kraai. 'Luister, ik wil dat je de loop van het geweer nu tegen de zijkant van je hals duwt. Wacht, ik help je wel.' Met zijn pistool tegen de onderrug van de boer gedrukt, tilde hij met zijn andere hand het geweer op. 'Jij legt alleen je vinger om de trekker, ik draag het gewicht wel.'

De boer maakte de fout hem in de ogen te kijken voor hij een uitval deed. De Kraai was verbaasd dat hij er zo lang mee had gewacht, en hij was erop bedacht toen zijn slachtoffer een stap naar achteren deed en met zijn vuist naar zijn gezicht uithaalde. De Kraai vuurde één schot af, zorgvuldig richtend op de linkerschouder, niet om hem dodelijk te verwonden maar om gehoorzaamheid af te dwingen. Jammer dat het decor werd geruïneerd doordat de spiegel aan diggelen ging, maar daar was niets aan te doen.

'Ik denk niet dat je een langzame dood op prijs zou stellen,' fluisterde de Kraai toen de boer naar zijn schouder greep en tegen het fonteintje viel.

Een gestage bloedrode stroom liep over zijn borst het fonteintje in. De lucht raakte doordrongen van de metalige geur van bloed, scherp, riekend naar het einde.

'Goed, we proberen het nog een keer.'

De boer was nu aan het huilen – dat had hij niet verwacht. De tranen zochten zich kronkelend een weg over zijn wangen, over de ruwe, onregelmatige huid waar de stroompjes zich splitsten, zodat zijn gezicht op een glinsterend, rotsachtig terrein leek. De Kraai tilde het geweer weer op, maar zag zich nu genoodzaakt de vingers van de boer om de trekker te leggen. Diens hand trilde te hevig om zijn laatste daad zonder hulp te kunnen uitvoeren.

Van boven klonk weer een bons. De boer en de Kraai keken allebei tegelijk naar het plafond. De Kraai was niet bang, maar na al die voorbereiding wilde hij deze kans niet laten glippen. En de boer begon nu langzaam weg te glijden doordat het bloedverlies en de shock hun tol eisten.

De Kraai sloeg zijn arm om diens middel en plaatste met zijn andere hand de vingers van de boer om de trekker, waarbij hij ervoor zorgde dat de loop niet op hemzelf was gericht, en drukte toen af. Het kabaal was overweldigend in de kleine ruimte. De trommelvliezen van de Kraai knapten, en heel even raakte hij in paniek en dacht hij dat ze allebei waren gescheurd. De boer zakte in elkaar, zijn hoofd rolde levenloos naar voren op zijn borst en de rood gespetterde muur aan de linkerkant vormde een perfecte illustratie van zijn einde.

De man die in de achtergebleven scherven van de spiegel staarde, was niet menselijk, onaf, een wezen dat nog bezig was te evolueren. Het gezicht was bespikkeld met stukjes huid van de boer. Zijn blik was die van een carnivoor. Ontembaar. De Kraai vond het magnifiek. Hij wilde hier blijven staan, naar zijn spiegelbeeld staren, tot de restanten van de boer door zijn eigen vlees waren geabsorbeerd, ermee één waren geworden, maar er moest nog iets worden afgemaakt. Een onvoorziene complicatie.

Met tegenzin wendde hij zich af van zijn gebroken weerspiegeling en rende met twee treden tegelijk de trap op. Er waren vier kamers op de bovenverdieping: drie slaapkamers en een badkamer, vermoedde hij. Eerst schopte hij de deur links van hem open met het pistool in zijn rechterhand. Dat was de badkamer, het douchegordijn was al behulpzaam opzijgeschoven en de kastjes waren zo klein dat zelfs een kind er niet in zou passen.

Achter de volgende deur ging een kamer schuil die diende als opslagruimte voor dozen, koffers, oude stoelen en een nepkerstboom met engelenhaar dat zijn glans allang had verloren. De Kraai liep snel naar de kleerkast en trok de deuren open. Er viel een lading oude kleren over hem heen en op de grond. Van schrik liet hij een hoog lachje horen dat totaal niet bij hem paste. Het was een nerveus lachje, en dat haatte hij.

Hij liep naar de volgende kamer en keek in deuropening om zich heen. De gebloemde bedsprei was netjes rechtgetrokken en in de vensterbank stond een vaas met bloemen. Er slingerden geen vuile kleren op de grond. Niets. En tegenover het hoofdeind van het bed hing een spiegel aan de muur.

Dat klopte niet. Wat moest een man met een gruwelijke verminking die zijn leven op z'n kop had gezet, met een spiegel die hem daar elke dag voor het slapengaan en bij het opstaan aan herinnerde? Tenzij de Kraai dit keer zijn werk niet goed had gedaan, en dat was ondenkbaar. Misschien was de deur die hij had horen klapperen niet door de wind dichtgeslagen. Misschien was hier echt iemand geweest die zijn stem had gehoord. Was die naar beneden geslopen en had die zijn gezicht gezien? Had die de politie al gebeld? Deze slaapkamer, het hele huis, realiseerde hij zich veel te laat, droeg het stempel van een vrouw. Van de bloemetjessprei tot de appeltaart, van de glimmende badkamer tot de spiegel aan de wand.

'Kom maar tevoorschijn, waar je ook zit,' zong hij, terwijl hij de deur van de inbouwkast opendeed en in de leegte grijnsde.

En ja hoor, tussen de dikke truien en winterjassen hingen een paar vrouwenblouses en spijkerbroeken. Hij deed een stap naar voren, trok alles van de hangers en veegde de opgevouwen kleren van de planken. Niks. Hij keek onder het bed en was er nu echt van overtuigd. Zelfs geen verdwaalde sok of een stofpluisje. Dit was niet het werk van de boer.

Daarmee bleef de laatste kamer over.

De Kraai zette zich schrap voor een confrontatie die hij niet had voorzien. Dat was verontrustend, maar het kon ook voordeel opleveren. Met twee levenskrachten in één keer zou hij sterker worden dan hij zich ooit had gevoeld, maar het paste niet in zijn plan. Als hij een waardevol leven nam dat door de natuur was geplant en gevoed, zou dat zijn evolutie in de war kunnen sturen.

Aan de andere kant, ging er eigenlijk ooit iets mis in de natuur? Roofdieren jaagden waar en wanneer ze konden. Ze namen wat hun pad kruiste. Ze verdeden hun tijd niet met evalueren en filosoferen. Hij ademde een paar keer diep in en uit, en ging toen de laatste slaapkamer binnen.

Het was een logeerkamer met een tweepersoonsbed tegen de muur in de hoek en het enige kleuraccent in de kamer was afkomstig van een vloerkleed. Nog een inbouwkast. De Kraai bleef even staan luisteren, tuurde door het kleine raam om te zien of hij blauwe zwaailichten zag en gaf voor het eerst aan zichzelf toe dat hij de situatie wellicht had onderschat. Hij had geen idee hoeveel tijd hij had om weg te komen als de politie al was gebeld.

Grommend trok hij de kastdeur open en stak het pistool naar binnen. Het was een diepe linnenkast vol handdoeken, een extra dekbed, schone lakens en dekens. Maar verder niets.

Hij had het zich verbeeld. De deur was door de wind dichtgeslagen. De blik op het gezicht van de boer toen hij naar het plafond staarde... De bloemetjessprei zou gewoon de hand van een huishoudster kunnen zijn die eens in de week kwam. En waarom zou een man geen appeltaart in de oven kunnen zetten? Waarschijnlijk was hij kant-en-klaar gekocht en kwam hij recht uit de vriezer. Toch wilde hij niet blijven. Voor hem was de avond bedorven. Mislukt. Hij werd witheet van woede terwijl hij daar stond en het bloed van zijn slachtoffer op het vloerkleed drupte.

Weer beneden gekomen restte hem een laatste taak. Het gezicht van de boer was nog volledig intact. Dat deel van zijn plan was tenminste wel soepel verlopen. Hij legde het lichaam op de rug, stak zijn handen in zijn broekzakken en trok de gekoesterde objecten voorzichtig tevoorschijn. Ze op de juiste plek aanbrengen ging hem makkelijker af dan hij had gedacht.

Hij liet het huis in duisternis achter, nadat hij alle lichten had uitgedaan en er zelfs aan had gedacht de oven uit te zetten. De politie zou het lichaam snel genoeg ontdekken, maar het had geen zin om hun aandacht te vroeg te trekken met donkere rookwolken. Het was veel beter als ze slechts een vage tijdlijn hadden om op af te gaan. Tot nu toe gingen ze bijzonder incompetent te werk, en zo zag de Kraai het graag.

Mariam was bijna te lang op de overloop van de boerderij blijven staan. De indringer bewoog zich heel lichtvoetig. Vanaf het moment dat hij naar boven was gelopen, had ze niet kunnen horen welke kamer hij binnenging. Om niet ontdekt te worden had ze zich in de bergruimte onder in de linnenkast in de logeerkamer verstopt tot ze zeker wist dat hij het huis uit was. Daarna had ze de deur van de oude hooischuur opengemaakt die in de buitenmuur van de verbouwde boerderij was blijven zitten, en had zich via de ladder naar beneden gewaagd.

De ladder werd aan het oog onttrokken doordat hij met klimop was begroeid, maar ze kon de sporten makkelijk voelen met haar voeten. Ze prevelde een dankgebed toen ze weer vaste grond onder de voeten had. De boer had haar gewezen hoe ze in geval van nood naar buiten moest komen, hoewel ze niet hadden gedacht dat het ooit nodig zou zijn, en trouwens, het enige waarover ze zich eventueel zorgen maakten was een inval van de vreemdelingenpolitie.

Ze rende naar de nieuwe schuur, klom langs een andere ladder naar de vliering waar dertien andere immigranten al lagen te slapen. Mariam schudde ze een voor een wakker en gebaarde dat ze stil moesten zijn, hoewel de auto van de indringer al weg was. Als er iets was wat ze in haar geboorteland Mali had geleerd, was het dat het gevaar nooit echt geweken was en dat, zodra je je veilig waande, je ziel het volgende moment naar de hemel kon opstijgen.

De boer had hen redelijk behandeld. Je kon het niet echt slavernij noemen. Ze kregen te eten en te drinken, warme slaapzakken en kleren die geschikt waren voor de winter. Als tegenprestatie werkten ze op het land, en Mariam was uitgekozen om het huishouden te doen. Haar Engels was het best, en dat gold ook voor haar figuur. Ze had zich ook andere dingen laten welgevallen om haar kinderen te beschermen, maar vergeleken bij de armoede en vervolging in haar land van herkomst beschouwde ze dat als een prijs die ze bereid was te betalen.

De boer was geen slecht mens. Hij was gewoon eenzaam, wanhopig en deinsde er niet voor terug misbruik te maken van andermans tegenspoed als die kans zich voordeed, net als miljarden anderen over de hele wereld. Aan de seks had ze geen plezier beleefd, maar ze had er wel een echt bed en fatsoenlijke maaltijden aan te danken. Meestal kon ze wel wat extra eten voor haar zoon en dochter meesmokkelen. Ze was bereid nog heel wat ergere dingen voor lief te nemen als ze hen daarmee kon beschermen.

Nu was de boer dood en moesten ze vluchten. Ook wanneer ze de schoten niet had gehoord, zou ze hebben geweten dat er bloed was gevloeid. Mariam was in de loop der jaren te vaak getuige geweest van dood en verderf om de zwarte stank ervan niet te herkennen. Ze sprak lange tijd op een fluistertoon met het groepje illegalen, die elke dag weer doodsbenauwd waren dat ze moesten vluchten, maar zich er desondanks op hadden voorbereid. In vier minuten tijd hadden ze hun bezittingen ingepakt. Ze volgden een pad over het land van de boer, de doorgaande wegen mijdend, en zochten waar het kon de dekking van de bomen en liepen in groepjes van twee om niet op te vallen voor het geval iemand hen zag.

Voordat ze vertrokken ging Mariam nog één keer terug naar de boerderij. Van een afstandje nam ze afscheid van de man met wie ze bijna een jaar het bed had gedeeld, propte zoveel eten als ze kon dragen in een knapzak en pakte al het geld uit zijn portefeuille – ervan overtuigd dat hij dat gezien de omstandigheden niet zou hebben geweigerd, omdat hij hun allemaal nog geld schuldig was – en nam zijn stokoude mobieltje mee.

Ondanks het feit dat ze weinig keus had gehad, ondanks de seksuele relatie die haar was opgedrongen en alle andere vormen van uitbuiting die ze had moeten slikken, stemde het vertrek haar droevig. De volgende stap was ongewis. Als ze moesten stelen om te kunnen eten, zouden ze vroeg of laat worden betrapt, en niemand wist wat er dan zou gebeuren. In de gevangenis terechtkomen was nog het minst erg. Een gedwongen terugkeer naar Mali, naar ziekte, werkloosheid en voortdurend geweld, was ondenkbaar.

Ze liepen urenlang voor ze een groepje verlaten kassen vonden waar ze konden uitrusten tot het donker werd, en pas toen pleegde ze het telefoontje, dat ze zo kort mogelijk hield. Ze belde niet met de politie, want die namen alle gesprekken op. Mensen dachten vaak dat illegalen dom waren, maar in feite had ze ongelooflijk veel vindingrijkheid aan de dag moeten leggen om haar kinderen in veiligheid te brengen en iemand te vinden die hun onderdak wilde verlenen. Het woord 'dom' kwam niet in haar woordenboek voor, dat kon ze zich eenvoudigweg niet permitteren. Ze belde met de plaatselijke pub, een van de weinige nummers die de boer in de lijst van contacten op zijn telefoon had staan.

'Morgen, Kale,' zei een stem. 'Wat kan ik op de vroege ochtend voor je doen?'

'Hij is dood,' zei Mariam onomwonden, waarbij ze haar best deed elk herkenbaar accent te verhullen. 'Stuur de politie naar de boerderij.'

Ze brak het gesprek af, nam de simkaart uit de telefoon en stampte die kapot onder haar schoen. De kasteleinse was een vriendelijke vrouw, had ze van de boer begrepen. Haar gezonde verstand zei dat ze niet had moeten bellen, maar het ging erom wat goed was en wat fout, en die twee overlapten elkaar zelden. En de gedachte dat de boer daar lag met zijn hoofd er half af nadat die man hem te pakken had genomen – ze had hem niet van dichtbij durven bekijken – was fout.

De moordenaar liep vrij rond en wat voor mens zou ze zijn als ze hem vrijuit liet gaan om haar eigen vrijheid te beschermen? Iemand die zo'n moord had gepleegd zou opnieuw toeslaan. Haar eigen echtgenoot was door dieven in het hoofd geschoten toen hij had geweigerd zijn enige paar schoenen af te geven. Mariam verrekte het om dat soort lui te laten lopen. De politieagenten in Mali, overbelast en onderbezet als ze waren, hadden slechts hun schouders opgehaald. Ze maakten zich vooral zorgen om hun eigen gezinnen en hadden niet veel meer gedaan dan haar aangifte registreren. Maar dit was Schotland. Dit was een wereld waar iets gedaan kon en zou worden. Mariam bad dat haar kinderen er niet de dupe van zouden worden.

26

15 maart

Toen Ava bij de boerderij arriveerde, was het forensisch onderzoek al in volle gang. Dokter Ailsa Lambert was gekomen en alweer vertrokken, en het lijk zou worden verplaatst zodra Zware Misdrijven het op de plaats delict had kunnen zien. Het slachtoffer, dat nog officieel moest worden geïdentificeerd, was de landeigenaar Jon Moffat, zoals ze hadden gehoord van degene die de melding vanuit de plaatselijke pub had gedaan. Er waren al mensen van de uniformdienst in de pub om een volledige verklaring af te nemen, en er waren nog eens dertig extra agenten opgetrommeld om de plaats delict veilig te stellen en wegversperringen in het gebied op te richten om iedereen die het gebied binnenkwam of verliet te ondervragen naar hun bestemming.

Ava hoorde brigadier Max Tripp geschrokken naar adem happen toen hij het lichaam zag en wist ze dat ze zich schrap moest zetten voordat ze de hoek om kwam om het met eigen ogen te zien.

'Wil je liever buiten wachten?' vroeg ze hem.

'Nee hoor, mevrouw. Ik heb al genoeg lijken gezien. Ik ben zo weer in orde,' antwoordde Tripp door zijn mond ademend, wat niet echt zou helpen vanwege de doordringende stank.

'Niemand zou lijken in deze toestand hoeven zien, brigadier, en zodra je dat normaal begint te vinden moet ik me pas echt zorgen over je gaan maken. Er worden meer dan genoeg foto's gemaakt, die we later nog kunnen bekijken. Ga jij maar kijken wat ze nog meer hebben gevonden. Ik handel dit wel af.'

Zonder iets te zeggen liep Tripp weg. Het viel de jonge politieman niet te verwijten dat hij de aanblik van het lijk niet kon verdragen. Ava hield zichzelf voor dat ze op een gegeven moment weer redelijk zou kunnen slapen – dat lukte haar altijd – en dwong zichzelf naast het dubbelgevouwen lichaam te knielen om het aandachtig te bestuderen.

Het gezicht van de man was ernstig verbrand, lang geleden zo te zien, en zijn keel was weg. Zijn hoofd zat alleen met de ruggengraat nog aan de romp vast. Daar zouden Max Tripp of de anderen die op de plaats delict werkten echter geen nachtmerries van krijgen. Maar wel van de glanzende zwarte veer die in elk oog was gestoken. Een kleverige vloeistof, vermengd met bloed, was over zijn beide wangen gesijpeld, wat de indruk wekte dat het slachtoffer om zijn lot had gehuild, wat Ava op een later moment ook zou doen. Het deed er niet toe hoe gehard ze was, ze had altijd een paar tranen over voor slachtoffers die zo afschuwelijk hadden moeten lijden. Ze belde Ailsa Lambert en kwam direct ter zake.

'Is hij eerst doodgeschoten, of zijn die veren in zijn ogen gestoken toen hij nog leefde?'

'Ik weet vrijwel zeker dat die beschadiging aan zijn ogen post mortem is toegebracht. Zodra we die veren in het mortuarium hebben en eventueel bewijsmateriaal erop hebben veiliggesteld, stuur ik ze naar een ornitholoog.'

'Hoelang was hij al dood?' vroeg Ava.

'Een uur of twaalf schat ik. Nou, kom maar op, stel die vraag nou maar die op je lippen brandt.'

'We zouden van baan moeten ruilen,' zei Ava, 'hoewel ik niet de kwalificaties heb om die van jou te doen.'

'Nooit van mijn leven!' riep Ailsa uit. 'Ik heb alleen maar met mensen te maken voor wie ik mededogen voel. Jij zit samen in een kamertje met de daders van deze afschuwelijke misdaden. Ik breng mijn tijd liever door met de doden, dank je wel.'

'Ja, daar zit wat in. En oké, als ik het dan toch voor je moet uitspellen: is dit dezelfde dader als degene die Fenella Hawksmith en Osaki Shozo heeft vermoord?'

'Wat denk je?' vroeg Ailsa.

'Mijn onderbuikgevoel zegt van wel, maar ik heb er geen concreet bewijs voor. Een nieuwe moordmethode. Ik weet niets van het slachtoffer, behalve dat hij vroeger zware brandwonden heeft opgelopen. En geen tiewraps dit keer. Maar de hoeveelheid geweld, de vernietigingsdrang, die zijn hetzelfde. Ik begrijp alleen die veren niet. Als het dezelfde dader is, waarom zijn we die dan niet eerder tegengekomen? Denk jij dat het dezelfde is?'

'Ja, op grond van de redenen die je net noemde. Dat kan ik nog niet wetenschappelijk onderbouwen, maar de eenvoudigste verklaring is meestal de juiste. Je hebt een seriemoordenaar in het district die de smaak te pakken heeft. Eigenlijk zaten we allemaal te wachten op het volgende slachtoffer, ja toch? Tot we DNA, vingerafdrukken of betrouwbare getuigen hebben weten we het niet zeker, maar slechts weinig mensen zijn in staat om zo ontaard en gewelddadig te werk te gaan. Ik hoop oprecht voor ons allemaal dat het om één dader gaat. Je moet er niet aan denken dat je twee van dit soort psychopaten in de stad rond hebt lopen.'

Ava beëindigde het gesprek en ging op zoek naar brigadier Tripp. Ze vond hem een eind verderop, in een nieuw uitziende schuur waar agenten haastig bezig waren schijnwerpers op te stellen en allerlei spullen in bewijszakken te stoppen.

Ze beklom de ladder naar de vliering van de schuur om te zien waar alle drukte om te doen was. Een paar vuilniszakken vol afval waren opengesneden voor onderzoek en in een hoek stonden vier grote jerrycans met water op elkaar gestapeld, die allemaal vrijwel leeg waren. Verder waren er een paar versleten dekens achtergelaten, en schoenen die een en al gaten waren en amper leer, en kleren die absoluut niet geschikt waren voor het Schotse weer.

'We denken dat hier meerdere mensen hebben gewoond,' zei Tripp, die achter haar opdook.

'Dat moet die boer hebben geweten. Waarschijnlijk kregen ze onderdak in ruil voor goedkope arbeid,' zei Ava.

'Dus dan hebben we het over daklozen, kinderen, anderen die met tegenslag te kampen hadden, of criminelen die geen kant op konden en geen ander werk konden krijgen...'

'Of illegale vreemdelingen,' vulde ze voor hem in. 'We hebben DNA nodig van alle gevonden spullen om de identiteit vast te stellen van de mensen die hier hebben gebivakkeerd. Er zit geen stof op de spullen en ook geen spinnenwebben, dus het lijkt erop dat ze pasgeleden haastig zijn vertrokken.'

'Denkt u dat een van hen voor die moord verantwoordelijk is, mevrouw?'

'Alles is mogelijk, brigadier. Wat ik nu allereerst moet zien vast te stellen is een motief. Het lijk is afgevoerd naar het mortuarium. Wat denk je ervan om samen met mij de rest van de boerderij te bekijken?'

Ze liepen terug naar het huis, en liepen met een boog om de politiemensen heen die het zandpad afspeurden naar verse bandensporen.

Ava probeerde de voordeur. Die zat op slot en was aan de binnenkant vergrendeld. Alle ramen op de begane grond waren intact en zaten ook dicht.

'Dus de moordenaar is via de achterdeur binnengekomen, maar er zijn geen sporen van braak. Het slachtoffer heeft hem binnengelaten of de deur zat niet op slot zodat de dader gewoon naar binnen kon lopen,' zei Tripp. 'Geen vuurwapens in de wapenkast, dus we gaan ervan uit dat het geweer dat naast het lichaam van de boer lag, van hem was.' Tripps telefoon ging. 'Neem me niet kwalijk, ik moet dit gesprek even aannemen,' zei hij terwijl hij de zitkamer in liep.

Ava liep langzaam de trap op, zonder de leuning met haar gehandschoende handen aan te raken om eventuele vingerafdrukken niet te verstoren, en keek ondertussen aandachtig naar de traploper. Hier en daar waren donkerrode druppels te zien, maar al het geweld leek zich beneden te hebben afgespeeld. Waarom zou de dader na de moord naar boven zijn gelopen? Hij zou zich toch zo snel mogelijk uit de voeten hebben willen maken? Het schot moest 's avonds over een behoorlijke afstand hoorbaar zijn geweest. En op deze manier liet hij ook meer sporen achter dan nodig was, iets wat hij bij vorige gelegenheden zorgvuldig had vermeden als – en ze moest toegeven dat dat een groot vraagteken was – dit dezelfde man was die de andere slachtoffers had vermoord.

Bovenaan de trap bleef ze staan. De dader was naar iets op zoek geweest, hoewel het vanwege de veren niet voor de hand lag dat diefstal zijn primaire motief was, of hij was ergens van geschrokken. Het was een oud huis en het was heel plausibel dat een krakende vloer met zijn verbeelding op de loop was gegaan, maar er had ook een aangebrande appeltaart in de oven gestaan, die door het forensische team op de keukentafel was gezet. Een grote. Te groot voor een man alleen. De boer was niet mager, maar zeker niet zwaarlijvig. In ieder geval had hij niet het figuur van iemand die elke avond een hele appeltaart naar binnen werkte.

Ava onderzocht de kamers een voor een, met de klok mee, en controleerde elke kleerkast op zoek naar aanwijzingen of daar nog andere mensen hadden gewoond. In de grote slaapkamer viel haar de bedsprei met bloemmotief op, en nog iets anders in het nachtkastje. Weggestopt in een la samen met een tijdschrift over vliegvissen lag een halfleeg pakje condooms. Alles wees erop dat Jon Moffat hier regelmatig seks had gehad met iemand. Ze verdrong de herinnering aan de laatste keer dat zij naar dezelfde voorwerpen op zoek was geweest, en de stekende pijn die ze plotseling voelde, en ging verder met haar onderzoek. Een brute moord was een probaat middel om je prioriteiten op een rijtje te zetten, dacht ze.

In de laatste kamer deed Ava de ingebouwde kast open, zag de bloederige handafdruk aan de binnenkant van de deur en riep een technisch rechercheur naar boven om daar foto's van te maken. Toen ze de kast in liep, helemaal naar achteren, hoorde ze een hol geluid onder haar voeten.

'Tripp,' riep ze naar beneden, terwijl ze het beddengoed opzij schopte. 'Naar de logeerkamer komen. Nu!'

Ze stampte hard op de vloer. Ondanks de vloerbedekking klonk het daaronder hol, wat niet strookte met de solide vloer in de rest van de kamer. Ze liet haar vingers langs de rand van het tapijt glijden en stuitte op een lusje van elektradraad. Slim. Moeilijk te zien. Als je er niet actief naar op zoek was, zou je denken dat het gewoon een loszittend stukje draad was.

Ze stak haar vingers door de lus en trok eraan. Het bleek een luik te zijn dat met vloerbedekking en al uit de vloerplanken was gezaagd. Daaronder was het pikkedonker. Ava klom stap voor stap naar beneden langs het steile trappetje dat vreemd genoeg op de buitenmuur van het huis uit leek te komen.

'Wat is er te zien?' riep Tripp vanuit de gang.

'Een luik. Achter in de inbouwkast,' riep Ava terug. 'Met daaronder een soort schuilplaats, hoewel je historisch gezien zoiets niet zou verwachten in dit type huis, en deze ruimte lijkt recent gemaakt te zijn, want er zit moderne vloerbedekking op. Er lijkt geen andere uitgang te zijn –'

'Mevrouw!' riep Tripp, toen Ava's laatste woorden overgingen in een kreet die zowel uit de slaapkamer als uit het openstaande raam leek te komen.

Hij sprong het luik in en zag Ava aan een piepklein deurtje hangen dat uitgaf op de koude, heldere buitenlucht. Tripp trok haar naar binnen en ze viel boven op hem, aan de voet van de trap.

'Alles goed met u?' vroeg hij hijgend.

'Het zou nog beter gaan als ik niet keer op keer bijna van een hoge muur val,' pufte ze. 'Wat is dit in godsnaam?'

'Blijf hier en houd u vast,' zei Tripp. 'Wacht tot u mijn stem hoort voordat u dat deurtje weer opendoet.'

Tegen de tijd dat Ava weer op adem was gekomen, riep Tripp dat ze het deurtje open moest doen. Ze duwde er aarzelend met haar voet tegenaan en bleef er zo ver mogelijk vandaan.

'Er zit hier een hoop latwerk begroeid met klimop,' riep hij naar boven. 'Maar ik denk dat daaronder iets stevigers zit, het lijkt wel een ladder.'

'Dus op een zeker moment verwachtte de boer bezoek,' zei Ava. 'Dat verklaart waarom de dader naar boven ging nadat hij met meneer Moffat had afgerekend. Als hij voetstappen heeft gehoord, wilde hij natuurlijk controleren of er niemand anders in huis was. Maar toen hij boven kwam zat onze potentiële getuige al in deze schuilplaats, klaar om de ladder af te klimmen.'

'En je moest het weten. Wij zijn er vlak langs gelopen toen we via de achterdeur naar binnen gingen, en we hebben niks gezien. Niemand kan dit bij toeval hebben gevonden.'

'Er lag een pakje condooms in de slaapkamer,' zei Ava. 'Ons slachtoffer was niet getrouwd, maar ik denk niet dat hij helemaal single was.'

'Dat kan kloppen,' bevestigde Tripp. 'Ik heb de uitbaatster van de plaatselijke pub net aan de lijn gehad. Ze kreeg vanmorgen vroeg een telefoontje met het mobieltje van de boer. Ze herkende het nummer dat op het scherm van haar telefoon verscheen. Een vrouwenstem zei dat meneer Moffat dood was, en het interessante is dat de beller niet met een Schots of Engels accent sprak. Na enig doorvragen zei ze dat ze dacht dat het een Afrikaans accent was, hoewel de vrouw maar een paar woorden zei voor ze de verbinding verbrak.'

'We hebben een getuige,' zei Ava. 'Dat werd verdomme tijd.'

Een paar uur later zat de briefingruimte stampvol. Ava liet de briefing aan Tripp over en beantwoordde daarna de vragen.

'Waarom denken we dat dit het werk is van de Hawksmith-Shozo-moordenaar?' luidde de onvermijdelijke eerste vraag.

'Omdat de huisarts van ons laatste slachtoffer zojuist heeft bevestigd dat zijn patiënt al jarenlang voor depressie werd behandeld en bij tijden acuut suïcidaal gedrag vertoonde. We wachten nog op een overzicht van de hulpverleningsinstanties die Jon Moffat heeft ingeschakeld, en op de datum van zijn meest recente contact met zijn psychiater. Meneer Moffat heeft als jonge twintiger ernstige brandwonden opgelopen in de schuur van zijn ouders.

Na verscheidene operaties kwam hij er fysiek weer bovenop, maar we kunnen wel zeggen dat het zijn leven voorgoed heeft veranderd. De depressie die daarop volgde was te verwachten, maar in de loop der jaren ging zijn geestelijke gezondheid steeds verder achteruit toen het moeilijk – of liever gezegd onmogelijk – bleek om een partner te vinden. Tot nu toe.'

'Hij had geen vijanden voor zover we weten?' vroeg Janet Monroe.

'We hebben nog geen tijd gehad om dat grondig te controleren, maar de caféhoudster zegt dat hij op zichzelf was, en dat hij goed lag bij de mensen als hij rustig een biertje kwam drinken,' zei Tripp. 'Zijn banksaldo was positief en er rustte geen hypotheek op de boerderij. Geen alarmbellen.'

'En hoe zit het met die veren?' vroeg iemand anders.

'Die zouden een persoonlijke toespeling kunnen zijn aan het adres van de boer zelf,' dacht Ava hardop. 'Of misschien maakt de dader een ontwikkeling door en leeft hij een fantasie uit. We komen daarop terug als de veren door een ornitholoog zijn geïdentificeerd. Er zijn geen andere veren gevonden in het huis of in de schuren, dus het lijkt erop dat de dader ze doelbewust heeft meegenomen. Het wijst op zwaar gestoord gedrag van iemand die er niet mee zit om heel fysiek te worden met een lijk, en wat dat betreft is dit geval vergelijkbaar met de andere.'

'Dus we moeten wachten tot we de getuige hebben gevonden die het misdrijf aan de uitbaatster meldde?' vroeg Monroe.

'Dat is een van de dingen die we willen uitzoeken,' antwoordde Ava.

'En als de beller het lijk nou toevallig gevonden heeft maar verder geen bruikbare info over de dader heeft? Met het tempo waarin de moorden nu plaatsvinden moeten we er rekening mee houden dat we alweer een nieuw slachtoffer hebben tegen de tijd dat we de beller hebben opgespoord,' zei Monroe. 'We moeten de dader uit zijn of haar tent zien te lokken.'

'Aan de binnenkant van een kast in de boerderij hebben we een bloederige handafdruk gevonden, en de grootte ervan wijst erop dat de dader een man is. Het bloed was van Moffat maar de moordenaar droeg handschoenen, dus we hebben geen vingerafdrukken.'

'Het gaat dus om een hij,' ging Monroe verder. 'Ik heb het al eerder gezegd, maar zijn gedrag escaleert in ongekend tempo. Ik denk dat we ons proactiever moeten opstellen.'

'Ik luister,' zei Ava.

'Het moet iets zijn wat op een openbare plek plaatsvindt en waar de media op eigen houtje achter komen om het zo geloofwaardig mogelijk te houden. Martello Court zou een goeie locatie zijn. Dat is de hoogste woonflat van Edinburgh: drieëntwintig verdiepingen, vijfenzestig meter hoog. We ensceneren het als een zelfmoordpoging, we rekken de boel een tijdje, zetten camera's neer en kijken wie er komt opdagen. We hebben op de sociale media al een hoop reacties gehad op de zelfmoordpoging van Stephen Berry. Misschien ontdekken we enige overlap, of wekt het de interesse van dezelfde hulpverleners.'

'Dan zouden we een vrijwilliger nodig hebben die bereid is zich te laten beveiligen tot we een duidelijke verdachte in het vizier hebben. Dat zou een behoorlijke inbreuk op diens privéleven maken en het kan gevaarlijk zijn.' Ava keek de kamer rond op zoek naar opgestoken handen.

'Ik zou het niet hebben voorgesteld als ik me niet zelf als vrijwilliger wil aanmelden,' zei Janet Monroe snel. 'Dat is het meest logisch. Ik ben als laatste bij het team gekomen en ik heb nog nooit contact gehad met de media. Bovendien heb ik tot nu toe aan de zaak-Jenson-Western gewerkt, dus ik ben op geen enkele plaats delict geweest die met deze zaak te maken heeft en heb niet met getuigen gesproken. Ik kan zeggen dat ik een baby heb en net doen alsof ik een alleenstaande moeder ben, allemaal factoren die erop kunnen wijzen dat ik onder druk sta, en daar komt nog bij dat ik tot een etnische minderheid behoor, net als Osaki Shozo. Dus ik heb genoeg te vertellen aan degene die me te hulp schiet.'

Ava zuchtte. Janet Monroe was ongetwijfeld slim genoeg om deze stunt tot een goed einde te brengen, maar het had iets naars om een moeder met een baby die nog niet eens kon lopen als lokaas te gebruiken.

'Nee, dat gaat niet door,' zei Monroe meteen.

'Huh?' zei Ava.

'Als ik nou een man was, zou u er dan problemen mee hebben dat ik me als vrijwilliger aanmeldde?'

'Ik moet er even over nadenken,' zei Ava ontwijkend. 'Misschien is het beter om een undercoverspecialist uit een ander district in te schakelen.'

'Dan moet die helemaal worden ingewerkt en op de hoogte worden gebracht. Ik weet waar ik op moet letten. Ik heb de dossiers van alle slachtoffers gelezen en ik ben me bewust van de risico's. Mijn partner kan met de baby tijdelijk ergens anders gaan wonen. Hij heeft familie in Edinburgh. Laat mij dit doen,' hield Monroe voet bij stuk.

Ava keek haar aan. Monroe stond haar mannetje, dat wist Ava. Ze was een goede politievrouw met een scherpe intuïtie.

'Goed dan. Tripp, Monroe, over tien minuten op mijn kamer. We moeten een grondige risicoanalyse maken en een surveillanceschema in elkaar zetten. En ik moet groen licht van de commissaris krijgen. We moeten vertrouwelijk contact leggen met de hulpdiensten en de brandweer, zodat ze stand-by staan. Verder moeten we regelen dat er non-stop gewapende politie bij je voor de deur staat. Actie!'

Op weg naar haar kamer werd ze aangeschoten door Pax Graham.

'Korte update, mevrouw, over de zaak-Gilroy Western. We wachten nog op een volledige DNA-analyse van het bloed dat we hebben gevonden op de plek waar de remleidingen zijn doorgesneden, maar het lab heeft al bevestigd dat het van een vrouw is.'

'De escortdame van Western?' vroeg Ava.

'Lively heeft haar kunnen opsporen met behulp van het nummer dat we op de telefoon van meneer Western hebben aangetroffen. Hij neemt haar nu mee naar het bureau als mogelijke verdachte. We zullen haar vragen of ze DNA wil afstaan om haar van het onderzoek uit te sluiten.'

'Goed werk,' zei Ava. 'Breng je me vanavond op de hoogte? Ik verwacht dat ik de hele middag de deur uit ben voor een andere zaak, maar ik laat je weten wanneer ik vrij ben.'

In haar kamer liet Ava zich in een stoel vallen. Ze overwoog even om Callanach meteen te laten weten dat de verdachte mogelijk Gilroy Westerns goedbetaalde, eufemistisch als 'vriendin' betitelde escort zou kunnen zijn, maar besloot dat ze beter kon wachten tot ze daar meer zekerheid over had. Graham en Lively zouden er samen wel achter kunnen komen of de vrouw er iets mee te maken had, en dan kon ze Callanach later bellen. En als dat een excuus was om een gesprek uit te stellen waar ze huizenhoog tegen opzag, zou niemand haar dat kwalijk kunnen nemen.

27

15 maart

Janet Monroe stond boven op het gebouw dat door buurtbewoners met gevoel voor drama enkele jaren geleden tot Terror Tower was gedoopt, toen Muirhouse nog dé wijk was om drugs te scoren, wapens te kopen of een dubieus type een stapeltje tienpondbiljetten toe te stoppen om die klootzak af te tuigen die het achter je rug met je vriendin hield. Monroe had de sloten van de toegang tot het dak met een hamer opengebroken en had gympen aangetrokken waar ze uren op kon staan zonder dat haar voeten moord en brand schreeuwden. Ze zorgde ervoor dat ze vanaf de grond kon worden gezien zonder dat ze gevaar liep door een windvlaag te worden weggeblazen.

Verder was er niets in scène gezet. Er zou geen politie aanwezig zijn, althans niet openlijk, tot een rechtschapen betrokken burger het incident zou melden. Daarna zouden de hulpdiensten worden ingelicht en zou er een zelfmoordpreventieteam worden opgetrommeld. Toen de eerste politieauto kwam aanrijden, had zich al een kleine menigte verzameld die naar de bovenste verdieping staarde.

Vanuit een dichtbijgelegen flat observeerden Ava en Tripp de aanzwellende menigte en ze zorgden ervoor dat de op zes verschillende punten opgestelde camera's geen enkele omstander misten. Agenten in burger zouden zich op gezette tijden onder de menigte begeven met opnameapparatuur om gesprekken vast te leggen. De radiozender van Monroe zelf was discreet vastgenaaid in een hoody onder haar jas.

'Ze zal het wel stervenskoud hebben,' mompelde Ava. 'Ongelooflijk dat de commissaris deze actie heeft goedgekeurd.'

'Het eerste mediabusje komt eraan,' zei Tripp. 'Ze zenden dit met een lichte vertraging uit, voor het geval dat Janet werkelijk springt. Ik bedoel, ze springt natuurlijk niet, maar als dit echt zou zijn: in dit soort situaties lassen ze een vertraging van dertig seconden in. Zo direct verschijnen de beelden ook op de sociale media, en we zijn net op tijd om het plaatselijke avondnieuws te halen.'

'We hebben de pers in dit hele verhaal gelukkig weten te ontlopen,' zei Ava terwijl ze de menigte voor het gebouw met een verrekijker opnam. 'Elke zelfmoord kan anderen ertoe aanzetten hetzelfde te doen. Hoe komt dat toch? Zou je niet eerder denken dat mensen tegen zichzelf zeggen: ik wil echt niet de volgende zijn. Ik moet hulp zoeken, mijn situatie veranderen, bij mijn huisarts langsgaan. Alles is beter dan dit.'

'Dat is rationeel gedacht, mevrouw,' zei Tripp. 'Psychische gezondheid is niet rationeel. Een depressie houdt zich niet aan regels. Ellende zoekt gezelschap, dat is een veel realistischer manier om ernaar te kijken. Ik snap wel dat je troost put uit het feit dat iemand anders zich net zo rot voelt als jij, en als je ziet hoe die ermee omgaat kan dat misschien een soort van... inspirerend werken, denk ik.'

'Je geeft me nou niet echt een goed gevoel over deze operatie, brigadier,' zei Ava, en ze pakte een mobilofoon om de geüniformeerde agent op te piepen die de omstanders in het gareel moest houden. 'Zorg ervoor dat de mensen verder van het gebouw af gaan staan. Ik wil een bredere veiligheidszone en ik wil dat de mensen verder uit elkaar staan zodat we iedereen er goed op krijgen.'

Het effect was meteen zichtbaar: op de vier monitors in Ava's provisorische commandocentrum verschenen onmiddellijk duidelijker beelden van de afzonderlijke omstanders. Op de meeste gezichten stonden de normale menselijke emoties te lezen die je in dergelijke omstandigheden zou verwachten. Mensen sloegen een hand voor de mond, er vloeiden tranen, ouders schermden de ogen van hun kinderen af, hoewel het natuurlijk beter zou zijn om de kinderen helemaal uit de buurt te houden, en er ontsponnen zich bezorgde gesprekken over hoe het zou aflopen.

Dan had je de amateurfotografen die foto's of zelfs filmpjes maakten, waarschijnlijk in de hoop dat ze die laatste noodlottige seconden konden vastleggen. Zou dat niet cool zijn om die vanavond in de pub aan je maten te laten zien? Enkele omstanders hadden zich er helemaal op ingesteld en stonden met een blikje bier in de hand, duidelijk van plan de ontknoping af te wachten. Er werd gegrijnsd en gekletst, en ze drukten een man wat geld in de hand, die in ruil iets op een papiertje schreef en teruggaf.

'Wat de fuck! Sluiten ze nou weddenschappen af?' riep Ava uit. 'Tripp, richt een camera op dat stuk stront in de bruine jas met die oranje sjaal. Ik wil dat hij onmiddellijk wordt gearresteerd. Het kan me niet schelen wat er vandaag verder gebeurt, maar ik sta niet toe dat er in deze stad gokjes worden gewaagd op de kans dat een jonge vrouw zich wel of niet van het leven berooft.'

'Dat kan ik niet doen, mevrouw. Dan weet iedereen dat we de boel in de gaten houden, en dat nieuws verspreidt zich hier bijna net zo snel als een druiper.'

'Tjezus Tripp, je trekt veel te veel met Lively op,' mopperde Ava. 'Goed. Dan identificeren we hem, en dan wil ik dat die klootzak binnen een maand ergens voor wordt opgepakt. En dan maakt het me niet uit of dat is omdat hij te weinig profiel op z'n banden heeft zitten.'

'Er gebeurt iets, mevrouw. De agenten hebben iemand anders op het dak gelaten.'

Ava zette de speaker aan die verbonden was met Monroes microfoon.

'Laat me met rust,' snikte Janet Monroe met bibberende stem, waarin haar Latijns-Amerikaanse accent duidelijk doorklonk omdat ze boven de harde wind uit moest schreeuwen.

'Geen probleem,' antwoordde een man.

'Wie is dat? Die stem komt me bekend voor,' zei Ava.

'Dat zal de hulpverlener wel zijn. Van middelbare leeftijd, schat ik.' Onder het praten maakte Tripp wat aantekeningen. 'Edinburghs accent.'

'Ik kom niet dichterbij tot jij zegt dat het mag. Ik ben hier echt niet gekomen om de boel nog erger te maken. Ik heet Charlie Packham. En hoe heet jij?'

'Heeft geen zin,' antwoordde Monroe.

Ava had liever gehad dat Janet haar wanhoop wat minder overtuigend speelde. Ze draaide het volume wat lager.

'Ik heb die Packham een keer gesproken,' zei Tripp. 'Hij werkt voor Reach Out, met als specialisatie hulpverlening aan militairen. Als ik me goed herinner kan hij nogal bot uit de hoek komen, maar hij zal wel grondig zijn doorgelicht als hij in de geestelijke gezondheidszorg mag werken.

We hebben de oproep nagetrokken, en het blijkt dat de hulpdienstcentrale een ambulance heeft gestuurd, en die hebben op hun beurt om gespecialiseerde assistentie gevraagd. Die oproep gaat naar de instelling van dienst in de stad en die sturen de hulpverlener die op dat moment het dichtstbij is. Het lijkt nogal willekeurig. Ik kan Charlie Packham in elk geval door de politiedatabase halen om te zien of er alarmbellen gaan rinkelen.'

'Doe maar,' zei Ava. 'Geen andere gezichten in de menigte die we kennen?'

'Ja, twee, maar niet in verband met dit onderzoek. De uniformdienst heeft een man gezien die verleden week niet kwam opdagen in de rechtbank, waar hij terecht moest staan voor een overval, en een vrouw die de voorwaarden van haar invrijheidstelling heeft geschonden. Ze worden allebei gevolgd en later gearresteerd. Verder verbaast het me dat er zoveel mensen op af komen. Er staan zeker tweehonderd omstanders aan de voet van het gebouw, en dan rekenen we de mensen die vanuit omliggende gebouwen kijken nog niet mee.

O wacht, ik krijg net de resultaten binnen. Charlie Packham heeft geen strafblad, zelfs geen verkeersovertreding. Hij is brandschoon. Volgens Google is hij een voormalige marinier die op losvaste basis voor Reach Out en de Royal Infirmary werkt.'

Een plotselinge beweging van hoofden in de menigte en monden die opengingen deed Ava denken aan het synchrone gedrag van een zwerm vogels. Ze richtte haar verrekijker weer op het dak van de torenflat. Janet Monroe had er een schepje bovenop gedaan en stond plotseling veel dichter bij de rand van het gebouw en leunde over de borstwering heen. In een flits zag Ava zichzelf daar boven staan, toen ze in Tantallon Castle de grenzen van haar geluk opzocht.

Er waren nu nog twee andere cameraploegen aan het filmen en Monroe was diep in gesprek met Charlie Packham. Ava pakte haar radio weer.

'Eenheid zes, doe je ding,' zei ze.

Er was afgesproken dat een van de undercoveragenten het gerucht zou verspreiden dat Janet Monroe zijn buurvrouw was. Hij zou niet al te veel informatie loslaten en haar een andere achternaam geven, maar hij moest ervoor zorgen dat de tv-ploegen er genoeg van opvingen zodat een eventuele geïnteresseerde haar kon opsporen. En het werkte: de cameraploegen bewogen zich naar een bepaald punt in de menigte. De undercoveragent zou weigeren zich voor de camera te laten interviewen, zogenaamd uit respect voor zijn buurvrouw, maar de details die hij gaf luidden het begin van het einde van de operatie in.

'Tripp, hou de online nieuwsfeeds in de gaten,' zei Ava. 'We moeten eerst zeker weten dat onze desinformatie doorsijpelt, en dan kunnen we Janet laten weten dat ze zich kan laten ompraten.'

Het duurde nog tien minuten voor de eerste updates online kwamen, maar de undercoveragent had goed werk geleverd: Janet Vargas, haar meisjesnaam, was al depressief sinds haar partner haar had verlaten. Ze woonde een paar straten verder in Pennywell Gardens, waarschijnlijk in een flat die ze kon zien vanaf het punt waar ze nu stond. In de reportages kreeg ze al het etiket 'kwetsbaar en overstuur' opgeplakt. En dat was knap, gezien het feit dat geen enkele journalist haar persoonlijk had gesproken.

Via de radio gaf Ava de instructie om de actie af te blazen.

'Geef Monroe het teken dat ze kan afsluiten. Daarna interveniëren.'

Met ingehouden adem toekijkend zag Ava Monroe met haar armen zwaaien. De afspraak was dat ze geen moment zo dicht bij de rand zou komen dat ze zou kunnen struikelen. Er waren de afgelopen maand al genoeg doden gevallen, en het was niet de bedoeling dat het leven van Monroe daaraan moest worden toegevoegd.

'Alsjeblieft,' hoorde Ava de hulpverlener zeggen. 'Ik wil echt niet dat er iemand gewond raakt. Denk aan je baby. Die moet toch met haar moeder kunnen opgroeien?'

'Die is beter af zonder mij,' zei Monroe snikkend.

'Nee, dat is niet waar. Jij bent onvervangbaar. Pak mijn hand nou maar,' smeekte Packham. 'Ik haal geen trucs uit, dat zweer ik je. Laat me gewoon je hand pakken.'

Op het dak van het gebouw wankelde Janet Monroe gevaarlijk dicht bij de rand.

'Ga bij die rand vandaan,' commandeerde Ava vruchteloos.

De menigte hield zijn adem in. Iemand gilde, een ander begon hardop te bidden, maar daarbovenuit hoorde Ava iemand lachen.

'Wie is dat?' vroeg ze.

'Ik kan hem niet vinden. Overduidelijk een mannenstem,' zei Tripp, van camera naar camera zappend. 'De menigte is te groot geworden. Die vent staat midden in de massa en hij is vanuit onze camerastandpunten niet te zien.'

'Zorg jij ervoor dat ze zo snel mogelijk veilig beneden komt,' zei Ava. 'Ik loop naar beneden om die kerel te vinden.'

'U moet uw gezicht afdekken, mevrouw. U bent veel te herkenbaar, vooral voor de bewoners van deze buurt. U hebt er een heel stel opgepakt.'

'Geef me je jas,' zei Ava. Ze trok Tripps winterjas aan en zette de capuchon op.

'U weet niet of degene die daar staat te lachen dezelfde is als die vent op de brug bij Stephen Berry,' bracht Tripp haar in herinnering.

'Voor mij klinkt hij hetzelfde,' zei Ava, 'en dit zou weleens de laatste kans kunnen zijn om hem te pakken voor hij nog iemand vermoordt.'

Ze glipte de deur uit, hield haar hoofd omlaag en liep op het gelach af. Ze wurmde zich langs een van de cameraploegen heen en kreeg de bookmaker in het oog die weddenschappen had aangenomen over de afloop van het drama. Tegen de tijd dat ze vlakbij was en zich zijn gezicht inprentte om hem later alsnog aan te pakken, was de lachende man al doorgelopen, maar zijn gelach was nog steeds hoorbaar, zo mogelijk nog scheller en agressiever. Boven op het dak was Janet Monroe nog bezig met haar Oscarwaardige voorstelling. Ava werd aan alle kanten ingesloten door de menigte die steeds verder naar voren drong, niets wilde missen, niet in staat was om weg te kijken.

'Kom op, spring dan,' riep een man achter haar.

Net toen Ava zich omdraaide om een glimp van zijn gezicht op te vangen, zweeg hij weer. Iemand in de menigte jouwde hem uit en een ander riep dat hij zijn bek moest houden. Ava vond het lovenswaardig dat de mensen zich zo eensgezind opstelden, maar wilde op dit moment alleen maar dat iedereen stil was, zodat ze het kon horen wanneer de man weer iets riep. Ze trok de capuchon naar beneden en draaide langzaam volledig om haar as om beter te kunnen vaststellen uit welke richting zijn stem kwam.

Het lachen begon weer en had nu een hysterische ondertoon. Het klonk als gebroken glas onder je schoenen of als een nagel waarmee je over het schoolbord krast. Ava probeerde zich langs een paar toeschouwers te wurmen, van wie er een op de schouders van haar vriend probeerde te klimmen.

'Kun je even wachten, schat?' vroeg de man.

'Ik moet erlangs,' zei Ava.

'Dan heb je kans dat je haar eraf duwt. Gewoon effe wachten!' Hij bracht zijn gezicht tot vlak voor dat van Ava.

Instinctief greep ze naar haar zak om haar ID te pakken maar beheerste zich omdat ze wist dat Monroes werk voor niets was geweest als bekend zou raken dat er politiemensen in burger in de menigte rondliepen. Ze telde tot tien en wachtte tot de vriendin veilig op de schouders van haar vriend zat en als een reality-tv-sterretje in de dop naar de dichtstbijzijnde camera begon te zwaaien.

Er ging gejuich op in de menigte toen de hulpverlener de hand van Janet Monroe pakte en haar van de rand van het dak wegtrok. Het volgende moment werd ze omringd door geüniformeerde politiemensen en viel er niets meer te zien.

Ava perste zich tussen de mensen door naar achteren. De lachende man had vandaag alweer niet gekregen wat hij wilde, en ze vermoedde dat hij niet zou blijven rondhangen om naar de mensen te kijken die dolblij waren dat de crisissituatie tot een goed einde was gebracht.

Toen ze door de achterste rij toeschouwers stormde, wist Ava dat ze te laat was. De mensen begonnen al alle kanten op te lopen. Behalve opdracht geven om iedereen staande te houden tot hun personalia waren genoteerd, kon ze eigenlijk niets doen, en dan was ook meteen de kans verkeken dat de moordenaar achter Monroe aan zou gaan en hun in handen zou vallen.

'Je was hier,' fluisterde Ava tegen de zich verspreidende menigte.

Terwijl de lachende man wegliep, nog geen tien meter van waar hoofdinspecteur Ava Turner haar vuisten balde, stuurde hij een eenregelig appje.

Bedankt voor het seintje.

28

15 maart

Sinds Ava had besloten dat het beter was dat hij zich voorlopig niet op het bureau zou vertonen, bracht Callanach meer tijd door in de sportschool dan in zijn eigen appartement. Hij had hardgelopen, gewandeld, een work-out gedaan, geluncht, in de sauna gezeten, gezwommen en was daarna aan de bar blijven hangen tot hij eindelijk kon vluchten naar zijn eetafspraak met Lance Proudfoot. De volgende dag was een herhaling van zetten. Pas toen hij merkte dat hij de aandacht van vrouwen begon te trekken, bleef hij weg uit de sportschool en ging hij naar huis. Meestal lukte het hem om met niemand te hoeven praten als hij aan het sporten was. Hij had geleerd geen oogcontact te maken en geen praatje aan te knopen. Het was beter om net te doen alsof hij een botterik was dan de indruk te wekken dat hij openstond voor contact. Want het laatste wat hij wilde was het met een andere vrouw aanleggen.

Zijn sleutel gleed soepel in het slot en hij ging zijn appartement binnen. Er hing een zoete bloemengeur. Zijn buurvrouw, Bunny, bezwangerde hun verdieping regelmatig met de lucht van parfums en schoonheidsproducten als er cliënten bij haar kwamen om zich te laten waxen, sprayen of hun haar te laten verven. Dat vond hij doorgaans niet erg, maar op dit moment wilde hij even volledig op zichzelf zijn. Het leek wel of er overal om hem heen vrouwen waren, behalve degene die hij echt wilde.

Hij keek of er nog e-mails waren binnengekomen en besefte dat hij aan de ene kant bang was om iets van Ava te horen maar er tegelijkertijd naar verlangde. Hij wist wel beter dan haar als eerste te benaderen. Als hij te veel aandrong, zou het alleen maar langer duren voordat ze het hadden uitgepraat. Er waren geen e-mails binnengekomen. Helemaal niets. Hij controleerde zijn wifiverbinding en startte zijn laptop opnieuw op om er zeker van te zijn dat er geen storing bij zijn provider was. Maar blijkbaar had niemand zin om contact met hem op te nemen.

Het leek allemaal akelig veel op de periode na zijn schorsing toen hij in afwachting was van het proces nadat Astrid Borde hem vals beschuldigd had. Destijds had zij belastend bewijs vervalst, en was hij ook onschuldig, maar toen had hij geen moment aan zijn onschuld getwijfeld. Dit keer lag dat echter anders. Hij had geen actieve rol gespeeld in de dood van Bruce Jenson en Gilroy Western, maar hij had wel belangrijke informatie achtergehouden ten behoeve van het onderzoek en hij had zeker geen volledig antwoord gegeven op de vragen van Pax Graham. En hij had een motief. Dat stond als een paal boven water.

Het andere verschil met toen was dat er destijds talloze e-mails waren binnengekomen met verzoeken van zijn advocaten, vragen van de pers en officiële mededelingen van Interpol over de status van zijn dienstbetrekking. Maar deze periode van administratief verlof was zo vaag en officieus dat hij letterlijk zachtjes van het bureau was weggedreven zonder er ook maar met iemand over te hebben gesproken, en sindsdien had hij ook niets meer gehoord. Geen standaardbrief van personeelszaken. Geen gesprekken waarin hem werd gezegd dat hij 'het recht had het besluit aan te vechten'. Geen enkel mailtje van de andere teamleden om te vragen hoe het met hem ging. Niemand was hem iets verplicht, en iets anders verwachten zweemde naar zelfmedelijden en ijdelheid. Maar toch. Hij had op z'n minst verwacht dat Max Tripp contact met hem zou opnemen.

Hij liep door zijn slaapkamer de badkamer in en stapte onder de douche om het zweet van het urenlange sporten van zich af te spoelen en het gevoel dat hij zo bezoedeld was dat niemand bij hem in de buurt wilde zijn. Hij zette een ventilator aan om de parfumlucht te verdrijven en ging op bed liggen lezen. Er zat nog steeds een deuk in zijn kussen, waarschijnlijk was hij die ochtend te verstrooid geweest om zijn ochtendritueel te volgen en zijn bed netjes op te maken. Hij probeerde te lezen om niet voortdurend het gezicht van Ava voor zich te zien toen ze het leisteentje in zijn badkamerkastje aantrof.

Ook andere herinneringen dienden zich nu ongevraagd aan. Ava die door een gek was ontvoerd. Astrid Borde die zo door hem geobsedeerd was dat ze hem achterna was gereisd naar Schotland om hem te stalken en daardoor bij toeval als enige getuige was geweest van Ava's ontvoering. Ava's beste vriendin, Natasha, die het laatste, cruciale puzzelstukje had gevonden waardoor ze wisten waar Ava werd vastgehouden. Een jonge vrouw die vermoord was en wellicht gered had kunnen worden als ze een uur eerder waren gekomen. De andere slachtoffers wier levens voorgoed veranderd waren, ook al hadden ze het overleefd. Astrid Borde die naar de achtergrond was verdwenen, waardoor hij weer een toekomst kon opbouwen. En daarboven zweefde de vraag waar hij nog steeds geen antwoord op had: waarom had hij het leitje uit Ava's jeugd niet teruggegeven?

Hij herinnerde zich dat hij haar wilde beschermen, en dat was nog steeds zo. Toen ze bijna van de muur van Tantallon Castle was gevallen, was zijn wereld gedurende een eindeloos uitgerekte milliseconde in elkaar gestort. Maar ze had zich aan hem vastgeklampt. In de greep van haar vingers had hij haar vertrouwen gevoeld. Ze hadden samen iets bijzonders en angstaanjagends meegemaakt. Iets waarvan een ander nooit deel kon uitmaken.

Callanach realiseerde zich dat hij het leitje niet had teruggegeven voor het geval hij nooit iets anders van haar zou hebben. Het was geen bewuste keuze geweest, maar het gevoel dat hij haar niet wilde kwijtraken voor hij er zeker van was dat hij haar echt had veroverd, was nu wel begrijpelijk. Maar door zijn poging haar dicht bij zich te houden was hij haar voorgoed kwijtgeraakt. Daar viel niets tegen in te brengen.

Morgenochtend zou hij een ticket naar Frankrijk boeken. Hij had een prima tijd gehad in Parijs. Misschien werd het nu tijd om moed te vatten en naar Lyon te gaan, en daar door de straten te lopen die indertijd, in afwachting van het proces, opeens vijandelijk gebied hadden geleken. Een tijdje teruggaan naar Frankrijk was een idee van Lance Proudfoot, en aanvankelijk had Callanach tegengesputterd dat hij daar niets meer te zoeken had. Maar dat was niet waar. Er waren nog geesten uit het verleden te bezweren. Oude vrienden op te zoeken en ze te vergeven dat ze hem hadden laten vallen. Het werd tijd om door hun ogen te leren zien wat er was gebeurd.

Bordes bewijs tegen hem was overtuigend en verpletterend geweest. Al haar verwondingen wezen op een klassieke, gewelddadige verkrachting. Haar buren waren getuige geweest van de ruzie waarbij Callanach haar had uitgescholden en zij stond te snikken. Hij was er vakkundig ingeluisd door iemand die alles had gedaan wat in haar macht lag om hem in te palmen, en daarna alles om hem te laten boeten toen hij haar afwees. Dat soort obsessief gedrag kwam niet uit de lucht vallen.

Misschien was hij er in zijn tijd bij Interpol wel zo aan gewend geraakt dat vrouwen zich aan zijn voeten wierpen dat hij blasé was geworden. Op vakantie en feesten had hij altijd een beeldschone vrouw aan zijn zijde gehad, en vaak hadden ze hem harteloos en respectloos genoemd als hij weer met een andere vrouw werd gezien. Iedereen dacht dat hij vanwege zijn uiterlijk niet geïnteresseerd was in een vaste relatie, maar het lag eigenlijk veel simpeler. Callanach had gewoon nog nooit een vrouw ontmoet die hem meer dan een paar weken of op z'n best een paar maanden kon boeien.

Als hij terugging naar Frankrijk zou dat op z'n minst wat afstand tussen Ava en hem scheppen en hopelijk de zaken wat relativeren. Het was snel gegaan: aanvankelijk hadden ze niet willen toegeven dat ze iets voor elkaar voelden, en het volgende moment hadden ze knetterende ruzie gekregen en hadden ze de hele fase van een relatie overgeslagen. Eén ding was zeker: ze hadden tijd nodig om te kijken hoe het verder moest.

Eindelijk slaagde hij erin zich op het boek te concentreren, zonder te weten dat de jacht op de moordenaar van Jenson en Western een stap dichter bij een oplossing was gekomen.

29

15 maart

Aan de blik in haar ogen te zien vond Maisy Gunnach het helemaal niet erg om door Pax Graham te worden ondervraagd en was ze graag bereid het gesprek later op de avond in een meer besloten omgeving voort te zetten.

Brigadier Lively liet zijn over elkaar geslagen armen op zijn omvangrijke buik rusten. Naar hem keken vrouwen niet op die manier, dat wil zeggen tot hij de zachtere kant van commissaris Overbeck had ontdekt. Zijn vrouw en hij hadden er een hele poos geleden al een punt achter gezet. Werken bij de politie was nu eenmaal geen ideaal beroep voor hen die op zoek waren naar een stabiele, langdurige relatie. Daisy Overbeck, die hij nooit bij de voornaam zou noemen waar ze zo de pest aan had, was een raadsel. Ze was bazig, hooghartig en arrogant, maar ze was misschien wel de enige vrouw die hem volledig begreep. Ze maakte korte metten met zijn bullshit, ze wist dat hij gelovig was – waar hij niet graag openlijk over praatte – en ze leek hem fysiek heel aantrekkelijk te vinden.

Pax Graham zou zich nooit zorgen hoeven maken over zijn aantrekkingskracht, mijmerde Lively. Het was ronduit ergerlijk, maar de nieuwbakken inspecteur wist zijn uiterlijke verschijning ten volle uit te buiten.

'Ik weet dat dit privé is, Maisy,' zei Graham vriendelijk. 'Het is best lastig als naar je persoonlijke leven wordt gevraagd, en onthoud dat je niet onder arrest staat, maar we willen graag wat meer weten over de levensstijl van Gilroy Western. Wat zouden jullie die dag samen gaan doen?'

'Geen probleem, hoor,' antwoordde Maisy ademloos, hem met grote ogen aanstarend.

Ze stak haar hand uit en raakte heel even Grahams onderarm aan, alsof ze zich eraan zou kunnen branden. Lively moest zich inhouden om geen afkeurend 'ts, ts' te laten horen.

'Gilroy zou bij me langskomen om even bij te praten. Hij was al een paar maanden niet in Schotland geweest. We zijn oude vrienden. Hij zoekt me altijd op als hij in het land is. We zouden een paar uur bij mij thuis doorbrengen, iets drinken en kletsen. Daarna moest hij naar een herdenkingsdienst en had hij een afspraak met een advocaat. Hij was van plan me 's avonds rond negen uur op te pikken om uit eten te gaan.'

'Dat is heel bruikbare informatie,' zei Graham hartelijk. 'Je doet het prima.'

Maisy giechelde.

'Voor we begonnen had ik je eerst naar je leeftijd moeten vragen. Gewoon een formaliteit.'

Op die vraag keek Maisy wat minder opgetogen, maar ze boog zich samenzweerderig voorover om haar geheim prijs te geven.

'Beloof je dat je het niet doorvertelt?'

'Wij zwijgen als het graf, zo is het toch, brigadier Lively?'

'Goed dan, ik zeg altijd dat ik vierendertig ben, maar eigenlijk ben ik tweeënveertig. God zij gedankt voor vochtinbrengende crèmes en vitaminepillen, anders zou ik er nooit mee wegkomen.'

En borstvergrotingen, dacht Lively. Maisy had het soort voorgevel die doorgaans was voorbehouden aan twintigjarige modellen in lingerieadvertenties.

'Hoelang ben je al goed bevriend met meneer Western?' ging Graham verder, zonder het toch al misselijkmakende gesprek te larderen met onoprechte complimenten aan haar adres.

Daar was Lively hem dankbaar voor.

'Een jaar of tien.'

'En ken je misschien ook een man die Bruce Jenson heet, of heb je hem ooit ontmoet?' vroeg Graham.

'Die naam ken ik. Dat is die arme stakker voor wie die herdenkingsdienst werd gehouden waar Gilroy heen zou gaan. Ik heb hem nooit ontmoet, maar ik heb begrepen dat hij er al niet best aan toe was voordat hij overleed.'

'Dat klopt helaas. Wie heeft je dat verteld?'

'Dat zei Gilroy. Dat het misschien maar beter was dat meneer Jenson dood was, omdat hij dement was. Zo wil je niet gaan, toch, zonder je eigen familie nog te herkennen? Dan zou ik liever uit mijn lijden worden verlost.' Ze keek op naar Graham en bloosde lichtjes.

'Dat is oké hoor,' stelde hij haar gerust. 'Ik denk dat een hoop mensen het met je eens zouden zijn. We hebben iets in de auto van meneer Western gevonden, een stel diamanten oorbellen in cadeauverpakking, maar zonder naam erop. Weet jij daar misschien iets van?'

Langzaam gleed er een glimlach over Maisy's gezicht. 'Die zullen wel voor mij zijn geweest,' zei ze. 'Hij neemt altijd sieraden voor me mee, en ik hou het meest van diamanten. Ik vroeg me af wat hij dit keer voor me mee zou nemen. Hij had me beloofd dat het iets heel moois was.'

'Ik snap het. En wat voor cadeautjes heeft hij je in het verleden gegeven?'

'De vorige keer nam hij me mee om kleren te kopen. Voornamelijk lingerie, ik ben dol op echte zijde, en verder een paar schoenen, een handtas en een paar jurkjes. Ik zei tegen hem dat ik de volgende keer wel een paar glimmers verwachtte. Blijkbaar heeft hij naar me geluisterd.'

'Heeft hij je ooit contant betaald?'

Ze liet een kuchje horen. 'Hij heeft me weleens geholpen met de huur en onkosten aan de auto, dat soort dingen. Een vriendendienst, zeg maar. Ik kan slecht met geld omgaan. Ik heb een gat in mijn hand.'

Maisy liet een broos lachje horen en Lively begreep dat ze nog steeds de schijn wilde ophouden dat ze geen prostituee was. Haar goed recht, dacht hij. Wanneer hij in de spiegel keek hield hij zich ook nog steeds voor dat hij het lijf van een stuntman had en de middelbare leeftijd nog niet had bereikt. Iedereen hield zichzelf wel op een of andere manier voor de gek.

'Maisy, we moeten vaststellen waar iedereen die nauwe banden met de heer Western had zich bevond, in de nacht voor hij overleed. Je weet zeker niet meer wat je de avond voor hij bij je langs zou komen hebt gedaan vanaf zes uur 's middags? Ik begrijp dat het lastig is om je voor zo'n lange tijd te moeten verantwoorden, maar...'

'Dat is helemaal niet zo moeilijk,' zei Maisy zachtjes. 'Ik weet nog precies waar ik was.'

'Dat ging makkelijk,' kwam Lively tussenbeide. 'Weet je het zeker, want we moeten wel natrekken wat je ons vertelt. Dat je het maar weet.'

Maisy wierp hem dezelfde blik toe als zijn vrouw, vlak voordat die haar koffers voor de laatste keer had gepakt. Die blik zei: jij stelt geen ruk voor. Het was een interessante omslag vergeleken bij de charme waarmee ze op de vragen van Pax Graham had geantwoord.

'Ik kan jullie zijn naam helaas niet geven,' zei ze met een stem die ijzig klonk onder het suikerzoete laagje. 'Mijn vrienden vinden het niet prettig als ik dingen vertel over de tijd die ik met hen doorbreng.'

Pax Graham leunde achterover en wierp Lively een nauwelijks merkbaar knikje toe. Hij mocht vanaf nu het verhoor overnemen. Ze hadden er al genoeg omheen gedraaid.

'Mijn vrienden zouden me anders graag uit de brand helpen als dat nodig was, dus ik begrijp niet goed wat het probleem is. Maar als we het over klanten hebben die niet graag zien dat hun naam met die van jou in verband wordt gebracht vanwege de aard van hun relatie met jou, dan kan ik de terughoudendheid wel begrijpen. Met wie was je?'

'Echt, dit ga ik dus niet doen. U hebt gezegd dat ik niet verplicht was antwoord te geven. Ik vind dat u best wat gevoeliger zou mogen zijn nu ik in de rouw ben,' zei ze, en ze nam haar toevlucht tot een paar tranen om haar onmiskenbare irritatie te verhullen.

'We moeten die naam echt hebben, ben ik bang,' beaamde Graham. 'Dan hoeven we hier geen officieel verhoor van te maken.'

'En anders?' vroeg Maisy. 'Ik heb een heleboel vrienden, weet je, en er zitten er genoeg tussen die het niet op prijs stellen dat jullie me überhaupt vragen stellen. Misschien moet ik maar een paar telefoontjes plegen.'

'Misschien wel,' zei Graham. 'Alleen moet je dan wel uitleggen waarom je hier zit, en dan zou het ook eerlijk zijn om te zeggen dat degene die Gilroy Western heeft vermoord, een vrouw is. We hebben een uur geleden ook bevestigd gekregen dat een medewerkster van het verpleeghuis waar Bruce Jenson lag rond de tijd dat hij werd vermoord een vrouw heeft zien wegrennen.'

Maisy keek van Graham naar Lively en weer naar Graham.

'Nou, ik was het in elk geval niet. Als jullie het weten willen, ik heb verdomme de halve nacht vastgebonden gelegen. Ik had de volgende dag blauwe plekken op mijn polsen. En daar heb ik de pest aan. Dat schrikt mijn andere vrienden af.'

'Dan heb je er vast geen bezwaar tegen om een DNA-monster te laten afnemen om je van het onderzoek uit te sluiten?' vroeg Lively. 'Maar we willen echt de naam van die man met wie je was. We zullen discreet zijn, als we de informatie tenminste goedschiks krijgen. En als je weigert ons ter wille te zijn, schiet ons misschien te binnen dat je alle schenkingen moet opgeven aan de belasting. Ik denk zomaar dat je geen baan hebt en geen uitkering krijgt, dus dan heeft de belastinginspecteur vast wel een paar vragen over het inkomen waarvan je de huur betaalt. Ze kunnen een fiks aantal jaren teruggaan. Dat zou toch wel erg jammer...'

'Klootzak,' siste Maisy hem toe, en plotseling deed ze haar tweeenveertig jaar alle eer aan, neptieten of niet.

'De naam,' zei Lively.

'Dennis Mulhanney.'

'Dennis Mulhanney, de politicus?' preciseerde Graham.

'Precies,' antwoordde Maisy zelfingenomen. 'We waren in zijn appartement vlak bij Holyrood. We hebben een maaltijd laten bezorgen, een film gekeken – hij heeft een voorkeur voor heftige actiefilms waarin vrouwen elkaar te lijf gaan – en toen haalde hij de handboeien tevoorschijn. Hij leeft graag zijn fantasie uit in rollenspellen. Ik wens je veel succes als je hem om bevestiging gaat vragen.'

'Hij werkt wel mee,' zei Lively loom. 'Dat doen de meeste mensen wanneer ze ervoor kunnen kiezen een lastige vraag snel en zonder publiciteit te beantwoorden, of thuis met hun vrouw erbij. De andere optie is dat iemand de feiten naar de pers lekt.'

'Jullie zijn echt smeerlappen, hè?' zei ze terwijl ze opstond. 'Ik ben helemaal klaar met jullie.'

'Eerst moeten we nog DNA afnemen,' bracht Graham haar in herinnering.

'Ik wil die diamanten oorbellen hebben,' antwoordde ze. 'Die waren voor mij – daar waren jullie al achter – en de bon ervan, als die in zijn portemonnee zat.'

'Dat zijn allemaal bewijsstukken. Die worden pas vrijgegeven als het onderzoek is afgerond, of nog later als ze nodig zijn tijdens de rechtszaak,' legde Graham uit.

'Die zijn van mij!' snauwde ze hem toe, zich over de tafel buigend. 'Hebben jullie enig idee wat ik allemaal moet doorstaan om aan mijn geld te komen?'

'Zo'n beetje wel,' zei Graham glimlachend. 'Maar die oorbellen zijn van degene die in het testament van meneer Western wordt genoemd. Hij had ze je nog niet gegeven, dus wettelijk gezien had je ze niet in je bezit. Mevrouw Western is de wettige eigenaar, en ik denk dat ze ze terugbrengt naar de winkel en haar geld terugvraagt.'

'Klootzakken,' antwoordde Maisy. 'Gilroy Western had de pest aan zijn vrouw. Ze heeft er geen recht op.'

'Dan was het aan meneer Western geweest om zijn testament te wijzigen. Daar kunnen wij niks meer aan doen,' zei Graham koeltjes, waarmee hij flink in Lively's achting steeg.

'Nou, ik wens die vrouw die Gilroy Western uit de weg heeft geruimd het allerbeste toe. Hij was een perverse hufter, dan weet je dat. Degene die hem koud heeft gemaakt heeft de wereld waarschijnlijk een dienst bewezen.'

Maisy Gunnach liep de kamer uit, gevolgd door de agent die voor de deur van de verhoorkamer had staan wachten om wat wangslijm van haar af te nemen.

'Ik denk dat daar de uitdrukking "high maintenance" vandaan komt,' zei Graham toen hij zeker wist dat Maisy buiten gehoorsafstand was. 'Wat heeft de getuige van het verpleeghuis gezegd? Ik heb die verklaring nog niet kunnen lezen voor ik binnenkwam.'

'Het was een mannelijke verpleeghulp. Hij stond onder diensttijd buiten achter een paar bomen te roken. Roken op het terrein is verboden, en als je dat onder diensttijd doet is dat reden voor ontslag. Het duurde even voor hij besloot dat hij beter ontslagen kon worden dan informatie te verzwijgen. Maar hij had helaas niet veel te melden. Een vrouwelijke gestalte liep door de patiodeur van Jensons kamer naar buiten en rende door de tuin naar de weg. Het was te donker om de haarkleur of de kleur van de ogen te zien. Geen omschrijving van de kleding, behalve dat ze een strakke broek en een nauwsluitend jasje droeg. Lang, slank; haar figuur verraadde haar geslacht.'

Graham zuchtte. 'Dat klopt met het vrouwelijke DNA dat we in Westerns auto hebben gevonden. Kun jij vanavond proberen of je Dennis Mulhanney te pakken kunt krijgen om het alibi van mevrouw Gunnach te bevestigen?'

'Met alle genoegen,' zei Lively droog. 'Wat zijn de volgende stappen?'

'De hoofdinspecteur op de hoogte brengen,' zei Graham. 'En ik wil de dochter van Gilroy Western graag spreken. Ik weet dat we hebben vastgesteld dat zijn vrouw in Spanje was toen hij verongelukte, maar dat wil niet zeggen dat zijn dochter daar ook was.'

'Het valt me op dat u weer het leukste klusje krijgt,' zei Lively. 'Zo gaat dat als je hoger in rang bent.'

30

16 maart

Lance Proudfoot was wat later op het toneel van Janet Monroes dramatische, niet-doorgezette zelfmoordpoging verschenen dan de andere aasgieren van de pers – hij maakte zich geen illusies over hoe ze als collectief werden gezien – nadat het verhaal al online was gezet en hij steeds maar alerts op zijn telefoon kreeg. Eigenlijk had hij er niet naartoe gewild. Het vooruitzicht iemand van grote hoogte naar beneden te zien springen was afschuwelijk, maar het was nieuws en dat was nu eenmaal zijn tak van sport.

De grote vraag was natuurlijk hoe de vrouw in kwestie op het dak had weten te komen. In een wijk waar nooit een toerist naartoe zou gaan, althans niet uit vrije wil, waar armoede de norm was en waar je makkelijker drugs kon scoren dan een afspraak met de dokter maken, was het dak van een van de hoogste gebouwen in Edinburgh al tijdenlang zorgvuldig afgesloten.

Zorgvuldig afstand houdend tot de achtergebleven persmuskieten ging Lance wat verder van het gebouw af staan, tussen twee rijen geparkeerde auto's, en observeerde het tafereel van een afstandje. Hoewel het hem tegen de borst stuitte om in dit soort nare omstandigheden foto's te maken, won de professional in hem het pleit. Hij stelde scherp op de piepkleine figuurtjes op het dak, en dankzij zijn krachtige telelens kreeg hij een radeloze vrouw in beeld, die hij hopelijk niet met halsbrekende snelheid naar beneden zou zien suizen, langs de gezichten achter de ramen die vanuit het gebouw naar de menigte staarden.

Hij had genoeg foto's gemaakt. Hij borg zijn camera op en pakte zijn telefoon. Zachtjes sprekend in de dictafoonapp beschreef hij het tafereel: de kuddementaliteit van de meute, die zowel op elkaar reageerde als op de menselijke tragedie die zich boven hun hoofd afspeelde. De ogenschijnlijke kalmte van de hulpdiensten die een stuk van de weg afzetten en zich op het ergste voorbereidden, en ondertussen op indrukwekkende wijze bleven doen of er niets noodlottigs zou gebeuren. En nu en dan het door merg en beende gaande gejammer van de vrouw die het daar boven zo zwaar had.

Op dat moment baande een lachende man zich door de menigte. Lance kon zijn gezicht niet zien, maar de lichaamstaal verraadde arrogantie en jeugdigheid. Een twintiger met een zelfverzekerde tred die er geen moment bij stilstond dat ook hij op een dag zou sterven. En dat hij voordat het zover was – als hij geluk had – de gestage aftakeling van zijn lichaam zou meemaken, de zwakker wordende blaas, krakende knieën en ogen die alleen de kleine lettertjes nog konden lezen als je je armen gestrekt hield, alsof je een denkbeeldige auto bestuurde.

De lachende man zette net zijn capuchon op toen Lance zich omdraaide om hem iets bij te brengen over menselijk fatsoen. Een advies dat waarschijnlijk toch aan dovemansoren was gericht, maar soms was het de moeite waard het juiste te doen, ook al was de kans dat het iets zou uithalen nihil. De Lacher was een magere man, ongeveer een meter tachtig lang, en droeg merkkleding waar tegenwoordig elke door de sociale media geobsedeerde jongere in rondliep. In zijn hand hield hij zijn telefoon waarvan het beeldscherm voortdurend veranderde onder het lopen, en Lance besefte dat de man zijn camera aan had staan.

Dus dat was het spelletje. Je gaat naar een openbare plek waar zich een zelfmoord afspeelt en zorgt ervoor dat je de actie vastlegt.

Dan plaats je die waarschijnlijk op een site waar niemand toezicht houdt en wacht je tot de clicks binnen komen rollen. Andere social-media-adepten hadden al eerder geprobeerd onder vergelijkbaar dubieuze omstandigheden volgers te lokken en waren daardoor in de problemen gekomen, maar niet voordat hun roem in hun eigen ogen duizelingwekkende hoogten had bereikt. Met zoveel aandacht in het vooruitzicht viel niet moeilijk te begrijpen dat iemand in de verleiding kwam om zich in de duistere uithoeken van het web te begeven. Het probleem zat hem in je geweten. Op zeker moment werd je volwassen, en de gedachte dat je de rest van je leven moest leven met de wetenschap dat je een livestream van een zelfmoord online had gezet zou elk jaar pijnlijker worden.

Toen de man uit zicht was verdwenen en Lance ook had besloten dat het welletjes was – voor de publicatie van sommige verhalen moest je een te hoge prijs betalen – zag hij dat een vrouw zich een weg door de opeengepakte massa baande en de would-be socialmediaster nastaarde. Het was vooral haar lichaamstaal die zijn aandacht trok: een strak opgedraaide veer, een en al spanning en energie. Toen zag hij haar gezicht. Ava Turner, onopvallend gekleed – niets aan haar verschijning deed vermoeden dat ze van de politie was – zat achter iemand aan. Maar niet openlijk. Ze wilde niet herkend worden.

Lance liet zijn telefoon in zijn zak glijden en volgde zijn intuïtie die hem zei dat het werkelijke verhaal hem door de vingers glipte. Hij wist wel beter dan haar te roepen. Wanneer een hoofdinspecteur in burger zich persoonlijk met een onderzoek bemoeide was er iets aan de hand. Als hij nu haar naam riep zou hij haar onvermijdelijk ontmaskeren, en wetende hoeveel stress ze op haar werk te verstouwen kreeg – om van haar persoonlijke leven nog maar te zwijgen – zou dat niet best aflopen.

Terwijl hij Ava op een afstandje volgde vroeg hij zich af waar Callanach was. Eergisteravond had hij samen met Luc gegeten en had die zich van zijn kwetsbaarste kant laten zien. Hij had verteld over die rampzalige avond met de vrouw die nu voor Lance uit door de menigte liep, en over de traumatische gebeurtenissen die ertoe hadden geleid dat hij een fout had gemaakt waardoor hij nu misschien de vrouw zou kwijtraken die hij zo liefhad.

Lance had begrip getoond voor beide partijen maar dacht diep in zijn hart dat er op een onderbewust niveau misschien nog iets anders meespeelde. Dat had hij zelf ook meegemaakt. Telkens wanneer er in zijn leven iets stond te gebeuren wat hij echt heel graag wilde, werd hij overvallen door de zekerheid dat het toch nooit iets zou worden. Een soort preventieve zelfbescherming die je veel teleurstelling bespaarde.

Callanach had, ondanks alle sores in zijn leven, zijn grote dieptepunt al een paar jaar geleden meegemaakt en stond nu weer open voor een lang en gelukkig leven. Ava Turner daarentegen was raadselachtiger. De vondst van het leitje was in het grotere geheel der dingen een vergrijp dat na een afkoelingsperiode wellicht vergeven had kunnen worden, behalve als je toch al zat te wachten tot het verkeerd zou lopen. Of dacht dat je het niet verdiende om gelukkig te worden. Of dat het misschien makkelijker was om jezelf het geluk van het begin af aan te ontzeggen, dan je er een tijdlang in te wentelen om het later alsnog kwijt te raken. Zoveel was Lance wel duidelijk geworden uit Callanachs verslag van de rampzalig verlopen avond. Een vrouw die zichzelf beschermde door zich alles te ontzeggen wat haar later misschien verdriet zou kunnen doen. Ze was niet de eerste, en ze zou niet de laatste zijn.

Aan de rand van de menigte was Ava Turner blijven staan en ze sloeg iedereen die wegliep aandachtig gade. Hij overwoog even op haar af te lopen en te vragen of hij kon helpen, maar besloot het toch maar niet te doen. Ava wist wat ze deed en ze was daar vast niet zonder assistentie. Hij liet haar achter en liep terug naar zijn auto die vlak bij de hoofdingang van de torenflat stond, vanwaaruit het dak maar gedeeltelijk zichtbaar was en waar dus geen mensen stonden.

Zittend in zijn auto nam hij de tijd om het leven te overdenken. Hij zou liegen als hij zou ontkennen dat hij momenten had gekend waarop het leven vrijwel alleen maar uit verdriet leek te bestaan. Toen zijn zoon een hersenschudding had opgelopen waardoor hij zo lang buiten bewustzijn was geweest dat hij zich zorgen maakte over zijn toestand wanneer hij bij zou komen. Toen zijn vrouw bij hem was weggegaan. Toen hij moest toezien hoe zijn moeder – een vrouw die nooit klaagde, de meest opgewekte vrouw die hij ooit had gekend – langzaam doodging aan kanker, een zinloze ziekte die daar niets bij te winnen had, maar haar toch wegnam, gewoon omdat het kon. Maar het was nooit bij hem opgekomen om zelfmoord te plegen. Alleen al de gedachte stemde hem bedroefd. Tenzij je zelf ervaren had hoe dat voelde, kon je je er niets bij voorstellen.

Hij had er nooit echt bij stilgestaan hoe wijdverbreid het probleem was, tot hij Callanach had geholpen de dochter van Fenella Hawksmith op te sporen. Die arme vrouw had ook een voorgeschiedenis van zelfmoordpogingen achter de rug. En dan was er nog die jongen die een maand geleden van de Queensferry Crossing had willen springen.

Lance begon hoofdpijn te krijgen. Hij draaide het autoraampje omlaag om wat frisse lucht binnen te laten. Luc had gezegd dat het lijk van Fenella Hawksmith al drie weken in haar flat had gelegen. Toen was Stephen Berry bij Tantallon Castle overleden, en niet lang daarna was die arme Japanner vermoord. En had zijn vrouw, die del die haar vriend liefkozend 'Beef' noemde, niet gezegd dat haar man suïcidaal was? Osaki Shozo, zo heette hij. De bejaarde grijze hersencellen functioneerden nog min of meer.

Een man in een spijkerbroek, die er netter uitzag doordat hij er een gestreept overhemd op droeg en een officieel uitziend pasje aan een koord had hangen, kwam op dat moment het gebouw uit lopen in gezelschap van ambulancebroeders, politieagenten en een donkerharige vrouw in een legging en een versleten jas. Ze maakte een uitgeputte indruk. Zij was ongetwijfeld degene die haar pijn in het openbaar had uitgedragen, maar het gelukkig had overleefd. De professioneel ogende man omhelsde haar kort en daarna werd ze naar de wachtende ambulance gebracht.

Berry, Hawksmith, Shozo, dacht hij. Allemaal mensen met een voorgeschiedenis van suïcidale gedachten, die al dan niet een reële zelfmoordpoging hadden gedaan. Allemaal dood. En nu dwaalde Ava Turner door de menigte op een plek waar weer iemand zelfmoord wilde plegen. Alleen hield ze niet de eigenlijke zelfmoordpoging in de gaten, maar de toeschouwers. Wachtte ze tot iemand zichzelf verraadde? Lance wilde dat hij het bij het verkeerde eind had. Hij wilde naar huis om het verhaal – een verhaal met een happy end – voor zijn nieuwsblog te schrijven. Maar hij wist dat hij dat niet zou doen. Je kon van toeval spreken wanneer je in een ander werelddeel op vakantie was en daar op een verder verlaten strand je beste vriend van de basisschool tegen het lijf liep. Maar als er doden in het spel waren speelde het toeval zelden of nooit een rol.

Hij startte de auto en volgde de ambulance op veilige afstand om er zeker van te zijn dat hij niet werd opgemerkt. De politie deed ongetwijfeld hetzelfde. Hij moest oppassen dat hij niet als verdachte werd aangemerkt, want het was nu wel duidelijk dat de politie hoopte dat ze een seriemoordenaar in de menigte konden oppakken. En dat was een verhaal dat hij onmogelijk kon laten schieten.

Heel even overwoog hij om Callanach om bevestiging te vragen, maar hij besloot het toch niet te doen. Zijn vriend werd geacht op non-actief te staan, en het laatste waar Callanach behoefte aan had was iemand die misbruik wilde maken van zijn insiderkennis, terwijl hij zelf buitenspel stond. Het maakte niet uit. Lance kon wachten en observeren. Een leven lang in de journalistiek had hem geleerd geduldig te zijn.

De ambulance ging niet naar het dichtstbijzijnde ziekenhuis zoals Lance had verwacht, maar reed via een omweg naar Kimmerghame Drive en stopte daar. Janet Vargas – die naam was online opgedoken, hoewel Lance het zelf ongepast zou hebben gevonden om dat soort persoonlijke informatie naar buiten te brengen – werd door de ambulancebroeders naar binnen gebracht.

Ze zouden er wel voor hebben gezorgd dat er iemand thuis was om haar op te vangen, dacht Lance. Geen evaluatie door een psycholoog. Geen medicijnen. Het was natuurlijk mogelijk dat Janet al alle medicatie die ze nodig had in huis had, maar dat riep de vraag op waarom ze die medicijnen niet had ingenomen of waarom ze niet hadden gewerkt. Het zaadje van het verhaal, dat zich al stevig in Lance' hoofd had genesteld, begon te ontkiemen en deed zijn best om naar het licht toe te groeien. Maar daarvoor was het nog te vroeg.

Hij zette de auto op een onopvallende parkeerplaats, controleerde de noodvoorraad drinken en zakken chips – de pot op met dat vetarme dieet – en installeerde zich om van daaruit het flatgebouw waar Janet Vargas woonde in de gaten te houden, enkel en alleen omdat zijn intuïtie hem vertelde dat hij dat moest doen. Over een uurtje zou hij naar binnen slenteren, wat rondslingerend reclamedrukwerk van de grond rapen en dat op de bovenste verdieping onder een deur door schuiven. Alsof hij een reden had om daar rond te lopen, terwijl hij ondertussen de boel verkende.

Als de politie het gebouw observeerde en hem verdacht vond, kon hij Callanachs naam noemen en uitleggen wie hij was. Dat zou dan in elk geval het achterliggende verhaal bevestigen: er was een meedogenloze moordenaar actief in de stad die aasde op inwoners die een zelfmoordpoging hadden gedaan. En Janet Vargas, die er net van was weerhouden zich van het leven te beroven, zou binnenkort misschien wensen dat ze haar poging had doorgezet, getuige de verschrikkingen die Hawksmith en Shozo hadden moeten doormaken.

Lance wachtte een uur, overwoog naar huis te gaan, maar zag daar toch van af. Sommige gewoonten kon je niet zomaar afzweren. Hij had geen idee naar wat of wie hij op zoek was, maar de journalist – en, gaf hij aan zichzelf toe, misschien ook de egotist in hem – zei hem dat hij het zou weten wanneer hij het zag.

31

17 maart

De briefingruimte was volgepakt met beide onderzoeksteams. Pax Graham stond op om als eerste te spreken.

'We hebben nog altijd geen verdachte,' begon hij. 'De escort van Gilroy Western, met wie hij al heel lang omgaat, heeft een alibi voor de hele periode, en na enig aandringen heeft de heer die bij haar op bezoek was, haar versie van de gebeurtenissen bevestigd. Het is duidelijk dat als ze had gelogen, hij zijn politieke carrière nooit van z'n leven voor haar op het spel had gezet. Hoewel de dochter en de vrouw van Western allebei mogelijk een motief hadden om hem dood te wensen, waren ze destijds allebei in Spanje. Blijft dus over dat we te maken hebben met iemand die nog niet in ons onderzoek is komen bovendrijven, of dat iemand opdracht heeft gegeven Jenson en Western te liquideren.

Het DNA dat we onder Westerns auto hebben gevonden komt niet voor in de nationale politiedatabase, maar hetzelfde DNA is ook gevonden op het kussen dat is gebruikt om Bruce Jenson te vermoorden. Dankzij een werknemer die uiteindelijk een verklaring heeft afgelegd weten we wel dat er een vrouwelijke gedaante door de tuin is weggerend toen hij buiten stond te roken. We hebben beelden van de bewakingscamera op het fabrieksgebouw tegenover het verpleeghuis.'

Hij draaide zich om en drukte een paar toetsen in op een laptop, en iemand anders deed het licht uit. Een groot scherm kwam flikkerend tot leven, waarop niet veel meer was te zien dan donkere vlekken en af en toe de koplampen van een voorbijrijdende auto. Boven in het scherm was het dak van het verpleeghuis deels zichtbaar achter bomen en andere begroeiing. De indrukwekkende toegangspoort leek een afdoende veiligheidsmaatregel met zijn grote hekken, waarvan de scharnieren waren vastgezet in muren die naar beide kanten meterslang doorliepen.

Toen ieders ogen gewend waren aan het beeld, spoelde Graham de video enkele minuten door. In de rechterbenedenhoek van het scherm was beweging te zien, bladeren en takken in vage grijstinten weken uiteen en er verscheen een donkere vlek waar eerst een struikje had gestaan. Er kwam een gestalte uit tevoorschijn die de stoep op stapte: slank, sierlijk, onmiskenbaar een vrouw, ook al was haar silhouet amper te zien. Haar haar was kortgeknipt of opgestoken en haar halslijn was goed zichtbaar. Ze boog zich voorover.

'We denken dat ze hier wat blaadjes van de heg van haar kleren veegt,' zei Graham toen de gestalte weer rechtop ging staan. 'En hier doet ze iets met haar beide handen en reikt dan naar haar jaszak. Waarschijnlijk trekt ze haar handschoenen uit en stopt ze in haar zak om niet verdacht over te komen. Het was die avond niet echt warm, maar het was ook niet nodig om handschoenen te dragen. Daarna kunnen we haar niet meer terugvinden op de camerabeelden in de omgeving, dus we denken dat ze in een auto is gestapt of een taxi heeft aangehouden.'

Ava bleef naar het scherm staren alsof de vrouw weer zou opduiken. Ondanks het slechte, donkere grofkorrelige beeld deed de vrouw haar aan iemand denken. Haar manier van bewegen kwam haar bekend voor. De manier waarop ze haar hoofd schuin hield en haar haar gladstreek vóór ze de weg af liep. Ava sloot haar ogen en probeerde de alweer wegglippende herinnering in haar onderbewuste terug te halen.

'Hoe is haar DNA op het kussen terechtgekomen als ze handschoenen droeg?' vroeg iemand.

'We denken door spuug, door de inspanning waarmee ze het kussen tegen zijn gezicht drukte of doordat er spuugdruppels in het rond vlogen terwijl ze tegen hem sprak,' antwoordde Graham. 'Het volledige resultaat van de DNA-analyse van de bewijsstukken in de zaak-Bruce Jenson is vanmorgen pas binnengekomen. Misschien kunnen we de komende dagen nog wat meer over haar zeggen, zij het in algemene termen.'

Hij knikte naar Ava en ging weer zitten.

'Brigadier Tripp heeft vorderingen gemaakt in de zaak-Berry. Op de telefoon van een omstander bleken beelden te staan van de man op de Queensferry Bridge over wie we het hebben gehad. Zijn gezicht is niet goed te zien. Hij droeg winterkleren, had een capuchon op en een sjaal om, maar we hebben wel het silhouet van zijn hoofd. Op deze beelden' – ze nam Grahams plaats achter de laptop in – 'zien we de man vanachter. Hij spoort Stephen Berry aan om te springen – hier zien we dat hij zijn telefoon omhoogsteekt – en hij begint te lachen. Hoewel we hem alleen vanachter zien, lopen zijn hoofdbewegingen synchroon met zijn geroep en gelach, dus we weten zeker dat dit de man is die we zoeken.'

Ze sloot het bestand en opende een volgend. Een audiotrack werd afgespeeld terwijl de camera zich langzaam over de menigte in Martello Court bewoog. De woorden: 'Vooruit, doe het dan!' waren duidelijk hoorbaar boven het achtergrondlawaai uit. Vervolgens bleef het even stil, en daarna klonk er gelach.

'We hebben een spraakherkenningsexpert gevraagd om die twee stemmen met elkaar te vergelijken. Ze heeft bevestigd dat het dezelfde man is. We kunnen nog niet bewijzen dat hij op een plaats delict is geweest, maar we doen ons uiterste best hem te identificeren. Tripp, ik wil dat jouw team de mediakanalen afspeurt naar beelden van Janet Monroe die gisteren zijn geplaatst.

We weten dat de lachende man aan het filmen was, dus laten

we kijken of we hem op die manier kunnen opsporen. Omdat we nu over een spraakpatroon beschikken, kunnen we eventuele onschuldigen makkelijk uitsluiten. We schatten hem in de twintig, en ongeveer een meter tachtig lang. Ik heb hem gisteren in de menigte gezien, maar kon niet achter hem aan.

We gaan ervan uit dat hij in de stad woont en sterk geïnteresseerd is in potentiële zelfmoorden. Het kan geen toeval zijn dat hij twee keer aanwezig was toen iemand een zelfmoordpoging deed, dus hij houdt de media in de gaten of hij heeft een contact dat hem tipt wanneer er een zelfmoordpoging wordt gemeld. Spoor hem op. Laat het me onmiddellijk weten als jullie iets vinden.

Ik zal deze beelden ook laten zien aan Rune Maclure, de hulpverlener die Stephen Berry heeft bijgestaan op de brug. Ik wil aan het eind van de dag resultaat. Als we dit niet in stilte kunnen doen, moeten we de tv-stations misschien vragen de beelden uit te zenden om te zien of iemand zich meldt die een naam voor ons heeft, maar dat is een laatste redmiddel. Als we dat doen, slaat hij natuurlijk op de vlucht.'

Ava sloot de laptop, pakte hem op en liep naar de deur. Op weg naar buiten schoot Pax Graham haar aan.

'Hebt u even tijd, chef?'

'Kan het wachten? Maclure zit op mijn kamer te wachten en ik weet dat hij afspraken heeft.' Ze liep door.

Graham kwam naast haar lopen.

'Ik heb niet lang nodig,' zei hij.

Ava hoopte maar dat hij haar niet opnieuw zou vragen iets te gaan drinken. De vorige avond had hij haar gebeld om haar op de hoogte te brengen van de nieuwe ontwikkelingen en haar uitgenodigd dat in een pub te doen, met de vraag of ze al gegeten had. Ze had gezegd dat ze moe was, en hoewel dat klopte, was dat niet de reden waarom ze hem niet wilde zien. Pax Graham was single, aantrekkelijk en schonk haar veel te veel aandacht, en daar had ze evenmin behoefte aan als aan de mazelen.

'Twee minuten,' zei ze.

'Goed.' Hij zweeg, en deed nog een paar stappen voor hij verderging.

'Toen we de resultaten kregen van het forensisch onderzoek naar het kussen waarmee Bruce Jenson is vermoord zat daar niet alleen het DNA van de moordenaar van Gilroy Western op. Zoals te verwachten viel, hebben we ook andere DNA-sporen gevonden. Maar een ervan was van inspecteur Callanach.'

Ava bleef doorlopen en moest zich eraan herinneren te blijven ademhalen.

'Callanach is op de plaats delict geweest en heeft toegegeven dat hij fysiek contact met zowel meneer Jenson als het kussen heeft gehad. Dus het verbaast me niet dat zijn DNA naar voren kwam. Dat is een van de redenen dat hij met administratief verlof is – om het onderzoek niet te compromitteren.'

'Dat klopt, maar het DNA was niet afkomstig van huidcellen of zweet, wat ik wel had verwacht,' zei Graham.

Ava bleef stilstaan.

'Er zat bloed op het kussen, bijna onzichtbaar met het blote oog, zo klein was het druppeltje.'

'Hij heeft ons verteld dat hij een vaas had gebroken. Dat heeft hij ook aan de verpleegkundige van dienst gemeld. Misschien heeft hij zich daarbij gesneden.'

'Dat kan, maar Callanach zei dat hij die vaas omgooide toen hij op zoek was naar een handdoek om Jensons kin af te vegen. In de chronologie van zijn relaas heeft hij die vaas pas later opgeruimd. Maar hij heeft niet gezegd dat hij daarna weer is teruggelopen naar Jenson.'

Ava knikte glimlachend. 'Je hebt helemaal gelijk,' zei ze. 'Dat moet worden opgehelderd. Dank je dat je me dat als eerste hebt laten weten. Laat inspecteur Callanach naar het bureau komen en handel het dan af.'

'Dat is op dit moment niet echt nodig,' zei Graham. 'Hij is geen verdachte. Ik wilde het u alleen vast laten weten voor het geval het naar voren komt als het dossier naar de officier van justitie wordt gestuurd, maar dat gebeurt pas wanneer we de dader hebben opgepakt. Ik zal u niet verder ophouden.'

'Oké, bedankt,' zei Ava zachtjes.

Ze had Callanach nog steeds niet laten weten dat ze in verband met de twee moorden op zoek waren naar een vrouw. Ze had het gewoon te druk gehad, en ook al was dat niet zo, informatie over het onderzoek doorspelen was een inbreuk op het protocol. Als het erop aankwam moest hij kunnen verklaren hoe zijn bloed op Jensons kussen terecht was gekomen. Maar dat was Callanachs probleem, zij had al genoeg op haar bord.

Toen Ava haar kamer binnenkwam, zat Rune Maclure daar met commissaris Overbeck te kletsen. Overbeck roerde langzaam in een kop koffie, een en al oog voor haar gesprekspartner, en Ava was blij dat ze brigadier Lively niet mee had genomen. Hij voelde zich al onzeker genoeg zonder toe te moeten zien hoe de vrouw tot wie hij zich raadselachtig genoeg aangetrokken voelde, openlijk zat te flirten met een charmante man als Maclure. Overbeck had koffie laten aanrukken in kopjes met bijpassende schoteltjes, waar geen enkel scherfje aan ontbrak, wat op een politiebureau een klein wonder mocht heten. Ava zette zich schrap voor de gebruikelijke stortvloed van beledigingen.

'Ava, we hebben op je zitten wachten,' kirde Overbeck.

Dus ze hadden het gezellig en spraken elkaar al bij de voornaam aan. Overbeck liet zich duidelijk van haar beste kant zien, dacht Ava.

'Meneer Maclure, excuses voor het wachten. Commissaris, ik kan u straks wel even bijpraten. We hoeven alleen maar een bewijsstuk te bekijken, en dat zal niet lang duren. Ik kan daarna direct naar uw kamer komen.'

'Nee hoor,' zei Overbeck. 'Je weet dat ik de voorkeur geef aan een hands-on aanpak. Weet je wat, ik blijf er gewoon bij zitten, dan doen we dit samen. Misschien kan ik helpen.'

Ava probeerde niet hoorbaar te zuchten. Als Overbeck niet inzag hoe lachwekkend de uitdrukking 'hands-on' was, met haar kersenrode nagels die moeiteloos voor aanvalswapens konden doorgaan, kwam ze van een andere planeet.

'Dat waardeer ik zeer, mevrouw,' zei ze. 'Ik zet de laptop even klaar.'

'En hoelang woon jij al in Edinburgh, Rune?' ging Overbeck verder.

'Sinds ik volwassen ben,' zei Maclure. 'Het gaat in je bloed zitten, denk ik. Je kunt de hele wereld afreizen, maar als Schot word je vroeg of laat teruggeroepen naar je vaderland.'

'Daar ben ik het helemaal mee eens. Waar heb je gestudeerd?'

'Aan St Andrews,' zei Maclure glimlachend toen hij Ava met haar ogen zag rollen terwijl Overbeck net een slokje koffie nam.

Overbeck was vergeten dat ze met een psychotherapeut te maken had. Alleen al haar lichaamstaal zou iedere verstandige man op de vlucht jagen.

'Daar gaan we,' zei Ava snel. 'U zei dat er een man op de brug stond te lachen toen u daar bij Stephen Berry was. Het heeft even geduurd, maar we hebben andere mensen op de brug kunnen traceren via het kenteken van hun auto. Iemand heeft deze man van achteren gefilmd.' Ze haalde de beelden op het scherm. 'Het gelach en geroep staan op het filmpje. Kunt u bevestigen dat dit de stem is die u heeft gehoord?'

Ava klikte op PLAY. Maclure keek ernaar en luisterde, vroeg het filmpje nog een keer af te spelen en boog zich voorover om de beelden aandachtig te bekijken.

'Ja, absoluut, dat is wat ik heb gehoord. Ik stond er natuurlijk een eind vandaan en het geluid werd door de wind gedempt. Mag ik vragen –'

'Sorry, één moment, nu u het nog vers in gedachten hebt,' zei Ava. 'Ik wil u nog een filmpje laten zien. Gisteren dreigde er weer iemand zelfmoord te plegen in de stad. Er was politie aanwezig om het gebied af te grendelen en de hulpdiensten bij te staan, en toevallig heeft een camera deze beelden van de menigte opgenomen.'

Ze klikte weer op PLAY. Het beeld bewoog over hoofden. Plotseling klonk er manisch gelach en een man schreeuwde iets. Zijn hoofd, dat bijna volledig schuilging onder zijn capuchon, kwam wazig in beeld en verdween weer toen hij zich omdraaide en zich een weg door de menigte baande.

'Spoel eens terug,' zei Maclure. 'Ik wil het nog een keer zien.'

Ava sleepte de cursor over de tijdlijn van het filmpje.

'Ik moet u vertellen dat we een expert naar de stemmen hebben laten luisteren. Zij is tot de conclusie gekomen dat het om dezelfde man gaat.'

Maclure gaf geen antwoord, maar trok de laptop dichter naar zich toe en paste de helderheid van het scherm aan toen het filmpje opnieuw werd afgespeeld. Ten slotte leunde hij achterover en sloeg met gefronst voorhoofd zijn armen over elkaar.

'Als dat onze verdachte is moeten we wel een veel betere foto hebben voor we die aan het publiek kunnen tonen,' zei Overbeck. 'Hebben de technische jongens geprobeerd het beeld op te poetsen, of wat het ook is dat ze daar in dat keldertje doen?'

'Je kunt het beeld niet oppoetsen. Als je het vergroot, wordt het alleen maar waziger,' zei Ava, en ze wenste vurig dat Overbeck zich er verder niet mee zou bemoeien.

'Dat is ook niet nodig, geloof ik,' zei Maclure zachtjes. 'God, ik hoop maar dat mijn bureau niet verantwoordelijk is voor deze moorden, maar...'

Ava gaf hem de tijd.

'Ik heb wel een idee wie dit is. Ik ben er niet honderd procent zeker van, en ik heb geen reden te denken dat hij gewelddadig is, maar er hangt de laatste tijd een jonge knul rond bij het inloopcentrum die aan dit signalement voldoet.'

'Kunt u me een naam geven?' vroeg Ava.

'Nee, maar ik heb hem weleens gezien met een van onze administratieve medewerksters, een meisje dat ons archief bijhoudt en koffiezet voor de bezoekers als ze niet direct bij een hulpverlener terechtkunnen. Ze heet Vicki Rosach.'

'Heeft Vicki toegang tot de persoonlijke gegevens van je cliënten?' nam Overbeck het over.

'Die staan allemaal in ons archief, maar ze weet dat ze de dossiers niet mag openen en er geen informatie uit mag halen. Dat staat in haar contract.' Maclure legde zijn hoofd in zijn handen. 'Het spijt me, ik was ervan overtuigd dat dit ons niet zou overkomen. We staan klaar om mensen hulp te bieden wanneer ze dat het meest nodig hebben. Als we het vertrouwen van het publiek verspelen, komen de mensen niet meer naar ons toe. Dat zou echt verschrikkelijk zijn.'

Overbeck legde haar gemanicuurde klauw op Maclures onderarm en kneep er zacht in.

'Het is duidelijk dat je fantastisch werk doet. Neem het jezelf niet kwalijk.'

'Ik moet de persoonlijke gegevens van Vicki Rosach hebben,' zei Ava. 'Stel het kantoor maar niet op de hoogte. Het is belangrijk dat Vicki van niets weet. Is ze op dit moment aan het werk?'

'Ik denk van wel,' zei Maclure. 'Als ik even mag bellen neemt zij waarschijnlijk de telefoon op.'

'Doe maar niet,' zei Ava meteen. 'Kort signalement?'

'Rond de twintig, rood haar, bleke huid.'

'Ik herinner me haar,' zei Ava.

'Ze is eerlijk gezegd niet erg goed in haar werk. Misschien had ik haar moeten ontslaan, maar ik ging er altijd van uit dat ze wat verstrooid en achteloos was, en ik wil mensen graag een kans bieden. Het is nooit bij me opgekomen dat er iets verdachts aan de gang zou kunnen zijn.'

'We weten nog niet zeker of Vicki er iets mee te maken heeft,' zei Ava. Ze sloot haar laptop en pakte haar jas. 'We nemen haar mee naar het bureau en vragen haar met wie ze omgaat. Als dat iets oplevert, moet u misschien ook komen om degene te identificeren die u denkt te hebben herkend.'

'Ik sta klaar om te helpen, vooral omdat mijn kantoor hiervoor verantwoordelijk is.'

Op weg naar de deur van haar kamer bleef Ava even staan.

'Meneer Maclure, als ik bij de politie iets heb geleerd, is het dat psychopaten altijd wel een manier vinden. Wat ze doen heeft iets onafwendbaars. Ze hebben een vastberadenheid die alle obstakels op hun weg overwint. Uw organisatie valt niets te verwijten. Het enige wat we nu moeten doen is voorkomen dat er nog meer slachtoffers vallen.'

32

17 maart

De computerstoring waardoor hij al die tijd geen e-mails had ontvangen was plotseling opgelost. Callanach opende zijn laptop en zag tweeënveertig ongelezen berichten. Hij begon bovenaan.

> Goedemorgen meneer,

Een mailtje van Tripp, die in een e-mail al even formeel klonk als in levenden lijve.

> Ik hoorde van inspecteur Turner dat u met administratief verlof bent. Ik hoop dat het niet bezwaarlijk is dat ik e-mail, maar ik wilde u laten weten dat we goede vorderingen maken met de onderzoeken hier. Als u iets nodig heeft, bel me dan mobiel. Ik hoop dat het goed met u gaat.

Callanach glimlachte. Het was begrijpelijk dat de pas gepromoveerde brigadier vormelijk deed, maar de intentie achter het bericht was goedbedoeld. Tripp was het toonbeeld van loyaliteit en samen vormden ze een incongruent maar succesvol team. Tot nu toe.

Callanach opende het volgende mailtje, van zijn bank, en daarna een herinnering aan een tandartsafspraak. Voor dat soort zaken had hij nu in elk geval genoeg tijd. Hij besloot koffie te zetten. Het had geen zin al zijn afleiding in één keer op te souperen nu zijn dagen zo lang en saai waren.

Terug achter zijn bureau liet hij zijn ogen langs de lijst inkomende berichten glijden om te zien tot waar hij was gekomen. Dat had meteen duidelijk moeten zijn, maar alle mailtjes waren nu gemarkeerd als 'gelezen'. Hij probeerde zich te herinneren of dat ook al zo was toen hij het mailprogramma opende of pas nadat hij ze was gaan lezen, maar hij kon het zich niet herinneren. Hij pakte zijn telefoon en stuurde zichzelf een e-mail met het woord 'Koffie' als onderwerp, en klikte op VERZENDEN. Een minuut later verscheen het mailtje, vetgedrukt, gemarkeerd als ongelezen, in zijn inbox. Niets aan de hand.

Terugbladerend naar mailtjes van maanden geleden zag hij dat de mails die door zijn spamfilter waren geglipt, nog steeds als ongelezen in zijn inbox stonden. Zijn laptop functioneerde dus zoals het hoorde en hij kon gewoon e-mails verzenden en ontvangen.

Hij staarde naar het scherm, tikte zijn moeders naam in en opende haar recente mails aan hem. In een e-mail gedateerd op 10 maart vond hij wat hij zocht. Ook zijn moeder bleek een paar dagen geen mailtjes te hebben ontvangen, en daarna was alles weer gewoon binnengekomen. Ze had er niet bij gezegd of die mails waren gemarkeerd als reeds gelezen of niet, maar er was een goeie kans dat ze daar niet op had gelet. In de mails van Callanach aan zijn moeder had hij de namen Jenson en Western expliciet genoemd. Die vormden een duidelijk pad van hem naar de vermoorde mannen en Callanach durfde er alles onder te verwedden dat iemand anders ze had gelezen.

Dat liet twee mogelijkheden open: een was dat iemand die wrok tegen hem koesterde naar een zwakke plek had gezocht en hem de moorden in de schoenen wilde schuiven. In dat geval was de lijst eindeloos lang. Hij had met zoveel bendeleden, onderwereldbazen en bedrijfscriminelen te maken gehad – die stuk voor stuk een hackoperatie op touw hadden kunnen zetten – dat er onmogelijk eentje viel aan te wijzen die op wraak uit was. De andere, veel zorgwekkender mogelijkheid was dat Pax Graham niet alleen maar achterdocht koesterde maar besloten had zijn verhaal helemaal uit te spitten en daarvoor een gerechtelijk bevel had losgekregen om zijn e-mails te doorzoeken.

Callanach wilde een slokje koffie nemen, maar zijn maag protesteerde. Als Graham zijn e-mails kon lezen, was dat alleen mogelijk omdat Ava zijn verzoek daartoe had gehonoreerd.

Dat zou ze niet doen, dacht Callanach. Tenminste, zoiets zou ze eerder nooit gedaan hebben. Maar op dit moment was ze zo kwaad op hem dat hij er niet aan moest denken. Het was alleen wel zo dat Ava al op de hoogte was van de e-mails aan zijn moeder. Door die over te dragen aan Graham zou ze zichzelf ook in een lastig parket brengen. Dus misschien had Ava er niets mee te maken. Zij was niet de enige leidinggevende die Grahams verzoek kon goedkeuren. Commissaris Overbeck kon dat ook, en omdat Ava het druk had met de zaak-Hawksmith-Shozo was het heel goed mogelijk dat Graham zijn verzoek rechtstreeks aan Overbeck had gericht. De commissaris zou Callanach graag zien vertrekken. Ze had duidelijk laten blijken dat zij niet voor hem gekozen had toen hij bij de Schotse politie kwam werken. Maar daarmee werd niet de vraag beantwoord wie Jenson en Western had vermoord.

De volgende mail was van Lively. Callanach klikte erop in de hoop dat die een update over de zaak-Jenson-Western zou bevatten.

Hebt u het modellenwerk weer opgepakt, nu u van een lange vakantie geniet? begon het bericht. Geen 'meneer' of vriendelijke aanhef. Typisch Lively.

We kunnen allemaal weer bij de spiegel op het herentoilet nu u er niet bent, en ik heb uw favoriete stoel bij mijn bureau neergezet. Een of andere klootzak legt nog steeds mensen om, maar dat zult u wel op het nieuws hebben gezien. De baas is prikkelbaar, dus u kunt maar beter snel terugkomen om een handje toe te steken. Als u zin hebt, trakteer ik op een pint.

Lively

Ondanks alles moest Callanach glimlachen. Lively was wel de laatste van wie hij had gedacht dat die zich om zijn welzijn zou bekommeren. Hij betwijfelde of Lively wel wist hoe die op zijn eigen e-mailaccount moest inloggen, maar hij had moeite gedaan om contact met hem te zoeken. Het aanbod om een biertje te drinken nam hij met een korreltje zout, want Lively stond er niet om bekend dat hij de portemonnee snel trok. Maar het gebaar was vriendelijk bedoeld, en dat botste zo met Lively's gewone manier van doen dat Callanach zich afvroeg of hij zich zorgen moest maken.

Zijn mobiel ging, en even dacht Callanach dat het zijn ruwe bolster van een brigadier was die wilde weten hoe het ging, maar in plaats daarvan hoorde hij het zachtere accent van inspecteur Graham.

'Wat kan ik voor je doen?' vroeg Callanach.

'We hebben nog een verklaring van je nodig, om alles helder te krijgen. Gewoon een formaliteit in het licht van de resultaten van het forensische onderzoek. Komt het morgenochtend uit?' vroeg Graham.

'Ja hoor, ik kom wel naar het bureau,' zei Callanach.

'Onder de gegeven omstandigheden is dat beter van niet. Wij komen wel naar jou.'

Callanach wilde dolgraag weten waar het precies om ging, maar hij kende de procedurele regels te goed om zich bezorgd te tonen. Het was het beste om er heel ontspannen op te reageren.

'Prima. Wat je wilt. Is negen uur oké?'

'Dat zou mooi zijn,' zei Graham. 'Hoofdinspecteur Turner heeft vandaag zeker geen contact met je opgenomen?'

'Nee,' zei Callanach.

Dat was geen leugen, en daarom vroeg hij zich af waarom hij het gevoel had dat dat wel zo was. Misschien omdat het hem opviel dat Graham niet alleen hém in de gaten hield. Hij hield ook Ava nauwlettend in het oog.

'Had ze dat dan moeten doen?'

'Nee, ik weet alleen niet waar ze uithangt. Er is hier nogal wat gaande. Tot morgen.'

Callanach beëindigde het gesprek. Graham klonk vriendelijk en ontspannen, maar Callanach was niet gek. Uit Lively's mail had hij begrepen dat Ava niet in haar gewone doen was. Ze kreeg natuurlijk voortdurend updates over de zaak-Jenson-Western, en elke keer dat die ter sprake kwam werd ze herinnerd aan wat er tussen hen was voorgevallen. Misschien werd het tijd voor een goed gesprek. Hopelijk kon ze het ondertussen allemaal wat meer relativeren.

Hij keek op zijn horloge. Halverwege de middag. Op dit moment was ze druk bezig met briefings en werd ze overstelpt met forensische verslagen en getuigenverklaringen. Het had geen zin om te bellen. In plaats daarvan stuurde hij een kort en bondig appje waarin hij het niet over het werk had.

Hoi, heb je misschien tijd voor een kop koffie? Er is geen haast bij, maar deze week zou fijn zijn.

Luc

Het volgende uur keek hij om de paar minuten op zijn telefoon om te zien of ze had geantwoord, daarna dwong hij zichzelf om hem weg te leggen. Uiteindelijk werd hij zo gek van zijn eigen wanhoop dat hij het toestel uitzette.

33

17 maart

Tegen de tijd dat Ava bij het inloopcentrum van Reach Out arriveerde was het gebouw al afgezet. Ze hoopte maar dat er op dat moment niemand binnen was die counseling kreeg en misschien zou schrikken van wat er ging gebeuren. Agenten stonden aan weerszijden van de deur met hun rug tegen de muur toen ze op de bel drukte. Iemand drukte op de deuropener, vermoedelijk na een blik op het schermpje van de camera, en de deur ging open.

'Politie,' kondigde Ava aan terwijl ze haar ID onder de neus van een jonge vrouw hield, ongetwijfeld Vicki Rosach.

'Wat de fuck?' mompelde die, eerder geërgerd dan bang, en ze stak haar hand in haar zak.

'Staan blijven, steek je handen omhoog en draai je om,' commandeerde Ava.

Het volgende moment wemelde het er van de geüniformeerde agenten die Vicki op de grond legden, voorzichtig, zodat ze niet gewond raakte, maar vooral ook om haar telefoon, waarvan Ava had gezegd dat die prioriteit had, niet te beschadigen.

'Ik snap het niet,' snikte Vicki, terwijl ze handboeien om kreeg en overeind werd geholpen. 'Wat doen jullie met mijn telefoon?'

De agent die de telefoon uit haar zak had gehaald, deed hem in een zak en plakte er een sticker op.

Er kwamen allerlei andere mensen de gang in lopen, die allemaal door elkaar heen begonnen te praten. Een paar hulpverleners, een paar cliënten, en sommigen barstten in tranen uit. Ava had er begrip voor. Het besef dat er een inval plaatsvond in het gebouw waar jij werk deed waar je in geloofde, was beangstigend. Het was een inbreuk, zij het niet zo'n grote inbreuk als wanneer iemand je huis binnendrong en je penis in een broodrooster duwde.

'We nemen alle computers in beslag en de dossiers van zowel de medewerkers als de cliënten,' kondigde Ava aan nadat Vicki was afgevoerd naar een arrestantenwagen.

'Dat kunt u niet doen. Daar hebt u een gerechtelijk bevel voor nodig,' zei een man.

'U bent toch Charlie Packham?' vroeg Ava.

Ze had zijn stem pas twee keer gehoord, de eerste keer op de gang toen ze met Rune Maclure zat te praten, en de tweede keer toen hij Janet Monroe van het dak van de torenflat af probeerde te praten. Hij was lang en mager en stond daar met over elkaar geslagen armen. Hij was misschien een goeie hulpverlener, dacht ze, maar kwam allesbehalve innemend over.

'Ik heb toestemming van Rune Maclure,' verzekerde Ava hem. 'Ik wil jullie allemaal vragen hier te blijven tot je bij een van deze agenten een verklaring hebt afgelegd. En je mag de stad niet verlaten, tenzij je dat aan de politie hebt gemeld.'

'Zitten we in de problemen?' vroeg Packham.

'Nee hoor,' stelde Ava hen gerust, hoewel ze zo kwaad was dat ze het liefst haar professionaliteit had laten varen en het tegenovergestelde had willen zeggen. Dat ze slordig waren omgesprongen met de cliëntinformatie. Dat uitgerekend een stel psychotherapeuten zich zo hadden verkeken op een werknemer dat ze mensen die het toch al zwaar hadden, in de armen van een meedogenloze killer hadden gedreven. 'Maar mogelijk beschikken jullie zonder het te weten over informatie waarmee wij wat hiaten kunnen opvullen. Jullie moeten wel bereikbaar blijven, dat is alles.'

'Kunnen we ergens anders gewoon verder werken?' vroeg een vrouw.

'Natuurlijk,' zei Ava. 'Maar jullie moeten van nu af aan wel zorgvuldiger omspringen met de cliëntinformatie.' Dat moest ze toch even kwijt.

'Rune Maclure kan niet voor ons allemaal spreken. Deze organisatie wordt geleid door een bestuur, en Maclure is maar een van de leden,' kwam Packham weer tussenbeide. 'Ik neem contact op met een advocaat. Ik accepteer niet dat de politie gevoelige informatie opvraagt zonder tussenkomst van een rechter.'

'En ik begrijp niet waarom iemand daarop tegen zou zijn wanneer daar levens mee gered kunnen worden. Daar is jullie organisatie toch voor bedoeld?' beet Ava hem toe. 'Maar het staat u vrij een advocaat te raadplegen, als u denkt dat dat de beste manier is om uw tijd en de fondsen van uw organisatie te gebruiken.'

Packham deed er het zwijgen toe, maar wierp haar een onaangename glimlach toe en keek toen op zijn horloge, wat Ava eraan herinnerde dat ze onder zware tijdsdruk stond.

Dankzij de zwaailichten en sirenes was ze op tijd terug op het bureau waar net proces-verbaal was opgemaakt tegen Vicki Rosach. Ava en Tripp hadden afgesproken om haar samen onder ede te verhoren. Ze zou worden bijgestaan door een advocaat van dienst. Alles was dichtgetimmerd. Ze liet Tripp het woord doen omdat ze zelf te geïrriteerd was.

Na het afhandelen van de formaliteiten stak Tripp van wal. Zelfs de advocaat leek de jonge brigadier met zijn zachte, rustgevende stem, zijn excuses voor de smerige thee en de slechte stoelen sympathiek te vinden.

'Goed, Vicki... sorry, mag ik je bij je voornaam noemen?' vroeg Tripp.

'Eh, ja hoor, kan me niet schelen.' Haar kin hing op haar borst, haar schouders waren gekromd.

'Vicki, we hebben informatie van je nodig, en als je in dit vroege stadium meewerkt, gaan we ons best doen om de aanklacht tegen jou zo veel mogelijk af te zwakken.'

De advocaat trok zijn wenkbrauwen op, en Ava begreep heel goed waarom. Brigadier Tripp, het knuffelbeertje in de gelederen van de Schotse politie maar desalniettemin een uitstekende rechercheur, had zojuist een rooskleurig beeld van de afloop geschetst zonder ook maar iets te beloven waar de twintiger die aan dit kruisverhoor werd onderworpen hem later aan zou kunnen herinneren.

'Misschien kunt u uitleggen welke aanklacht u tegen mijn cliënt wilt inbrengen en welke informatie u van haar verlangt,' zei de advocaat droogjes.

'Goed idee, dat zal ik doen,' zei Tripp. 'Fijn dat u er niet omheen draait. Nou, Vicki, ik wil je graag een paar filmpjes laten zien en ik wil je vragen goed naar het geluid te luisteren. Zou dat lukken?'

Vicki knikte en Tripp klikte op PLAY op de laptop die op een ander tafeltje stond voor het geval de emoties plotseling zouden oplaaien en Vicki iets zocht om als wapen te gebruiken. Maar toen ze het gezicht van de jonge vrouw zag, wist Ava dat dat niet nodig was. Bij het eerste filmpje liepen de tranen haar al over de wangen.

Bij het zien en horen van de lachende man greep ze de hand van haar advocaat. Die deed zijn best om zich los te wurmen.

'Ken je die man, Vicki?'

'H-hm,' antwoordde Vicki, en ze veegde haar neus aan haar mouw af.

Ava greep achter haar naar de doos tissues die daar voor dit soort gelegenheden stond, ook omdat ze wist dat Tripp heimelijk smetvrees had. De advocaat ook, zo te zien.

'Nog één filmpje,' drong Tripp aan. 'Misschien helpt een slokje thee om wat te kalmeren voor ik je nog meer vragen stel.'

Ava kreeg steeds meer bewondering voor hem. Elke andere ondervrager had meteen de sloophamer gehanteerd, maar Tripp déed niet eens alsof. Zijn van nature zachtaardige inborst was zijn geheime wapen. Callanach had dat stille talent in hem als eerste ontdekt en hem aangemoedigd hogerop te komen, ervan overtuigd dat Tripp zou uitblinken. Heel even wenste ze dat Callanach hier nu was en kon zien hoe de jonge agent die hij had helpen opleiden, zich ontwikkeld had. Voor het eerst maakte haar boosheid op hem plaats voor een positievere emotie. Maar ze verdrong het gevoel en concentreerde zich op Vicki's reactie aan het eind van het tweede filmpje.

'Vicki, ken je die man?' vroeg Tripp opnieuw.

Ze knikte, en haar ogen schoten alle kanten op.

'Heb je hem informatie gegeven over de cliënten in het inloopcentrum?' ging Tripp verder.

'Wacht eens even,' onderbrak de advocaat hem. 'Ik wil eerst weten wat die man gedaan zou moeten hebben voor mijn cliënt antwoord geeft op die vraag. Het doorspelen van cliëntinformatie is onder de omstandigheden geen misdrijf, maar u mag uw kaarten op tafel leggen als u meer wilt weten.'

'Hoe heet hij?' vroeg Tripp onverstoorbaar terwijl hij Vicki recht in de ogen keek.

'RJ,' zei Vicki.

'Dit verhoor wordt onmiddellijk afgebroken, tenzij u opening van zaken geeft. U zit te vissen,' zei de advocaat.

Tripp keek Ava aan die, een en al zakelijkheid, haar stoel een eindje naar voren schoof en zich uitsluitend tot de advocaat richtte. Vicki werd genegeerd.

'De man in het filmpje, die RJ, is gezien op de plek waar een zelfmoordpoging plaatsvond. Reach Out kreeg het verzoek om er een hulpverlener op af te sturen. Uit de telefoongegevens weten we dat Vicki het telefoontje aannam en dat ze de opdracht aan Rune Maclure toewees. Gisteren verleende een andere hulpverlener, Charlie Packham, assistentie bij een zelfmoordpoging in Pennywell Gardens, en heeft uw cliënt ook dat telefoontje aangenomen. En die RJ was daar alweer aanwezig.

Omdat we de telefoon van uw cliënt hebben en een gerechtelijk bevel om haar belgeschiedenis op te vragen, wil ze misschien open kaart met ons spelen over haar communicatie met RJ en uitleggen waarom haar vriend in zelfmoordpogingen is geïnteresseerd.'

'Ik heb er niet eens bij nagedacht,' zei Vicki zachtjes. 'In het begin was RJ echt in mijn werk geïnteresseerd, weet u, hij vond het belangrijk en zo, en hij respecteerde me erom.'

'Ga door,' moedigde Tripp haar aan.

'Hij zei dat hij het weleens wilde meemaken, zo'n zelfmoordpoging, bedoel ik. Niet om het te zien gebeuren, zei hij, maar om te zien hoe de hulpverleners het aanpakken, weet u, om de mensen van hun plan af te brengen. Hij deed net of het helden waren. Ik denk dat ik mijn werk belangrijker wilde maken dan het in feite is, dus beloofde ik dat ik hem zou waarschuwen wanneer ik weer een telefoontje kreeg.'

'Belde je RJ om te vertellen dat iemand een zelfmoordpoging deed?' wilde Tripp weten.

'Ik stuurde hem een appje,' zei Vicki zachtjes.

Ze was opgehouden met huilen, maar haar hoofd hing zo ver omlaag dat ze amper te verstaan was.

'Heb je hem daarna nog meer dingen doorgegeven?' vroeg Tripp.

'Ja, die van gisteren in Pennywell. Eigenlijk wilde ik het niet, want ik had ondertussen wel door dat er iets geks aan de hand was,' mompelde ze.

'Hoe heet RJ van zijn achternaam?' kwam Ava tussenbeide.

'Kweenie,' zei Vicki verschrikt.

'Hoe ken je hem dan, als je zijn achternaam niet weet?'

'Voetbalpotje, vijf tegen vijf, elke woensdagavond. Gemengde teams, maar er doen niet veel meiden mee. Je gaat er gewoon naartoe en je wordt in een team gezet. Ik maak niet makkelijk vrienden, vooral niet met andere meiden, maar ik kan goed voetballen, dus het leek me een goeie manier om mensen te leren kennen.' Verlegen sloeg ze haar armen om zich heen. 'Na afloop gingen we altijd met het hele team naar de pub. RJ en ik raakten met elkaar aan de praat en wisselden telefoonnummers uit. Ik vond hem cool. Hij heeft een grote mond en hij is grappig. Hij vertelde me dat hij een YouTuber is. Ik dacht dat we misschien... snapt u? Ik vond hem leuk.'

Ava snapte het. Je had het als jongensachtige meid al moeilijk genoeg op school. Buitengesloten door de populaire meiden en uitgelachen door de jongens. De echte wereld werd geacht vriendelijker te zijn, maar in werkelijkheid was dat niet zo. Stevig gebouwde meiden die liever wijde broeken en stoere gympen droegen in plaats van strakke rokjes en stilettohakken, leken nergens bij te horen. En de mensen deden allerlei aannames over hen. Het was eigenlijk best slim om via het voetbal een vriendje te leren kennen.

'Je hoopte dat RJ je mee uit zou vragen?' wilde Ava weten.

Vicki werd vuurrood en knikte.

'Dus zijn nummer staat in de contactenlijst op je telefoon?' vroeg Tripp.

'Aye, onder RJ voetbal,' bevestigde Vicki. 'Die tweede keer had hij al bedacht dat ik zwaar in de shit zou komen te zitten als ze erachter kwamen dat ik hem had getipt over de Queensferry Crossing. Hij zei dat hij ervoor zou zorgen dat ik ontslagen werd als ik het niet nog een keer deed.'

'Heeft hij toen verteld waarom hij die informatie wilde hebben?' vroeg Tripp vriendelijk.

'Ja, ik wist toen al wat hij van plan was,' snotterde Vicki.

'Nou, ik niet, dus misschien kan iemand me dat vertellen?' vroeg de advocaat uit de hoogte.

'Hij vertelde dat hij de livebeelden wilde streamen en dat mensen dan konden wedden wie werkelijk zelfmoord zou plegen en wie het zou overleven. Pas toen ik keek wat hij online had gezet, zag ik hoe fout het was. Echt vreselijk, over hoelang het zou duren voordat ze doodgingen of dat ze op slag dood zouden zijn. Ik weet dat hij ook contact had met een bookmaker.'

Verdomme, dacht Ava. Ze had haar instinct moeten volgen en de bookmaker ter plekke op moeten pakken. Maar ze hadden tenminste wel een scherpe foto van zijn gezicht.

'Naam van de website?' vroeg Tripp.

'CheaperReaper.com. Ik heb één keer ingelogd en daarna ben ik er nooit meer geweest. Het is walgelijk,' zei Vicki, nagelbijtend. 'RJ begon me vragen te stellen over de sterfgevallen waar ik op het werk over hoorde. Hij wilde weten of ik bij foto's of autopsieverslagen kon. Ik zei van niet, maar dat accepteerde hij niet zomaar, en een paar keer stond hij me op te wachten als hij wist dat ik middagpauze had of aan het eind van de dag. Ik moest doen alsof er niks aan de hand was, alsof we nog vrienden waren. Ik hoopte dat hij me na mijn appje van gisteren met rust zou laten.'

'Dat is alles?' vroeg Tripp.

'Ja, ik weet dat ik fout zat en dat ik mijn baan kwijtraak, maar ik had geen idee waar ik aan begonnen was. Ik ben zo'n stomme idioot.'

'Weet je waar RJ woont?' vroeg Tripp.

'Nee, maar hij heeft een auto, een afgeragde BMW. Hij verbeeldt zich heel wat als hij erin rondrijdt.'

'Mevrouw Rosach, ik noem een paar namen, en ik wil graag van u horen of u RJ informatie over deze mensen heeft gegeven, of hij u ernaar heeft gevraagd of het over ze heeft gehad. Het is heel belangrijk, zowel voor u als voor ons, dat u naar waarheid antwoordt. Begrijpt u dat?' vroeg Ava.

'Absoluut,' zei ze zachtjes.

'Jon Moffat,' begon Ava.

Vicki schudde haar hoofd.

'Fenella Hawksmith.'

'Neem me niet kwalijk, is dat niet die vrouw die...' De advocaat toonde opeens meer interesse.

Ava legde hem met één doordringende blik het zwijgen op.

'Osaki Shozo,' sloot ze af.

Vicki keek nu zelfs opgelucht.

'Ja hoor, hem herinner ik me nog,' zei ze, alsof ze eindelijk te horen zou krijgen dat ze het goed had gedaan.

'Herinner je je hem?' vroeg Ava.

'Hij kwam bij ons binnenlopen toen ik aan het werk was. Hij was anders dan de meeste mensen die bij ons komen. Heel kalm en direct. Eerlijk gezegd vond ik hem een beetje raar.'

'Heb je zijn gegevens aan RJ doorgespeeld?'

'Nee, ik heb gelogen en gezegd dat ik niks van hem wist. RJ deed toen heel opdringerig en vroeg me pal voor de deur van het kantoor allerlei dingen, terwijl anderen het konden horen. Ik had geen zin in problemen.'

'Als je niks over meneer Shozo hebt gezegd, hoe kan het dan dat RJ dingen over hem wilde weten?' vroeg Tripp.

'Hij had hem gezien,' zei Vicki. 'Op een van de keren dat hij naar mijn werk kwam, liep die Shozo net bij ons de deur uit. Waarom?'

Vicki keek van Tripp naar Ava en toen naar haar advocaat, die al vermoeid in zijn ogen zat te wrijven.

'Lees je het nieuws weleens, Vicki, of kijk je af en toe tv?' vroeg Tripp, die zijn best deed om het ongeloof niet in zijn stem te laten doorklinken, wat hem niet helemaal lukte.

'Nah, daar heb ik een gloeiende pesthekel aan. Word ik somber van. Ik hou van reality-tv, actiefilms en sport. De rest kan me gestolen worden,' zei ze.

Ava ademde diep in. 'Dus je hebt ook niets gehoord over de moorden die op dit moment in de stad plaatsvinden?'

'Ik heb natuurlijk wel wat gehoord, maar ik heb er verder niks over gelezen, dus,' antwoordde ze.

'Je weet dus niet dat Stephen Berry, die een zelfmoordpoging heeft gedaan bij de Queensferry Crossing, uiteindelijk dood is aangetroffen aan de voet van Tantallon Castle, en dat Osaki Shozo in zijn flat is vermoord? Op dit moment zijn jij en je vriend RJ het enige verband tussen deze twee zaken.'

Vicki's handen gingen eerst naar haar ogen, en toen naar haar mond.

'Jullie zitten me in de zeik te nemen,' zei ze. 'Dat kan niet anders. Dat kan ik niet hebben gedaan.'

'Dat zullen we je nog wel laten weten,' zei Ava tegen haar. 'Zodra we je vriend aan de tand hebben gevoeld.'

'Rufus Jacob Bott,' zei Tripp tegen het wachtende team. 'Als ik zo heette, had ik mezelf misschien ook wel opnieuw uitgevonden als RJ. Zijn provider heeft ons zijn adres gegeven en we hebben bevestiging dat er een zilverkleurige BMW op zijn naam staat. Hij is vierentwintig en woont in een flat in het noordwesten van de stad.'

'Goed werk,' zei Ava. 'Hebben we al een idee hoe hij aan de gegevens van Hawksmith en Moffat kan zijn gekomen?'

'Tot nu toe niet, maar ik denk niet dat Vicki loog. Ik denk niet dat ze hun namen ooit heeft gehoord. Maar hij wist Vicki wel informatie te ontfutselen, dus het is mogelijk dat RJ medewerkers van andere hulpverleningsinstellingen heeft benaderd om info los te krijgen.'

'Mee eens,' zei Ava. 'We zijn klaar om in actie te komen, we wachten alleen nog op een gewapende eenheid om eventueel assistentie te verlenen en dan gaan we zijn flat binnen en kijken we wat we vinden. Roep alle eenheden op die aan deze zaak werken. En geen fouten bij de arrestatie. Ik wil geen gijzelingssituatie, geen ontsnappingsroutes. Weten we of RJ een baan heeft?'

'Niet echt,' zei Tripp, 'maar het ziet ernaar uit dat Vicki gelijk had toen ze zei dat deze gast akelige dingen op internet post. Ik kan nog niet op de website komen. Die is alleen voor leden en ze hebben geen geweldige beveiliging, maar voldoende om het internetteam bezig te houden tot we hier terug zijn. Wat ik wel heb gezien is dat RJ naam probeert te maken als vlogger. Veel over de dood, hij schijnt fan te zijn van een andere eikel die een video heeft gemaakt van een rondreis langs bekende zelfmoordplekken over de hele wereld. Hij biedt ook geld voor beelden van stervende mensen, maakt niet uit of het om een natuurlijke of een onnatuurlijke dood gaat.'

'Kan iemand Janet Monroe waarschuwen dat we een verdachte op het oog hebben en dat we hem binnenkort oppakken? En zeg haar dat die lokoperatie een goed idee was,' zei Ava. 'Actie. Er zijn al eenheden onderweg om de straten rond de woning af te grendelen en ervoor te zorgen dat hij ondertussen niet in zijn auto stapt. Over vijf minuten vertrekken we.'

Ze wachtte tot iedereen weg was.

'Is het verkeerd als je hoopt dat de gewapende eenheid een commando verkeerd verstaat en hem ter plekke doodschiet?' fluisterde Ava tegen Tripp.

'Zolang u dat niet echt aan iemand voorstelt, denk ik dat u alles mag wensen wat u wilt, mevrouw,' zei Tripp.

34

17 maart

De Kraai was niet thuis. Tot een halfuur geleden nog wel, wachtend tot het licht langzaam uit de hemel wegtrok. Nu tuurde hij vanuit zijn auto naar de derde verdieping van een flatgebouw om te ontdekken achter welk raam Janet Vargas woonde. Hij was volledig opgeladen, in fysieke en figuurlijke zin.

Hij had een merkwaardige dag achter de rug waarin van verschillende kanten beslag op zijn tijd was gelegd, maar had toch een halfuur weten te vinden om met gewichten te trainen. Sinds hij de vogel had opgegeten had hij zijn lichaam zien veranderen. Hij was peziger geworden, elke spier en ader was duidelijk zichtbaar, alsof hij een anatomische potloodschets van zichzelf was.

De kracht die hij in zich meedroeg was zelfs nog indrukwekkender. Zijn geest werkte met een energie en precisie die hij nog niet eerder had ervaren. Beslissingen nemen was gemakkelijk, andere mensen peilen en ze een stap voor blijven was een tweede natuur geworden. Maar de zucht naar meer, de drang om nog meer te consumeren en nog verder te transformeren, was als een ketting die hem bij zijn ingewanden voortsleurde. Het was een onverzadigbare honger. Als hij die niet stilde, zou hij er zelf door worden verteerd. Dus met Janet Vargas liep hij wel een risico, maar hij was er zeker van dat hij zich dat kon veroorloven. Maar wel zonder roekeloos te worden.

Hij wachtte in zijn auto en observeerde de mensen die in de richting van het flatgebouw liepen. Er liep een man in zijn eentje voorbij, en daar had hij niets aan. Daarna een bejaarde vrouw, maar haar gezicht stond al op onweer. Haar aanspreken stond gelijk aan een alarm laten afgaan.

Het duurde nog een uur voordat zich precies de juiste omstandigheden voordeden. Een jonge moeder met een getergde uitdrukking op haar gezicht kwam aanlopen met twee kinderen achter haar aan en een derde in een kinderwagen. De Kraai zette zijn breedste glimlach op en zijn meest ontspannen en geruststellende stem, hield zijn sleutels in zijn rechterhand en omklemde met zijn andere arm een boodschappentas van de dichtstbijzijnde supermarkt.

Sinds hij de Kraai was geworden was hij meer op die dingen gaan letten. Wil je onschuldig overkomen? Vul dan een boodschappentas met goedkope luiers, cruesli met chocola, afwasmiddel, theezakjes, ovenfriet en een aardig bosje betaalbare bloemen uit de emmer bij de ingang van de supermarkt.

Hij opende het portier van zijn auto toen de vrouw net langsliep, deed zogenaamd heel erg zijn best om haar kinderen te ontwijken, en zei een paar keer 'sorry' om een gesprekje aan te kunnen knopen.

'Pauline, godsamme, loop die man toch niet in de weg,' riep de vrouw tegen het meisje.

'Ach, geeft niks,' zei hij goedgehumeurd. 'Ik heb er zelf ook twee. Ze dreigden het op een krijsen te zetten als ik morgenochtend hun lievelingsontbijt niet in huis had,' zei hij met een knikje vol gespeeld zelfmedelijden naar de boodschappentas. 'Mijn vrouw en ik zijn hier een paar weken geleden komen wonen. Duurt wel even voor je de buurt leert kennen, hè?'

'Ja, dat is zo,' antwoordde ze. 'Waar komen jullie vandaan?'

Hij ging naast haar lopen, langzaam, om gelijk op te gaan met de kinderwagen, en glimlachte naar de kinderen.

'Fraserburgh,' zei hij. 'Hoe oud is je jongste? Ik wou dat die van mij zo rustig sliep. Ik geloof niet dat het gehuil ook maar even gestopt is sinds die kleine schat op de wereld is gekomen.'

'Hij is drie maanden, en geloof me, hij heeft nu tien goeie minuten. Als hij met honger wakker wordt, zou je hem zelfs in Fraserburgh nog horen!'

De Kraai lachte begripvol zijn scherpe tanden bloot naar de kinderen, die staarden naar de vreemde man die zo dicht naast hun moeder liep. Het jongetje ging nu ook naast zijn moeder lopen, en keek de volwassenen om beurten aan. Werd elke jongen niet jaloers als een andere man de aandacht van zijn moeder trok? Brave knul, dacht de Kraai. Bescherm wat van jou is. Maar je moet me niet voor de voeten lopen.

Al lopend kwamen ze steeds dichter bij het flatgebouw en begon ze in haar handtas te wroeten.

'Het verbaast me dat ik je niet eerder ben tegengekomen,' zei hij. 'Meestal leer je de kinderwagenparade als eerste kennen. Het is wel fijn te weten dat andere mensen dezelfde stadia doormaken als jij. Op welke verdieping woon je?'

'De tweede,' zei ze. 'Verdomme, ik kan mijn sleutels nooit vinden in deze rottas.'

'Kom maar, dan duw ik die kinderwagen wel even,' bood hij aan.

'Dat doe ik wel,' zei het joch, hij stapte naar voren en wilde de duwstang vastgrijpen.

De Kraai was hem net voor.

'Nee joh, laat maar,' zei hij lachend. 'Ik heb al meer dan genoeg uren achter een kinderwagen gelopen om een goeie chauffeur voor die kleine te zijn.'

De vrouw lachte en haalde haar portemonnee en de fopspeen van de baby uit haar tas.

'Niet zaniken,' zei ze tegen de jongen. 'Heel even wachten.'

Even later pakte ze een sleutelbos uit haar tas die niet zou hebben misstaan aan de riem van een nachtwaker. De Kraai duwde de kinderwagen nog even voort terwijl zij haar tas dichtritste en op zoek ging naar de juiste sleutel van de buitendeur.

'Hé,' zei de Kraai tegen het joch, dat hij een jaar of zes schatte. 'Wat is je favoriete voetbalclub eigenlijk?'

'Hearts,' zei de jongen trots. 'Alle andere clubs zijn klote!'

'Lennox!' riep de vrouw boos. 'Niet zulke woorden gebruiken. God, sorry hoor, dat leert hij van z'n papa. De mildheid zelve, tot er voetbal op tv is, dan herken je hem niet meer.'

'Aye, nou, als je bij een voetbalwedstrijd niet een beetje mag schelden, wanneer mag het dan wel?'

Ze leek opgelucht dat hij niet meteen met zijn oordeel klaarstond, en het joch liet toe dat de Kraai met zijn hand door zijn haar woelde, zonder daar een gezicht bij te trekken.

De Kraai had plezier in zijn rol. Het bewees wat hij al wist, maar nog niet in praktijk had kunnen brengen: dat hij klaar was om te worden wat hij wilde. Dat hij vrijwel elk aspect van zijn persoonlijkheid kon aanpassen aan de rol die hij moest spelen. De natuur was een slim beest. Zij stelde je in staat je prooi stilletjes te besluipen maar begiftigde je ook met zo'n harde brul dat de kudde er doof van zou worden. Ze schonk je de zachtste veren, en botjes zo licht als lucht, maar ook een snavel waarmee je ogen kon uitpikken of een nog kloppend hart kon uitrukken. Hij was sterker dan ooit omdat hij had geleerd zwakheid uit te beelden.

Nu had de vrouw het over een peutergroep. Of zijn denkbeeldige vrouw daar misschien aan mee wilde doen? En ga niet bij de huisartsenpraktijk om de hoek, want daar kun je pas voor over twee weken een afspraak maken. Als je iets verderop ging, kon je nog dezelfde dag terecht.

Hij glimlachte breeduit terwijl zij maar bleef kletsen, en zijn grijns werd nog oprechter naarmate ze dichter bij de toegangsdeur van het gebouw kwamen. Het was makkelijker dan hij had gedacht. Pap aan met iemand van een andere flat en doe net alsof je er thuishoort. Als er nu iemand zou kijken zou die een man zien die op z'n gemak naast zijn partner en haar kinderen loopt. Wat is daar nou verdacht aan? En ze lachten, ze hadden lol. Even met zijn hand door het haar van het joch woelen was een geniale ingeving geweest. En dat hij haar met de kinderwagen had geholpen, al helemaal.

De vrouw stak haar sleutel in het slot van de buitendeur. Hij deed een stap naar achteren om de deur open te houden terwijl zij eerst de kinderwagen naar binnen duwde. In de verte klonk een sirene die snel naderbij kwam. Het meisje, Pauline, over wie hij zogenaamd bijna gestruikeld was, liep daarna naar binnen. Het joch bleef in de deuropening staan en staarde naar hem omhoog.

'U hebt nog helemaal niet verteld wat uw club is,' zei hij.

De sirenes klonken nu luider, en de Kraai keek de weg af.

'Hearts natuurlijk, net als jij,' zei hij glimlachend, want hij wilde nu echt wel naar binnen.

'Dat slaat nergens op,' zei het joch.

'Wat bedoel je?' vroeg de Kraai, en hij vroeg zich af of de vrouw zou schrikken als hij zich langs haar zoontje naar binnen wurmde. Hij kon het zich niet veroorloven in zo'n vroeg stadium argwaan te wekken.

'U zei dat u uit Fraserburgh kwam. Waarom zou u dan supporter van de Hearts zijn? Mijn vader zegt altijd dat je trouw moet blijven aan je geboorteplaats.'

De sirenes waren nu nog dichterbij gekomen en de zwaailichten werden weerspiegeld in de ramen aan het eind van de straat.

'Ik ben in Edinburgh geboren,' zei de Kraai snel. 'Ik ben als tiener naar Fraserburgh verhuisd. Je vader lijkt me een verstandige man.'

'Kom je nou eindelijk 's binnen?' riep de vrouw opeens op boze toon. 'Voordat de baby wakker wordt.'

'Sorry mam,' zei de jongen. Hij ging naar binnen en hield de deur open voor de Kraai, terwijl de zwaailichten en sirenes verderop langsflitsten en de heuvel op reden.

Hij ademde uit, genietend van deze kleine overwinning waarmee hij zijn opluchting handig wist te maskeren.

'Nou, ik ga ervandoor,' zei hij tegen de vrouw, die de lift in stapte. 'Leuk je te hebben ontmoet.'

'Vergeet niet je vrouw te vertellen over die peutergroep. Het zou leuk zijn om er samen naartoe te gaan!' riep ze terwijl de liftdeuren eindelijk dichtgingen.

De Kraai liep de trappen op naar de derde verdieping.

Lance Proudfoot zag eerst een kind rond de flauwe bocht in de weg rennen, een jongen – ergens tussen de vijf en de acht jaar oud. Nu zijn eigen zoon volwassen was, vond hij het moeilijker de leeftijd van jonge kinderen nauwkeurig te schatten. Hij zag de hoofden van de ouders boven een rij geparkeerde auto's uitsteken, druk pratend, zo nu en dan knikkend, ontspannen. Hij had ook andere mensen zien komen en gaan, maar niemand die daar niet leek thuis te horen.

Er was een jonge vent langsgelopen die al bellend luidkeels ruziemaakte over geld, en de aandacht trok met zijn gevloek. Geen goede tactiek voor een potentiële moordenaar. Lance had voortdurend de omgeving in de gaten gehouden om te zien of er nog andere mensen net als hij in een auto zaten te wachten. Hij wist zeker dat er politie in de buurt was.

Daarnet was er een auto weggereden met twee mannen erin, maar hij had hun gezichten niet goed kunnen zien. Wat hem nog het meest verbaasde was dat niemand hem tot nu toe had gevraagd wat hij hier uitvoerde, want hij zat er al uren.

Uiteindelijk was er een oudere dame langs komen schuifelen en het flatgebouw binnengegaan, waar ze had staan hannesen met haar sleutel en hem niet in het slot kreeg. Lance had zich moeten bedwingen om niet uit te stappen en haar te helpen, maar dan had hij zich voor niets gedeisd gehouden. Hij had het leeslampje ook al uitgelaten en zijn mobiel niet gebruikt om te voorkomen dat zijn gezicht in een blauw licht werd gezet.

De nieuwkomers waren nu volledig zichtbaar, een vrouw achter een kinderwagen en een meisje, jonger dan de jongen, dat moeite had om ze bij te houden. Terwijl ze langzaam op de deur van het gebouw af liepen, begon de vrouw in haar handtas te zoeken. Naar haar sleutels natuurlijk, dacht Lance. Zijn eigen vrouw kon ze ook nooit vinden in haar tas. De man zei iets en de jongen deed een stap naar voren om de duwstang van de kinderwagen te pakken, maar de man was hem voor. Het joch keek hem woedend aan.

Lance ging rechtop zitten om beter te kunnen kijken. De vrouw haalde opgelucht een sleutelbos uit haar tas. De man lachte en woelde met zijn hand door het haar van de jongen. Hij zag er goed uit. Lang. En hij sloofde zich uit. Alsof het hun eerste afspraakje was, dacht Lance. Niet alsof het de buurvrouw was of een kennis van een kennis die hij onderweg was tegengekomen. Die brede grijns was veel te veel van het goede voor mensen die elkaar kenden.

Ze waren bij de deur aangekomen De vrouw deed open, duwde de kinderwagen naar binnen en het meisje liep achter haar aan, maar de jongen bleef in de deuropening staan met een norse uitdrukking op zijn gezicht. De avondstilte werd verbroken door het geluid van sirenes in de verte, en de man keek om zich heen om te zien waar het geluid vandaan kwam. Lance keek ook om en vroeg zich af wat hij hier deed, of hij het eigenlijke verhaal niet misliep terwijl hij hier in zijn eigen kleine wereldje zat omdat hij had besloten zijn intuïtie te volgen.

De sirenes kwamen dichterbij, maar het joch ging nog steeds niet opzij om de man binnen te laten. Ze hadden een hele discussie en de jongen keek hem ernstig aan, met een vragende blik op zijn gezicht. De man bleef stug glimlachen.

De sirenes klonken nu steeds luider, maar Lance liet zich er niet door afleiden. Hij kreeg sterk de indruk dat het jongetje niet blij was. Maar het volgende moment brak er een glimlach door op zijn gezicht. De man mocht het gebouw binnen en de weerspiegeling van de straatverlichting in de deur belemmerde het zicht op wat zich achter het glas afspeelde.

Lance maakte een zakje chips open en dacht na over zijn leven. Sinds hij met Luc Callanach samenwerkte was zijn bestaan spannender geworden, maar was hij ook al een paar keer behoorlijk gewond geraakt. En van 'samenwerken' was niet echt sprake – daarmee maakte hij zijn rol veel groter dan die eigenlijk was, maar het deed hem goed om weer eens zinvol werk te doen. In zijn jonge jaren was hij door zijn werk als onderzoeksjournalist vaak in netelige situaties verzeild geraakt, en daar had hij enorm van genoten. Zijn toenmalige vrouw had zijn enthousiasme niet gedeeld en vond het maar niks dat hij zo vaak van huis was. En dus had hij een compromis gesloten en was hij een rustiger leven gaan leiden. Of het kalmer aan gaan doen. En als hij heel eerlijk tegen zichzelf was, was hij gewoon lui geworden. Nu stond Callanach voorlopig buitenspel en kon Lance bij gebrek aan harde informatie helemaal niets doen, behalve zijn intuïtie volgen.

De man die de kinderwagen voortduwde had iets antipathieks. Die gedachte kwam zomaar bij hem op, dwars door de herinneringen aan andere, meer succesvolle momenten in zijn carrière. Maar dat was belachelijk. Je kon geen hekel aan iemand krijgen omdat je hem drie minuten had zien praten – zonder zelfs maar te horen wat hij zei – of omdat zijn glimlach wat overdreven leek.

Maar hij voelde echt een afkeer van de man, dat verbeeldde hij zich niet. Het had iets te maken met de manier waarop de man het haar van de jongen in de war had gemaakt. Lance sloot zijn ogen en probeerde de details weer terug te halen. De man had een volle boodschappentas onder zijn arm geklemd. Als een echte macho, alsof hij zich ervoor schaamde die als een huisvrouw aan de handvatten te dragen. Boven op alle boodschappen, goed in het zicht, balanceerde een pak luiers. Een klein pak. Wanneer Lance in de supermarkt luiers zag, waren dat meestal van die grote voordeelpakken en het was duur spul. Als je ze kocht, kon je beter meteen een grote hoeveelheid kopen. Kennelijk had de man daar niet aan gedacht.

In gedachten zag hij de man nog een keer door het haar van de jongen woelen. Vlak daarvoor had het joch zich tussen de man en zijn moeder gewurmd om de beugel van de kinderwagen vast te pakken. Lance was niet de enige. Het joch mocht de man ook niet, en wilde niet dat hij naast zijn moeder stond of haar met de baby hielp.

Hij had zijn hand door het haar van de jongen gehaald. Dat beeld bleef terugkomen. Dat deed geen enkele ouder bij andermans kind. En je deed het ook niet bij je eigen kinderen omdat je wist dat kinderen er de pest aan hadden. Ze hadden er een bloedhekel aan. Haren in de war maken was voorbehouden aan politici die zelf geen kinderen hadden of die – als ze die wel hadden – een nanny hadden en zelf nooit voor hun kinderen hoefden te zorgen.

Lance' volgende gedachte trof hem als een mokerslag: die man was helemaal geen vader. Hij was er zeker van, net zo zeker als toen hij wist dat zijn vrouw had besloten bij hem weg te gaan en dat zijn zoon met drugs aan het experimenteren was. Hij wíst het gewoon. Omdat die vent die luiers in het volle zicht in zijn armen had. Ze praktisch onder de neus van de vrouw had gehouden. Om te bewijzen dat hij een gezin had. Hij had net zo goed een bord op zijn buik kunnen hangen waarop stond: IK BEN EEN PAPA.

Lance deed het portier van het slot en stapte uit, zich afvragend of hij de plank misschien volledig missloeg. Maar opnieuw dacht hij terug aan die scène bij de deur. Het joch had de man bozig aangekeken, leek een antwoord of uitleg te eisen, alsof hij een geheim wachtwoord vroeg. Sesam, open u. Dat was gelukt, alleen had de man meer oog gehad voor de sirenes toen de jongen hem uiteindelijk binnen had gelaten. En al die tijd leek die grote, brede glimlach bijna op zijn gezicht geplakt. Nee, niet bijna. Op zijn gezicht gebéíteld, als bij iemand die auditie doet als presentator van een spelletjesprogramma. Kijk mij eens, zei de glimlach. Goh, wat ben ik een vrolijke, aardige kerel.

Lance trok zijn telefoon uit zijn zak en koos Callanachs nummer. Hij kreeg de mededeling dat hij een bericht kon inspreken. Hij probeerde het nog een keer. Geen antwoord. Ondertussen was hij bij de deur van het flatgebouw aangekomen. Hij keek de straat af. De omgeving was verlaten. Er kwam niet toevallig iemand naar buiten lopen, die hij als charmante oudere heer zou kunnen overhalen om hem binnen te laten.

Hij overwoog Ava Turner te bellen. Maar wat moest hij tegen haar zeggen? Dat er een kerel naar de flat van Janet Vargas was gelopen met een tas vol boodschappen die Lance als vader vroeger nooit gekocht zou hebben? En dat hij een akelige glimlach had – dat belangrijke stukje bewijs mocht hij vooral niet vergeten. Het was belachelijk, en toch voelde het net zo echt als het zakje chips dat hij onbewust nog in zijn handen had. Hij wierp een blik in het zakje verzadigde vetzuren met salt and vinegar-smaak en wist dat hij iets moest doen. Wat dan ook.

Hij belde Zware Misdrijven, waarvan hij het telefoonnummer gelukkig nog had.

'Goedenavond, ik wil hoofdinspecteur Turner graag spreken, en het is dringend,' zei hij.

'Het spijt me, hoofdinspecteur Turner is momenteel niet aanwezig. We verwachten haar later op de avond weer terug. Kan ik een boodschap doorgeven?'

Lance pijnigde zijn hersens op zoek naar andere namen. 'Eh, wacht even. Max Tripp, is hij er misschien?'

'Nee, ook afwezig. De afdeling is momenteel onderbezet. Als het om een noodgeval gaat kan ik u doorverbinden met de centrale. Die kunnen dan iemand naar u toe sturen.'

Daar dacht hij even over na. Dit was geen noodgeval. Er was alleen een vermoeden. En een flatgebouw waar zich een mogelijk verdachte man ophield die een miljoen redenen kon hebben om een klein pak luiers en een doos cruesli met chocoladestukjes bij zich te hebben. Misschien was zijn vrouw zwanger en had ze ontzettend veel zin in iets met chocola, en hadden ze het kleinste pak luiers gekocht om te oefenen met verschonen. Lance voelde zich een idioot.

'Nee hoor, laat maar,' zei hij. 'Als u alleen aan hoofdinspecteur

Turner wilt doorgeven dat ik heb gebeld. Ik heet Lance Proudfoot. Ze weet wie ik ben.'

'Natuurlijk meneer,' zei de vrouw aan de andere kant. 'Ik laat het haar weten.'

Lance hoopte bijna dat Ava hem niet zou terugbellen. Hoe meer minuten er verstreken, hoe minder zeker hij was over wat hij had gezien, of wat hij daaruit had geconcludeerd.

De buitendeur van het gebouw ging open, net toen hij op het punt stond terug te lopen naar de auto om naar huis te gaan, naar zijn warme appartement en daar vergetelheid te zoeken voor de tv. De tienerjongens die naar buiten kwamen zagen hem niet eens. Hij bestond niet voor ze. Hij vormde geen bedreiging, was geen vriend en geen meisje. Ze lieten de deur openstaan terwijl Lance daar stond. Zijn armen hingen slap langs zijn zijden, maar zijn voet was sneller en schoot naar voren om te voorkomen dat de deur in het slot viel.

Rechts was een trappenhuis, links een lift, en recht voor hem een gang die naar de appartementen op de begane grond leidde. Hij verfrommelde het bijna lege zakje chips tot een prop en duwde het diep weg in zijn zak, samen met zijn telefoon. Hij had niets te verliezen behalve zijn avond, maar dat deerde hem niet, want aan vrije avonden had hij geen gebrek. Na een laatste blik op de straat, waarbij hij zich afvroeg waar die sirenes naar op weg waren geweest en of Ava Turner daar nu ook was, stapte Lance Proudfoot naar binnen.

35

17 maart

Ze scheurden door de stad met zwaailichten en sirenes tot ze in de buurt van hun bestemming kwamen. Van alle kanten voegden zich andere eenheden bij hen. Ze namen Queensferry Road in noordwestelijke richting en sloegen Barnton Grove in. Rechercheurs in burger waren te voet op weg naar de flat van RJ. De gewapende eenheden hadden hun posities ingenomen en hadden al zicht op de ramen van het appartement, hoewel niets erop wees dat er iemand thuis was.

Rufus Jacob Bott was de enige bewoner van de tweekamerflat, tenzij hij een vriendin had van wie ze niet wisten. Ze hadden zijn Facebookpagina bekeken en geen foto's gezien waaruit ze konden opmaken dat hij een partner had, dus daar was Ava vrij zeker van. Zijn Facebookpagina ging alleen over hemzelf. Zelfverheerlijking ten top, had Tripp gezegd. Duizenden selfies. Tirades. Links naar filmpjes waarvan sommige overduidelijk illegaal waren. Foto's van lijken, waarvan er vele echt waren en andere gefotoshopt. RJ was een geobsedeerd mens, maar weddenschappen afsluiten op zelfmoordpogingen was iets totaal nieuws. Een opportunistisch element, mogelijk ingegeven door zijn kennismaking met Vicki. Het probleem was dat het misschien ook iets veel duisterders had losgemaakt dan alleen het verlangen toe te kijken hoe mensen de hand aan zichzelf sloegen.

Ava instrueerde de ploeg.

'De operatie moet efficiënt en snel verlopen. Ga niet onnodig met hem in gesprek. Reken hem in en wijs hem op zijn rechten. Ik wil dat zijn flat grondig wordt doorzocht en dat alles in beslag wordt genomen. Alle kleding, want we weten niet op welk kledingstuk het DNA van een slachtoffer kan zitten. En zoek vooral naar elektronica. We weten dat hij kickt op beelden van zelfmoorden en dat hij die regelmatig online zet, dus ga op zoek naar telefoons, computers, laptops en camera's. Gebruik zo min mogelijk geweld. Ik wil niet dat zijn advocaten in de rechtszaal lastige vragen gaan stellen over de gevolgde procedure. Niemand praat met hem onderweg naar het bureau. Handboeien moeten op de juiste manier worden aangebracht, zodat ze geen afdruk achterlaten. Vragen?'

'Uit de moord op Jon Moffat blijkt dat hij met vuurwapens kan omgaan. Wat doen we als hij gewapend is?'

'Jullie dragen allemaal een kogelwerend vest. Als je vermoedt dat hij gewapend is, blijf je op de achtergrond en laat je de gewapende eenheid zijn werk doen. In dat geval moeten jullie eerst vaststellen dat er niemand anders in de flat is. Alle andere flats in het gebouw moeten worden afgegrendeld voor we tot actie overgaan.'

Tripps telefoon ging, en hij liep een eindje van de groep weg.

'Goed, over één minuut komen we in actie,' zei Ava. 'Hou contact via de radio. Elk team heeft een verdieping toegewezen gekregen. Meld je wanneer jouw verdieping veilig is. Daarna doet niemand een deur open tot het signaal "veilig" is gegeven. Eropaf!'

De teams holden naar de hun toegewezen ingangen van het gebouw.

'De meldkamer geeft door dat er een paar mensen voor u hebben gebeld, mevrouw,' zei Tripp terwijl ze op het flatgebouw af liepen. 'Lance Proudfoot, een vriend van inspecteur Callanach, geloof ik.'

'Oké,' zei Ava, toen ze naar binnen gingen. Callanach was wel de laatste door wie ze op dit moment afgeleid wilde worden. 'En?'

'Iemand van de verkeerspolitie. Ik weet niet waar dat over ging.

Die heeft een nummer achtergelaten met de vraag om terug te bellen. Ik heb het doorgestuurd naar uw telefoon.'

'Kom mee,' zei Ava, terwijl ze de eerste trap op ging en naar de agenten knikte die zachtjes op de deuren klopten, hun ID lieten zien en alle bewoners toefluisterden wat ze kwamen doen. Daarna klonk op elke verdieping het geluid van dichtschuivende grendels.

RJ woonde op de vierde en bovenste verdieping, aan het eind van de gang.

'Weinig buren die iets zouden kunnen horen of vermoeden,' zei Ava. 'Rustige flat, vlak bij de Queensferry Crossing. Logisch dat hij zo snel bij het incident met Stephen Berry kon zijn.'

Voor haar stond een team dat zich zo nodig met geweld toegang zou verschaffen tot de woning. Ze controleerde nog een keer of haar beschermende vest goed zat en gaf het sein.

Eerst werd er gewoon op de deur geklopt. Geen reactie. Ze klopten nog een keer aan, en luisterden nu met een gevoelige microfoon door de gesloten deur. De agent met de microfoon ging opzij, wees naar de andere kant van de deur en maakte een ronddraaiend gebaar met zijn vinger. Er was iemand binnen die ervoor koos niet open te doen. Ava knikte om de volgende fase van de operatie goed te keuren.

'Politie, ga bij de deur weg!' schreeuwde de voorste agent.

Ava bedekte haar oren toen er een stormram werd gebruikt om het deurslot open te breken. Al bij de eerste stoot bezweek het. De deur vloog open en sloeg tegen de muur, en de agenten stroomden de zitkamer in.

Een onbekende stem begon al te schreeuwen voordat Ava bij de deur van het appartement was, daarna werden er luidkeels instructies geroepen en hoorde ze een zware bonk toen er iemand tegen de grond ging. Rechten werden opgedreund. De reactie bestond uit een stroom vloeken, gevolgd door het bevel zich niet te verzetten. Ava ging naar binnen.

RJ Bott lag op zijn buik op de vloer met zijn benen te maaien, terwijl hij door agenten in bedwang werd gehouden. Ze keek rond in zijn flat en nam de chaos in zich op: op de vloer stonden drie halflege kommen muesli. De muur was kaal, op een groot tv-scherm na. Het meubilair was een tot op de draad versleten allegaartje en de enige lectuur voor zover ze kon zien, was een beduimeld pornoblaadje dat niemand met een greintje gezond verstand zou aanraken zonder beschermende handschoenen en een afvalgrijper. De ramen aan de achterkant keken uit op een gemeenschappelijke tuin omringd door bomen, maar die was alleen zichtbaar door de spleten tussen de verduisteringsgordijnen die met ducttape op hun plaats werden gehouden.

'Ik denk niet dat hij zijn flat vaak voor romantische ontmoetingen gebruikt,' merkte Tripp op, wijzend naar een zichtbaar gedragen onderbroek op de rugleuning van een luie stoel.

Ava wendde haar blik af. Elke plaats delict, elk huis dat ze was binnengevallen liet een indruk achter in haar hoofd. De man op de grond, die iets riep over mensenrechten en een advocaat eiste, had misschien geen bezoekers verwacht, maar dat vormde geen excuus voor de smeerboel in zijn onderkomen.

Ze liep de slaapkamer in. Op de grond lag een matras met bevlekt beddengoed dat eruitzag alsof er knopen in de lakens waren gelegd en ze daarna in een bad van lichaamsvochten waren gedompeld. In de spiegel voor haar zag ze een collage op de tegenoverliggende muur. Ze wilde eigenlijk niet kijken. De laatste keer dat ze zoveel zorgvuldig tentoongestelde lijken had gezien, was toen ze een cursus forensische pathologie volgde.

Ze ademde diep in en draaide zich toch om. Ophanging, verbranding, een val, schotwonden, messteken, collectieve vergiftiging, door een sekte zo te zien – het was er allemaal. Er zaten oude krantenfoto's bij, en recentere kleurenfoto's, van internet geplukt en afgedrukt. Wat haar nog het meest verbaasde was de liefde waarmee de foto's op de muur waren geplakt, stuk voor stuk met een tussenruimte van een centimeter, zonder dat ze elkaar ergens overlapten. Dit was geen wanhopige, chaotische fetisjist. Hoe chaotisch het leven van RJ er verder ook uitzag, hierop concentreerde hij al zijn aandacht en talent. En al zijn liefde – voor zover een dergelijke macabere fascinatie zich liet verwoorden in dat soort verheven termen.

Vanuit de woonkamer klonk opeens een heleboel rumoer. Ava rende naar binnen en hoorde Tripp roepen: 'Zoek zijn astmapuffer! Nu!'

Ze worstelde zich door de kluwen van politiemensen rond Bott heen en zag dat de man theatraal naar adem hapte, zij het niet erg overtuigend.

'Ambulance,' hijgde Bott, zwaar leunend op de agent naast hem.

'Of zoek een betere dramadocent,' mompelde Ava. Tripp wierp haar een afkeurende blik toe. 'Oké dan, we nemen het zekere voor het onzekere; roep de ambulancebroeders er maar bij.'

'Mevrouw, hij krijgt een vreemde kleur,' riep een agent.

Ava kwam dichter bij hem staan.

'Meneer Bott, u moet kalmeren en gelijkmatiger ademhalen.'

Hij rolde met zijn ogen en zakte in elkaar. Ava zag de flauwe glimlach rond zijn mondhoeken en onderdrukte de impuls om hem op een gevoelige plek te schoppen zodat hij weer volledig bij bewustzijn zou komen.

'De verpleegkundigen zijn er zo,' meldde Tripp.

'Geen haast. Hij doet alsof,' zei ze, op haar horloge kijkend.

'Weet u het zeker? Want het lijkt erop dat hij is flauwgevallen, mevrouw,' zei Tripp, die naast Bott knielde en zijn pols voelde.

'Is zijn ademhaling normaal, of raspend?' vroeg ze.

'Nee, ademhaling lijkt normaal.'

'Goeie truc,' zei Ava. 'Te snel en te diep ademen. Daardoor is hij flauwgevallen. Om tijd te winnen. Om zich op de ondervraging voor te bereiden.'

Ava stapte opzij toen de verpleegkundigen binnenkwamen, en dwong zichzelf te zwijgen en een geüniformeerde agent de vragen te laten beantwoorden.

'Hij moet naar het ziekenhuis om te worden onderzocht,' luidde de conclusie. 'Hij moet op een brancard naar buiten worden gedragen.'

'Godallemachtig,' zei Ava. 'Tripp, regel een escorte en een bewaker in het ziekenhuis. Zorg ervoor dat hij geen moment alleen wordt gelaten. Ik wil de arts spreken zodra die Bott heeft onderzocht.'

'Komt in orde,' zei Tripp. 'Verder nog instructies?'

'Eentje nog. Zorg dat hij uiterlijk vanavond in een verhoorkamer zit. Geen nachtje overblijven in een ziekenhuisbed zodat hij op krachten kan komen. Ik wil dat die klootzak is aangeklaagd en in een cel zit voordat ik vanavond in bed stap. Er mag niks misgaan.'

36

17 maart

Lance liep langzaam de trap op, luisterend naar tekenen van leven achter elke deur waar hij langskwam. Van boven in het trappenhuis hoorde hij stemmen aankomen, en hij haalde een oud ontvangstbewijs uit zijn zak en deed alsof hij stond te lezen toen er een stel de trap af kwam.

'Dus zeg ik tegen de dokter dat geen haar op mijn hoofd erover dacht om alleen daarvoor naar het ziekenhuis te gaan...'

'Sorry,' zei Lance met de verontschuldigende maar innemende glimlach waar hij in zijn journalistentijd jarenlang op had geoefend om de argelozen informatie af te troggelen. 'Ik ben op zoek naar Janet Vargas. Ik weet dat ze in dit blok woont, maar ik blijk het nummer van haar flat niet goed opgeschreven te hebben.'

'Vargas?' herhaalde de vrouw. 'Ik ken niemand die zo heet. Weet je zeker dat je goed zit?'

'Ik dacht van wel... Sorry, ik hou jullie niet langer op. Ze is rond de dertig, ongeveer een meter zestig, donker haar en ze ziet er een beetje Spaans uit.'

'Je bedoelt Janet Monroe,' zei de man. 'Mooie vrouw, bruine ogen, donker haar...'

'O ja?' onderbrak de vrouw hem. 'Dus je vindt haar knap?'

De man zuchtte en Lance voelde zich lichtelijk schuldig omdat de man de rest van de avond door het stof zou moeten gaan.

'Dat is ze,' zei Lance. 'Weet je het nummer van haar flat?'

'Niet precies, maar het is op de derde verdieping, aan de rechterkant ergens aan het eind van de gang,' zei de man, die graag weer door wilde lopen.

Lance kon het hem niet kwalijk nemen. Zijn vrouw stond met de handen in de zij te wachten, en dat voorspelde niet veel goeds.

'Dank je wel,' zei Lance. 'Heel vriendelijk.'

'Waarom wil je dat eigenlijk weten? Ze zal je wel niet verwachten als je niet eens weet hoe ze heet,' zei de vrouw.

De vrouw ging haar partner zo direct het vuur na aan de schenen leggen, maar Lance was blij dat ze argwanend was. Veel te veel mensen gaven informatie zonder erbij na te denken.

'Ik ben eigenlijk journalist,' zei hij, en hij liet hun zijn semiofficiële perskaart zien. 'Er was vanmiddag een incident waar Janet bij betrokken was, en ik wil het hele verhaal graag van haar horen. Je mag mijn naam best noteren als dat je geruststelt.'

'Wat voor incident?' vroeg de man.

'Waarom ben je eigenlijk zo geïnteresseerd?' beet de vrouw hem toe.

Terwijl het stel begon te ruziën, maakte Lance van de gelegenheid gebruik om zijn hand op te steken bij wijze van bedankt en tot ziens, en rende met twee treden tegelijk de trap op.

Het gekibbel van het stel stierf langzaam weg terwijl hij de gang in liep, de eerste paar deuren voorbijliep, en daarna bij elke deur aan de rechterkant even bleef staan. In de laatste drie flats brandde licht, en in twee ervan stond de tv of de radio aan. Hij verzette zich tegen het gevoel dat er iets mis was. Verbeeldingskracht was het machtigste wapen ter wereld. Om die reden waren horrorfilms zo populair en kon je met propaganda oorlogen uitlokken. Hitchcock regisseerde een thriller in Lance' hoofd en op dit moment zag het er niet goed uit voor het argeloze slachtoffer.

Hij koos de middelste van de laatste drie deuren, waarachter hij een vrouw met een Essex-accent tekeer hoorde gaan tegen een man met – stelde Lance zich voor – geëpileerde wenkbrauwen en een bruin-zonder-zonkleurtje, omdat hij het met haar beste vriendin had gedaan. Reality-tv was even makkelijk te herkennen als de herkenningsmelodie van *The Archers* waar hij als jongetje op de radio naar luisterde. Hij klopte aan en wachtte.

De deur werd opengetrokken door een tiener die hem kauwgom kauwend met open mond aanstaarde.

'Hallo, sorry dat ik stoor, ik ben op zoek naar Janet Monroe.'

'Mam!' gilde het meisje, waardoor een tongpiercing zichtbaar werd. De kauwgom zat om het knopje heen gedraaid en liep vandaar naar een van haar achterste kiezen. 'Er staat hier een ouwe kerel.'

'Godsamme...'

De veren van de bank piepten van opluchting en zware voetstappen kwamen naderbij. De vrouw die naar de deur kwam lopen, had een enorme zak karamelpopcorn – 'familieformaat' – in haar hand en leek net zomin onder de indruk als haar dochter.

'Wat?' vroeg ze dwingend.

'Ik ben op zoek naar Janet Monroe,' zei Lance. 'Weet u miss–'

'Hiernaast.' De vrouw priemde een vinger naar de flat aan het eind van de gang en knalde de deur dicht.

'Dank je wel,' zei Lance uit gewoonte tegen de deur, en hij probeerde niet te lachen.

Maar daarmee was betovering op slag verbroken. Het was gewoon een flatgebouw waar zich achter de dichte deuren het gewone leven afspeelde. Deze mensen hadden duidelijk niets alarmerends gehoord. Geen pistoolschoten, geen gegil, geen dreunen tegen de muur, anders zouden ze wel wat bezorgder hebben gereageerd toen hij naar hun buurvrouw vroeg. Maar hij was nu zo ver gekomen dat het stom zou zijn nu om te keren, na alle moeite die hij had gedaan. En misschien zou Janet Vargas, of Monroe, of hoe ze zich ook mocht noemen, het wel prettig vinden dat een vriendelijk iemand kwam vragen hoe het ging. Hij wist maar al te goed dat als je te vaak thuiszat, je bijna zou vergeten dat de buitenwereld vol vriendelijke mensen zat die echt met je begaan waren.

Hij klopte aan. Geen reactie. Het zou natuurlijk kunnen dat ze sliep. Misschien had ze wel een kalmeringsmiddel gekregen omdat ze een zware dag achter de rug had. Hij klopte nog een keer aan. Nu hoorde hij binnen een stem vragen wie er voor de deur stond.

'Janet, ik heet Lance Proudfoot. Je kent me niet, maar ik maakte me zorgen over je,' zei hij, en hij voelde zich belachelijk, opdringerig, als een kind dat wordt betrapt bij het loeren door een slaapkamerraam. 'Ik wil alleen maar weten of alles goed met je is. Daarnet heb ik een vent het flatgebouw in zien gaan, en... nou ja. Laat maar. Ik had je niet lastig moeten vallen.'

De deur ging halfopen. Janet glimlachte naar hem en hij voelde zich onmiddellijk opgelucht. Alles was goed met haar. Het was allemaal aan zijn fantasie te wijten. Maar de golf van opluchting maakte het volgende moment plaats voor een hevige gêne. Ze had groot gelijk als ze hem voor een enge stalker zou houden. Hij mocht van geluk spreken als ze de politie niet zou bellen zodra hij zijn hielen had gelicht. Maar gek genoeg keek ze helemaal niet geërgerd. Ze glimlachte veel te breed, en dat klopte van geen kanten. Ze kende hem niet eens. Dat ze de deur überhaupt had opengedaan, voelde eigenlijk... hij had moeite om het juiste woord te vinden.

'Alles is goed met me hoor,' zei ze opgewekt. Haar ogen schoten naar het eind van de gang. Twee, drie keer, dat beeldde hij zich niet in. 'Heel aardig dat je even bent langsgekomen, maar nu kun je misschien beter gaan.'

Fout. Dat was het woord. Zo simpel was het. Ze kende hem niet, had nooit de deur open moeten doen. En nu probeerde ze van hem af te komen, maar dat zei ze niet.

'Het was niet mijn bedoeling om je te storen...'

'Ik stond op het punt om te gaan slapen, dus je moet nu echt weg,' zei ze, en ondanks de stralende glimlach klonk haar stem verwrongen.

Lance deed een stapje opzij om langs haar heen naar binnen te kijken.

'Janet, als er iets mis is kan ik de politie bellen,' zei Lance zachtjes.

Vanachter Janets schouder werd de loop van een pistool op hem gericht – alleen maar de loop, maar Lance had er genoeg gezien om te weten wat het was. Hij kon het gezicht niet zien van degene die het vasthield, maar hij wist al dat het de man was die zich daarnet naar binnen had gewurmd. Janets gezicht verstrakte. Haar bewonderenswaardige poging om Lance het drama te besparen dat zich in het appartement afspeelde, was mislukt.

'Naar binnen, nu!' commandeerde de man.

'Dat dacht ik niet,' zei Lance. Ouder worden had zo zijn voordelen, en een ervan was dat je angst er weliswaar niet minder op werd maar wel vaker gepaard ging met een gezonde dosis strijdlust. 'Dan moet je me maar gewoon hier in de gang neerschieten. Ik denk dat de politie hier dan binnen een paar minuten voor de deur staat. De buren laten hun tv-programma niet door pistoolschoten verpesten.'

Het pistool bewoog in een vloeiende beweging naar Janets rechterslaap.

'Goed, jij je zin,' zei de man. 'Maar dan schiet ik iemand anders neer.'

Janet sloot haar ogen.

'Goed. Wat je maar wilt,' zei Lance. 'Maar doe dat pistool alsjeblieft naar beneden.'

'Niet binnenkomen,' gooide Janet eruit. 'Ik word...'

Lance stapte naar binnen. 'De politie is onderweg,' zei hij.

'O ja? Dat kan ik amper geloven, want je had geen idee wat hier aan de hand was. Maar ik ben wel nieuwsgierig hoe je hier terecht bent gekomen.'

'Wie ben jij?' vroeg Lance.

'Ik geef pas antwoord wanneer jij dat ook doet,' zei de man grijnzend. 'Maar eerst de belangrijke zaken. In die tas daar zit een stuk touw, helemaal onderin. Gooi die luiers en de cruesli er maar uit, die heb ik nu niet meer nodig.'

'Ik ga je echt geen touw aangeven,' zei Lance. 'Waarom laat je Janet niet gaan? Je hebt mij nu. Ik neem haar plaats wel in.'

'Haar plaats innemen?' lachte de man. 'Dit is niet zomaar een toevallige daad. De natuur kent wetten. Je moet je verantwoorden als je het leven als vanzelfsprekend beschouwt.'

Hij gaf een ruk aan de achterkant van Janets shirt waardoor ze hard achteroverviel op de bank.

'Survival of the fittest?' vroeg Lance.

'Dat begrijp je toch niet. Ik vroeg je hoe je me hebt gevonden.'

'Dat joch met wie je naar binnen liep vertrouwde je niet,' zei Lance. Hij wierp een snelle blik op Janet en zag dat ze haar linkerhand in haar broekzak liet glijden, waar hij door de stof heen de contouren van een mobiel zag zitten.

'Je liegt. Dat joch had niks tegen me. Waarom hield je me eigenlijk in de gaten?'

'Ik hield het flatgebouw in het oog,' zei Lance. 'Ik realiseerde me dat er iemand achter Janet aan zou kunnen zitten. Daarom heb ik hoofdinspecteur Turner gebeld voordat ik hierheen kwam.'

'Maar ik weet dat hoofdinspecteur Turner op dit moment achter een verdachte aanzit van wie ze vermoedt dat hij een gevaarlijke moordenaar is. Daar is ze wel even zoet mee. Sterker nog, met al die hectiek om haar heen denk ik dat je Ava zelfs helemaal niet hebt gesproken.'

Lance dacht graag van zichzelf dat hij een goeie pokerface kon opzetten, maar in dit geval lukte hem dat niet snel genoeg. De man maakte zich totaal geen zorgen, en dat betekende dat hij de waarheid sprak. Onwillekeurig gleed Lance' blik weer naar de bank, waar Janet nog altijd verwoed door de stof van haar broek heen op de toetsen zat te drukken. De man volgde zijn blik. Hij maakte een zwiepende beweging met het pistool en haalde uit naar haar gezicht, waarbij hij de loop tegen haar neustussenschot ramde. Een volle seconde lang bewoog niemand en bleef het doodstil, toen golfde er bloed over haar T-shirt en greep ze jammerend naar haar gezicht en boog zich voorover.

'Geef me je telefoon,' zei de man.

Lance voelde een diepe zelfverachting zoals hij nog nooit ervaren had. Hij dacht slim te zijn geweest door de man af te leiden en hem aan de praat te houden, maar in feite was híj degene die door de man werd bespeeld. Alleen een intelligente psychopaat met een pistool kon je dag zo grondig verzieken, dacht hij bitter, toen Janet haar telefoon uit haar zak trok en overhandigde.

'Goed, nu op je rug op de vloer gaan liggen,' droeg de man haar op.

Lance zag de paniek in haar ogen en wist dat die in zijn eigen ogen weerspiegeld werd.

'Je zei dat je op jouw beurt antwoord zou geven op mijn vraag,' zei hij. 'Wie ben je?'

'Vroeger was ik iemand,' zei de man. 'Nu ben ik getransformeerd. Ik ben de Kraai.'

Verdomme, dacht Lance, waarmee zijn laatste sprankje hoop vervloog. Niet alleen intelligent, maar ook diep gestoord. Dat kon er nog wel bij.

'Nee, dat ben ik niet,' zei de Kraai.

'Niet wat?' zei Lance.

'Niet gestoord,' zei hij glimlachend. 'Ik weet wat je denkt. Je hebt een heel expressief gezicht. Ik denk dat jij nooit iets verborgen hebt kunnen houden voor de mensen die je goed kennen. In tegenstelling tot Janet hier. Ze heeft geen woord gezegd sinds ik binnen ben. Op haar hoede, gesloten als een oester, voorzichtig. Helemaal niet wat ik had verwacht.'

Janet spuugde een mondvol bloed uit en ademde diep in.

'Ik heb om hulp gebeld,' zei ze, naar adem happend.

De Kraai lachte. 'Om hulp gebeld? En wie gaat er dan komen? Wie kun jij in de contactenlijst hebben staan die hiernaartoe komt racen om je te redden?' Hij pakte haar mobiel en tikte op het scherm. 'Max? Dat moet een indrukwekkend mannetje zijn als jij denkt dat hij het kan opnemen tegen een man met een pistool. En wat heb je hem geappt?' Hij scrolde omlaag op het scherm. '999. Nou, heel dramatisch, alleen denkt hij misschien dat je zonder benzine staat of dat je je creditcard bent verloren. Hij staat hier straks echt niet voor de deur.'

'Max Tripp,' zei Janet. 'Je hebt hem gesproken.'

Er gleed een schaduw over het gezicht van de Kraai. 'Tripp?' herhaalde hij peinzend. 'Waar heb ik die –?'

'Hij is rechercheur bij Zware Misdrijven,' zei Janet. 'Hij werkt samen met inspecteur Callanach.'

'Natuurlijk,' zei de Kraai.

Hij sprong naar voren, greep Janet met zijn linkerhand bij haar nek, duwde het pistool onder haar kin en sleurde haar overeind. Hij dwong haar op de knieën en schopte haar hard tegen haar heup en ribben.

'Op je rug,' zei hij. 'Nu meteen. Genoeg gepraat.'

'Niet schoppen,' riep Lance. Hij stormde naar voren en haalde uit naar de Kraai om hem een vuistslag te geven, terwijl Janet in elkaar zakte.

Maar hij struikelde en zijn vuist maaide door de lucht terwijl de Kraai hem met de vlakke hand tegen de zijkant van zijn hoofd sloeg waardoor hij languit op de grond viel.

De Kraai wilde hem alleen een klap verkopen, was Lance' naïeve gedachte. Maar die klap zou een zegen zijn geweest vergeleken bij de krakende dreun waarmee zijn hoofd tegen dat van Janet sloeg. De Kraai was ongetwijfeld gestoord en Janet had hem misschien weten te verrassen met haar actie, maar deze vogelman kon wel vechten.

Lance hoorde gekreun en realiseerde zich dat Janet die onder hem lag, veel pijn had. Hij probeerde op te staan, maar merkte dat dat niet lukte. Zijn armen en benen voelden aan als lood, en toen hij zijn ogen opende was de wereld veranderd in een helwit waas, en hoorde hij een hoog, schril gekrijs.

Janet Monroe, natuurlijk... Lance had de puzzelstukjes te laat in elkaar gelegd. Ze hadden haar naam veranderd zodat niemand zou weten dat ze van de politie was. Het was allemaal een valstrik geweest, dat ze daar op dat dak had gestaan, in een poging de moordenaar uit de tent te lokken. En dat was gelukt. Alleen was de Kraai hun allemaal een stap voor geweest door hun aandacht af te leiden naar iemand anders.

Lance gaf de strijd op om zijn ogen open te willen houden en liet zijn hoofd op Janets schouder vallen. Hij voelde iets ruws over zijn gezicht schuren. Touw, dacht hij, en hij probeerde zich te herinneren of de Kraai had gezegd wat hij daarmee van plan was. Had hij Callanach maar eerder te pakken kunnen krijgen om uit te leggen wat hij had gezien. Had hij maar... Dat was nog eens een goeie tekst voor op zijn grafsteen. Toen verloor hij het bewustzijn.

37

17 maart

De koolsla smaakte te zuur en het brood was oudbakken, maar Ava werkte de sandwich ham met koolsla toch maar naar binnen. Ze kon zich niet herinneren wanneer ze voor het laatst had gegeten, en ze had een pijnlijke knoop in haar maag. Of ze had honger, of ze had eindelijk zoals veel hoofdinspecteurs overkwam, de klassieke maagzweer opgelopen.

RJ Bott was aan het herstellen van zijn theatrale astmavoorstelling, en zou pas de volgende ochtend weer een optreden kunnen verzorgen in de verhoorkamer omdat de artsen dat eerder niet verantwoord achtten. Ondertussen hadden ze de bookmaker gearresteerd met wie Bott in zee was gegaan om weddenschappen op touw te zetten of een zelfmoordpoging wel of niet plaats zou vinden, en had het cyberteam Botts walgelijke website uit de lucht gehaald.

Ze wist dat ze naar huis zou moeten gaan. Nu had ze de kans wat slaap in te halen en die kans zou zich de komende dagen misschien niet meer voordoen, maar het voelde niet goed om naar huis te gaan nu er nog zoveel viel op te lossen. Aan het werk blijven – ook al leidde dat tot zelfvernietiging – was het enige wat haar frustratie respijt gaf.

Inspecteur Graham kwam binnen met zijn laptop onder de arm en een mok koffie die hij voor haar neerzette.

'U hebt hem te pakken,' luidde zijn commentaar.

'We hebben hem gearresteerd,' corrigeerde Ava hem. 'We hebben hem pas te pakken als hij een paar keer levenslang moet uitzitten. Op dit moment ligt hij te luieren in een ziekenhuisbed en krijgt hij vloeibare dieetvoeding met een laag natriumgehalte en wordt zijn pols om de paar uur opgenomen.'

'U pakt hem morgen vast net zo poezelig aan,' grinnikte Graham. 'U wilde de camerabeelden van het verpleeghuis van Bruce Jenson nog een keer zien?'

Hij zette de laptop op Ava's bureau en klikte op PLAY. Ze boog zich nog steeds kauwend op de rubberachtige ham naar voren en staarde naar het scherm.

'Wanneer dit allemaal voorbij is, voor zover het ooit voorbijgaat, mag ik u er dan aan herinneren dat ik u had gevraagd een drankje te gaan drinken, of bent u daar met opzet niet op teruggekomen?'

'Ik ben er met opzet niet op teruggekomen,' zei ze, terwijl ze haar ogen gericht hield op de gestalte die over het terrein van het verpleeghuis rende: slank, lange benen, met lange wapperende haren. 'Je bent een ondergeschikte en we werken samen. Het is te ingewikkeld.'

'Het is maar een drankje, hoor,' zei hij, terwijl ze de beelden nog een keer bekeek.

'Niets is gewoon maar een drankje,' zei ze, 'maar dank je voor het aanbod. Hebben we ook op camera dat deze persoon het terrein van het verpleeghuis binnendringt?'

'De beelden zijn niet helder genoeg om te kunnen vaststellen of het die vrouw is. Er bewoog zich een schaduw door de bosjes, maar dat was drie uur eerder, en we konden niet goed zien wat het was. Het bleef laag bij de grond. Het zou ook een ree geweest kunnen zijn. Ik heb het op de briefing niet laten zien omdat er grote kans was dat het uiteindelijk een dood spoor bleek te zijn.'

'Drie uur eerder? Dus als dat inderdaad de verdachte was die het terrein binnendrong, kan het zijn dat ze er al die tijd was toen

Callanach bij Jenson op bezoek was. Afhankelijk van waar ze in de tuin stond heeft ze misschien het hele bezoek door de patiodeuren kunnen volgen,' zei Ava, en plotseling kreeg ze een déjà-vugevoel, waardoor ze spijt kreeg dat ze zich aan het zure koolslabroodje had gewaagd.

'Alles goed met u?' vroeg Graham.

'Ik denk... ik weet het niet,' zei ze, zich afvragend of de slapeloosheid met haar verbeelding op de loop was gegaan of dat ze het grotere verband opeens zag. 'Die vrouw...'

Tripp kwam binnenstormen. 'Mevrouw! Dat bericht dat die verkeersagent voor u had achtergelaten toen we in Botts flat waren? Dat heb ik net nagetrokken.'

'Rustig aan, brigadier. Wat is er aan de hand?'

'We hebben die vrouw, die illegale immigrant gevonden die bij Jon Moffat woonde, die boer uit East Saltoun. Ze is samen met een stel anderen aangehouden toen ze in een vrachtwagen wilden klimmen die op weg was naar Amsterdam.'

'Dat is fantastisch nieuws.' Ava stond op. 'Breng haar hiernaartoe en kijk of ze Bott eruit kan pikken in een confrontatie –'

'Dat gaat niet,' onderbrak Tripp haar. 'Mariam, zo heet ze, is nog steeds getraumatiseerd. Ze heeft bevestigd dat zij de caféhoudster heeft gebeld om te zeggen dat Moffat dood was, dus de informatie die ze heeft gegeven is te controleren. Ze kon ons maar een oppervlakkige beschrijving geven van Moffats moordenaar. Ze heeft alleen een glimp van hem opgevangen in een spiegel toen ze naar beneden sloop om te kijken wat er aan de hand was. Ze kon alleen zeggen dat het een man was en dat hij zwart was.'

Ava verstijfde. Pax Graham kwam langzaam overeind en greep naar zijn jasje.

'Holy fuck! Hij heeft de hele tijd pal onder onze neus gezeten!' zei Ava. 'Het is Rune Maclure. Hij zette ons op het spoor van Vicki, en die heeft ons naar Bott geleid...'

'En dat is nog niet alles,' zei Tripp. 'Ik heb mensen naar het huis van Janet Monroe gestuurd. We hadden de surveillance bij haar flat opgeschort toen we die inval bij Bott deden omdat we dachten dat hij de dader was.'

Ava voelde zich misselijk worden, en dit keer had het niets te maken met het broodje koolsla. Ze wilde niet horen wat Tripp op het punt stond haar te vertellen. 'Ik heb een halfuur geleden een appje van haar gekregen, maar ik heb net pas op mijn telefoon gekeken. Ze stuurde alleen "999".'

Ava was al overeind gesprongen voordat haar hersenen het commando daartoe hadden gegeven en rende bevelen schreeuwend de gang op en de trap af.

'Er staat een auto voor ons klaar,' riep Tripp, die haar nauwelijks kon bijhouden.

'Ik rij,' riep Graham, die hen inhaalde en voor hen uit de trap af sprong. 'Tripp, probeer jij of je Janet kan bereiken. Dan kan de chef contact leggen met de andere auto's.'

Ze zorgden er eerst voor dat ze in de auto zaten voordat Ava via de radio haastig een briefing gaf en om een back-upteam verzocht, en voor alle zekerheid ook een team naar het huis en het kantoor van Maclure stuurde.

Vlak voor Tripp haar kamer binnen kwam stormen had ze nog één ding willen doen, maar dat kwam dan later wel. Het was slechts een vermoeden, maar er was een mogelijkheid dat de vrouw op de camerabeelden van het verpleeghuis iemand uit Callanachs verleden was. Iemand die niet direct wrok tegen Bruce Jenson of Gilroy Western koesterde, maar die wel een motief had. Een vrouw die er ooit werkelijk alles voor over had gehad om Callanachs aandacht te trekken, of het nu positieve of negatieve aandacht was. Iemand die zo gestoord was dat ze de politie had voorgelogen, zichzelf had verwond om wraak op hem te nemen, en die hem al heel vaak had gestalkt.

Maar dat moest nu even wachten. Op dit moment liep Janet Monroes leven gevaar omdat Ava af was gegaan op informatie die de moordenaar zelf haar had gegeven. En dat betekende dat ze verantwoordelijk was voor wat er verder zou gebeuren.

38

17 maart

Het geklop kwam eerst van ver weg. Daarna van dichterbij. Toen schoot Callanach wakker. Op zijn wekker zag hij dat het 23.42 uur was. Hij had maar een halfuur geslapen, maar dat volstond om volledig versuft en gedesoriënteerd te raken. Tegen de tijd dat hij klaarwakker was, klonk het geklop nog sneller en dringender.

'Ava,' riep hij. De zekere gedachte dat zij het was die voor de deur stond gaf hem een opgewonden en tegelijk zenuwachtig gevoel.

Hij pakte zijn jeans, holde naar de deur en wierp slechts een korte blik door het kijkgaatje voor hij de deur opendeed, waarbij hij zich meer liet leiden door zijn spiergeheugen dan door voorzichtigheid. De vergissing drong pas tot hem door toen de deur al helemaal open was. Door het kijkgaatje had hij alleen een vrouwengezicht en profil gezien, het haar bedekt door een capuchon en haar trekken half zichtbaar in de spaarzame nachtverlichting in de gang.

'Hallo,' zei ze met een vermoeide glimlach. Ze zag eruit als een verdwaald kind.

'Astrid. Wat kom jij hier doen?'

De vraag was bedoeld om tijd te winnen. Callanach wist wat ze wilde. Ze wilde hém. Astrid Borde was meer dan een jaar geleden uit zijn leven verdwenen, en in zijn naïviteit had hij willen geloven dat ze voorgoed weg was. Niet dus, en nu kon hij zich de haren wel uit het hoofd trekken dat hij zich had laten verrassen.

'We moeten praten, Luc,' zei ze, haar stem klonk klaaglijk en zijdezacht in de stille gang.

'Het is midden in de nacht. Geef me je telefoonnummer of een adres, dan spreken we morgen ergens af. Het komt nu echt niet uit.'

Hij wierp een subtiele blik op de slaapkamer in de hoop dat ze zou denken dat daar iemand anders was. Hij wilde haar absoluut niet binnenlaten, maar een agressieve afwijzing was niet de juiste tactiek tegenover een onvoorspelbaar type als Astrid Borde. Jenson en Western waren dood, en opeens was het mysterie opgelost en wist hij zeker wie hen had vermoord. Astrid had vroeger al last van waanideeën en obsessies, maar nu leek ze volledig de weg kwijt te zijn.

'Doe je net of er iemand is? Ach schatje, niet jokken tegen me, dat is beneden je waardigheid. Maar ik snap dat dit een schok voor je is. Je hebt nooit van verrassingen gehouden. Waarom zet je niet even koffie, dan kletsen we wat en kun je eraan wennen dat ik weer terug ben.'

Callanach keek naar de deur van zijn buurvrouw aan de andere kant van de gang. Hij kon hard gaan praten en heibel schoppen om haar wakker te maken, maar de Astrid die hij nu tegenover zich had was een onbekende grootheid. Hij kon het niet maken iemand anders bij deze puinhoop te betrekken. Hij moest het zelf oplossen.

'Het is niet dat ik je niet wil zien. Ik heb me zelfs afgevraagd hoe het met je ging en wat je tegenwoordig deed. Ik ben blij dat we het verleden achter ons hebben gelaten en ons leven weer hebben opgepakt. Je ziet er trouwens goed uit. Je haar is korter.'

Er gleed een glimlach over Astrids gezicht, en ze raakte haar haar even aan en schudde het naar achteren.

'Het is alleen dat ik morgenochtend vroeg naar m'n werk moet,' zei hij.

'O ja? Je bent anders al een poosje niet op het bureau geweest. Waarom is dat?'

'Ik ben ziek geweest,' loog hij. 'Buikgriep.'

'En toch ben je een paar keer naar de sportschool geweest.'

Callanach besloot niet te vragen hoelang ze hem al in de gaten hield. Wat hij nu vooral wilde weten was waarom ze opeens was komen opdagen.

'Als ik had geweten dat je in de buurt was, had ik je wel eerder uitgenodigd. Had even gebeld. Er is geen reden waarom we geen vrienden meer kunnen zijn.'

'Ik ben blij dat je er zo over denkt. Zo voelt het ook voor mij. Daarom ben ik teruggekomen. Ik heb altijd geweten dat we ons over dat misverstand van vroeger heen konden zetten. Jij ziet er anders ook goed uit.' Astrid liet haar starende blik over zijn bovenlichaam glijden, en Callanach wenste dat hij tijd had gehad om een T-shirt aan te trekken. 'Hoor eens, Luc, ik weet dat het laat is, maar ik wil echt even binnenkomen. We moeten samen bedenken hoe we die toestand oplossen waar we in verzeild zijn geraakt.'

'Toestand?' vroeg Callanach.

'Die twee vijanden van ons? Die fijne Bruce en Gilroy. Dat kunnen we beter ergens bespreken waar niemand ons kan afluisteren,' fluisterde ze op samenzweerderige toon.

Callanach stak zijn handen in de zakken en probeerde het gesprek ondanks zijn stijgende bloeddruk luchtig te houden. Die vijanden van ons. Dus dat was het. Het had geen probleem hoeven zijn, alleen had hij in zijn verklaring tegen Pax Graham gelogen over de reden van zijn bezoek aan Jenson en had hij, hoe je het ook wendde of keerde, informatie over Gilroy Western achtergehouden. Dat Astrid degene was die de twee had vermoord deed er niet toe als ze van plan was te verklaren dat hij haar had gevraagd het voor hem te doen. Die leugen zou volstaan om een eind aan zijn carrière te maken en hem tot middelpunt van een proces wegens dubbele moord te maken. Hij kon haar niet binnenlaten in zijn flat. De aanwezigheid van haar DNA in zijn appartement zou alleen maar een extra onderbouwing vormen voor een aanklacht wegens criminele samenzwering. Als ze zich niet goedschiks liet wegsturen, dan maar kwaadschiks.

'Sorry, Astrid, maar daar kunnen we het hier niet over hebben. Als je informatie hebt, moet je die aan de politie overdragen, en niet aan mij. Ik weet niets van hun dood, maar ik ben wel een potentiële getuige, dus ik kan hun zaak niet met je bespreken. Ik denk dat je nu moet gaan.'

'Eindelijk!' grinnikte ze. 'De realiteit dringt door. Kijk, ik wist dat dit niet van een leien dakje zou gaan. Het lijkt of er eerst altijd een hoop gezeik aan te pas moet komen, hè. Maar dit keer houden we het gelukkig kort. Je moet me binnenlaten, Luc. Je hebt geen keus.'

'Er is altijd een keus, Astrid. Zoals ik zei, je kunt me je nummer geven, dan praten we er een andere keer over. Ik doe nu de deur dicht. Tot ziens.' Hij deed een stap naar achteren en duwde de deur dicht.

Zoals hij had verwacht zette ze haar voet ertussen. Maar hij stond klaar om desnoods geweld te gebruiken om van haar af te komen. Hij had te veel te verliezen om zachtzinnig te zijn.

Astrid haalde haar hand uit de wijde zak van haar hoody, in haar vingers hield ze een voorwerp vast ter grootte van een appel.

'Nee, dat gaat niet gebeuren. Ik wou dat het kon, maar jij hebt ons dit aangedaan, Luc. Jij hebt mijn hulp ingeroepen. Jij hebt me hiertoe aangezet. Je wist dat ik mezelf er niet van zou kunnen weerhouden je te helpen. Nu wil ik dat je waardering toont. We moeten onze strategie uitstippelen. Er zijn allerlei opties. Ik ken mensen die ons een alibi kunnen geven. Of we gaan er samen vandoor. Je bent hier niet gelukkig. Ik heb je e-mails aan je moeder gelezen. Niet slim van haar om je naam en je geboortejaar als wachtwoord te gebruiken. Mijn hart brak zowat toen ik die mails las...'

'Wat heb je daar in je hand?' vroeg hij, verbaasd dat zijn hart zo tekeerging terwijl zijn hersenen hem nog steeds wijsmaakten dat hij zich meteen het allerergste scenario voorstelde.

'Je bent inspecteur bij Interpol geweest. Je weet best wat dit is. Hoeveel wapenhandelaars heb je uitgeschakeld? Zeker een stuk of vijf, als ik het me goed herinner.'

Ze opende haar hand en hield hem in het licht. In haar handpalm lag het grijsgroene gereedschap van de dood, en haar duim stak door de ring van de veiligheidspin. Daardoor zou elke poging haar het ding af te pakken ongetwijfeld het einde voor hen allebei betekenen en waarschijnlijk brand veroorzaken waardoor ook de andere bewoners van het gebouw zouden omkomen.

'Kom maar binnen dan,' zei hij, en hij stapte opzij om haar erlangs te laten.

Ze stak de handgranaat weer in haar zak, maar hield haar hand daar en gaf hem in het voorbijgaan een kus. Callanach deed de deur achter haar dicht en vroeg zich af hoelang hij nog te leven had.

39

18 maart

De Kraai staarde naar de twee lichamen op de grond. Het was een puinhoop, letterlijk en figuurlijk. Hij wist nu wie de man was. Lance Proudfoot, journalist. Bloedzuiger. Iedereen die zijn brood verdiende met het berichten over andermans ellende verdiende te sterven. Hoewel zijn plan daar niet in had voorzien, hoefde hij zich niet schuldig te voelen over het doden van de letterknecht. Als hij Proudfoot liet gaan, zou die regelrecht naar de politie stappen en de Kraai had geen zin om in de bak te belanden. Soms was de dood een noodzakelijk iets. Janet daarentegen had hem verrast. Hij had het hele appartement doorzocht. Er was geen bewijs dat ze bij de politie zat, of dat de Max die ze een appje had gestuurd inderdaad brigadier Max Tripp was. Maar ze kende zijn naam en ze wist dat de Kraai hem een keer had gesproken.

Hij weigerde te geloven dat hij in zo'n doorzichtige truc was getrapt. De vrouw had urenlang op het dak gestaan en de Kraai had er uitgebreid over gesproken met de hulpverlener ter plaatse. Charlie Packham was er absoluut van overtuigd dat het om een authentieke zelfmoordpoging ging en dat er zonder zijn interventie een leven verloren was gegaan. Áls de Kraai een fout had gemaakt, dan kwam dat doordat hij had vertrouwd op de kennis en ervaring van een collega. Kennelijk had niet iedereen zo'n goede neus voor leugens en bedrog als hij. Ondertussen zat hij hier met twee bewusteloze mensen die hem allebei konden identificeren als hij ze liet leven. Hij had al een plan, en het enige wat hij hoefde te doen was het aan te passen voor twéé mensen.

Maar de straf die hij hun oplegde moest passen bij het misdrijf dat ze hadden begaan. Waar het hem om ging was mensen op zo'n manier te laten sterven dat ze het geschenk van het leven leerden waarderen. Hij kon zich niet voorstellen dat hij ooit zo lomp en laaghartig zou zijn om zinloos te moorden. Hij had nog tijd, zei hij tegen zichzelf. Hij was een roofdier. Snel, doortastend, bijna bovennatuurlijk behendig. Dit was voor hem een kans om tegenslag te overwinnen en er sterker uit tevoorschijn te komen.

Hij pakte een mes uit zijn tas en sneed het touw doormidden. Het was handiger om twee korte touwen te hebben nu hij met twee slachtoffers te maken had in plaats van een. Lance Proudfoot begon al te kreunen en krampachtig met zijn vingers te bewegen. Hij zou zo direct bij bewustzijn komen. Hij legde hen allebei plat op hun rug, met hun hoofden een eindje van elkaar en hun voeten wijzend naar de tegenoverliggende hoeken van de woonkamer, als langs een denkbeeldige diagonaal. Uit zijn zak haalde hij twee tiewraps, waarmee hij hun polsen op hun buik vastbond.

Nu kwam het lastige gedeelte. Het enige zware meubelstuk in de kamer was een oude bank. Die was genoeg voor een van hen, maar niet voor allebei. Eerst ging hij met Lance aan de slag en bond een stuk touw om zijn enkels, dat hij vervolgens meerdere keren om de poot van de bank sloeg en stevig vastknoopte, waarbij hij het oude leren gevaarte optilde om er zeker van te zijn dat de journalist zich op geen enkele manier kon bevrijden.

Het raam bood hem het andere essentiële bevestigingspunt. Hij legde een paar knopen in het touw zodat er een grote knot ontstond die onmogelijk los zou kunnen raken en duwde die door de bovenkant van het kantelraam – dat om banale veiligheidsredenen van onderen niet open kon – naar buiten en sloeg het stevig dicht. Het andere eind van het touw bond hij om Janets enkels, en hij complimenteerde zichzelf omdat hij eraan had gedacht haar gympen aan te trekken zodat ze haar voeten niet los kon wurmen.

Nu lagen ze allebei met geboeide handen en enkels op de grond, met hun hoofden een halve meter van elkaar. Eigenlijk had hij ze wat verder uit elkaar willen leggen, maar in aanmerking genomen dat hij had moeten improviseren, was hij heel tevreden met het resultaat.

Lance kwam weer bij, wild knipperend met zijn ogen en schuddend met zijn hoofd. Een paar stukken ducttape zorgden ervoor dat hij geen geluid kon maken. Niet erg elegant, maar noodzakelijk. Uit zijn tas haalde de Kraai het laatste noodzakelijke onderdeel. Een stuk bungeekoord van professionele kwaliteit, waarmee idioten op zoek naar kicks zich van bruggen stortten om te doen alsof ze konden vliegen. Maar vliegen was voorbehouden aan de werkelijk getransformeerden. Dergelijke gaven kon je alleen maar verdienen, die waren niet te koop.

Hij mat de juiste lengte van het bungeekoord af en knoopte aan beide zijden een strop, waarna hij een blik uit het raam wierp. Geen lichten, weinig auto's, en vooral geen sirenes. Vicki's vriend, RJ, zou ondertussen wel gearresteerd zijn en Ava Turner was nu druk bezig hem tijdens het verhoor in de val te lokken. Hij stond zichzelf toe een ogenblik te genieten van de ironie van de situatie.

'Een voor jou,' zei hij, terwijl hij de eerste strop over Lance' hoofd schoof zonder acht te slaan op diens woeste oogbewegingen toen hij zich begon te verzetten. 'Als je je verzet, gaat die arme Janet nog sneller dood. Je kunt maar beter stil blijven liggen,' waarschuwde hij. 'En een voor jou,' zei hij tegen Janet.

Het kostte hem enorm veel krachtsinspanning om de tweede strop om haar nek te schuiven, en toen hij losliet, trok het hoogwaardige elastiek zo krachtig samen dat beide stroppen om de nek van zijn slachtoffers werden aangesnoerd waardoor hun hoofden naar elkaar toe werden getrokken, terwijl de touwen aan hun voeten strak kwamen te staan door het gewicht van hun lichaam. Janets ogen schoten open en haar neusvleugels verwijdden zich toen ze vergeefs probeerde adem te halen. Allebei strekten ze hun handen onmiddellijk boven hun hoofd en grepen naar het bungeekoord om eraan te trekken en zo de druk op hun strop te verminderen.

'Jullie willen allebei natuurlijk blijven leven,' sprak de Kraai, 'maar wie van jullie is bereid de ander te laten sterven om zelf te overleven? Als je hard genoeg trekt komt je eigen strop losser te zitten, maar versnel je de dood van de ander. Blijf rustig ademen, is mijn advies, en probeer je niet te verzetten. En schoppen met je benen helpt ook niet.'

Hij keek op zijn horloge. Hij was hier al langer dan de bedoeling was. Als de politie onderweg was, wat hij eigenlijk niet geloofde, moest hij er nu vandoor.

Hij pakte zijn tas en kwam even in de verleiding een foto van zijn creatie te maken, maar dat was alleen maar uit ijdelheid, wist hij. Bij Janet kwam elke keer dat ze uitademde wat bloed mee uit haar neus. Lance' gezicht begon een onnatuurlijke kleur aan te nemen. Hij vond het bewonderenswaardig dat ze hun benen zo stil wisten te houden terwijl ze het bungeekoord dat hun zuurstoftoevoer afsneed, losser probeerden te maken. Lang zou dat niet duren. Naarmate ze meer zuurstof tekortkwamen zouden ze de controle over hun lichaam kwijtraken. Ze zouden gaan schoppen, kronkelen en tekeergaan, en elkaar uiteindelijk wurgen. Dan zouden ze pas beseffen dat het leven een groot geschenk was. Dan zouden ze pas tot hun grote spijt leren wat dankbaarheid was.

Rune Maclure strooide een handvol veren over hen uit, genietend van de aanblik van hun schitterende worsteling, hing toen zijn tas over zijn schouder en reikte met zijn pistool in de ene hand naar de deur van het appartement.

40

18 maart

Tripp rende met zijn telefoon aan het oor naast Ava de trappen op naar Janets appartement.

'We hebben bevestiging van Maclures collega dat hij toegang had tot de dossiers van iedereen die door Reach Out is geholpen, niet alleen van degenen die hij persoonlijk heeft bijgestaan,' zei Tripp, nadat hij het gesprek had beëindigd.

'Hij koos zijn slachtoffers dus, nam hun dossier door of voelde een bepaalde klik met ze en sloeg toe wanneer hij de tijd rijp achtte? Dat verklaart niet de plotselinge toename van sterfgevallen. Er moet iets gebeurd zijn waardoor hij getriggerd werd.'

'Hoeft niet. Een van zijn collega's vroeg zich af hoelang dit al aan de gang is. Dokter Lambert heeft op Stephen Berry's middelvinger een deel van een zoolafdruk gevonden, wat erop zou kunnen wijzen dat iemand op zijn vingers heeft gestampt zodat hij de muur moest loslaten. Maar dat was misschien een toevalstreffer. Wie weet was Stephen Berry slechts een van de velen?'

Ze kwamen de hoek om, waar een hele rij politiemensen al zwijgend klaarstond om Ava's bevelen op te volgen.

'Hoelang werkt hij daar als hulpverlener?' vroeg Ava.

'Een paar jaar,' antwoordde Tripp. 'Maar hij heeft ook als hulpverlener gewerkt bij ziekenhuizen, hospices en scholen. We kunnen nu nog niet goed inschatten hoeveel klinisch depressieve, suïcidale en psychisch zwakke mensen hij onder zijn hoede had.'

'Dat zegt iets over gelegenheid, maar niets over zijn motief,' zei Ava. 'Hebben we daar ook een theorie over?'

'Alleen dat op een gegeven moment bleek dat hij aan zelfmedicatie deed. Hij bekende het aan een collega, heeft hulp gezocht en liet vrijwillig bloed afnemen om te laten zien dat hij clean was. Het komt kennelijk vaker voor dat hulpverleners op een gegeven moment depressief raken. Ik begrijp best dat je niet fluitend naar huis gaat als je een hele dag naar de problemen van anderen hebt geluisterd.'

'Hoelang geleden?' vroeg Ava.

'Zes of zeven maanden,' zei Tripp, terwijl hij het kogelwerende vest aantrok dat hem werd aangereikt.

'Heeft zijn collega nog gezegd welk medicijn hij nam?' vroeg Ava.

'Clozapine. Ik heb er nooit van gehoord,' zei Tripp.

'Kunnen we nu naar binnen, mevrouw?' fluisterde de commandant van de gewapende eenheid.

'Absoluut,' zei ze. 'Is er binnen in de flat iets te horen?'

'Er is wat beweging, geen stemmen. Er is in elk geval iemand binnen.'

'Goed. Niet met getrokken wapens naar binnen gaan. Als er een crisissituatie ontstaat, gebruikt hij Janet Monroe waarschijnlijk als menselijk schild. Er mag alleen geschoten worden als je vrij zicht en een vrije schootslijn hebt. Anders onderhandelen we zolang als nodig is. We hoeven onze aanwezigheid niet eerst kenbaar te maken. Janet zal geen klacht indienen omdat we haar niet gevraagd hebben open te doen. Ram die deur maar –'

Op dat moment ging de deur open. Een fractie van een seconde stonden de twintig politiemensen daar als aan de grond genageld. Rune Maclure niet. Zijn blik kruiste heel even die van Ava voor hij de deur weer dichtsmeet.

'Rune,' riep Ava door de deur heen. 'Je hebt de politiemacht voor de deur gezien. Doe open, dit is je laatste kans, of we rammen de deur in.'

Het antwoord was een pistoolschot vanuit het appartement op de deur, waarvan de inslag aan de buitenkant duidelijk te zien was, hoewel de kogel er niet helemaal doorheen was gegaan. Ava sprong bij de deur vandaan en greep naar haar buik, waar de kogel naar binnen was gegaan als hij de deur had doorboord. Geschokt streepte ze in gedachten een van haar zoveelste levens door.

'Oké, begrepen,' zei Ava. 'Laat me alleen even binnenkomen om te zien of alles goed is met Janet. Als je me daarvan kunt overtuigen, heb je wat tijd voor jezelf gewonnen.'

Vanuit het appartement klonk een niet-menselijk geluid – een half krijsend, krassend geschreeuw. Geen woorden.

'Ram de deur in,' zei Ava. 'Nu!'

Ze deed een stap naar achteren toen de deur werd ingebeukt en versplinterde. Hij zwaaide open, en daarachter zagen ze niet één slachtoffer, zoals ze hadden verwacht, maar twee.

Ava ging naar binnen, in de rug gedekt door een stuk of vijf geweren, waarvan de lopen naar de vloer wezen, vlak achter haar voeten.

Rune Maclure drukte zijn pistool tegen het hoofd van Janet, die zwakke pogingen deed om het elastiek om haar nek op te rekken.

'Leg dat pistool neer,' beval Ava. 'Anders kom je hier niet weg. Wat er ook met Janet en' – de man op de grond, wiens gezicht nu paars en gezwollen was, kwam haar bekend voor maar ze kon hem niet direct plaatsen – 'en die man gebeurt, je kunt niet wegkomen.'

'Ik wilde jou,' zei Maclure. 'Ik heb je de kans geboden om me te leren kennen. Echt te leren kennen. Als je die kans had aangenomen had dit allemaal voorkomen kunnen worden. Geen stupide valstrikken en leugens meer.'

'Je hebt drie seconden,' zei Ava. 'Dan geef ik bevel het vuur te openen. Laat je wapen zakken.'

'Als je me neerschiet, schiet ik haar dood. Je weet dat mijn spieren zullen verkrampen. Daar kan ik niks aan doen.'

'Laat mij ze dan losmaken,' zei Ava. 'Dan kunnen we praten.'

'Daar kan ik je bij helpen,' zei Maclure met een glimlach.

Ava keek naar de twee mensen op de grond, die zich nu steeds minder tegen de druk op hun keel verzetten en nog nauwelijks ademhaalden. De vingers van de man hadden hun greep op het elastiek verloren en maakten krampachtige bewegingen op zijn borst.

'Als ik het raam opendoe schiet het touw los. Misschien is het al te laat, maar we kunnen het proberen. Haal je mensen weg bij de deur.'

'Ik ga niet meer onderhandelen,' zei Ava, en ze deed een stap in de richting van Maclure.

'Dan sterven ze allebei voor je ogen,' zei hij glimlachend.

'Fuck,' mompelde Ava. Ze had niet de tijd of de luxe om het keihard te spelen terwijl er voor haar ogen twee mensen voor hun leven vochten. 'Achteruit. Iedereen de gang in. Wapens omlaag.'

'Dank je,' zei Maclure, en hij deed het raam zo ver mogelijk open, waardoor de elementen vrij spel kregen.

Het touw om de voeten van Janet Monroe vloog de kamer in en bleef als een goedaardige slang op de grond liggen. Janet werd meteen naar de man toe getrokken, maar geen van tweeën bewoog, omdat de strop om hun nek te strak zat om meteen verlichting te brengen.

'Laat me ze helpen,' zei Ava. 'Laat je pistool zakken terwijl ik dat doe. Alsjeblieft.'

'Doe wat je wilt,' zei Maclure. 'Ik heb hun dood niet nodig. Ik ben sterk genoeg. Ik ben al getransformeerd. Ik zat alleen op een teken te wachten. Dit is het.'

Ava keek hem strak aan. 'Wat is clozapine?' vroeg ze, terwijl ze langzaam op Janet afliep.

Maclure hield zijn hoofd schuin. 'Een afleiding,' zei hij. 'Een poging om mijn ware aard te ontkennen.'

Ava knielde neer en begon de strop los te maken die Janets ademhaling belemmerde.

'En wie ben je dan werkelijk?' vroeg Ava. Ze probeerde het gesprek gaande te houden, maar haar vingers werkten te traag.

Verderop in de kamer lag het andere slachtoffer te trappelen met zijn voeten die een dodendans uitvoerden op het vloerkleed, en stond zijn lichaam op het punt de strijd op te geven.

'Niet wie,' zei Maclure geamuseerd. 'Net als de meeste menselijke wezens ontbreekt het jou aan visie. Toen ik eenmaal besefte dat het verkeerd was je natuur te verloochenen, toen ik me eraan overgaf, ging het allemaal heel snel. Het is hemels, Ava. Ik wou dat ik het samen met jou had kunnen ervaren.'

Ava haalde de strop van Janets nek en durfde amper te voelen of ze nog een hartslag had. In plaats daarvan kroop ze naar de man toe, waarbij ze met haar rug naar Maclure kwam te zitten.

Ze hoorde zijn zware, vastberaden voetstappen, en toen ze zich omdraaide zag ze dat hij op een leunstoel was geklommen en zich door het kantelraam naar buiten wurmde. Zijn bovenlijf hing al over de rand. Hij zette zich af en kiepte voorover met gestrekte armen en een extatische uitdrukking op zijn gezicht.

Ava slaakte een gil, sprong op hem af en greep zijn rechtervoet vast voor hij helemaal naar buiten viel, waarbij ze haar schouder verrekte. Ze werd mee omhooggetrokken door zijn gewicht, maar zette zich aan weerszijden van het raam schrap met haar benen waardoor ze met haar hoofd tegen de muur sloeg.

Rune Maclure klapte tegen de buitenmuur en het raam aan, krassend van razernij, met zijn vrije voet schoppend naar Ava's gezicht, terwijl hij daar gevaarlijk hing te bungelen, met zijn hoofd omlaag, en als een bezetene met zijn armen maaide.

Het volgende moment schoot een paar handen Ava te hulp om haar last te verlichten, daarna een tweede paar handen en een derde. De kamer stroomde vol mensen. Er werd geschreeuwd om brancards en ambulancepersoneel. Iemand zei tegen Ava dat ze

Maclures been moest loslaten, wat ze maar al te graag deed. Ze vroeg zich af waarom ze haar rechterarm niet kon gebruiken en waarom ze zo zachtjes op de vloer werd gelegd.

Het ambulancepersoneel nam het over. Ava zag dat er een zuurstofmasker op Janets gezicht werd gezet en dat iemand anders de man op de vloer probeerde te reanimeren. Dat was Lance Proudfoot, realiseerde ze zich – hij had geprobeerd haar te bereiken, maar ze had het te druk gehad om zijn telefoontje te beantwoorden. Toen werd ze door verschillende mensen vastgehouden en zei iemand dat ze op haar tanden moest bijten. Op dat moment voelde ze pas de pijn in haar bovenlichaam. Een man telde tot drie en zei dat het weer goed zou komen. Haar lijf werd uit elkaar getrokken en de pijn was verzengend, surrealistisch bijna. Alles werd wazig en ze hoorde een vrouw gillen. In de paar seconden die het duurde voor haar wereld weer vaste vorm aannam, realiseerde ze zich dat het haar eigen gegil was.

'Uw arm zit weer in de kom,' zei een man tegen haar. 'Het zal nog een tijdje pijn blijven doen, maar alles is weer in orde. U moet uw arm rust gunnen en u krijgt een pijnstiller met een ontstekingsremmer.'

Ava ging rechtop zitten en liet een mitella om haar pijnlijke arm aanleggen.

'Gaan ze het redden?' vroeg ze met een blik op Janet Monroe en Lance Proudfoot.

Ze had geen idee wat de journalist hier deed of hoe hij hun een stap voor had kunnen zijn, maar er was in ieder geval iemand bij Janet geweest, en daar zou ze hem altijd dankbaar voor zijn. Lance Proudfoot had er een handje van in het heetst van de strijd, terwijl er net een politieoperatie aan de gang was, op de verkeerde plek te belanden.

'Janet is er minder erg aan toe dan die man. Ze zijn nu op weg naar het ziekenhuis. Er is een traumaheli onderweg,' zei Tripp, die naast haar was opgedoken en de andere politiemensen wegstuurde.

Rune Maclure was door het raam naar binnen getrokken en tegen de grond gedrukt, terwijl hij nog steeds merkwaardige, schrille dierlijke keelgeluiden voortbracht.

'Help me eens overeind,' zei Ava tegen Tripp. Ze bleven met hun rug tegen de muur staan terwijl Maclure geboeid uit het appartement werd afgevoerd.

'Gaat het wel? Uw arm is uit de kom geschoten. Straks wordt u nog duizelig...'

Ava negeerde zijn bezorgdheid.

'Bel vast met het ziekenhuis. Ze moeten zo snel mogelijk een psychiatrisch onderzoek in gang zetten.'

'Denkt u dat hij die kaart gaat spelen? Zich ontoerekeningsvatbaar laat verklaren? De officier van justitie stelt zelf een psychiatrisch rapport op, daarmee kunnen we die strategie toch onderuithalen?'

'Dit keer niet,' zei Ava. Ze zag het pistool van Maclure onder het raam op de vloer liggen en pakte een bewijszak uit haar jaszak. 'De Rune Maclure die ik heb leren kennen is iemand anders dan degene die hier vandaag was. En dat afschuwelijke geluid dat hij maakte. Hij had het over "transformeren". Toen hij zich uit het raam stortte dacht hij werkelijk dat hij kon wegvliegen. Zeker weten.'

Ze bukte zich en gebruikte de zak om het pistool op te pakken zonder haar vingerafdrukken erop achter te laten en vergrendelde de veiligheidspal voor ze het in haar jaszak liet glijden. Het wapen moest zo snel mogelijk aan de lijst van bewijsstukken worden toegevoegd.

'Had Maclure medicijnen gebruikt?' vroeg Tripp.

'Dat denk ik niet. Het is eerder zo dat hij die juist niet gebruikte. De man die ze met de traumaheli naar het ziekenhuis brengen is Lance Proudfoot. We moeten zijn familie op de hoogte brengen.'

'Lance... Ik ken die naam.'

'Ja, dat kan kloppen, en dat brengt me bij onze volgende halte van vanavond. Kun je me afzetten bij de flat van inspecteur Callanach? Lance Proudfoot is journalist en een goede vriend van Luc. Ik wil hem het nieuws persoonlijk vertellen.'

41

18 maart

Tripp zette haar af voor Callanachs huis en scheurde weg om te assisteren bij de inhechtenisneming van Rune Maclure. Ava keek op haar horloge. Ze had tien minuten, meer niet. Ze liet zichzelf binnen met haar sleutel en liep zachtjes de trap op om op dit onchristelijke uur geen buren wakker te maken. Door het politiewerk was ze in zoverre het besef van de tijd kwijtgeraakt, dat ze er amper bij stilstond welk deel van de dag of nacht het was. Een klok diende alleen maar om je eraan te herinneren hoe dringend de volgende taak moest worden afgehandeld.

Terwijl ze de trap op rende voelde ze een steek van jaloezie op al die mensen die om negen uur begonnen en om halfzes naar huis konden, die het weekend voor zichzelf hadden en nooit hun vakantie hoefden af te breken als ze op het vliegveld al in de rij stonden. Voor hen was het een stuk makkelijker om cursussen te volgen, met vrienden af te spreken en een relatie aan te gaan. Een relatie die niet bezweek onder de druk van hun werk.

Ava klopte op de deur. Geen reactie. Ze klopte wat harder en belde hem op zijn mobiel. Toen dat ook niets opleverde belde ze zijn vaste telefoon. Die was in gesprek, en dat was vreemd, zo midden in de nacht, en al helemaal omdat ze zijn stem niet hoorde. Misschien werd hij net gebeld door iemand van het team, met een update, maar dan had hij wel opengedaan. Ze wilde niet haar sleutel gebruiken om binnen te komen. Dat ze het flatgebouw binnen was gegaan was nog tot daaraan toe, maar als ze zijn flat binnenging was dat een inbreuk op zijn privacy. Bovendien veronderstelde dat een band tussen hen die er niet meer was, voor zover daar ooit echt sprake van was geweest.

Ze ving een glimp van beweging op achter het kijkgaatje, niet meer dan een kortstondige verduistering van het gedempte licht erachter, dus hij was wel degelijk thuis.

'Luc,' zei ze zachtjes. 'Ik ben het. Ik had eerder moeten komen, dat besef ik nu, maar er is iets gebeurd. Doe alsjeblieft open.'

Er gebeurde niets. Op haar horloge zag ze dat de helft van de tijd die ze hiervoor had ingeruimd al was verstreken. Over vijf minuten zou er een politieauto voor de deur staan om haar naar het bureau te brengen. Misschien was hij koppig, maar zo zat hij niet in elkaar. Ze was eerder bezorgd dat zijn de facto schorsing hem weer in net zo'n diepe depressie had doen belanden als hij aan het eind van zijn diensttijd bij Interpol had meegemaakt. Als dat het geval was, kon ze maar één ding doen.

'Ik kom nu binnen,' zei ze, en ze stak haar sleutel in het slot. Ze liep de donkere woonkamer in en duwde de deur achter zich in het slot.

In de slaapkamer brandde licht.

'Luc,' riep ze. 'Ik ben het. Sorry dat ik mezelf binnen heb gelaten, maar het is belangrijk. Ik hoop dat je niet –'

Callanach zat op het bed, in spijkerbroek met ontbloot bovenlijf, de benen gestrekt en de armen over elkaar geslagen. In de vensterbank zat Astrid Borde, en ze had iets in haar hand wat Ava niet kon zien.

'Hallo,' zei Astrid opgewekt. 'Luc hoopte nog dat je gewoon zou weggaan, maar ik ben blij dat je binnen bent gekomen. Het begon behoorlijk saai te worden. Je lijkt anders niet verbaasd me hier te zien.'

'Helemaal niet verbaasd zelfs,' zei Ava glimlachend. 'Ik herkende je op de camerabeelden die ik eerder vandaag heb bekeken. Je figuur is uit duizenden te herkennen.'

'En je hebt een sleutel van Lucs appartement. Hoezo dat?' vroeg ze aan Callanach. Die haalde alleen zijn schouders op.

'Wat? Neem je niet eens de moeite een excuus te verzinnen? Geen ingewikkelde verhalen over samen tot diep in de nacht doorwerken? Probeer je niet eens de eer van hoofdinspecteur Turner te redden, Luc?'

'Hoofdinspecteur Turner kan zichzelf wel verdedigen,' zei Callanach. 'Ze heeft een sleutel omdat we vrienden zijn. Als je er meer achter zoekt, laat ik dat helemaal voor rekening van jouw verbeelding.'

'Liefste, je klinkt bijna verbitterd,' zei Astrid poeslief. 'Weet je, ik geloof echt dat er niks tussen jullie aan de gang is.'

'Mevrouw Borde, hebt u Bruce Jenson met een kussen verstikt?' vroeg Ava.

'Dat is een te eenvoudige voorstelling van zaken. Ik heb een heleboel gedaan. Ik heb Luc geholpen toen hij dat zelf niet kon, en uit de e-mails aan zijn moeder maakte ik op dat hij om steun vroeg. Ik heb er ook voor gezorgd dat het recht zijn loop kreeg. Bruce Jenson en Gilroy Western hebben Lucs moeder verkracht. Wist je dat?'

Astrids wangen gloeiden en ze had een koortsige blik in haar ogen. Haar obsessie met Callanach was er met het verstrijken van de tijd niet minder op geworden. Ava kreeg bijna medelijden met haar. Callanach daarentegen zag er uitgeput uit. Niet bang, zelfs niet geïnteresseerd. Meer alsof hij het hele gedoe gewoon beu was.

'Dat wist ik toevallig, ja,' zei Ava. 'Luc heeft het me verteld toen Jenson dood was aangetroffen. En Gilroy Western, is dat ook jouw werk?'

'Niet alleen van mij. Je gaat er steeds maar van uit dat Luc en ik er niet samen bij betrokken waren.'

'Dat is ook niet zo,' zei Callanach op matte toon. 'Ik heb er niets mee te maken, Astrid. Ik heb helemaal geen contact met je gehad. Die e-mails aan mijn moeder waren privé. Je hebt ze gehackt, net als mijn e-mail.'

'Hacken is zwaar overtrokken. Je moeder heeft me ooit mailtjes gestuurd toen ik nog contact met haar had. Ik hoefde alleen maar haar wachtwoord te raden. En jij hebt privé nog steeds hetzelfde mailadres als in je Interpoltijd, en ik had toegang tot je personeelsgegevens, weet je nog? Slordig van je dat je dat niet hebt veranderd. Ik heb een onlinebedrijfje in Colombia betaald om toegang tot je mailaccount te krijgen. Ik hoefde er niet eens het darkweb voor op, en ze hadden het in één dag gefikst. En jij wist dat ik dat kon. Wat ik in die mailtjes las was overduidelijk een kreet om hulp, en ik heb precies gedaan wat je me vroeg.'

'En het mailtje aan Western dat zogenaamd van Jensons advocaat afkomstig was?' vroeg Ava.

'Dat was het makkelijkst van allemaal. Als mensen willen geloven wat ze lezen worden ze onvoorzichtig.'

Callanach keek Ava even aan en wendde toen zijn blik af. Ze zag dat hij het had opgegeven. Astrid had het soort obsessie waartegen je niets kon inbrengen en die je haar niet uit het hoofd kon praten. Het soort blinde obsessie waardoor ze zonder scrupules een terminaal zieke man had laten stikken en de auto had gesaboteerd van een andere man die nog vele jaren te gaan had.

'Je kunt me niet arresteren,' zei Astrid. 'Ik zeg gewoon dat Luc er van A tot Z bij betrokken was. Hij is op dit moment toch geschorst?'

'Nee, hij is niet geschorst,' zei Ava, en ze deed een stap in de richting van het bed. 'Mag ik gaan zitten?'

'Niet tegen me liegen. Hij is al een poos niet naar zijn werk gegaan. Ik heb hem in de gaten gehouden. En ja, je mag gaan zitten, maar je mag Luc niet aanraken. Ik wil niet dat jullie elkaar aanraken.'

'Hij is met administratief verlof, dat is alles. Hij is zeker niet geschorst.' Ze ging zitten.

Callanach aanraken was wel het laatste wat ze van plan was geweest toen ze hierheen kwam, maar Ava zag dat Astrid nu voor het eerst van slag raakte, en daar besloot ze gebruik van te maken. De gedachte dat Ava en de man door wie ze geobsedeerd was, intiem met elkaar waren, was onverdraaglijk voor Astrid. Ava schoof zo ver naar achteren op het bed dat ze naast Callanachs voeten kwam te zitten.

'Wat gaat er nu gebeuren, denk je? Zeilen jullie nu samen de ondergaande zon tegemoet? Als Luc nu verdwijnt laadt hij de verdenking op zich, en jij weet net zo goed als ik dat hij een opvallende verschijning is, dus het zal lastig worden om onder de radar te blijven.'

'Ik ken plekken waar we naartoe kunnen,' zei Astrid pruilend. 'Je was mij ook snel vergeten nadat ik was verdwenen, en het grootste deel van de tijd was ik gewoon hier in Edinburgh.'

'Maar jij werd toen niet van moord verdacht,' kaatste Ava terug.

'En Luc nu ook niet. Je hebt al gezegd dat het een vrouw was, op die beelden van het verpleeghuis.'

'Je denkt toch niet dat ik je zomaar laat gaan?'

'Ava...' zei Callanach op waarschuwende toon.

Ze legde zachtjes een hand op zijn enkel en wreef er liefkozend over.

'Maak je geen zorgen. Astrid en ik komen er wel uit,' zei ze met een warme glimlach.

Astrid schoot overeind.

'Ik zei dat je hem niet mocht aanraken,' grauwde ze. 'Weet je wat ik in mijn hand heb? Je moet me niet kwaad maken...'

'Een handgranaat,' viel Ava haar in de rede. 'Die heb je vast in Zweden gekocht. Die zijn daar makkelijk te krijgen en ze zijn goedkoper dan je zou denken. Die heb je zeker voor zo'n vijftig euro op de kop kunnen tikken?'

Astrid staarde haar aan.

'Je bent vast met de boot teruggereisd, want vliegen is onmogelijk met zo'n ding in je bagage. Maar als je hem in de auto meeneemt loop je weinig risico. Handgranaten zijn momenteel het favoriete wapen van sommige Zweedse bendes. Ze beginnen een probleem te worden.'

'Wat ben je toch een arrogante wijsneus,' siste Astrid. 'Denk je dat ik de pin er niet uit durf te trekken?'

'En zo Lucs gezicht te verminken?' zei Ava lachend, en ze reikte naar Lucs hand en pakte hem vast. 'Waarom zou je dat doen?'

'Omdat als ík hem niet kan hebben, niemand hem krijgt.'

Ze stampte als een verwend kind boos met haar voet en hield de granaat stevig vast. Ze had haar duim helemaal door de ring van de pin gestoken, waardoor het haar heel wat moeite zou kosten de pin eruit te trekken.

Ava stak in een gebaar van overgave haar handen in haar zakken. 'Je mag hem hebben,' zei ze. 'En ik heb trouwens een relatie met iemand anders. Luc is niet echt mijn type. Alleen maar uiterlijk vertoon maar weinig diepgang, als je begrijpt wat ik bedoel.'

Astrid zweeg en keek beurtelings van Callanach naar Ava.

'Je... je hoeft hem niet af te kraken. Dat hoor je niet te doen. Je werkt met hem samen. Je zou respect voor hem moeten hebben.'

'Respect?' zei Ava lachend. 'Na die armoedige affaire met die Spaanse arts zeker? Mijn god, die was helemaal idolaat van hem. Ze kwam steeds maar naar het bureau en een keer heb ik haar zelfs moeten vragen weg te gaan.'

'Spaanse arts?' vroeg Astrid. 'Wie was dat?'

Ze richtte haar aandacht nu op Callanach, die diep zuchtte en met zijn ogen rolde.

'Niemand. Ze was niemand. Het is overgewaaid, het stelde niets voor. Maak je maar geen –'

'Heb je foto's van haar op je telefoon?' vroeg Astrid bits. 'Geef je telefoon. Ik wil het zien.'

Callanach zweeg.

'Laat haar die foto's zien, Luc,' zei Ava. 'Ze heeft de mannen vermoord die je moeder hebben verkracht. Ik denk dat ze er recht op heeft te weten wat je hebt uitgespookt terwijl zij plannetjes maakte om je te helpen.'

'Hij ligt in de woonkamer aan de oplader,' zei hij. 'Ga je gang. De pincode is 9004.'

Astrid liep omzichtig naar de deur en keek de woonkamer in.

'Jij,' gebaarde ze naar Ava. 'Haal die telefoon voor me.'

'Goed hoor,' zei Ava, en ze haalde haar handen uit haar zakken om zich van het bed te duwen en liet het pistool van Rune Maclure met bewijszak en al onder Callanachs enkel glijden, buiten het zicht van Astrid.

Met de handen omhoog liep ze langzaam naar de woonkamer, waar het raam half openstond, en ze vroeg zich af hoe het met Maclure ging, en vooral hoe het met Lance Proudfoot was. Callanach zou hem zo snel mogelijk in het ziekenhuis willen opzoeken. Ze trok het kabeltje van de oplader uit de telefoon, toetste de pincode in en opende de fotoapp.

'Hier.' Ze gaf de telefoon aan Astrid, die de granaat voorzichtig in haar linkerhand nam en haar duim opnieuw door de ring stak.

Ava wierp een blik op Callanach, die het pistool intussen had gepakt en het vlak tegen zijn heup hield.

'Is dit haar?' gilde Astrid, terwijl ze een foto omhooghield van dokter Selina Vega met haar armen om Callanachs middel geslagen, zo te zien in een bar. 'Dit graatmagere kreng? Heb je met haar liggen vozen terwijl ik bezig was gerechtigheid voor je moeder af te dwingen?' Ze scrolde binnensmonds vloekend door de andere foto's en begon heen en weer te lopen. 'Hoe kon je me dit aandoen?' krijste ze, een foto omhooghoudend van Selina in een bikini die de meest zelfverzekerde vrouwen groen van jaloezie zou maken. 'Ik wil weten waar ze zit. Woont ze in de stad?'

Astrid deed een stap naar Callanach toe, waardoor ze haar rug naar Ava toe draaide. Dit was de beste kans die Ava zou krijgen. Ze sprong naar voren en greep Astrid vast, duwde haar duim zo hard als ze kon in de pezen op de rug van Astrids hand om haar te dwingen haar greep op de granaat te laten verslappen, en probeerde al worstelend de granaat van haar af te pakken. Callanach zat binnen een seconde op z'n knieën op het bed en richtte het pistool op Astrids gezicht.

'Astrid, geef die granaat aan Ava,' beval hij.

Ze lachte en smeet de telefoon in Callanachs gezicht en probeerde met haar vrije hand Ava's greep op de granaat te lossen.

'Ik schiet als je niet loslaat,' schreeuwde Callanach.

'Ik heb voor je gemoord!' gilde Astrid terug.

Ava gaf Astrid een elleboogstoot tegen haar keel, waardoor ze naar adem snakkend door de knieën zakte en tegen de vensterbank wankelde. Ava zette haar knie tegen de vensterbank om meer kracht te kunnen zetten en rukte toen zo hard als ze kon aan de granaat in Astrids hand.

Eén ogenblik bleef het doodstil. Het eivormige oorlogstuig zeilde elegant tollend door de lucht. Ze staarden er alle drie naar, maar Ava keek als eerste naar Astrids hand, waar de veiligheidspin nog als een soort kerstversiering aan haar duim hing, vreemd en verweesd zonder de rest van het explosief. Het volgende moment dook Astrid erachteraan, gevolgd door Ava die met beide handen naar de levende bom graaide, terwijl Callanach het pistool neersmeet en razendsnel van het bed sprong. Ava won.

'Raam!' schreeuwde ze naar Callanach.

Hij duwde het raam, dat al op een kier stond, helemaal omhoog, zodat Ava niet kon missen. Maar op het moment dat Ava wilde gooien, griste Astrid de granaat weer uit haar hand en klemde hem tegen haar borst.

'Dan sterf ik tenminste samen met jou,' riep ze theatraal terwijl ze in Callanachs wijd opengesperde ogen keek.

Ava stormde naar voren, sloeg haar linkerarm van achteren om Astrids knieën en gaf met haar rechterarm een harde duw tegen haar heup – het was een perfecte rugbytackle – zodat ze naar voren viel, over de vensterbank heen. Ava hield haar eigen benen gebogen en gooide al haar gewicht in de strijd om Astrid omhoog te duwen, over de vensterbank, het raam uit. Uit alle macht probeerde ze vol te houden.

'Nee...!' Astrids gekrijs sneed door de nachtelijke lucht.

Vlak daarop gevolgd door Callanachs kreet terwijl hij zich boven op Ava gooide en het raamkozijn vastgreep om houvast te hebben.

Ava probeerde Astrid vast te houden. Ze spande zich tot het uiterste in, maar ze had maar één arm. De andere zat half verstrikt in de mitella en was al vrijwel niets meer waard.

Astrid schopte en maaide om zich heen met de granaat nog altijd stevig in haar hand. Ava's hand begon tergend langzaam, in slow motion weg te glijden, tot haar vingertoppen nog slechts langs Astrids laarzen streken, en toen was ze weg, en viel krijsend van eenhoog naar beneden.

Op het moment dat Astrid tegen het trottoir sloeg, kwam de granaat tot ontploffing. Ava hing half uit het geopende raam en beschermde haar gezicht met haar goede arm. Ze hoorde niets. Ze voelde een enorme kracht tegen zich aan slaan, alsof ze door een onzichtbare golf werd geraakt. Toen voelde ze pijn. Haar oren vulden zich met een warme vloeistof en haar ogen prikten alsof ze in een zandstorm had rondgelopen. De nacht was vol levendige lichtjes, alsof een spiegelbol overal dansende lichtstralen op wierp. Glas vloog in het rond. Het was prachtig en vreselijk tegelijk. De grond zag bloedrood. Ava vroeg zich even af of ze het er levend af had gebracht.

Tegen de tijd dat Callanach haar heel voorzichtig op de vloer van zijn slaapkamer liet zakken, reageerde ze niet meer.

42

24 maart

Machines piepten. Het ziekenhuisbed werd omringd door snoeren en schermen met knipperende meldingen. Naast het bed zat een man in een witte jas, die een klembord in zijn hand hield en met gefronste wenkbrauwen zijn pen langs de tekst liet glijden. Aan de andere kant van de kamer stond een spiegel waardoor belangstellenden ongezien konden meekijken. De man op het bed wist verdomd goed waar die spiegel voor diende, want met Maclures IQ was niets mis. Maar daar ging het niet om. Het groepje in de observatieruimte was geïnteresseerd in een veel specifiekere hersenfunctie. Op Maclures hoofd was een aantal elektroden aangebracht.

'Goed, meneer Maclure, als u klaar bent, wil ik graag beginnen,' zei de man in de witte jas. 'Ik ben dokter Fox en ik maak deel uit van het psychiatrisch team. Uw advocaat heeft uit uw naam toestemming gegeven voor deze procedure. Herinnert u zich dat?'

Maclure knikte langzaam. De dokter sloeg een bladzijde omhoog, checkte iets en keek toen weer op.

'Sinds u hier bent opgenomen weigert u medicatie, klopt dat?'

'Ik heb geen medicijnen nodig,' antwoordde Maclure. Hij draaide wat met zijn rechterpols waardoor de deken opzijviel en er een handboei zichtbaar werd die aan de bedrails vastzat. 'Wat u een psychose noemt, is voor mij evolutie. Ik ben getransformeerd.'

Dokter Fox maakte een notitie op zijn klembord en wierp een snelle blik in de richting van de observatieruimte.

'Wat bedoelt hij met "getransformeerd", professor?' vroeg een jonge studente in het groepje dat veilig achter glas stond. Een oudere vrouw, omringd door een halve cirkel eerbiedig kijkende studenten, keek hen glimlachend aan.

'Boven het menselijke uitgestegen,' antwoordde ze. De professor zette een scherm aan waarop een aantal horizontale lijnen zichtbaar werden, waarvan sommige netjes en regelmatig oplichtten, en andere grillig op en neer bewogen. 'Blijf luisteren, en hou dit scherm in de gaten.'

'Dus wat bent u nu?' vroeg Fox aan Maclure.

'Ik ben de Kraai,' zei hij.

'Kunt u uitleggen hoe u dit wezen bent geworden en hoe u zich daaronder voelt?'

Maclure grinnikte. 'Ik voel me vrij. Machtig. Onoverwinnelijk. Ik begrijp de wereld op een manier die anderen niet is vergund. Ik zie patronen. Ik zie hoe alles in elkaar past. Dat het ene wezen het andere ten dienste staat. We geven leven en we nemen het. De natuur is een piramide, dokter. Ieder van ons is gemaakt om zich te voeden met de zwakkeren onder ons.'

'En wanneer begon u zich voor het eerst zo te voelen?'

'Zo heb ik me altijd gevoeld. Altijd. Ik heb het heel lang ontkend. Ik heb mijn lijf volgepropt met medicijnen om het dier in mij terug te duwen in de diepten van mijn menselijkheid, en een tijdlang geloofde ik dat dat goed was...' Hij hield zijn hoofd schuin, eerst naar links en toen naar rechts, terwijl zijn ogen heen en weer schoten. 'Hoort u dat? Hoort u dat ze over mij praten?'

'Wie?' vroeg dokter Fox.

'Zij...' Maclure maakte een beweging met zijn kin naar de spiegel. 'Die mensen die me van achter die spiegel aanstaren. Ze zijn gefascineerd. Ze voelen hoe anders ik ben dan zij.'

'We zijn hier allemaal om u te helpen, meneer Maclure,' zei dokter Fox. 'We willen gewoon begrijpen wat er aan de hand is.'

Achter het glas deden de studenten onwillekeurig allemaal een stap naar achter.

'Kan hij ons echt horen?' vroeg een van hen. 'Ik dacht dat dit geluiddicht was.'

'Hij is slim,' zei de professor. 'Hij weet dat hij wordt geobserveerd. Dat hij schizofreen is en aan zelfmedicatie deed, betekent niet dat hij geen rationele gevolgtrekkingen kan maken.'

'Dus zou hij dat verhaal over dat hij in een kraai is veranderd, gewoon verzonnen hebben als excuus om te kunnen moorden? Het lijkt nogal vergezocht. Hij komt heel kalm en beheerst over. Al die moorden zijn tot in de puntjes voorbereid en hij heeft er zelf voor gekozen zijn antipsychotica niet meer in te nemen,' merkte iemand anders op.

'Nee.' De professor sloeg haar armen over elkaar. 'Hij verzint het niet. Meneer Maclure lijdt naar mijn mening aan klinische lykantropie. Dat is een zeldzame maar goed gedocumenteerde aandoening die ik zelf nog nooit ben tegengekomen. Het is een waanvoorstelling, een identificatiestoornis waarbij de patiënt zijn zelf niet meer accuraat kan identificeren.'

'Hij gelooft dus werkelijk dat hij geen mens meer is?' vroeg iemand anders ademloos.

De professor vestigde de aandacht van haar studenten weer op het tafereel bij het ziekenhuisbed.

'De mensen die ik heb gedood hebben de natuur getart. Ze probeerden een eind aan hun eigen leven te maken. Daarmee maakten ze zichzelf tot prooi. Wat kon ik anders doen dan me laven aan hun levenskracht? Ik ben een roofdier en ik was nog bezig mijn ware zelf te ontwikkelen. Ik had nodig wat zij me te bieden hadden...'

In de observatieruimte begonnen twee lijnen op de monitor wild op en neer te bewegen.

'Maar wat u ze hebt aangedaan wordt als wreed beschouwd. Als pervers zelfs. Bepaalde aspecten van hun dood gingen veel verder dan wat je nog als natuurlijk kunt definiëren,' merkte dokter Fox kalm op.

'De natuur is beestachtig, niet de dieren zelf. De wildheid die van binnenuit komt kun je niet temmen. Tijgers doden voor de lol. Coyotes hebben het doden tot kunst verheven. Katten spelen urenlang met een muis voor ze hem doodmaken.'

'Hebt u dat ook met Stephen Berry gedaan?' vroeg dokter Fox.

'Hij was de makkelijkste van allemaal. We gingen naar Tantallon Castle bij wijze van therapie. Ik zei dat hij zich meer tot leven zou voelen komen als hij gecalculeerde risico's durfde te nemen, als hij zich wild durfde te voelen. We klommen over een hek en klommen op een muur. Hij trapte er vierkant in. Maar op het laatst wilde hij niet loslaten. Hij klampte zich vast, huilend en smekend, precies zoals ik had voorspeld. Hij was zwak, net als alle anderen. Welk deel van de natuurlijke gerechtigheid begrijpt u niet?'

'En hoe zit het met die boer, Jon Moffat? Hoe bent u die op het spoor gekomen?'

'Hij was jarenlang een patiënt van een vroegere collega van me. Ik had hem zien komen en gaan, zag dat hij niet vooruitging en dat hij zo nu en dan een poging deed om een eind aan zijn ellendige leven te maken, maar zelfs dat kreeg hij niet voor elkaar. Dat was echt een moord uit genade. In de natuur wordt zo'n zwaargewond dier aan zijn lot overgelaten. Waarom lappen mensen hun soortgenoten altijd maar op en rekken ze hun leven terwijl het veel beter zou zijn de natuur haar loop te laten hebben? Moffat was zo zwaar verbrand dat hij onherkenbaar was. Ik heb foto's van hem gezien van voor zijn ongeluk. Je gaat mij niet vertellen dat het niet beter was geweest als hij die brand niet had overleefd.'

'Maar wat voor specifiek nut heeft hun dood voor u?' vroeg dokter Fox terwijl hij aantekeningen maakte.

'Wat voor nut heeft het eten van een maaltijd? Leg eens uit. Een van de weinige natuurlijke vijanden van de kraai is de vos. Hebben ze u daarom gestuurd, dokter? U bent helemaal niet wat u lijkt met uw witte jas en uw glimmende stethoscoop. Wilde u me daar soms mee hypnotiseren?'

'Vanwege mijn naam?' vroeg dokter Fox. 'Dat is puur toeval...'

'Zijn eeg-waarden schieten alle kanten op,' zei een van de studenten. 'Zijn hersenfuncties vertonen een volslagen abnormaal patroon.'

'Dat is ook bij andere gevallen van klinische lykantropie gezien. Deze patiënten zijn er zo van overtuigd dat ze een dier zijn geworden dat hun brein ook echt op een andere manier gaat functioneren,' zei de professor, terwijl ze ergens anders ging staan om Maclure beter te kunnen observeren.

'Maar waardoor wordt een identificatiestoornis nou veroorzaakt?' vroeg een andere student.

'We denken dat het komt door letsel in de rechterhemisfeer,' antwoordde de professor, die alleen maar oog had voor Maclure. 'Wat doet-ie nou?'

'Weet u waarom ik me met die mensen moest voeden?' vroeg Maclure zwaar ademend, met zijn ogen wijd opengesperd. 'Ik wist dat ik voor mijn leven zou moeten vechten. Ik verwachtte al dat u achter me aan zou komen. De vos besluipt zijn prooi niet zo heel lang voor hij toeslaat. Hij mag dan sluw en geruisloos zijn, maar de kraai is nog sneller. Elk moment van lijden dat ik heb veroorzaakt heeft me sterker en wilder gemaakt. Ik heb weerstand geboden aan al hun geweeklaag, hun gejammer, hun schaamte. Ik heb alles opgezogen.' Maclure liet zijn tanden zien.

'Meneer Maclure, beheerst u zich alstublieft. U wordt hier verzorgd in een ziekenhuis en ik kan u verzekeren dat iedereen hier, ik voorop, het beste met u voorheeft. Mijn naam doet er niet toe. Ik ben een mens en ik geloof werkelijk dat we u kunnen helpen terug te keren naar uw vroegere zelf.'

'O ja?' fluisterde Maclure. 'Dan bent u echt de vijand.'

Ondanks zijn geboeide rechterhand wist hij zijn benen bliksemsnel over de rand van het bed te zwaaien en klemde ze als een bankschroef om de nek van dokter Fox. En begon te persen, te persen, te persen.

Binnen een paar seconden liep het gezicht van de dokter paars aan en zijn handen klauwden krachteloos naar Maclures knieën. De studenten in de observatieruimte begonnen te gillen. De professor duwde ze opzij en stormde om hulp roepend de gang op. Tegen de tijd dat ze naast Maclures bed stond, zat dokter Fox op zijn knieën.

Maclure kraste triomfantelijk en vulde de kamer met zijn angstaanjagende snerpende gekrijs. De professor greep een spuit en stak die in Maclures bovenarm. Maar het leek wel of het kalmeringsmiddel geen vat op hem kreeg en hij liet niet los. Uiteindelijk kwamen er twee ziekenbroeders aangerend die elk een been grepen en ze van elkaar trokken, waarna dokter Fox bewusteloos in elkaar zakte.

Maclures ogen rolden in hun kassen, maar de grijns op zijn gezicht wilde niet wijken voor de aanstormende duisternis.

'Ik ben de Kraai,' mompelde hij met schorre stem.

43

25 maart

'Lykantropie? Ga je me nou vertellen dat hij een fucking weerwolf is?' Overbeck zat met haar benen over elkaar geslagen, haar ene voet driftig op en neer bewegend, aan Ava's kant van haar bureau.

'Lykantropie is een algemene term. Oorspronkelijk zal die wel bedoeld zijn geweest voor mensen die dachten dat ze in een wolf veranderden, waarschijnlijk onder invloed van volksverhalen, maar tegenwoordig heeft hij betrekking op mensen die geloven dat ze in een dier veranderen. In het geval van Maclure is het syndroom veroorzaakt door schizofrenie, en daarom maakte hij doorgaans zo'n normale indruk. Hij is ervan overtuigd dat hij een kraai is. Alle psychiaters die hem hebben onderzocht zijn het erover eens. Hij ontkent niet dat hij die moorden heeft gepleegd, maar de verdediging zal het op zijn psychische aandoening gooien,' zei Ava terwijl ze zich afvroeg hoelang de commissaris nog van plan was te blijven. Gelukkig had ze over een paar minuten een briefing, zodat ze een excuus had om het gesprek te beëindigen.

'En hoe is het met de arts die hij heeft aangevallen?'

'Zwaar beschadigde luchtpijp, en ik denk dat hij overweegt eerder met pensioen te gaan, maar hij komt er weer bovenop.'

'En die andere zieke klootzak, door wie jullie je op een dwaalspoor hebben laten zetten? Hoe heette die ook alweer?'

Ava liet de schimpscheut over zich heen komen. 'Bedoelt u RJ Bott, mevrouw?'

'Ja, die. Ik wil dat dat stuk stront levenslang krijgt omdat hij ons zwaar voor schut heeft gezet. Er is toch wel een aanklacht tegen hem ingediend?'

'Jazeker. Hij is aangeklaagd wegens het bezit en het verspreiden van snuffmovies en het ontplooien van illegale gokactiviteiten.'

'Is dat alles? Had je dat niet wat kunnen aandikken?'

'Bott heeft een gestoorde en onder ons gezegd walgelijke obsessie met moord en doodslag, maar dat is het. Hij is gewoon een voyeur. Er is geen bewijs dat hij zelf ergens bij betrokken is geweest. Hij heeft dat meisje dat bij Reach Out werkte gebruikt voor zijn eigen doeleinden. We denken dat Vicki Rosach geen enkele schuld treft. Ze is stom geweest, maar onschuldig.

Tijdens de gesprekken met de andere hulpverleners van Reach Out hoorden we dat dit soort dingen wel vaker voorkomt. Zelfmoordpreventiegroepen trekken nu eenmaal mensen aan met een ongezonde fascinatie voor de dood. Toen Vicki zich aansloot bij het voetbalclubje van RJ moet dat een godsgeschenk voor hem zijn geweest. Om maar te zwijgen van de toename van het aantal online volgers.'

'Ik zeg: gooi dat hele fucking internet maar plat. Nou ja, als dat alles is wat je eruit hebt weten te slepen...' Overbeck liet de belediging nog even in de lucht hangen. 'Maar wat veel belangrijker is: kunnen we worden aangeklaagd?' vroeg ze, terwijl ze opstond en haar jasje rechttrok.

Dus dáárom was ze hier: om te weten of Zware Misdrijven aansprakelijk zou worden gesteld. Of ze mogelijk kritiek zou krijgen. Of dit op de lange termijn schadelijk was voor haar carrière. Ava hoopte bijna dat Janet Monroe echt gerechtelijke stappen tegen de afdeling zou ondernemen.

'Janet Monroe komt er ook weer helemaal bovenop,' zei Ava. 'Het was duidelijk een grote vergissing dat de mensen die haar flat in de gaten moesten houden, weggeroepen werden voor de arrestatie van RJ Bott, maar iedereen dacht dat hij de verdachte was en dat Janet niet meer in gevaar verkeerde. Het was een enorm geluk dat Lance Proudfoot daar opeens voor de deur stond. Waarschijnlijk heeft hij de moordpoging op Janet net lang genoeg kunnen ophouden zodat wij er nog op tijd waren.'

'Godvergeten idioot om bij een politieactie betrokken te raken. Wat dacht hij verdomme wel niet?'

'Nou, op dit moment denkt hij waarschijnlijk dat hij boft dat hij nog leeft. Hij was al klinisch dood. Het ambulancepersoneel heeft hem gereanimeerd. Hij moet nog wel een poosje in het ziekenhuis blijven. Ze denken dat hij Janet alle rek in het bungeekoord heeft gegund, zodat zij kon blijven leven. Die man is een held.'

'Wat ík wil weten is of onze held ons een proces gaat aandoen.' Overbeck liep naar de deur.

'Nee, dat doet hij niet,' antwoordde Ava, die haar plaats achter haar bureau weer innam. 'Hoe gaat het trouwens tussen u en brigadier Lively? Hij heeft de hele week amper iets gezegd.'

'Gaat je geen zak aan,' snauwde Overbeck, maar toen liet ze haar schouders zakken. 'Val hem maar niet al te hard. Ik heb pasgeleden zijn verwachtingen over onze relatie wat moeten temperen.'

Ava haalde diep adem. 'Zal ik doen,' beloofde ze. Ze wachtte tot Overbeck de gang uit was voordat ze zelf haar kamer uit liep.

De verwachtingen over een relatie temperen. Dat was nogal een eufemisme. Lively zat waarschijnlijk in zak en as. Hoewel de brigadier en de commissaris als dag en nacht verschilden, was hij tot over zijn oren verliefd op haar. Maar een baan bij de politie was nu eenmaal een recept voor mislukte relaties, en zijzelf wist dat maar al te goed. Dit werd haar eerste echte werkdag en ze stond op het punt haar team overhoop te halen.

'Goeiemorgen,' zei ze, blij dat iedereen al klaarzat in de briefingruimte zodat ze meteen kon beginnen. Dan hoefde ze in ieder geval niet eerst over ditjes en datjes te keuvelen.

Iedereen zweeg. Ze was even vergeten hoe haar gezicht eruitzag. De meesten van hen zagen haar weer voor het eerst sinds de explosie. Het genas goed, maar haar huid zat nog onder de wondjes van glassplinters. Haar beide trommelvliezen waren gescheurd. Ze had een paar keer per dag een bloedneus. Haar ogen waren geïrriteerd en ze had last van haaruitval, volgens de artsen kwam dat zowel door de shock als door de ontploffing. Het zou weer goed komen. Ze zou genezen. Maar waar ze meer mee zat was dat ze een vrouw opzettelijk uit een raam had geduwd. Ava had geen idee hoe ze daar ooit overheen moest komen.

'Jullie moeten allemaal de groeten hebben van Janet Monroe. Het gaat goed met haar en ze hoopt over een week weer aan de slag te kunnen. Geen permanente schade. En helemaal in lijn met de traditie bij Zware Misdrijven verwacht ze het komende jaar te worden vrijgehouden in de pub.' Dat leverde tenminste een bescheiden gelach op. 'Lance Proudfoot, de journalist die ingreep, is er slechter aan toe, maar ook hij zal weer helemaal de oude worden.'

'En hoe gaat het met u, mevrouw?' vroeg iemand.

'Ik heb me gesneden bij het scheren,' antwoordde ze.

Uitbundiger gelach dit keer.

Callanach kwam binnenlopen en ging met de handen in de zakken tegen de muur staan. Ze probeerde niet naar hem te kijken, maar dat viel haar nog net zo moeilijk als op de dag dat hij hier kwam werken. De meeste mensen hadden alleen maar oog voor zijn uiterlijk, maar daar was Ava niet voor gevallen. Luc Callanach was een mysterie. Hij gaf zich niet snel bloot, liet niet snel die vriendelijke, zachtmoedige kant van hem zien, die hij verstopte achter een vergaand professionalisme. Hij was grappig, hoewel hij nooit de grapjas uithing. Als politieman beschikte hij over een ongelooflijke intuïtie. En wanneer hij haar in de ogen keek, was het alsof er niemand anders bestond. Eigenlijk alsof er nooit iemand anders hád bestaan. Niemand die ertoe deed.

'Ons aandeel in de zaak-Maclure is afgesloten. We weten nu dat hij een regelmatige bezoeker was van de afdeling waar Fenella Hawksmith patiënt was, hoewel ze niet zijn cliënt was. Voor Jon Moffat gold hetzelfde. De les die we hieruit kunnen trekken voor toekomstige onderzoeken is dat we het net wijder moeten uitgooien. We hebben kunnen vaststellen dat Astrid Borde zowel de dood van Bruce Jenson als die van Gilroy Western op haar geweten heeft. Inspecteur Graham rondt zijn rapport over deze zaken binnenkort af, maar in beide gevallen lijkt haar obsessie met inspecteur Callanach het motief te zijn geweest.'

Dat was alles wat ze te zeggen had. Bordes DNA kwam overeen met de bloedvlek op de remleidingen van Westerns auto, en de camerabeelden bij het verpleeghuis van Jenson waar ze op te zien was, volstonden om de zaak te kunnen afronden. In het forensisch onderzoek was gelukkig geen match tussen het DNA van Jenson en dat van Callanach naar voren gekomen, dus hoefde er niets uitgelegd te worden aan Pax Graham en kreeg Callanach geen schokkend nieuws te verwerken.

'Eigenlijk moeten we het vandaag over een nieuwe zaak hebben,' ging Ava verder. 'Interpol heeft ons gemeld dat een zeer goedgeorganiseerde bende zich actief bezighoudt met mensensmokkel naar Edinburgh via het Europese vasteland. Zware Misdrijven assisteert Interpol daarbij, maar het gaat om een groot internationaal onderzoek. Inspecteur Graham neemt voorlopig de dagelijkse leiding van het bureau op zich.'

Alle ogen richtten zich op Callanach. De voor de hand liggende vraag hing in de lucht.

'Ik heb inspecteur Callanach gevraagd op te treden als contactpersoon tussen de Schotse politie en Interpol in Lyon. Gezien zijn ervaring en connecties daar leek dat het meest voor de hand te liggen. Hij vertrekt later op de dag naar Frankrijk, dus als jullie iets met hem willen bespreken, heb je nog een paar uur.'

'Hoelang?' vroeg Lively kortaf.

Ava had hem tot nu toe niet opgemerkt in de hoek.

'Hoelang wat?' vroeg ze.

Lively stond op en verduidelijkte: 'Hoelang moeten we het zonder een van onze inspecteurs stellen?' Zijn gezicht zag rood en hij was nog maar een schaduw van de cynische grappenmaker die ze kenden.

'Voor de duur van het onderzoek,' zei Ava met een licht kuchje. 'Het is een grote internationale zaak, dus we houden er rekening mee dat inspecteur Callanach enkele maanden weg zal zijn. Ondertussen vragen we u en brigadier Tripp om zijn taken over te nemen.'

Je kon een speld horen vallen. Ava zocht wanhopig naar een manier om de sfeer wat losser te maken, maar wist niets te verzinnen.

'Het goeie nieuws is dat de Fransen een betere smaak hebben dan jullie heikneuters, zodat ik straks eindelijk de adoratie krijg waar ik recht op heb,' mengde Callanach zich erin, wat iedereen een glimlach ontlokte.

Ava deed haar best om ook te glimlachen.

'Ik weet nu al dat jullie me allemaal zullen missen, dus het komende uur signeer ik foto's op mijn kamer.'

Dat leverde hem een paar juichkreten op.

Ava wachtte tot het weer rustig was.

'Jullie hebben de afgelopen maand allemaal veel overgewerkt, dus ik zal proberen om dat met vrije dagen te compenseren.'

Geen reactie.

'Goed, ik ben bezig een uitgebreide briefing over de Interpolzaak voor te bereiden. Je kunt morgen een informatiepakket met alle bijzonderheden op je bureau verwachten. Dank jullie allemaal.'

Ze glipte stilletjes weg en hoorde het geschraap van stoelpoten toen iedereen opstond, gevolgd door het geroezemoes en de hartelijke woorden waarmee het team afscheid nam van zijn meest ervaren inspecteur. Het was toch wel onvoorstelbaar ironisch: op zijn eerste werkdag was Callanach geconfronteerd met een nauwelijks verhulde kilheid, en nu was het of ze haar team van een van hun dierbaarste collega's had beroofd. Hij had ze allemaal voor zich ingenomen, zelfs – of misschien vooral – Lively.

'Wie had dat ooit kunnen denken?' mompelde ze in zichzelf toen ze haar kamer binnenging.

'Wat kunnen denken?' vroeg Callanach vlak achter haar.

'Tjezus!' riep Ava geschrokken. 'Wat doe jij hier in vredesnaam?'

'Ik dacht dat je wel hoorde dat ik achter je stond,' zei hij glimlachend. 'Je liep zeker te dromen.'

'Gescheurde trommelvliezen, weet je nog?' zei ze. 'Heb je al afscheid genomen?'

'Nog niet van iedereen,' zei Callanach zachtjes terwijl hij de deur van haar kamer sloot. 'Het lijkt wel alsof je me ontloopt sinds je me gebeld hebt om te zeggen dat ik word overgeplaatst naar Frankrijk.'

'Het is gewoon druk. Twee zaken tegelijk afwikkelen is een administratieve nachtmerrie.'

Ze leunde tegen haar bureau. Callanach liep op haar af en kwam vlak voor haar staan, zo dichtbij dat de neuzen van hun schoenen elkaar raakten. Ava wendde haar gezicht af en keek door het raam naar buiten.

Hij streelde zacht over haar wang.

'Ik vind het heel erg dat je gewond bent geraakt. Dat hele gedoe met Astrid heeft van begin tot eind een hoop onschuldige mensen leed aangedaan.'

Ava's gezicht gloeide. Ze pakte zijn hand en duwde hem weg.

'Dat is voorbij. Je kunt je leven nu weer oppakken. Echt gaan leven. Op de plek waar je je het meest thuis voelt. Geen geesten meer. Bruce Jenson was niet je vader. Er bestaat natuurlijk een kans dat Gilroy Western misschien wel...'

'Ik laat dat nu even voor wat het is, voorlopig in elk geval. Toen ik de resultaten van Jensons DNA-onderzoek kreeg realiseerde ik me dat ik er beter aan doe de herinneringen te koesteren aan de man van wie ik altijd heb gedacht dat hij mijn vader was. Het heeft geen zin om de dingen moeilijker te maken dan ze al zijn.'

'Het klinkt alsof je ermee in het reine begint te komen,' zei ze.

'Is dat de reden waarom je me terugstuurt naar Frankrijk? Om te kijken of ik me daar weer thuis zal voelen? Dat had je niet hoeven doen. Ik weet al waar ik thuishoor. Schotland is niet langer de plek waar ik naartoe ben gevlucht. Het is de plek waar mijn vrienden wonen, waar mijn leven is. Waar ik wil zijn.'

'Ik heb die beslissing op louter professionele gronden genomen. Jij kent Interpol beter dan wie dan ook bij de Schotse politie. Als ik iemand anders had gestuurd, had ik zeker de vraag gekregen waarom ik jou niet had gekozen. Ik moet trouwens even gaan zitten, kun je even een stapje achteruit doen, zodat ik erlangs kan...'

Hij schudde zijn hoofd, glimlachte even, en legde zijn hand op haar middel.

'Voel je je duizelig?' vroeg hij. 'Je zou eigenlijk nog helemaal niet mogen werken. Wat zei de dokter?'

'Gaat je geen zak aan,' zei ze, en ze hoorde de woorden van Overbeck in haar oren weerklinken. Heel even haatte ze zichzelf. 'Sorry. Zo bedoelde ik het niet. Ik ben moe. Het komt door al die pijnstillers.'

'Ik breng je wel even naar huis,' zei hij. 'Ik heb nog tijd voordat mijn vlucht vertrekt. Ik kan onderweg ook een afhaalmaaltijd voor je halen. Volgens mij is het al een hele tijd geleden dat je voor het laatst...'

'Luc, hou alsjeblieft op,' fluisterde ze. 'Ik kan dit niet. Alles is een grote puinhoop. Ik heb Astrid gedood. Ik heb Janet en je vriend Lance niet kunnen beschermen, en ik vraag me af of ik geen bewijzen over het hoofd heb gezien omdat ik zo werd afgeleid door wat er tussen ons speelde. Rune Maclure heeft hier nota bene in mijn kantoor gezeten, en vroeg verdomme of ik met hem uit wilde, en ik heb hem geen moment als verdachte beschouwd. Geen seconde. Ik moet de zaken helder op een rijtje zien te krijgen en dat lukt me niet als jij hier bent.'

'Ava...'

'Nee. Het is afgelopen. Ik heb voor je gelogen. Ik heb je gedekt.'

'Ik had niets gedaan,' zei Callanach rustig.

'Daar gaat het niet om. Ik heb talloze regels overtreden. Ik heb de integriteit van dit hele onderzoek op het spel gezet vanwege mijn gevoelens voor jou.'

'Wat voelde je dan?' vroeg hij en legde zijn andere hand op haar wang.

'Waar het om gaat is wat ik nu voel,' antwoordde Ava stijfjes. 'Ik wil jou niet om me heen hebben, Luc. Het is allemaal te ingewikkeld geworden. Ik moet 's morgens kunnen opstaan in de wetenschap dat ik mijn werk kan doen, en dat ik het goed kan doen, dat ik de juiste beslissingen neem en 's avonds goed kan slapen.'

'Ik zal je niet tegenhouden,' zei hij.

'Ja, dat doe je wel. Dat doe jij nu eenmaal. Met Astrid, Selina, met mij...'

'Dat is niet eerlijk. Daar heb ik niet om gevraagd.'

'Weet ik,' glimlachte ze. 'Je ziet het niet eens aankomen, hè? Dat je een spoor van zielige, sneue vrouwen achter je laat.'

'Ava.' Hij kuste haar op de wang. 'Het spijt me heel erg dat ik dat leisteentje heb meegenomen. En het spijt me nog veel meer dat ik het nooit heb teruggegeven. Het was... een maffe actie en in meerdere opzichten heel erg verkeerd... ik heb er zelf niet eens een verklaring voor. Maar ik denk dat ik al die tijd zat te wachten tot er iets tussen ons zou gebeuren en dat jij er al op zat te wachten dat het verkeerd zou aflopen. En nee, ik geef je niet de schuld. Ik neem de volledige verantwoordelijkheid op me voor die rampzalige gebeurtenis bij mij thuis, en toch – tegelijkertijd denk ik dat jij erop zat te wachten dat het fout zou gaan.

Ik ga naar Frankrijk. Ik probeer je niet op andere gedachten te brengen. Maar ik kom wel terug en dan gaan jij en ik dit uitpraten. Want je bent te belangrijk voor me om dit zomaar op te geven – wat dit ook is – voordat het zelfs maar begonnen is.'

Callanach verstevigde zijn greep om haar middel en trok haar naar zich toe, kuste haar zacht op de lippen en hield haar nog een seconde langer vast. Toen liet hij haar los.

Dankwoord

Mijn eeuwige dank aan degenen die me geholpen hebben met dit boek – en die me in algemene zin aan het schrijven houden – gaat, in willekeurige volgorde, uit naar...

Caroline Hardman (Agent Extraordinaire), Thérèse Coen voor de buitenlandse rechten, Joanna Swainson en Nicole Etherington van literair agentschap Hardman & Swainson (het beste ter wereld). Phoebe Morgan voor haar oprechte goedhartigheid. Sabah Khan voor haar grenzeloze energie. Helen Huthwaite voor haar fantastische intuïtie. Ook dank aan het geweldige team van Avon en HarperCollins die dit boek vanaf het allereerste concept hebben begeleid, tot en met de productie en distributie – Molly Walker-Sharp, Elke Desanghere, Dom Rigby, Anna Derkacz, Rebecca Fortuin, Laura Daley, Katie Reeves, Hannah O'Brien, Jane Wisbey, Sarah Whittaker en Oli Malcolm. En een speciale vermelding voor Cressida McLaughlin die me de naam van een van de slachtoffers gaf (en alle lof voor de man zelf).

Dank aan Tantallon Castle en de fantastische mensen die daar werken en de meest absurde vragen beantwoorden van bezoekende auteurs (als je nog nooit in Tantallon Castle bent geweest, doen!). Aan Whighams Wine Cellars in Edinburgh voor een uitstekende keuken, een geweldige plek en een zalig cocktailmenu (ik heb grondige research gedaan). Aan Sandy Bell's, eveneens in Edinburgh, daar moet je een keer heen. En dank aan Ruth Chambers die nooit te beroerd was om mee te gaan om locaties te scouten, te leren boogschieten en menu's uit te proberen omwille van de authenticiteit (wat soms een kater tot gevolg had).

Dank aan mijn vrienden en familie die me geduldig aanhoorden terwijl ik maar door bleef zeuren over plots, personages, deadlines en krankzinnige nieuwe ideeën – jullie weten wie ik bedoel – ik hou van jullie allemaal. Zonder jullie was er geen letter op papier gekomen. En vooral dank aan David, die van tevoren mijn favoriete thee in Engeland bestelt zodat ik halverwege het schrijven nooit zonder kom te zitten en vastloop in een writer's block.

Dank je x

Lees ook de andere thrillers van Helen Fields, met Ava Turner en Luc Callanach in de hoofdrollen:

Lees ook de standalones: